非虚构的力量

NEWS WRITING
THE POWER OF NONFICTION

新闻报道写作

刘冰 著

清华大学出版社
北京

内 容 简 介

本书提供了一幅新闻报道写作的全景图,它浓缩了作者的实践经验总结和理论思考成果,融合了业界与学界、中国与外国、近代与当下新闻精英的思想精髓,对新闻写作的核心技术进行了深入细致的解析,精练、生动、完整地介绍了新闻报道写作的理论、方法与技术。知识体系兼顾学术性和趣味性,呈现方式轻松新颖,简明易懂,易学好用。

本书多角度呈现了中国媒体场域内的新鲜实践景象,案例丰富有趣,操作要点清晰易懂,可以让读者轻松愉快地掌握新闻报道技术。本书可作为新闻工作者、准记者、新闻学者、新闻爱好者的读本,有意提高写作技能的读者阅读本书也会受到启发,有所收获。

图书在版编目(CIP)数据

新闻报道写作:非虚构的力量/刘冰著.

北京:清华大学出版社,2025. 1.

ISBN 978-7-302-68077-2

Ⅰ. G212.2

中国国家版本馆CIP数据核字第2025M3S689号

责任编辑:邓　婷
封面设计:刘　超
版式设计:楠竹文化
责任校对:范文芳
责任印制:刘海龙

出版发行:清华大学出版社

网　　　址:https://www.tup.com.cn,https://www.wqxuetang.com
地　　　址:北京清华大学学研大厦A座　　邮　　编:100084
社 总 机:010-83470000　　　　　　　　邮　　购:010-62786544
投稿与读者服务:010-62776969,c-service@tup. tsinghua. edu. cn
质量反馈:010-62772015,zhiliang@tup. tsinghua. edu. cn

印 装 者:三河市天利华印刷装订有限公司
经　销:全国新华书店
开　本:185 mm×260 mm　　　印　张:23.5　　　字　数:496 千字
版　次:2025 年 3 月第 1 版　　　印　次:2025 年 3 月第 1 次印刷
定　价:88.00 元

产品编号:105755-01

当多媒体技术可以轻松应用于新闻呈现，写作还重要吗？当机器可以替代写作的时候，我们为什么还要学习写作？

虽然传媒业早已进入融合时代，媒介技术不断迭代升级，各种媒介元素、媒介技术得以综合运用到新闻报道中，但文字依然是内容呈现不可或缺的手段，写作仍然是最为宝贵的表达技术。

人工智能在新闻流程中发挥着重要作用，人工智能写作已经可以替代部分人类写作。但这并不表明人类应当自废武功，将表达权完全交给机器。

记者应当正确认识人工智能写作带来的冲击和影响，将一些偏向体力活儿的格式化写作任务交给机器，重点发力具有创造性的写作技能，增强挖掘真相与解释沟通本领。在人与人工智能的关系处理中，人应当是主导，毕竟没有人也就没有人工智能，人工智能是服务于人的工具。

人工智能写作是对人类写作的模仿，人类写作为人工智能写作提供了模板，人类写作才是人工智能写作的天花板，最好的文字作品出自人类之手。但具体到每个人，则会出现不同的情况。如果你不努力学习，你的写作将落后于机器。如果你足够刻苦和用心，真正掌握了写作技能，你将摆脱与机器竞争的困扰，具备核心竞争力。

尤其在新闻事实世界，诸多新近发生的事实信息、被掩藏的事实信息、新闻人物的言行信息没有成为网络语料，机器也就无法完成类似的报道工作。新闻报道以事实信息输出为己任，彰显着非虚构的力量，需要记者奔赴现场，多方探询核实。这类需要记者采访调查的报道任务，是不容易被机器取代的领域。即便在人工智能异常兴盛的今天，记者依然具备自身独特价值，并非机器可以完全取代。

本书关注作为人文现象的写作技艺和文字的精准表达，认为写作是手艺活儿，需要字斟句酌，精心打磨。新闻写作与文学写作的最大区别在于非虚构，它是职业新闻人的核心技能。新闻写作可以学、可以教，新闻写作的能力可以迁移。本书致力于分享新闻报道写作的经验与技术，帮助读者掌握非虚构写作本领，提升新闻职业能力。

我们今天的写作既是写给人看的，也是写给机器看的，说到底还是为了写给人看。我们并不排斥机器写作，反而认为应当恰当运用作为工具的人工智能。我们秉持人机协同态度，认为应当将人工智能与人类智能融合运用到新闻业务之中。人工智能首先要学习掌握人类写作的技能，在此基础上凸显机器的高效率优势，才能为用户带来美好的阅读体验。本书阐释的写作技术，其实也是人工智能应当掌握的，希望机器人也练好这样的手艺活儿，更好地助力新闻生产。

新闻业务书籍既要在"是什么""什么样"方面做透彻的论述，更要在"怎么做""为什么"方面做充分和有效的讲解。否则，这样的书无论读多少遍，读者都会产生"我不会"的感觉，可谓"老虎吃天，无从下口"。可操作是新闻业务书籍的最大价值体现，不可操作则容易滑向纸上谈兵的危险境地。新闻采写方面的著作应当在操作性方面下功夫，这是业务著作区别于理论著作的魅力所在。业务方面的著作也要尊重理论论述，但不能陷入死抠概念的怪圈，而要在理论与操作之间灵活穿梭。很长时间以来，我一直想写一本新闻写作方面的书，我期望这本书能够给读者留下这样的印象：新闻报道写作技术易学、好用，专业书读起来也很轻松有趣。

应该说新闻写作方面的著作已经有不少了，国内作者的一些书籍不乏真知灼见，翻译的一批西方新闻报道写作书籍更是开阔了我们的视野。但是，我仍然想写一本有着自己独立思考印记的著作——这本新闻写作书应该汲取中西方新闻报道写作书籍的营养，去除宣传套路的不良影响，规避文化翻译上的不足，更多呈现中国媒体场域内的新鲜实践景象，重新梳理新闻报道写作技术的传授体系，并对一些值得探讨的问题做独立思考。对待传统理论既要尊重和继承，又要敢于挑战和批判，这才是学术研究真正老实的态度。传统新闻写作教科书里有一些观点和表述值得商榷，本书对相关问题作了独立思考和新的阐释。

本书主要用于学习和研究新闻报道写作，可作为新闻学研究者、新闻采编人员、新闻传播类专业学生及爱好者用书。我还奢望，除新闻专业人士可以阅读这本书外，普通读者也能够乐意翻一翻它。我相信，即便是没有学过新闻学的读者在翻阅这本书的过程中，也会体验到读书的乐趣，也会有所收获。新闻报道写作是现代社会最成规模的职业化写作，这个领域里已积累了丰富的经验，也总结提炼了许多宝贵的技术成果。我相信，新闻报道写作既是职业新闻工作者的必备武器，也是现代人生命中无价的技能，是生存和发展的需要。新闻报道写作具有提升认识能力和表达能力的普遍价值。它首先是一种职业技能的训练，其次也是非常重要的，它训练了公民的表达能力。

新闻报道写作是一种戴着镣铐跳舞的艺术。它不喜欢形容词、副词和套话，它反对记者乱发议论，它强调事实的力量，它重视事件叙述、细节描写、直接引语撰写等技术，它强调新闻结构的灵活运用，追求传播的效率。写新闻容易，写出好新闻并不容易。新闻报道写作的能力可以迁移到其他文章的写作上。一旦你掌握了新闻报道写作技能，等你拿掉了镣铐，舞蹈会跳得更好——写作会变得轻松自如，得心应手。

像记者那样写作——用最普通的字词写作，质朴无华却又充满魅力，写得准确、简洁、清晰、通俗易懂，写得又快又好！我相信，通过努力，每个人都可以像记者那样写作。我愿读过本书的朋友能够更快地领悟新闻报道写作的真谛，掌握生命中这无价的技能。我愿我的读者能够以乐意接受和容易理解的方式来研究"新闻报道写作"，我相信本书应当会有它独特的价值。

掌握新闻技能需要理论支撑、阅读滋养和实践训练，尤其是实践训练最不可缺少。本书的配套教材《新闻实务训练》已经由北京大学出版社出版，该书每章都总结了理论要点，同时提供了训练项目和参考答案，很有必要配合使用。

作者

目录 ⋮⋮⋮   CONTENTS   / / / / /

第一章
绪　论

新媒体技术的确影响和冲击了新闻业的发展，但新媒体技术并不是消灭新闻业，而是促进新闻业更好地发展。新媒体技术主要颠覆的是媒体运营模式，而不是好新闻的标准。好新闻的标准并没有发生根本的改变，新闻写作依然是核心新闻职业技能，值得我们为之付出努力并掌握。

科技发展日新月异，人工智能在新闻业中的应用日渐广泛，机器人在新闻采集与写作方面已有较大产出，机器人主播已经可以自动生成串词，配置适宜的语速、语气，其音质与有血有肉的主播难以辨别。齐鲁晚报·齐鲁壹点搭建了智能化生产平台，将技术探索新业态作为迈向智能传媒的驱动力。齐鲁壹点技术团队搭建了基于"传媒+技术"深度融合的技术中台，齐鲁壹点智能化主要体现为新闻采集、生产、分发、接收、反馈等方面。齐鲁壹点的机器写稿采用了机器学习、数据挖掘、深度学习、知识图谱等多项前沿人工智能技术，支持天气、财经、油价、体育、娱乐等领域内容智能化生产，如图 1.1 所示。

图 1.1　齐鲁晚报·齐鲁壹点技术部门办公区

传统新闻媒体转型成为互联网新闻媒体，新闻写作仍然是新闻人最为宝贵的职业技能。

面对人工智能技术迅猛发展的现实，新闻人更不能放弃新闻采写。如果放弃，新闻人也就彻底放逐了自我，丧失了职业竞争力。新闻采访与写作是新闻人的核心职业技能，新闻业的发展需要人工智能与人类智能的融合，人仍然也必须是新闻业发展的主导力量，新闻采访与写作的主导者仍然是作为人类的记者，而不是机器人，职业新闻工作者绝对不能在新闻采访与写作方面懈怠。

第一节　认识新闻写作

新闻是新鲜的事实信息，新闻是非虚构故事。

新闻是信息，它具有反常特征和实用价值，它强调传递的效率。在新媒体内容泛滥、注意力成为稀缺资源的时代，新闻报道尤其需要反映常态的突破或变动信息，增强有用性和相关性。新闻为公众利益服务，帮助公众认识生存环境的变化，为读者行为决策提供信息参考依据。

新闻是非虚构故事，它注重可读性、吸引力和分享性。新闻写作是讲故事的技艺，记者通过讲述新闻故事来传递新闻信息。无须苦心编造，新闻故事远比虚构作品离奇。新闻写作遵循真实原则讲述新闻故事，彰显了非虚构的伟大力量。我们应该充分认识到新闻写作的重要性，提高新闻写作技能，讲好新闻故事。

非虚构写作与虚构写作是相对而言的，小说、戏剧、童话故事、神话传说的写作属于虚构写作，虚构写作以外的是非虚构写作。广义上的非虚构写作是指一切以真实呈现为宗旨的叙事写作，包括新闻报道、散文、回忆性文章、历史作品等的写作。新闻范围内的非虚构写作，针对的是新近舆论关注的人与事，它回应了公众的关切，具有较强的普遍性、覆盖面和影响力，反映甚至形成了舆论点。新闻范围内的非虚构写作，狭义上主要对应的文本是特稿、深度报道（调查性报道、解释性报道等），广义上则包括一切新闻报道。个人的回忆性文章、散文等非虚构写作，更多的是作者沉浸其中，然后唤起部分读者的情感呼应，并不强调新闻性和对舆论关注的回应，与新闻类非虚构写作有一定区别，但这种区别也不是特别大，因为它们本质上都是纪实类叙事，叙事的方法理念其实没有本质区别。

一、新闻为公众利益服务

我认为好新闻的标准是：在纷纭世事中厘清复杂关系，摆脱流行偏见，表现职业勇气，揭示事实真相，揭露谎言谬论。

——北京外国语大学国际新闻与传播学院教授　展江

新闻为社会公众利益服务，致力于信息的公开，对各种权力势力和商业势力加以监督和制衡。"新闻是民主的另一种表达"[①]，没有新闻就没有民主，没有民主也不会有真正的新闻。民主也是社会主义核心价值观明确倡导的价值取向，新闻推动社会民主进程，记者应该严格遵循新闻报道原则，通过新闻采访努力挖掘事实真相，加强舆论监督。

美国《世界报》的创办人普利策曾经说："我知道我的退休不会影响办报的基本原则。报纸将永远为争取进步和改革而战斗，决不容忍不义或腐败；永远反对一切党派的煽动宣传，决不从属于任何党派；永远反对特权阶级和公众的掠夺者，决不丧失对穷苦人的同情；永远致力于公共福利，决不满足于仅仅刊登新闻；永远保持严格的独立性，决不害怕同坏事作斗争，不管这些事是掠夺成性的豪门权贵所为，还是贪婪穷人之举。"[②]

监测环境、守望社会、引导民众、惩恶扬善，这正是新闻服务于社会公众利益的价值所在。新闻写就历史的初稿，但新闻的首要使命并不在于记录历史，而是要影响今天。社会的健康运转离不开舆论监督，舆论监督是新闻媒体的关键职能，也是新闻媒体能够真正产生影响力的源泉。不管是全媒体、跨媒体，还是融媒体、智媒体，不做舆论监督的媒体就不是真正的新闻媒体，也不会赢得社会公众的敬重。新闻记者手中握持的笔杆是沉甸甸的，新闻工作承担着道义和责任，新闻记者应该胸怀天下，为推动社会良性发展和进步而努力工作。

《新闻记者歌》在唤起记者的社会责任、鼓舞记者斗志方面是一篇佳作，值得我们研读学习。歌词是由上海新声通讯社记者袁殊撰写的，后来交给聂耳谱曲，可惜聂耳于1935年7月17日在日本溺水身亡，成为一件憾事。新闻史教科书里说袁殊是个记者，不过他的身份远没有那么简单。张宝英在《谁是热播电视剧〈潜伏〉主角余则成的原型？》一文中提到的第一个备选原型人物就是袁殊，说他是"五重间谍"，集中统、军统、青洪帮、日伪和货真价实的中国共产党中央特别行动科（以下简称中共特科）五重身份于一身。

袁殊，1911年生于湖北蕲春，1929年到日本留学，回国后创办了《文艺新闻》。1931年10月加入中共，从事特科工作。1932年袁殊通过其表兄见到上海市社会局局长、中统头目吴醒亚，打入中统内部。后来由吴醒亚介绍，袁殊成为新声通讯社记者，其间认识了日本驻沪领事馆副领事岩井英一。岩井每月付给袁殊200元"交际费"，就这样袁殊又成了日方的情报人员。为了加强自身的保护色，袁殊还于1937年4月加入青洪帮。抗日战争全面爆发后，戴笠亲自登门拜访袁殊，袁殊又多了一个军统的身份。自1937年到抗战胜利，袁殊的间谍活动从没有发生过任何意外。

下面让我们读一读袁殊撰写的《新闻记者歌》，感受一下新闻的力量：

[①] 詹姆士·W.凯里，李昕，译.新闻教育错在哪里[J].国际新闻界，2002（3）：8-11.

[②] 迈克尔·埃默里，埃德温·埃默里.美国新闻史：大众传播媒介解释史[M].8版.展江，殷文，译.北京：新华出版社，2000：201.

从清晨到深宵，

我们的职责：新闻报道。

不问风霜寒暑，

在街头奔跑；

申诉人间苦难，

给社会知道。

今天的消息，不要疏忽了：

到处满灾荒，人们早受不了；

边疆沦落尽，敌人还在开炮。

快记录事实，把真相传报，

确实，详细，最要紧，莫造谣！

今天的消息，不要疏忽了：

新的战争，到处在爆炸，

民族自救的烽火，正在燃烧！

内勤、外勤，都一齐动员罢，

在职业前哨，也就是斗争的前哨！

今天的消息，不要疏忽了：

帝国主义者，大肚吃不饱；

社会恶势力，更在逞强暴。

打开镜箱，照出他们醉生梦死的微笑，

提起笔来，揭发那些蝇营狗苟的奸巧。

轮转机上，洪水般印出了我们的报，

轮转机上，洪水般印出了我们的报。

舆论的权威，要大众支持，

神圣的职业，是我们的瑰宝，

不准无耻的家伙，去卖身投靠，

万万千千的读者，要求着精神的面包。

莫自夸帝王无冕，

我们要举起"集纳"的旗号！

大家准备起三千毛瑟，有笔如刀！[①]

---

① 丁淦林. 丁淦林文集 [M]. 上海：复旦大学出版社，2005：35.

二、新闻报道的多重属性

新闻文体主要分为新闻报道和新闻评论两大类别，记者撰写新闻报道，评论员撰写新闻评论，通常所说的新闻写作主要是指记者撰写新闻报道，而不包括后者。我们研究新闻写作，需要对新闻报道的属性做一番探讨。新闻报道具有多重属性，从这些属性中我们可以更深刻地认识这种文体的特征。

1. 新闻报道是事实信息传播的工具

传播事实信息的工具有很多，新闻报道只是其中的一种。

人们在社会生活中离不开信息的传播，当事实变动发生时，人们可以大呼小叫，可以口头传播，可以打电话，可以写信，这些方式都可以传播事实的信息。从事实信息传播这个层面上看，新闻报道与其他的事实信息传播方式没有本质的区别。

但有一点是需要特别注意的——新闻报道是对事实信息的传播，不能借机发表记者的议论。新闻报道是传播事实信息的工具，不是传播记者个人观点的工具，记者在做报道时，要极尽所能做到客观、公正，尽量规避主观偏见的影响。

2. 新闻报道是不可虚构的实用文体

文学写作可以充满虚构的故事情节，而新闻写作不同于文学写作，它必须完全以事实为基础，"新闻与小说有别，须为事实，苟非事实，即非新闻"[①]。从本质上讲，新闻报道是一种实用文体，不可夹杂任何虚构成分。

新闻写作讲究的是生活真实而非艺术真实，新闻报道可以借鉴文学写作手法，但这种借鉴有着严格的底线要求，不能因为借鉴文学写作手法而伤害到新闻的真实性。新闻写作采取非虚构手法，对于新闻报道来讲，真实永远是第一位的，相比起来，文采倒不是最要紧的东西。在新闻写作过程中千万不能为了追求欣赏价值而虚构，哪怕是一点点"合理想象"都不允许。

3. 新闻报道属于叙述文的范畴

新闻报道属于叙述文的范畴，不提倡夹叙夹议的表达方式。新闻报道写作最主要的表达方式是记叙，描写与说明也会用到。新闻写作最忌讳议论——主要是记者的直接议论，也不提倡记者的抒情。

故事被叙述控制着，可见被可述控制着。[②] 新闻报道是叙述故事的学问，我们应该找到故事，讲好故事，增强新闻报道的可读性，让新闻故事为读者所喜闻乐见。在撰写新闻报道时，应该更加强调和重视情节叙述、细节描写、动词使用、直接引语等技术的运用。

① 徐宝璜. 新闻学 [M]. 北京：中国人民大学出版社，1994：11.
② W. J. T. 米切尔. 图像理论 [M]. 兰丽英，译. 重庆：重庆大学出版社，2021：94.

4. 新闻报道切合媒介传播的特点要求

传播媒介赋予新闻报道信息传播的高效率。同样是记叙文，同样是对事实信息的传播，与其他文体写作不同的是，新闻报道在媒介传播过程中必须追求更高的传播效率，采用与媒介传播相适应的形式，媒介不同，新闻报道呈现的形式也要随之有所调整。

成功的稿件会有更多的人愿意阅读；失败的稿件却只有两种人看，写谁谁看，谁写谁看。职业新闻媒体传播的对象多是不确定的陌生人，一篇新闻报道应该尽量满足更多读者的阅读需求，要确保有一个更为广阔的读者面，能够让更多的读者产生阅读兴趣。新闻报道的写作往往从最贴近读者的地方入手，以尽可能地吸引住读者。另外，新闻报道是急就章，必须追求时效性，当新闻事实发生后，记者应该尽快地展开报道。与媒介传播的特点要求相适应，新闻报道形成了自己相对独特的表现形式，如重视导语、标题的撰写，强调倒金字塔结构的运用，新闻报道的语言更为简洁、通俗，句子短、段落短，等等。

如果记者不讲究信息传播的效率，不注意采用合适的报道技术，不尽快抓住读者的注意力，就很难保证新闻报道的传播效果。

三、新闻写作的重要性

1. 新闻写作是重要的业务技能

新闻产品的生产流程大致包括这些环节：发现新闻线索—判断新闻价值—采访调查—撰写新闻稿件—传播新闻。新闻报道写作紧接于采访环节之后，记者收集了相关事实材料之后，最重要的任务就是向读者再现新闻事实，新闻报道写作就处在这个"制作"环节上。

新闻报道的写作水平直接决定了新闻传播的效果。记者的写作水平在很大程度上决定了编辑能否选择编排你的稿件，也在很大程度上决定了读者能否选择你的文章并阅读下去。

随着时代的发展，图片、音频、视频都已经成为新闻表达的手段，但新闻写作依然具有显著的不可替代性。即便在媒介融合时代，网络新闻或融合新闻可以使用多种媒介元素呈现新闻信息，但文字表达的明晰性、沟通效率和主导优势依然是其他媒介元素不能比拟的。作为一种表达技术的新闻写作具有十足的魅力，是人类社会的宝贵财产，值得我们用心研究，努力掌握。

记者应该遵循新闻传播规律，娴熟地运用新闻写作技术再现新闻事实，高效率、高质量地传递新闻信息，给读者带来美妙的阅读体验，只有这样才能保证新闻报道具有更好的传播效果。

提高新闻报道的写作水平，对于提高新闻传播效果具有关键作用。新闻写作是记者工作中十分重要的业务技能，值得每一个新闻工作者用心修炼。

2. 人人都应学会写新闻

新闻写作除了是新闻工作者的必备技能，它对于其他行业的工作者也具有十分重要的价值，甚至我们可以这样说，任何人都能从新闻写作中受益。

对冲基金经理保罗·图德·琼斯是位亿万富豪，他创办的公司管理着高达 140 亿美元的资产。琼斯给那些想在商界成功的人士提供的建议是学习新闻学，他说管理人员应该学习新闻写作课程，提升写作的逻辑严密性，节省企业成本。他认为像记者那样写作有助于培养提炼复杂问题的能力，让人们成为更好的问题解决者。[①]

1945 年 9 月 1 日，延安《解放日报》发表了胡乔木的文章《人人要学会写新闻》，胡乔木说："我们做革命工作而又能识字作文的人……都应该学会写新闻，就如同都应该学会开会说话一样。"意思是说，写作新闻能够训练人们如何清楚地思考和表达，对于做一个好干部是很有用的。

事实上也是这样，新闻是一种讲求效率的文体，新闻写作的确具有提升认识能力和表达能力的普遍价值。新闻报道写作首先是一种职业技能的训练，其次它训练了公民的表达能力。

写作是生命中无价的技能，是生存的需要和竞争的需要。新闻写作是实用写作研究中最为成熟、有用和系统的成果，新闻写作的技巧与经验，同时可以有益于其他文体写作的借鉴。新闻写作能力可以很容易地迁移到其他文体的写作上去，换句话说，如果你掌握了新闻写作的技术，具备了高超的新闻写作能力，那么当你去写其他文章的时候也会轻松得多。

在网络传播技术广泛应用的背景下，人人都可以写新闻，人人都可以发表新闻，已经成为现实。新闻写作的训练除了满足职业新闻工作者的需求，还应当着眼于在普遍的信息传播这个层面上展开，每个公民都应当学会撰写新闻，并在撰写新闻的过程中，提高写作表达能力，而这同时也将有益于社会信息的公开及民主进程的发展。

四、如何提高写作技能

写作是有规律可循的，人类具有丰富的写作经验，新闻写作的技能完全可以通过学习而获得。多思考、多读书、勤于练笔对于提高写作能力很有帮助。

1. 加强对社会与文化的理解

记者不仅要不断发展采访报道的技巧，还要扩展对人的理解，对记者所处的文化和社

---

① 彭博社. 亿万富豪的箴言：若想成功，先学新闻写作. "商业周刊中文版"公众号，2015-10-27.

会的理解。

——美国哥伦比亚大学新闻学院教授　梅尔文·门彻

新闻植根于社会，对于记者来讲，仅仅会写些漂亮文字是远远不够的。从事新闻工作不仅需要技艺和才情，更需要对新闻理想的执着追求，需要记者加强对社会与文化的认识和理解。记者对人、社会与文化的深刻理解是正确报道新闻的前提。"任何观察和分析，相信背后都有一套框架在支撑着你，而更关键的是，你对真实的中国有几分了解与把握。更多的时候，我的感叹是，这个国家，对于多数人而言，是陌生的。我们不知道加薪这项公共政策的赎买功能而大声叹息，我们不知道警方的组织体制而想象嫖娼案的'阴谋'，这些可能都是媒体需要完成的工作。"[①]

记者并非无聊的文人墨客，也不是追求浪漫的文学爱好者。记者写作的目的不是彰显自己的才情，而是记录社会进程，推动社会发展，维护公平正义。从这个意义上讲，我们虽然需要重视提高新闻写作技能，但是我们无论如何不应该仅仅拘泥于提高写作技能。我们更应该关注写作背后的东西，关注我们的国家与社会。加强对社会与文化的理解，这甚至要比写作本身重要得多。

记者应该有广博的知识和宽阔的视野，除了新闻学专业，我们至少还要深刻掌握另外一门专业知识。记者的知识面越宽，对某一领域的知识理解越深刻，记者的报道就会越有深度。

记者必须扎根社会，洞察并深刻思考社会问题。记者对社会与文化的理解越深刻、越透彻，他所撰写的报道就越有力量。

2. 阅读是滋润写作的养料

读书如销铜，聚铜入炉，大鞴扇之，不销不止，极用费力。作文如铸器，铜既销矣，随模铸器，一冶即成，只要识模，全不费力。所谓劳于读书，逸于作文者也。

——元代程端礼《程氏家塾读书分年日程》

读书就像熔化铜，非常费力。写文章就像铸器，铜化好了，铸器就会很容易，书读得多了，写起文章来也会很轻松。

对真正的记者来说，阅读、追问与写作同等重要，这些新闻写作技巧之外的东西不应该被忽略。国内一些颇有成就的新闻人，"他们更多的精神营养并非来自媒体的报道手册，而是来自对文学作品的大量阅读和对自我内心世界的不断追问"。[②]

杜甫讲"读书破万卷，下笔如有神"，我们在抱怨自己的写作水平的时候，应该问

---

① 李鸿谷.批判的武器：新闻方法论的构建与突破[M]//邓科.南方周末：后台.2版.广州：南方日报出版社，2008：212-213.

② 张志安.给我讲个故事，让它有趣一点：《华尔街日报》的特稿写作技巧[J].新闻记者，2006（10）：82-83.

一下自己读了多少书，不要说"破万卷"了，"破百卷"恐怕都做不到，还有什么好抱怨的呢?

阅读对于写作是重要的，夏丏尊提出了"阅"与"读"的区别。"阅"指的是浏览，目的在于掌握文章的内容含义，强调对知识信息的理解掌握;"读"指的是揣摩，目的在于学习文字表达技巧，重在文字的玩味、赏析。"阅"的对象重在内容，"读"的对象重在形式。"任何书籍，都可以有两种说法，如果就内容说，只阅可以了，如果当作语言文字来看，那末非读不可。"[①]一本书是阅还是读，就看读者怎么想了。

为了直接提高写作能力，我们应该强调"读"。也就是说要强调精读，要用揣摩的方式去读，体会词句的情味，学习文字表现技巧。

同时我们要注意到，"阅"在间接意义上仍然有利于写作。也就是说，略读可以拓宽视野，增长见识，这些大略的知识既是我们生活需要的常识，也是我们写作需要的营养。

阅读各类作品包括新闻作品与文学作品，树立阅读中的写作意识，在阅读中学习写作，丰富自己的语言，吸收写作的养料。

新闻学专业的学生应该养成读书看报、阅读新媒体内容的习惯。在阅读优秀新闻作品的过程中，学习人家是怎样进行写作和报道的。在读到拙劣的新闻稿件的时候，就要提醒自己以后不要犯类似的错误。在阅读优秀文学作品的过程中，提高自己的语言修养。新闻写作与文学创作不是一回事，但其中的文字道理是相通的。

阅读有关写作、语法、修辞和逻辑方面的书籍是很有必要的。现代汉语是我们写作的工具，要努力学习现代汉语知识，避免犯低级的语法错误，扎实的汉语基本功必将使你受益无穷。查字典可能仍然是你经常要做的功课，案头应该放一本《现代汉语词典》，无论是在阅读中还是在写作中，一旦遇到拿不准的字词，就要马上查找。你也可使用在线词典查找字词，非常便捷。

3. 每天都要写点什么

"文章读十篇，不如写一篇"，要想提高新闻写作技能，就要多写多练。不要把写作练习当成苦差事，要培养对写作的兴趣，想一想"写作是你生命中无价的技能"这句话，多么美妙啊!

写作基本功的训练是一门慢功夫，想要提高自己的写作能力，就必须坚持写作。李普曼是西方新闻界一位声名显赫的人物，被称为"专栏作家的首脑""首屈一指的无冕之王""白宫的谋士""华尔街的智囊"，他一生著述很多，耶鲁大学还专门设置了一个李普曼阅览室，用以收藏他的作品。李普曼在哈佛大学读书时，实用主义哲学家威廉·詹姆斯教授教育他不管是否愿意，也不管有没有东西可写，每天都要写至少一千字的文章。[②]

---

① 夏丏尊.怎样阅读 [M]// 夏丏尊，叶圣陶.阅读与写作.长沙：岳麓书社，2012：15.
② 林珊.李普曼 [M].北京：人民日报出版社，1995：1-3.

叶圣陶主张"写作材料应以自己的经验为范围"[1]，这是很有道理的。在我看来，"经验"就是指作者经历、体验过的事情，是作者真正认知理解了的事物。我们写文章，应该写自己能够把握的东西，写我们经历、体验到的事物，写我们心中想说的话。这样一来，就能一吐为快，写作就会变成一件令人感到愉快的事情。这是一种顺应自然的写作态度。

我们不能铺下一张白纸，或是打开电脑，为一个远离我们生命体验的题目而洋洋洒洒写下去。因为我们不可能写好那样的题目，我们没有写作的资格。我们在写那样的题目的时候，只能瞎编，这是不自然的，也是不人道的，会使我们受尽折磨。

我们要写的东西有很多，一些学生喜欢推脱，找出种种借口不去写作。这种态度是很有问题的。每天的生活看似平淡却蕴含着新的可能性，即便是再普通的生活，每天也总有不一样的地方。我们每天都会接触到新的人、事、物，这些都是我们写作的素材。而我们每天的情绪和感受也会不断变化，给我们提供丰富的写作灵感。值得写的东西实在太多了。我们应该有一颗敏感而又积极的心，并有很强的写作执行力。否则，只能在推脱抱怨中蹉跎时光。

叶圣陶说写作材料都是源于整个生活，"整个生活时时在那里向上发展，写作材料自会滔滔汩汩无穷尽地流注出来"[2]，这就提醒我们应该注重生活经验的积累，做什么事情都要认真对待，深入体验生活，从中汲取写作灵感。记者的采访也是深入生活的一种方式，闭门造车是写不出好文章的。

每天都要写点东西，贵在坚持，几年下来你的写作能力一定会有不小的提高。写日记是一个好的办法。写日记虽然不是写新闻，但写日记培养出的写作能力是新闻写作所必需的，一旦这种写作能力培养出来了，新闻写作技能的提高也就相对容易得多了。不要受日记形式的限制，偶尔一天没写也不要太难过。可以两三天写一篇，也可以一天写几篇，但一定要坚持下来。最后成功的人就是那些能够坚持下来的人。

快乐写作的诀窍是把你的作品拿给别人看，包括你的日记，从你的朋友或家人那里获取积极的反馈："写得很有意思！""写得挺幽默！"你会从这样的反馈中获得鼓励，体会到写作的快乐，你会对写作越来越感兴趣，越来越有信心。所以，你要用一种开放的心态对待你的写作，乐于分享你的文字，你会从分享中获得更大的动力。

学习从模仿开始。要模仿优秀新闻报道的写作思路、语言风格、结构方法，然后撰写自己的新闻作品。学习之初不要试图去"创新"，严格的技术训练，遵循一些所谓的写作技术常规，远比自己盲目"创新"强得多。

对于初学新闻写作的学生来讲，对老师布置的新闻报道任务应该认真完成。老师也应该及时对学生的作业进行修改，并将意见反馈给学生。学生应该做一下对比，琢磨琢磨老师的意见，看看自己的差距在哪里。媒体工作经历很重要，初为记者的人一定要认真研究

---

① 叶圣陶.写作什么 [M]// 夏丏尊，叶圣陶.阅读与写作.长沙：岳麓书社，2012：22.
② 叶圣陶.写作什么 [M]// 夏丏尊，叶圣陶.阅读与写作.长沙：岳麓书社，2012：25.

经编辑修改发表后的稿件。比较一下自己原来写的稿件与发表后的稿件有什么区别，编辑修改后的稿件好在哪里，提醒自己以后避免使用那些低劣的表达方式。

第二节　寻找新闻

新闻工作具有创造性和时尚感，能够给记者带来成就感。记者在新闻现场采访奔波，忙于提问、记录、拍照、摄像，需要很强的服务意识和全身心投入，也很辛苦，如图 1.2 所示。记者的工作从寻找新闻开始。寻找新闻需要记者具备新闻敏感，掌握充足的新闻线索，善于运用新闻价值标准衡量事实。记者报道新闻则需要选好新闻角度，凸显新闻价值。

图 1.2　报道世界海洋大会的记者

一、新闻敏感与新闻线索

1. 培养新闻敏感

新闻敏感是记者敏锐感知和判断新闻的能力，记者应该从以下几个方面加强对新闻敏感的培养。

（1）要有读者意识，关注百姓疾苦，关注读者感兴趣的问题。要善于设身处地，懂得换位思考。

（2）要深入社会基层，丰富生活阅历，保持对各种事物的好奇心。

（3）加强对新闻专业知识的学习，熟悉新闻价值规律，注重对各种知识的积累。

（4）持续关注媒体的新闻报道，注重反思，从新闻收受过程中寻求启发，从新闻实践中加强自我新闻教育。

（5）保持职业警觉，时刻采用新闻职业眼光审视世界。

2. 寻找新闻线索

新闻线索是引导记者寻找和发现新闻的初级信号，也是记者采写新闻的前提，没有新闻线索，记者就无从采写新闻。

新闻线索的评估主要从以下三个方面展开。

（1）及时。新闻线索提供得及时与否，是区分新闻与旧闻的重要指标。

（2）可靠。可靠是指新闻线索值得信赖，它是确保新闻真实的关键。要评判线索来源的权威性、是否值得信赖，线索内容的合理性与逻辑性，并从多个侧面、多个来源核实，综合判断新闻线索是否可靠。

（3）新闻价值。线索有新闻价值才能真正被称为新闻线索，这样的线索才值得继续关注和挖掘，才值得报道。

新闻线索的来源主要包括以下几个方面，记者应该多加研究和关注。

（1）各种会议和新闻发布会。

（2）领导人的讲话。

（3）各种文件。

（4）读者来访、热线电话、即时通信工具、电子邮件、网络论坛等用户提供线索的渠道。

（5）新闻线人。

（6）通讯员队伍。

（7）亲朋好友。

（8）已经转型发展的传统新闻媒体。

（9）自媒体、社交媒体、短视频平台等各类网络渠道。

（10）记者自身的社会观察和经历。

3. 读者的重要性

没有读者，我无法写作。这简直像极了接吻——一个人可不行。

——美国现代小说家　约翰·契弗

判断新闻价值的一个重要因素是要考虑针对什么样的读者去做报道，记者首先必须站在读者的角度思考报道问题。

一条新闻对一些读者来讲可能很重要，而对另外一些读者来讲可能就没那么重要。

对于大学生来讲，食堂停止营业是新闻；对于大部分市民来讲，大学食堂停止营业就不是新闻。

幼儿园新生入学的报道容易引起年轻爸妈们的关注，但是大学生可能对这样的新闻就没有多少兴趣。如果你的服务对象是幼儿父母，那么你就可以报道幼儿入学哇哇大哭的情景，这样的新闻也会牵动不少家人的情感。但对于其他人来讲，这样的新闻可能就没太大意思。

记者在写作之前必须熟悉自己的读者。我们心中应该常有读者，要经常问一问："我的读者是谁？我的读者对这条新闻感兴趣吗？"

新闻有相对性，也有普遍性。新闻的相对性表现在特定人群对特定信息更为关注，新闻的普遍性表现在普遍人群对新闻热点的强烈信息需求。我们除了关注特定读者的信息需求，更要关注普遍人群对热点事件的信息需求，要善于捕捉高价值新闻线索，提升新闻产品的传播力、影响力。

足够数量的读者对新闻的关注会形成舆论。能引发舆论，说明新闻具有强大的传播力和影响力。好新闻引发舆论，舆论成为检验新闻报道的重要指标。舆论的发生是用户创造内容的过程，舆论促进新闻的传播，学习和研究新闻学要关注舆论。新闻为读者服务，要反映舆论，回应舆论。舆论的引导依靠新闻：一是新闻报道，二是新闻评论。新闻报道提供事实，事实胜于雄辩；新闻评论表明态度，用合理的观点引导读者认识。新闻与舆论是紧密结合在一起的，新闻通过舆论发挥作用，促进社会进步，赢得读者尊重。

二、用新闻价值标准衡量事实

在对新闻事实进行专业判断的过程中，记者主要依据新闻价值标准加以权衡。

价值的本来含义是作用，它是指客体对主体的作用。新闻价值则是指新闻客体对新闻主体的作用，也即事实——事实信息的属性在新闻传播意义上对新闻收受主体（读者、观众、听众、用户）的作用。更具体地讲，新闻价值是指事实信息满足读者新闻需求的情况。事实信息能够满足读者的新闻需求，它就具有新闻价值，值得报道；不能满足读者的新闻需求，则不具有新闻价值，不值得报道。

事实能否满足读者的新闻需求从而成为新闻事实，关键要看事实是否具有以下论述的新闻价值属性：时新性、重要性、显著性、接近性、趣味性。事实所具备的新闻价值属性越多越充分，就越能满足读者的新闻需求，其新闻价值也就越大，越能够引起人们的关注，越容易被报道。

1. 时新性

时新性指的是时间上的新近性，事实发生和公开报道之间的时间差越短，新闻的时新性就越强，新闻价值就越大。

"时新性"所处的层次要比其他所有的新闻价值属性更高，它是新闻得以成为新闻的前提，一个事实只有具备了时新性才有可能成为新闻。甚至我们可以说，一个事实具备了时新性，再加上接近性、显著性、重要性、趣味性中的一个属性，这个事实就可以被称为新闻事实，就有被报道的可能。

真实是新闻的第一生命，时新是新闻的第二生命。从这个意义上看，记者应该及时快速地报道新闻，以保证其得以成为"新"闻。

2. 重要性

重要的事情本身大都有新闻价值，重要性即影响力，"重要性体现在对人的影响上"[①]。可以从以下两个方面来判断某一事实的重要性。

（1）影响的范围。这一事实影响到一个学校、一个城市，还是一个国家？影响的范围越广，影响的人越多，这一事实的重要性就越强。

（2）影响的程度。一场地震是仅有震感，仅有个别房屋损毁，还是让居民丧命？影响的程度越深，事实的重要性也就越强。

对国计民生影响越大，事实就越重要，就越具有新闻价值。2009 年 9 月 4 日，国务院办公厅发布了《国务院关于开展新型农村社会养老保险试点的指导意见》，决定从 2009 年起开展新型农村社会养老保险试点，中国农民 60 岁以后能享受到国家普惠式的养老金。这件事情所体现的新闻价值属性就是重要性，因为它关系到亿万农民的福祉。

新农保是继农业税取消、农业直补、新型农村合作医疗等政策之后的又一项重大惠农政策，有了养老金，中国农民的老年生活才算是真正有了保障。面朝黄土背朝天的中国农民以后也能像城市人那样领取"退休金"了，这件事情关系到全国农民的切身利益，是国家与社会的进步，体现了决策者以人为本、执政为民的全新理念，意义重大。

新闻价值属性之间往往存在某种联系。有时候，重要性、接近性、显著性等新闻价值属性不过是从不同角度对新闻事实所做的一种衡量与表征。一个事实具有重要性，从另一个角度看可能也是因为这个事实关系到更多人的利益，它具有与更多人的利益上的接近性，所以才显得重要。另外，重要的事情往往也是显著的。

3. 显著性

显著的本义是"非常明显"，作为新闻价值属性的显著性，是指新闻事实构成要素知名度高、不同寻常、很重要或很明显。有名声、具有特殊才能的人，有权势地位者本身就具有显著性；一些不同寻常的事情更能吸引人们的注意力，具有更强的显著性；一些特殊的时间和空间具有不同的意义，同样的事情发生在特定的时空中，会产生更为强烈的效应，这样的时间和空间也具有显著性。

事件的参与者知名度越高，新闻价值也就越大。发生在名人身上的事情，更容易被关注。2010 年 11 月 26 日，美国时任总统奥巴马打篮球时，一名球员肘部不小心撞到奥巴

---

① 吴晨光. 超越门户：搜狐新媒体操作手册 [M]. 北京：中国人民大学出版社，2015：16.

马的嘴唇。白宫医疗小组为奥巴马缝了12针。"美国总统奥巴马打篮球受伤嘴唇被缝12针"的消息被媒体广泛传播。

小布什吃饼干噎着了，新闻媒体也很关注，连厂商都跟着炫耀他们的饼干是"噎到总统的饼干"，牛得很。若是刘老师吃饼干噎着了，新闻媒体就没有这么大的兴趣了。

4. 接近性

事件发生的地点离读者越近，新闻价值越大。唐山举办陶瓷博览会，当地老百姓可能会比较关注，但是临沂的读者可能就不太关心这件事。接近性除了指地理上的接近，还包括年龄上的接近、利害上的接近、思想感情上的接近等。

让新闻离你的读者近一些是报道新闻的有效方法。新闻本地化或者说采用本地视角报道新闻，可以在很大程度上拉近读者与新闻的距离。

罗伯特·赫利尔德举过一组例子[①]，如果你要报道全国失业率从5.5%上升到5.8%的新闻，你可以直接给出数据：

今天在华盛顿地区公布的劳动局的月度报表显示：10—11月失业率增加了0.3个百分点，从5.5%上升到5.8%。

好的撰稿人会做一下计算，讲得更具体一些：

根据劳动局的最新数据统计，同上个月相比，又有30多万人失去工作。美国失业率从5.5%上升到5.8%，到目前为止，美国估计有780万人失业。

采用本地视角的撰稿人会告诉你本城有多少人失业：

目前全国失业率从10月的5.5%上升到了11月的5.8%。中心城市的比率从5.6%上升到6.1%，本城估计将有2.4万人失业。

5. 趣味性

能够表现人的情感、具有趣味性的事实，往往具有新闻价值。一个事件有时候并不一定多么重要，但是它也能引起人们的关注。看看下面这些新媒体内容——"宝贝杏树被修剪，98岁父亲要揍68岁儿子"，68岁儿子不承认自己修剪了杏树，气得98岁父亲要收拾他，网友纷纷调侃刚68岁就敢跟长辈犟嘴，这要是长大了还得了；"八旬儿子拿百岁妈妈钱包结账"，八十多了还啃老，也是一种幸福；"躺着装死就可以陪孩子玩一天，你信不信？"，对付熊孩子的怪招，既有趣又实用。这些新闻其实都不具有重要性，其主要新闻价值属性体现在趣味性、人情味方面，这样的内容能够给读者带来乐趣，调动读者情绪，很受读者喜爱，读者也很愿意分享，点击量往往很高。

媒体经常报道的一些动物故事，很多是由于趣味性或人情味在起作用。"猪坚强"是

---

① 罗伯特·赫利尔德. 电视广播和新媒体写作 [M]. 谢静，等译. 北京：华夏出版社，2002：123.

一头经历了四川地震劫难的猪，它被埋在废墟下 36 天，仍然坚强地活着。人们很受感动，就让它住进了博物馆。这个故事主要体现的就是新闻价值属性当中的趣味性或人情味。

2008 年汶川大地震时，成都彭州市龙门山镇团山村一头大肥猪被埋到废墟下，一埋就是 36 天。6 月 17 日，成都军区空军某飞行学院战士将这头猪刨出来，它还活着。

人们觉得这头猪很坚强，许多市民、网友都为这头坚强的猪而感动，呼吁不要把它变成美味。把猪救出来后，主人给它喂食，这头猪还流下了泪水。主人认为它好像通人性，很感动，也舍不得杀它，但他们没能力把猪养下去。

建川博物馆馆长樊建川用 3008 元将这头猪买下来，给它取了小名"36 娃儿"，大名"朱坚强"。后来考虑到有可能伤害到姓朱者感情，遂改名为"猪坚强"。樊建川也是个有故事的人，曾任第三军医大学教师、宜宾市常务副市长，后来为了收藏爱好而辞官下海，进行了倾家荡产式的抗战博物馆建设。

"猪坚强"从此住进了博物馆，得以颐养天年，免遭被屠宰的命运。建川博物馆还捐了 1 万元资助猪主人家恢复生产生活。

《成都商报》记者专门对"猪坚强"的事迹做了采访，四川在线等各大网站也都做了报道，一时"猪坚强"成为人们关注的焦点，被人们热议。

一家从事音乐产品策划制作的文化传播公司组织人员为"猪坚强"写了歌词，谱了曲，并安排歌手演唱歌曲《猪坚强》。"猪坚强"的音乐作品还被制成了动画片和手机铃声，可以通过网络下载。《猪坚强》歌曲旋律优美，具有励志色彩：

你膘肥体壮的确有点儿胖，憨头憨脑日子过得很坦荡。你的肚子吃得像个大粮仓，不管好的坏的都往里面装。

你生在叫天府之国的地方，如果去选美真的很不漂亮，可是当灾难突然从天而降，你创造的生命奇迹叫坚强。

像猪一样的坚强，积蓄更多的能量，在绝境中把最美的梦想守望，不会害怕不会慌张。

像猪一样的坚强，拥有平凡的力量，让死神在无奈中去仓皇逃亡，决不退缩决不投降。

博物馆为"猪坚强"修建了一所 50 多平方米的生态猪舍，保险公司为"猪坚强"购买了意外伤害保险。

新希望集团派出畜牧兽医专家为"猪坚强"义诊，为其提供终身免费医疗服务。新希望集团董事长刘永好还决定，免费提供"猪坚强"一辈子的动物营养、饲料和防疫。"猪坚强"爱吃空心莲子草，饲养员采来草之后，还把枯草拣出去，用开水烫死草上的寄生虫才给它吃。

"猪坚强"在博物馆上班，与参观者合影留念，每天散散步，别无他事。2010 年 6 月 17 日，建川博物馆还为"猪坚强"举办了新生两周年庆典。"猪坚强"沐浴之后，第一次吃到了美味的生日蛋糕。"猪坚强"胃口很好，3 分钟就吃完了。由于长期养尊处优，"猪坚强"

体重增长很快。2016 年的时候，"猪坚强"接受了正式减肥，将体重控制在 400 斤以内。

自 2008 年以来，网上时不时有"猪坚强"的信息出现。许多游客跑到建川博物馆一睹"猪坚强""芳容"，"猪坚强"也因此见过很多世面，与歌唱家李谷一、主持人敬一丹、日本建筑师矶崎新"会晤"过。包括《新京报》、澎湃新闻在内的诸多新闻媒体刊发过"猪坚强"的特稿，如《成都商报》刊发了《从不挑食的乖娃娃，36 天活在废墟下》，《龙门阵》杂志刊发了《"猪坚强"红遍全网的台前幕后》，新华网刊发了《"猪坚强"庆祝重生 2 周年》，《新京报》刊发了《原主人时隔 3 年再次探望猪坚强：它像我们的亲人，希望能活久一点》，澎湃新闻刊发了《汶川地震十三周年：回忆未曾忘却，"猪"依然"坚强"》。

2021 年 6 月 16 日晚 10 时 50 分，"猪坚强"的生命走到了尽头。次日，樊建川在微博发布消息："昨晚，14 岁多的猪坚强，因年迈衰竭而往生了。"许多媒体再次发布纪念文章，如澎湃新闻《"猪坚强"走了：震后猪生 13 年》《新京报》"重案组 37 号"《告别猪坚强》、封面新闻《14 岁猪坚强离世，相当于人类百岁！饲养员：它的坚强是真实的》。"人物"公众号刊发《一只名为"坚强"的猪的一生》，网友纷纷留言："这不仅是一头猪，'猪坚强'已经成为一个符号，是那场灾难一抹感动的记忆。""我竟然会为了一头猪流眼泪。""活出了精彩的猪生！它带着大家的期望，我们都知道，'猪坚强'尽力了。""每次看到'猪坚强'的故事都很感动。"

三、注意新闻价值标准的变化

新闻价值判断系统的构成要素并不是一成不变的，随着社会时代的发展，新闻价值标准也会发生微妙的变化。

美国学者的定量研究表明，自 20 世纪 90 年代以来，新闻价值判断系统的构成要素正在向三个区域集中，即：关联性——新闻与读者切实利益的密切程度，实用性——新闻对读者改变自身的现状是否具有实际的借鉴和指导作用，趣味性——新闻能否满足人们普遍拥有的好奇心。人们在收受新闻的过程中，更加追求实效了。

本书作者的一项抽样调查支持了这一结论[①]，调查数据显示，有趣、有用、重大、相关等信息特征最受用户青睐，约五成被调查者对具有上述特征的信息有转发偏好，远远高于其他价值属性。

同时，媒体的关注重点和关注范围也在不断地发生变化，"报纸从对于政府执政的重点关注、对特殊事件做出回应，转变到对于公众生活的方式和潮流的更宽范围的理解，不仅关注政治，而且关注科学、医药、商业、体育、教育、宗教、文化和娱乐。"[②]一些"生活方式新闻"、实用新闻、普通人的故事都是很难以传统新闻价值标准来衡量其新闻价值

---

① 刘冰. 融合报道用户意见解析 [J]. 青年记者，2014（7）：30-31.
② 伦纳德·唐尼，迈克尔·舒德森. 美国新闻业重构[J]// 人大报刊复印资料. 新闻与传播，2010（4）：65.

的，可是随着时代的发展，新闻价值标准也在相应发生变化，新闻报道的范围也在变得更加宽泛。

四、选择新闻角度

1. 如何理解新闻角度

新闻角度是挖掘和表现新闻事实的切入点和侧重点，选择角度的目的是凸显事实的新闻价值，增强吸引力。

角度的选择就是事实的选择，选择不同的角度，就是选择不同的事实，突出不同的事实。角度的选择反映了记者的兴趣和对新闻价值的把握。

新闻角度的选择有利于实现新闻价值的最大化。角度选得好，会凸显新闻价值，让读者产生阅读兴趣；角度选得差，则会掩盖新闻价值，让读者失去阅读兴趣。好的角度具有以下特征：

（1）让新闻有个性，不落俗套。

（2）尽可能清晰明了地揭示新闻本质。

（3）有趣味。

（4）接近读者，让读者关心。

说到底，让读者满意才是好的角度。所以，我们在选择新闻角度、报道新闻的时候必须研究读者，真正从读者需求出发，满足他们的需求。

2. 选择角度的方法

选择角度需要挖掘事实，不可满足于了解表面概况信息，而要全面地占有材料，深入研究材料，做足前期功课，善于思考，善于寻觅和发现。关于角度的选择方法，本书作者想强调以下几点：

（1）凸显新闻价值。选择新闻角度要本着凸显新闻价值的原则，想尽一切办法，找到最能凸显新闻价值的角度。

（2）与读者联系起来。找到事实材料中与读者具有"接近性"的内容，比如时间、地域、心理、年龄、职业、利益等，将报道与读者联系起来，引起读者的关注，提供读者关心的内容。

（3）找到新材料。对于类似反腐败、高考、春运等年年都要报道的新闻话题，必须找到新的事实、新的变动，要与以往的报道有所区别。以这些新材料为切入点，这样选择新闻角度才会给人以耳目一新的感觉。

（4）切入口要小。对于宏观题材的报道，应该从小处着手。小，是指具体的事例、情节、细节或逸事。从小的角度入手，报道会更加形象，更容易被感知。

第三节 新闻要素

我有六个忠实的仆人，

我所知道的一切都是他们教我的；

他们的名儿是何地、何事和何时，

以及如何、为何和何人。

——英国诗人 吉卜林

新闻要素是构成新闻的基本成分，是把新闻事实弄清楚的最起码的条件。新闻的六要素是"六何"，即何时（When）、何地（Where）、何人（Who）、何事（What）、如何（How）和为何（Why）。叙述一件事情，如果交代清楚了这六要素，听者也就明白了事情的来龙去脉、前因后果。新闻报道中交代好了这六要素，也就基本满足了读者的新闻欲求，一条新闻也就算是写得比较完整、清楚了。

此外，对新闻要素的认识至少还可以延伸到下列几点：

（1）消息、特稿与深度报道的区分。相对而言，消息重在展现"何事"要素，特稿和深度报道重在对"如何""为何"等要素进行挖掘。

（2）导语的写作。新闻要素的知识有益于导语写作技能的掌握，有助于我们寻找并迅速抓住新闻点，让我们明确不同的新闻要素在什么情况下应该加以强调。

（3）采访中的提问。用新闻要素作为提问的关键词，可以促使被访者回答得更为具体明确，而不是笼统含糊。

新闻六要素的地位并不完全相同，可以将其分成两大类：一类是标识要素，另一类是中心要素。标识要素包括何时（When）、何地（Where）、何人（Who），中心要素包括何事（What）、如何（How）、为何（Why）。下面让我们一同走近这"六个忠实的仆人"，看一下新闻六要素有哪些写作要点。

一、标识要素

标识要素标明新闻事实的实在性，何时（When）、何地（Where）、何人（Who）这三个新闻要素的功能"实质上就是对事实真实性所作出的一种标识，是对事实实有性的确定"[①]，标识要素明确，新闻就会给人以真实感，标识要素不明确，新闻就会给人以不可信

---

① 郭光华. 新闻写作 [M]. 北京：中国传媒大学出版社，2006：108.

的感觉。

1. 何时（When）

新闻报道中对时间要素的交代一般要写到"某月某日"，而不能写到"某年某月"。如果报道某协会召开常务理事会的消息，以下写法是不妥的："2009 年 8 月，某某协会召开了第四次常务理事会。"应该交代到具体哪一天："8 月 12 日，某某协会召开了第四次常务理事会。"

关于时间要素的运用，以下两点值得强调。

1）最近时间点

新闻写作选择的时间要素通常是指新闻事件发展过程中的一个时间点，这个时间点应当是距离报道时最近的时间点，或者是读起来感觉很近的时间点。

当报道的新闻事件时过境迁，记者必须努力寻找挖掘"今天"或"明天"的新闻依据，寻找时间上的"最近点"。

可以采用披露新闻来源的方法，在新闻事件之外寻找"最近时间点"。比如，"美国大使馆一位不愿意透露姓名的官员今天说"这种写法强调了"今天"，增强了形式上的时新性。但这种方法不可滥用，记者不能总是依赖消息来源"今天说"来增强时新性，而应该聚焦新闻事实本身。

大多数情况下，不用刻意在导语中突出"何时"要素。尤其当新闻时效性没有明显竞争力时，就更要尽量不在导语中透露"何时"要素。如果时间要素变得非常特殊，或者事实发生的当日就做报道，新闻的时新性优势特别明显，则应该强调时间要素。

2）非同寻常的时间段

也可以采用预报新闻的方法。比如当事双方签署合同，政府发布相关规定，而记者又错过了报道这些活动的第一时间，采用"到某年某月某日，将会发生什么样的事情"这样的套路，能够使这样的新闻在很长一段时间里保持有效性。

有的时候，非同寻常的时间段具有较高的新闻价值，读者往往会比较关心，也应该在新闻中加以突出。

北京市政府在 7 月 13 日发布了《关于 2008 年北京奥运会残奥会期间实行错时上下班有关工作的通知》。如果记者错过了最早的报道时机——北京市政府发布通知一事已经时过境迁，但是还能赶在 7 月 20 日前做报道的话，通知发布的时间就应该弱化，而应该强调核心新闻内容的时间要素："从 7 月 20 日到 9 月 20 日，北京将实行错时上下班，大型商场每天上午 10 时开始营业。"

2. 何地（Where）

2008 年 5 月 12 日，四川汶川发生大地震。下面这条新闻中，"四川省阿坝藏族羌族自治州的汶川县"作为"何地"这一新闻要素得到了突出：

新华社成都 5 月 12 日电　北京时间 5 月 12 日 14 时 28 分，四川省阿坝藏族羌族自治州的汶川县发生 7.8 级地震，目前汶川的电话联系暂时中断。

地点要素的交代要具体，就像上面这条新闻将地点具体到"四川省阿坝藏族羌族自治州的汶川县"，试想如果将地点改为"四川""中国"甚至"地球"，那读者看了之后该有多郁闷啊！

大多数情况下，"何地"是一个不可缺少但并不是最重要的新闻要素，很多情况下也无须在导语里交代。只是在以下几种情况中，何地要素要显得重要些：

（1）当何地要素变得具有主体性时，人们对何地要素会具有更迫切的新闻欲求。如报道发生大地震，读者就会急于知道地震到底发生在什么地方。

（2）预报即将发生事件的地点。

（3）强调地理上的接近性。

3. 何人（Who）

"何人"要素是指新闻事实的施动主体，可以是一个人、几个人或某一类人，也可以是国家、组织或机构团体，甚至可以是其他某种事物。

读者往往对人非常感兴趣，读者关注新闻，实际上很多时候是在关注新闻中的人物命运。优秀的新闻报道尤其注重人的因素。人，有血有肉的人是新闻报道的一个十分重要的力量源泉。

知名人物的姓名应该在导语开始部分直接写出来，如：

美国哥伦比亚广播公司传奇新闻工作者迈克·华莱士刚刚去世，享年 93 岁。

（美国福克斯新闻网，2012 年 4 月 8 日报道）

非知名人物通常不强调其姓名，而是首先用年龄、职业、地点、性别或其他修饰成分来表明这个人的身份，在下一段再讲出其姓名。下面的例子展示怎样优先交代身份而延缓姓名的出现：

美国加利福尼亚州一所基督教职业大学发生枪击血案，一名 43 岁的韩裔男子在教室突然开枪扫射，造成 7 人死亡、3 人受伤。

犯罪嫌疑人吴温（OneGoh，音译）曾是该校的学生。4 月 2 日血案发生一小时后，这名男子在超市向工作人员承认自己杀人，后被闻讯赶来的警方逮捕。

（本书作者改写，2012 年 4 月 4 日）

在介绍人物身份的时候可以采取以下几种方式：

（1）职业：如哈萨克斯坦总统战略研究所首席研究员、中国问题专家瑟罗耶日金教授。

（2）职务：如某某市市长。

（3）人际关系：如萨达姆的女儿。

（4）住址及姓氏：如家住龙福里的孙女士。

（5）年龄：如下列新闻标题介绍了人物的年龄，《60岁儿子喝酒晚归被85岁母亲提鞋"教育"，边笑边跑》[①]。

（6）籍贯：如两名山东籍员工。

（7）种族：新闻报道一般不刻意介绍人物的种族，但报道内容同种族密切相关时除外。在做犯罪报道时，更不能有意突出犯罪嫌疑人的种族、肤色特征，不要使用"某某族歹徒"的说法，可以直接使用"歹徒"。

二、中心要素

中心要素是指在新闻报道中处于中心地位，并构成新闻报道主信息的新闻要素，包括何事（What）、如何（How）、为何（Why）这三个具体的新闻要素。标识要素的处理相对简单，通常不会花费记者太多的时间和精力，记者通过询问受访者即可掌握相关情况，写作的时候也不用绞尽脑汁，只要如实呈现出来即可。中心要素的处理却要复杂得多，记者需要付出更多的努力去挖掘，花费更多的时间和精力方可完成写作。标识要素的处理更为客观，中心要素的处理与每个记者的认识有关，"可能会因记者的观察角度而有所差异"[②]。

1. 何事（What）

"何事"是居于新闻要素中核心地位的要素，它的独立性要比其他几个新闻要素强得多。单有"何时"（如今天早上）、"何地"（如天安门广场）、"何人"（如马英九）、"为何"（如只因为淘气被妈妈责骂了几句）和"如何"（如至今下落不明），是很难成为一条新闻的。新闻是对事实的报道，"何事"这一新闻要素虽然也需要其他新闻要素的配合，但它的独立性要强得多。发生新闻时，人们一般都是先问"什么事（发生了什么事情）"，而不是先问其他要素。

下面这条新闻突出了何时（7日）、何人（中华人民共和国邮电部）和何事（畅谈感想，建议与台湾邮电部门通邮通电）：

中华人民共和国邮电部7日召开座谈会，畅谈对人大常委会《告台湾同胞书》的感想，积极建议与台湾邮电部门通邮通电。（新华社，1979年1月8日英文电讯稿）

其实，读者最感兴趣的只是何事（建议与台湾邮电部门通邮通电）这个要素，其他要素新闻价值要小得多，值得强调的应当是"建议与台湾邮电部门通邮通电"这一个"何事"要素。看路透社是怎样改写的：

---

① 60岁儿子喝酒晚归被85岁母亲提鞋"教育"，边笑边跑[EB/OL].（2020-10-25）. https://mp.weixin.qq.com/s/tJXamxFoS3m8pzGgHqcg0w.

② 郭光华. 新闻写作[M]. 北京：中国传媒大学出版社，2006：109.

据新华社今天报道，北京已建议就恢复台湾与大陆之间的通邮通电的业务问题进行商谈。（路透社）

2. 如何（How）

"如何"是指一条新闻的发展过程、情节的展开或新闻细节。"下面的情景是每个人都会遇到的：当有人简明扼要地述说完一条有趣的新闻以后，周围的人便会急切地追问：具体情况怎样？再细说一下。这里的'具体情况'就是如何要素。"[①]

《纽约时报》2012年12月20日推出的融媒报道《雪崩》（Snow Fall），采用医生的鉴定语言，对滑雪运动员杰克死亡的具体情况做了披露。"杰克的死因——硬膜下内出血、蛛网膜下内出血，动脉部分破裂，脖子断裂、脊椎断裂、胸骨断裂、肋骨断裂，肝脏撕裂、脾撕裂、胰腺撕裂，躯体不全、手足不全。"虽然这句话开头讲的是"杰克的死因"，但其实更多地描述了杰克遭遇雪崩后身体受到了怎样的伤害，针对的是"如何"这一新闻要素，其语言简洁而又令人感到惨痛。

"如何"要素通常都放在正文里面详细叙述，但是为了表达的顺畅和增加信息量，如果"如何"要素特别吸引读者，也可以放在导语里面加以强调。下面这条新闻的核心事实是普京赢得总统选举，导语对普京得票率等"如何"要素进行了强调：

新华社莫斯科3月18日电（记者陈汀　刘恺） 据俄罗斯中央选举委员会当地时间18日凌晨发布的数据，在俄总统选举统计完成的85%选票中，现任总统普京以87.19%的得票率大幅领先其他候选人，实际已经赢得此次总统选举。

（新华网，2024年3月18日）

3. 为何（Why）

"为何"指向新闻发生的原因——新闻为什么会发生？为何会有那样的行为或现象？读者在了解了"何事""如何"等信息后，通常会对事件发生的原因感到好奇和困惑，需要记者答疑解惑。记者只有讲清楚了"为何"，才能真正消除读者的疑惑，新闻报道的任务才算真正完成。

新闻原因的解释要依赖事实和知识，而不依赖空洞的说教和抒情。空洞的说教和抒情徒有解释的外表，却很难找到真正的原因所在。事实和知识是客观材料，用来解释原因更有说服力。新闻之所以发生往往是由于新闻表象背后事实的推动所致，新闻是事实，原因也是事实，记者应该善于挖掘新闻背后的事实，学会用事实来解释事实。

人类有强烈的好奇心，对很多事情都喜欢问"为什么"。有的抖音账号专攻"为何"要素，吸引粉丝高达数百万之众，获赞高达数千万之多。看看下面这些"为什么"问题多

么吸引人，你是不是也想知道答案：海底的泥沙那么松软，为什么船锚还能固定住轮船呢？为什么人们只吃鱼翅而不吃鲨鱼肉呢？为什么河流都是弯曲的？宝马汽车的轮胎为什么没人偷？用电鳗电电鳗，为什么电鳗不会被电死？飞机机翼那么薄，为什么还要把油箱放在上面呢？

　　一般情况下，"为何"要素是比较复杂的新闻要素，远不是一两句话就能说透的。尤其对于一些复杂的事件，新闻背后的东西错综复杂，要想真正揭开新闻发生的原因并不是件容易的事。这就要求记者：一是在采访的时候要深入调查研究；二是在下笔的时候要谨慎，写作要有责任心。

思考与训练

第二章

新闻报道理念

新闻记者要秉持真实、客观、公正、可读的报道理念，为公众提供高品质新闻产品。真实是新闻的底线，不可跌破。我们不能将作为新闻理念的"客观"理解成客观世界的"客观"，客观理念并不是指记者价值观念的取消，而是指新闻报道操作的规范化取向。公正理念要求我们重视新闻职业伦理，采用平衡报道手法，选择恰当的报道框架。可读理念指导我们心中有读者，为读者提供阅读体验更好的报道。

第一节　真实

微信公众号"至道学宫"刊发文章《濒死：美国沉没》，称美国把新冠死者的尸体做成冻肉，给其他美国人吃掉了。这样脑洞大开地传播惊悚谣言，已经远远超过了"批判美国"范畴，真是令人错愕。文章中没有权威消息来源，依靠所谓"非常有可能的猜测"而不是确切的事实来写就，耸人听闻，反智反人类，这种内容生产的做法是极其不负责任的行为，影响很坏。

2020 年 5 月 22 日，微信平台因其发布多篇编造整合虚假信息、煽动公众情绪、误导性强的谣言文章，将公众号"至道学宫"封禁。[①]

一、如何理解新闻真实

真实是新闻报道的首要问题，真实是新闻报道的底线，不可逾越。"新闻真实是指新闻与其反映对象的符合性，符合，就是真实的，不符合，就是虚假的。"[②]新闻真实是事实

① 海阳. 起底至道学宫：主笔白云先生疑为背后公司实控人姚玉祥 [EB/OL].（2020-05-26）. http：//www.bjnews.com.cn/inside/2020/05/26/731786.html.

② 杨保军. 新闻理论教程 [M]. 北京：中国人民大学出版社，2005：144.

的真实，并不取决于人们的价值观。

1. 涉及的所有新闻要素必须真实

新闻报道必须以现实世界中发生或存在过的事实为依据，新闻的报道对象必须是客观存在的事实。新闻报道中涉及的时间、地点、人物、原因、过程、结果以及各种细节必须是真实的，而不允许所谓"合理想象"。

2. 全面地反映新闻事实变化状况

新闻报道涉及的所有事实要素必须是真实的，这还只是新闻真实的一个基础层次的要求。新闻真实的更高要求是，新闻对事实的报道或反映还应当是全面的、正确的，片面的报道是不真实的报道。如果记者的报道是不全面的，有意遮盖了某些内容，即使报道涉及的所有事实要素是真实的，但报道没有全面呈现新闻事实，没有揭示出事实的真相，仍然是不真实的。

二、新闻失实的原因

1. 目的性失实

新闻报道者明明知道是虚假消息，还是继续这样"创作"，无中生有，捏造事实，杜撰新闻，以满足自己的某种利益需要或实现某种目的。目的性失实属于明知故犯，公然欺骗读者，影响尤为恶劣。

2007 年 6 月间，北京电视台生活频道《透明度》栏目临时人员訾北佳化名"胡月"，冒充建筑工地负责人，来到北京市朝阳区太阳宫乡十字口村 13 号院内。訾北佳对制作早餐的陕西省来京人员卫全峰等四人谎称需订购大量包子，要求卫全峰等人为其加工制作。

訾北佳携带秘拍设备、纸箱和自己购买的面粉、肉馅等，再次来到十字口村 13 号院。訾北佳以喂狗为由，要求卫全峰等人将浸泡后的纸箱板剁碎掺入肉馅，制作了 20 余个"纸箱馅包子"。

与此同时，訾北佳秘拍了卫全峰等人制作"纸箱馅包子"的过程。在节目后期制作中，訾北佳采用剪辑画面、虚假配音等方法，编辑制作了虚假电视专题片《纸做的包子》播出带。该虚假新闻于 2007 年 7 月 8 日在北京电视台生活频道《透明度》栏目播出，造成了恶劣影响。

2. 技术性失实

技术性失实主要是指新闻工作者没有故意制造虚假新闻的主观动机，只是由于采访、写作、编辑等技术的局限，由于新闻工作者业务能力和客观条件的制约而造成的失实。新闻工作者或者由于未能深入调查、多方核实，或者由于欠缺相关知识、疏忽等原因造成了新闻报道与客观事实的原貌发生偏差。

杜祥琬院士谈科研评价问题，认为需要改变重数量轻质量的倾向。2009年9月17日的《中国青年报》这样引用了杜院士的话："我（老子）一生就写了一篇文章，只有5000字，现在只能算一篇论文，按照现在的学位标准可能连硕士学位都得不到。这就启发我们反思，对定量和定性的评价该如何掌握。"

读者有些纳闷：他就写了一篇文章，怎么可能评上院士？一查才发现杜祥琬院士有不少论文和著作。那他为什么这样说呢？

错误在于，引语中的"我"应为"老子"。

老子是道家宗师，他所著的《道德经》，只有5000多字。汉语中"老子"还有另外一个意思，是指含有傲慢意味的自称"我"，常用于表示气愤、开玩笑等场合，杜院士讲话里的"老子"显然不是这个意思。把杜祥琬院士说的"老子"改成"我"，就闹笑话了。

目的性失实是品质问题，技术性失实是业务能力问题，但二者的危害都是巨大的。"虚假报道影响的不只是新闻工作者和新闻媒体的声誉及信誉，更重要的是它蒙蔽、阻碍民众对生存环境真实变动状况的认识与判断，干扰、误导着人们对于自身社会行为的选择与决策。"[①]

三、新闻真实的实现

1. 坚持核实，不偏听偏信

"虽然娃儿不是你的，但媳妇是你的嘛，对不对？生娃儿都已经够痛苦了，如果说你真的爱我的话，你都不用在乎娃儿是不是你的。"网名为陈四岁的女子以孕妇形象公开征婚，她在视频中的这番言论引发广泛关注。陈四岁发布的视频显示，2024年1月7日，她挺着隆起的肚子在重庆市渝中区人民公园相亲角征婚。她拿着一张印有个人情况和征婚条件的纸张，大意是说：她32岁，未婚，无车无房，怀孕5个月；要求男方有车有房，月薪两万元以上，能对她好，视孩子如己出。

这是一条单一消息来源的视频，女子所说的话确实惊人，但我们不能轻易相信这样的视频，需要核实。自媒体解放了内容生产力，但自媒体的很多内容并不真实，一些自媒体人为了赚取流量而不惜打造虚假人设，混淆视听。

陈四岁征婚场景恰好被重庆电视台记者发现。对着电视台记者的镜头，她承认了自己造假，是拍视频，赚流量，所谓孕肚不过是装扮的。2024年1月11日，重庆市公安局江北区分局官方微博发布《警情通报》，称该女子为吸引流量、博取关注，网购假孕肚道具，

---

① 高钢. 新闻写作精要 [M]. 北京：首都经济贸易大学出版社，2005：68.

乔装孕妇自导自演相亲场景，制作有违公序良俗的视频发布到网络平台，造成不良社会影响，她已被警方依法行政拘留。

如果我们听信一面之词，未作进一步核实就将"女子挺 5 个月孕肚征婚"等类似视频当成真实信息去传播，那就滑向了新闻造假的深渊。我们不能轻信当事人的说辞，更不能降低把关的门槛，否则就会铸成大错。从事新闻工作，需要保持冷静的态度和质疑的精神，在认知判断时不能做老好人。我们应该对所从事的新闻职业心怀敬重，严格按照职业规范踏实地开展工作，不要心存侥幸，不要轻慢了这份工作。

新闻业经验法则告诉我们，关键信息应当获得三个独立来源的验证和支持，只有这样我们才有足够的把握保证其真实性。新闻记者应当有质疑的精神，注意核实信息的真伪。

不要轻信采访对象，采访对象有时很容易向记者提供虚假信息。时过境迁，记忆模糊，被采访者即便是无意造假，其提供的情况也可能会出现偏差。而故意造假的情况就更多了，为了袒护亲朋好友，害怕承担责任，害怕得罪领导，保护自身利益，都有可能让受访者说谎。记者必须打起精神，重视新闻事实的核实，勇于识破形形色色的假信息。

受访者有不同的动机，一些基本信息按说不应该撒谎，但具体到采访实践中，有的受访者却会让我们大跌眼镜。有的受访者在介绍自己的国籍时会提供并不真实的回答，按照正常的思维，人们通常也不会怀疑谁会在这种问题上撒谎，但在现实生活中我们会碰到类似虚假介绍自己身份的情况。所以，即便受访者介绍自己来自哪里、毕业于哪所学校等基本信息时，我们也要有质疑精神，也要注意核实，不能偏听偏信。

弱者也有可能说谎，弱者的谎言也要警惕。

对于记者来讲，坚持核实应该成为职业习惯，争取新闻报道的准确无误应当成为工作标准和精神状态。认真核对每一个事实、每一个数据、每一句引语、每一个细节，寻求多个独立来源的验证与支持，这是确保新闻报道真实性的有效措施。

2. 写作不能依赖主观想象

有一个小故事，可以比较好地说明新闻报道中不允许主观想象的问题。相传，郑板桥十岁那年跟随私塾先生外出游玩，走到桥上，先生见河水中有一妙龄少女尸体仰面朝天，头发散乱，在漩涡中打转。有人正在打捞。

先生随口吟诗道：

> 二八女多娇，
>
> 风吹落小桥。
>
> 三魂随浪转，
>
> 七魄泛波涛。

郑板桥说，您这首诗应该改一下，您连这位少女都不认识，怎么知道她正好16岁？您不是亲眼看见女孩落水，怎么知道她是被风吹到桥下的呢？您又怎么能看到女孩的三魂七魄呢？先生被问得哑口无言，惊讶于郑板桥的才思，便让他修改。于是郑板桥改出了下面这首诗，先生听了连连点头：

> 谁家女多娇，
>
> 何故落小桥？
>
> 青丝随浪转，
>
> 粉面泛波涛。

如果仅从文学的角度看，私塾先生的诗也算有文采，但是这首诗里面更多地充满了文学想象，却并不见得真实。郑板桥的诗可以看作诗化的新闻，他的语言更加符合客观实际情况。新闻报道中不允许记者的"合理想象"——合理想象不合理的情况太普遍了，这一点尤其需要注意。

3. 谨防套话引起的不真实

为了保证新闻真实，记者在写稿件的时候就应该心怀一种朴实的、虔诚的态度，使用准确的语言叙述事实，不夸张，不矫饰，不要动辄使用套话。套话很多时候并不适合你要描述的情况，很容易给人造成虚张声势之感，偏离新闻的本来面目。套话连篇的文章，信息含量低下，真实性也值得怀疑。

一个通讯员在稿件中写道："伴着和煦的春风，某某区组织了某某活动……"按说阳春三月，天气也应该转暖了，说春风和煦一般应该也不会有太大问题，但是2010年的三月似乎并不是这样。

2010年春季我国南方干旱，北方下了大雪。到了三月，北京、唐山一带刮起了沙尘暴，甚至到了四月初人们还要穿羽绒服。唐山的通讯员却在三月的稿件里说"伴着和煦的春风"，这就显得太假了，因为事实根本就不是那么回事，明明是很冷的天气，还刮沙尘暴，你怎么能说是"伴着和煦的春风"呢？

"伴着和煦的春风"是一句套话。我们一搞活动，往往就需要一个好天气好环境，就必然要求"春风"是"和煦"的，却忽略了真实情况，这让读者看了很难认同。

惯用套话是新闻报道的一大积弊，有的作者喜欢用套话来写新闻，总以为用了套话就可以提高报道的思想境界了，就有了高度了。事实上，套话往往会扭曲事实真相，使用套话撰写的报道也会给人以不真实的感觉。

某市委书记一行到一个区里现场办公，新闻报道里讲现场办公反响强烈：

> 一提到这事儿，×× 村村民 ×× 便笑得合不拢嘴……

一提到市委领导现场办公的事，这个村民就笑得合不拢嘴，这真实吗？所有成功的欣喜和失败的无奈，都经不住岁月的冲刷。就算是再高兴的事情，也会随着时间的推移而变得平淡。作者这样写一个村民，有愚化人家的嫌疑。你可以说，你采访他的时候他笑得合不拢嘴，但并不好说任何时候提到这事儿这个村民都会"笑得合不拢嘴"。

再看下面这段文字：

退休职工某某亲眼见到某某书记、某某市长等市领导走访群众，感慨万千，他说："书记、市长来我们××，我的心情就像'久旱逢甘雨，点点润在心'。"居民某某在得知某某书记来小区现场办公后喜悦之情溢于言表："对某某书记的到来，我们感到满心欢喜和亲切，我们的苦日子终于要熬到头了。今晚我要回家包饺子、吃饺子，像过年一样庆贺！"

领导干部是人民公仆，公仆的意思是说"当官的是老百姓的仆人，是为老百姓服务的"。领导干部走访群众，现场办公，是他们分内的事情。可是我们的报道到了21世纪还在宣贯一种奴化思想，把领导干部正常的工作当成了对老百姓的一种拯救，这是很不可思议的事情。

报道里有句话"我们的苦日子终于要熬到头了"，也值得推敲。难道以前的市委领导让他们过苦日子了？那我们的市委领导这么多年都干什么去了？这样写非常不利于团结，报道里又不讲什么背景，突然出来这么句话，把以前的东西都否定了，对现任领导开展工作也没什么好处。

当然了，消息来源也很可能就是这样说的，但这种说法也有些老套，对读者来讲没有太大的吸引力。"今晚我要回家包饺子、吃饺子，像过年一样庆贺！"这句话有些夸张，现在吃顿饺子已经是很平常的一件事情，哪能说吃饺子就像是过年一样呢。再者，领导不来现场办公，你也可以吃饺子，这两者之间基本上就没有联系。

类似的报道实际上是在使用一种套路，它们喜欢运用套话来写新闻，一写领导走访群众就必然让人家"苦日子终于要熬到头了"，让人家感激涕零，或者是"笑得合不拢嘴"。这种惯用的写法，实在不值得提倡。报道应该用具体的事实来说明被采访者为什么这么高兴，他们的背后一定有故事，你不说明背后的故事，却突然说他们很激动、很高兴，报道的感染力就不强，真实感也不强。

第二节　客观

客观性法则作为一种至美至新的道德观念，发展于美国，奉献于世界。

——美联社社长　肯特·库珀

一、客观理念的诞生与发展

哥伦比亚大学新闻学院教授舒德森写过一本名为《发掘新闻：美国报业的社会史》的书，这本书对客观性理念在美国新闻业的出现及演化进行了系统考察，非常到位。根据舒德森的研究，新闻界客观理念的起源主要应该追溯到 19 世纪 30 年代便士报的发展。

19 世纪 30 年代，美国便士报掀起新闻业的"商业革命"。1833 年 9 月 3 日，第一份便士报《纽约太阳报》创刊。便士报发明了现代意义上的"新闻"概念，便士报的内容呈现好比互联网时代的新媒体报道，习惯把总统讲话、谋杀案审判、财政部年度报告等原文贴在报纸上，毫不吝惜版面资源。便士报在内容上聚焦于新闻，而不是过去的社论。

便士报创造了民主市场社会文化的土壤，只有在这样的土壤中，才能产生相信"事实"而不是"价值"的客观性信念。1855 年，美国《斯普林菲尔德共和党人报》主编塞缪尔·鲍尔斯，在一篇社论中提出了客观报道原则，他主张要在事实与观点之间划清界限。

美联社的诞生，在客观性信念的实践方面值得一说。1848 年，纽约的一些报纸组建了美联社。美联社收集的新闻要提供给不同立场的报纸，只有尽量做到客观，才可能被大家普遍接受，美联社在新闻报道的客观性实践方面迈出了坚实的步伐。1900 年，美联社明确提出了"报道事实而不报道观点"的报道宗旨。1923 年，美国《新闻规约》明确规定"新闻报道不应该掺和观点和任何偏见"。

客观性真正成为新闻业意识形态，却是第一次世界大战之后的事情了。"客观性"这个词在"一战"前的新闻界并非广为人知，到了 20 世纪 30 年代中期，它才成了新闻业界最常用的一个术语。①

在我国，1919 年 12 月徐宝璜的《新闻学》出版了，这是中国学者出版的第一本新闻学专著，该书指出"切不可将意见夹杂于新闻之中迷惑读者"，"只有事实，可成新闻。事实登载后，阅者自然自有主张。"②徐宝璜的这些论述，明确表达了对客观理念的倡导和主张，已经非常先进。

二、作为新闻精神的客观理念

客观原则是指在事实与观点之间划清界限，采集传播事实信息而不夹杂记者的偏见和观点，"摆事实不讲道理"。客观原则的本质在于传播者的超然性，记者在报道新闻事实时，必须超越自己的利益需要和兴趣爱好，以中立的姿态进行报道，"新闻工作者摒弃个人好恶，主观世界服务客观世界，而'没有权利从一群事实中，摒弃不符合我们立场和观点的

---

① 迈克尔·舒德森.发掘新闻：美国报业的社会史 [M].陈昌凤，常江，译.北京：北京大学出版社，2009：141.

② 徐宝璜.新闻学 [M].北京：中国人民大学出版社，1994：11.

新闻'，力争以最充分的事实展现客观世界的完整面貌"①。

约瑟夫·普利策曾经说："《邮讯报》不为党派服务，而为人民服务；不是共和党的喉舌，而是真理的喉舌；不追随任何主张，只遵循自己的结论。不支持'行政当局'，而是批评它；反对一切骗局，不管发生于何处，也不管它是何种性质的；提倡原则和思想，不提倡偏见和派性。"②

客观原则要求记者既不要乐观，也不要悲观，而要静心旁观。对于一个具有客观精神的记者来讲，以下几点应该成为我们立身处世的基本态度或原则：

（1）必须意识到自己可能存在偏见，并对此时刻保持警觉。

（2）必须通过多种方式获得更多的知识和信息，不断拓宽自己的视野，防止目光短浅和思想狭隘。

（3）必须秉持开放的态度，宽容地看待这个世界和周围的事物。

（4）即便他人与自己的意见对立，也要坦然面对，不可一味地抗拒和排斥。

需要指出的是，客观原则强调的"超然性""无立场"，也经常受到攻击。其中一个常见的理由是，记者也是人，记者必定具有自己的价值观念，具有主观性，无法做到客观。须知，客观性并不是指价值观念的取消，而是指新闻报道操作的规范化取向。记者也是人，他必然具备主观性，但主观是为客观服务的，没有记者的主观性，就无法实现报道的客观性。

对客观理念的理解不能过于僵化。即便是在像美国这样极其重视新闻专业主义的国家，客观理念在执行的时候也有例外情况。舒德森说至少在三种情况下，美国新闻工作者会本能并且乐意放弃以中立姿态进行报道的努力，这三种情况即悲剧时刻、公共危机时刻和国家安全受到威胁期间。③新闻报道要讲伦理，要呵护受伤的心灵，这个时候客观原则就会让位于伦理考量。记者不是冷冰冰的机器，悲剧、公共危机和国家安全受到威胁成为客观原则约束的豁免条件，舒德森的论述甚合我意。

三、作为操作规范的客观方法

在讲客观方法之前，我们先来分享一个段子。这个段子可以用来说明，如果不注意操作规范，有意歪曲事实，报道就无法做到客观、真实和公正。

某海归群主回北京才下飞机，小报记者问："你对三陪小姐有何看法？"群主很吃惊：

---

① 迈克尔·埃默里，埃德温·埃默里.美国新闻史：大众传播媒介解释史[M].8版.展江，殷文，译.北京：新华出版社，2000：866.

② DON C SEITZ, JOSEPH PULITZER. His life and letters[M]//迈克尔·埃默里，埃德温·埃默里.美国新闻史：大众传播媒介解释史[M].8版.展江，殷文，译.北京：新华出版社，2000：201.

③ 迈克尔·舒德森.新闻社会学[M].徐桂权，译.北京：中国人民大学出版社，2020：183.

"北京也有三陪小姐？"记者第二天登报：《群主飞抵北京，开口便问有无三陪》。

记者问群主："你对三陪问题有何看法？"群主说："不感兴趣！"记者第二天登报：《群主夜间娱乐要求高，本地三陪小姐遭冷遇》。

记者问群主："你对三陪小姐就没有看法？"群主很生气："什么三陪四陪五陪的，不知道！"记者第二天登报：《三陪已难满足群主，四陪五陪方能过瘾》。

记者后来再问群主，群主就不说话了。记者第二天登报：《面对三陪问题，群主无言以对》。

群主大怒，对记者说："你这么乱写，我去法院告你！"记者第二天登报：《群主一怒为三陪》。

群主气急之下，将记者告到法庭。媒体争相报道《法庭将审理群主三陪小姐案》，群主看后撞墙而死。群主撞墙死后，媒体补充报道：《为了三陪而殉情：群主的这一生》。

记者应该遵循客观原则，尽量做到报道与事实原貌的契合，不要带着先入之见去做报道，有意歪曲事实。"在操作层次上，客观原则的核心是把事实与意见分开"[1]，记者应当以一种公正、超然、不含成见的态度来撰写新闻。

不能在新闻中夹叙夹议，掺杂记者的个人意见，也不要抱着"说话"的目的来安排事实材料。记者的任务就是展现事实，把表达媒体立场的工作交给专门的评论员。

客观的目的是真实、公正地呈现事实，客观本身不是目的。客观原则并不是"有闻必录"，必须在一个新的高度上理解客观原则：探寻新闻的真相，在环境中解释和揭示新闻的意义。20 世纪 50 年代美国一位勇敢的记者 Elmer Davis 指出："假使有人为自己的私利而撒谎，提醒人们注意这一点将是客观的！"美国新闻自由委员会也认为，当今社会需要的是"一种就当日事件在赋予其意义的情景中的真实、全面和智慧的报道"，"可信地报道事实已经不够了。现在必须报道关于事实的真相。"[2]

新闻报道中遵循客观原则的一些具体做法主要包括：

（1）使用第三人称写作。

（2）不发表议论。

（3）客观地叙述事实而不带有记者个人的感情和偏见。警惕褒义词和贬义词，使用中性词语，不使用充满情绪的倾向性词语。

（4）使用新闻当事人和知情者的直接引语，交代消息来源。

（5）全面地进行新闻报道，而不是只报道一方的意见。

（6）提供更多的观察视角，全面地解释新闻，找出事实背后的原因。

（7）视频拍摄应该注意角度的选择和距离的控制。多采用平视角度，视频中人物以半

---

① 杨保军. 新闻理论教程 [M]. 北京：中国人民大学出版社，2005：157.

② 美国新闻自由委员会. 一个自由而负责的新闻界 [M]. 展江，王征，王涛，译. 北京：中国人民大学出版社，2004：12.

身到全身为主，这样有助于增强镜头的中立性。

（8）绝不扭曲事实，绝不能因为自己的先入之见而无视事实的本来面目。

（9）当报道对象与记者存在私下交往关系，或以各种方式牵扯到记者利益时，记者应予回避，不参与对该新闻的报道。

（10）记者应当拒绝报道对象提供的现金、好处和贿赂，拒绝报道对象对新闻稿件写作的暗示，自主独立地完成新闻报道。

四、新闻写作应当"展现事实"

"用事实说话"的新闻写作观认为，新闻写作的基本矛盾是记者的报道意图和所报道的事实之间的矛盾，这对矛盾构成了"说话"与"事实"的对立统一关系，解决这个矛盾的办法就是让"说话"服从"事实"，用事实说话。[①]实际上这是在一个错误的前提假设下，得出的一个错误结论——"用事实说话"。

新闻写作的基本矛盾是记者对新闻事实的认识和新闻事实之间的矛盾，并不是记者的报道意图"说话"与事实之间的矛盾，自然也不需要解决这样的矛盾——用事实说话。

所有新闻报道总要有主题，但主题并不等同于"说话"，主题完全可以理解成一篇新闻报道的核心信息或新闻信息的概括，而不一定是藏于事实中的观点。

新闻传播的客观原则不允许记者说话，即便是那些凭着小聪明，通过精心选择的有利事实来间接表达意见也不允许。"客观原则不能给主观意见或其他倾向性信息留下空间，这样才有可能使客观原则得到比较好的贯彻。"[②]新闻写作的任务只有一个，那就是展现事实，向读者如实传递新闻事实变动信息。所谓用事实说话，不过是对事实或新闻的利用而已，与新闻专业精神背道而驰。

"用事实说话"极容易导致新闻报道失实。新闻报道客观原则排斥记者的议论和情感，"把眼见的事实写进新闻，就完成了一条新闻的真实使命。不承认眼见的事实，要让眼前发生的事实证明某个观点，或为证实自己的观点去找某个事实充当例子，完全有可能歪曲事实。"[③]

马克思主义新闻观也强调，报刊的有机运动会用全部事实揭示真理，而不是选择某些事实证明真理。如果先入为主地认为某个事实不利于说话，就不报道，大量有新闻价值的事实就有可能被封闭起来，关于客观世界的认识就会被歪曲。

综上所述，新闻写作的基本规律应当是"展现事实"。记者只需要把有新闻价值的事实展现出来就可以了，既不必直接议论，也不必隐蔽地传递意见，要相信读者有足够的智

---

① 胡欣．新闻写作学 [M]．武汉：武汉大学出版社，1998：4.

② 杨保军．新闻理论教程 [M]．北京：中国人民大学出版社，2005：158.

③ 刘建明．新闻学前沿：新闻学关注的 11 个焦点 [M]．北京：清华大学出版社，2005：379，393.

慧可以对事实做出正确判断。

五、怎样理解"展现事实"

新闻报道的一个特点是帮助读者在头脑中形成事实画面，"新闻报道即事实的图解过程"，"使事实能以图像的形式出现在受众脑海里"[①]。展现事实就是指将记者搜集到的新闻事实信息，按照新闻传播的客观原则要求，不带任何主观倾向性地图解再现出来。

展现事实要求记者将描述、行动和对话有机结合在一起，向读者展示新闻事实画面。让新闻主体动起来，让读者走进报道中去亲眼看见，"让读者自己想象、自己得出结论、经历顿悟"[②]。"平铺直叙会使读者或听众处于被动消极的地位，而再现却使之如临其境，如闻其声，如见其人，从而激起读者对原文的史实或故事以丰富的联想。"[③]

展现事实需要记者彻底地尊重事实。它不仅仅是一种写作方法，更重要的是，展现事实应当成为一种新闻写作与报道的理念和思维方式。

新闻写作务必符合客观情况，展现事实要求记者尊重新闻事实的所有变动，让人们从事实和事实间的相互关系和作用中去理解新闻的全貌。正如陆定一在《我们对于新闻学的基本观点》中所说，"老老实实地理解事物，按其本来面目而不加以任何曲解、任何加添或减损"[④]。

从根本上讲，新闻写作的技术就是描述事实真相的技术。展现事实要求记者在对事实准确、全面、深刻的认识基础上，而不是从记者自己的好恶出发去做报道。

有人认为展现事实这一基本规律仅是对消息而说的，并不适用于通讯体裁。本书作者认为新闻写作基本规律适用于所有新闻报道体裁，并不仅限于消息体裁。因为体裁只是人为划分新闻的一种做法，却不能改变新闻的本质，展现事实新闻写作观同样适用于通讯体裁。至于新闻述评等允许说话的体裁属于评论范畴，不在新闻写作研究范畴。

第三节　公正

美国无党派基金会自由论坛主席查尔斯·奥弗比（Charles L. Overby）提出了一个"新闻公正性公式"：

---

① 李希光.新闻学核心 [M].广州：南方日报出版社，2002：31-32.

② 梅尔文·门彻.新闻报道与写作 [M].9 版.展江，主译.北京：华夏出版社，2004：176.

③ 洪天国.现代新闻写作技巧 [M].北京：中国新闻出版社，1986：196.

④ 中国社会科学院新闻研究所.中国共产党新闻工作文件汇编（下卷）[M].北京：新华出版社，1980：187.

$$A+B+C+D+E=F$$

（Accuracy+Balance+Completeness+Detachment+Ethics=Fairness）

准确＋平衡＋全面＋客观＋伦理＝公正

新闻公正性是新闻界普遍推崇和追求的原则，新闻报道的公正原则要求记者采取一种专业化操作方式，抱着负责任的态度，公平地无偏见地对待新闻事实中涉及的人与事。

新闻公正性原则的基本要义是公平与正义，它要求记者尊重事实，实事求是，胸怀公允之心对待自己的报道，不要因为个人私利或偏见而影响了自己的报道。

一、公正报道的基本做法

新闻报道应当维护社会公平正义，推动社会发展进程。记者的职责是为社会公众提供事实真相服务，记者必须充分尊重公共利益的正当性，而不应成为某些利益团体、机构或个人意见的代言者。下面是一些公正报道的基本做法：

（1）真实、准确、客观地报道，不仅仅提供事实，更重要的是还要提供事实的真相。

（2）有错即改，及时更正报道中出现的错误，不掩盖，不修饰。

（3）平衡报道，给新闻当事各方以平等的发言机会。

（4）当事人对新闻报道提出疑问时，媒体应给予积极回应。受到公开指责的当事人提出合理疑问时，媒体应及早给予其答辩机会。

（5）不要一味地集中报道负面新闻或一味地集中报道正面新闻，不要无视社会的复杂性和多样性。

（6）注意报道的完整性，不要片面地做报道。当新闻涉及多个侧面时，记者应当给予全面的报道，不要忽略具有重要价值的事实。

（7）注意报道的相关性，不使用与报道主题无关的信息，不要让无关的信息冲淡报道的主题。

（8）去除偏见，理性地看待你的报道对象。对人和事物的分类认识不能固化，不能用类的共性完全取代个体的特性。不要对报道对象做两分法的简单判断，不要认为所有事物都是非黑即白，要明白在两个极端特征之间还存在许多过渡状态。

（9）对消息来源的偏见也要保持警惕。

（10）记者是报道者，而不是事件的导演者。记者不应该策划新闻，不应该人为干预事件发展的进程。

（11）选择公正的叙述框架。

（12）不要墙倒众人推，不要对失败者极尽口诛笔伐之能事。

（13）不要对所谓正面人物做"高大全"式的报道，不要夸大其词。

（14）不要使用匿名消息来源攻击他人。

（15）尽可能地避免国家、地区、种族、性别、宗教、职业、年龄等方面的歧视。

（16）尊重报道对象，尤其不要让弱者、无辜者受到伤害。

（17）诚实报道，不要误导和欺骗读者。

（18）不渲染暴力，不侵犯隐私，不做庸俗的报道。

（19）公正意味着新闻报道应该符合伦理要求。

（20）时刻提醒自己，我这样报道公正吗？

二、重视新闻伦理规范

新闻传播应当遵守伦理规范，给予伦理足够重要的地位。我们现在身处互联网时代，单纯从媒介技术上讲，在互联网上发布一条信息是轻而易举的事情，但从伦理约束的角度看并不是所有信息都适宜在互联网上传播。必须考虑到互联网影响的广泛性，任何人都应当在传播一条信息前问一下自己的良心：我这样做是否会伤害到无辜？是否违背了新闻伦理规范？是否危害了社会的健康运转？

当前有的媒体热衷于凶杀、色情、暴力报道，有的媒体热衷于报道明星的风流韵事。媒体以过量的篇幅、过度的热情报道这些琐碎无聊的东西，却将更加重要的社会责任丢弃到一旁，无视社会文明发展进程中的关键问题，这种做法对于公众来讲是不公正的。

关于犯罪、两性与明星的新闻不是不可以报道，关键是要掌握好度，不能对犯罪细节和残忍场面做过于直白的描述，不能一味地追求感官刺激，不能品位过于低下。电视媒体和网络媒体更要注意画面不能冒犯公众，媒体应该刊载适宜公开的画面和信息，注意社会影响和职业伦理的要求。

社会需要有责任感的媒体，新闻媒体应该注重专业追求，注重对社会文明发展有所贡献，发挥积极建设作用。新闻工作不同于其他工作，新闻工作关系到社会方方面面，媒体如果仅仅热衷于低俗内容报道，却没有用建设者的心态看待这个社会的发展，这样的媒体就会失去自身应该承担的社会责任，这样的媒体本身也是没有希望的，最终必将被社会公众抛弃和淘汰。

新媒体时代记者的工作环境发生了很大的变化，互联网传播、社会化媒体、融合媒体、大数据、全媒体等新的媒介技术或形式在不断地涌现，新闻采集与呈现的技术在不断地进步和改变，新生事物层出不穷。在这样的背景下，新闻记者更要注重专业技能的提升，注重旧有专业知识技能的更替，关注和研究职业伦理规范出现的新情况、新问题，提升自己的专业技能、道德水平和责任意识。

我们应该注重伦理规约，不做低俗报道。拒绝刊登恐怖、色情、猥亵照片和镜头画面，如果不是艺术表现，通常没有必要传播裸露照片和镜头。不要凸显有可能令读者感到恶心和恐怖的照片，注意规避血腥、残忍的画面和镜头。不刊登尸体、身体缺陷的特写照片和镜头，可以考虑使用具有象征意味的物体照片来代替此类照片。

三、采用平衡报道的做法

平衡是保证新闻公正性得以实现的重要途径。

新闻当事人之间存在矛盾、冲突时，记者必须给各方以平等的发言机会和权利。要认真倾听各方的观点和看法，不要厚此薄彼，只听一面之词。就算是做犯罪报道，也要给予罪犯或犯罪嫌疑人说话的机会。

美国的某些新闻工作者为了做到平衡，甚至到了精确测量的地步，"在政治选举期间，主编试图对候选人 A 和候选人 B 保持平衡——在一些情况下，甚至到了以秒计算播出时间长短和以英寸计算文章篇幅的地步"[①]。

以下列出了一些平衡报道的做法，这些做法有助于新闻公正性的实现：

（1）信息来源要丰富。

（2）让存在冲突的各方充分地表达自己的意见。

（3）不要有意偏袒任何一方，即使是罪犯也要给他说话的机会。

（4）如果新闻当事人一方拒绝表达意见，要向读者交代这一事实。

（5）如果经过努力仍没有采访到当事一方，也要向读者做出说明。

（6）平衡不是指一定要给每个当事者以固定相等的报道篇幅。

（7）如果说非要量化，那也只能是按照当事各方对新闻主题的重要程度给予一个比例合适的报道篇幅。

（8）用直接引语展示消息来源的话语。

四、选择公正的报道框架

新闻事实是唯一的，但新闻报道是多样的。报道之所以不同，很重要的一点是因为记者的视角不同，所选取的报道框架不同。框架即视角，它是报道的观察点、角度，它是既定意义的架构。视角不同，看到的场景就会不同；框架不同，被收入报道的内容就不同，报道释放的意义就不同。

每条新闻都可以有几个报道框架，不同框架的选择，有可能体现出记者的偏见。记者应当选择公正的、恰当的框架，有效地揭示事实真相。

我国台湾新闻媒体的"强暴疑案"主流意识构建过程就是一个典型的案例[②]，对于同

---

① 梅尔文·门彻. 新闻报道与写作 [M]. 9 版. 展江，主译. 北京：华夏出版社，2004：62.

② 曾庆香. 新闻叙事学 [M]. 北京：中国广播电视出版社，2005：213-221.

一个新闻事件的报道，不同的报道采用了不同的新闻框架："强暴疑案"诠释框架、"师生恋"诠释框架、"勒索"或"金钱交易"诠释框架、"伤害"诠释框架、"防范"诠释框架。采用不同的框架，传达出来的隐含信息大大不同，框架左右了读者对新闻的理解和评价。

下面是这些框架的运用，看一看哪一个是更合适、更公正的框架。

1．"强暴疑案"诠释框架

（1）郭为藩：强暴疑案内情复杂。"教育部长"郭为藩表示，师大的事件内情很复杂，当事人双方说辞差距很大。（《中国时报》，1994年4月17日）

（2）师大老师强暴女学生疑案，时隔一年七个月才提起控诉，此事是真是假，两边各说各话，校长持保留态度。（《联合报》，3月24日）

（3）还无法确定黎姓教授是否以暴力强暴学生得逞，受害人对于事发当时的部分情况无法描述清楚。（《联合晚报》，3月24日）

2．"师生恋"诠释框架

（1）师生恋，美丽的错误？（《联合晚报》，3月28日）

（2）其实，不只是老师会骚扰学生，学生也会骚扰老师。尤其是情窦初开的少男少女，都可能对老师产生相当程度的崇拜，"国中"、高中写情书给老师的比比皆是……（《联合报》，4月10日）

（3）而部分女学生又对成熟的男老师特别爱慕，这可能是导致台湾版师生恋的特殊背景……在"少女情怀总是诗"，对如兄如父的男老师特殊仰慕下，教育界如何防范愈来愈多的师生恋引发不当后遗症，值得关切。（《联合晚报》，3月28日）

3．"勒索"或"金钱交易"诠释框架

（1）"伤痛难平复打消勒索念头"（主题）（《自立晚报》，4月15日）

（2）当事女学生备妥自述 请人宣读（引题）

非师生恋 无金钱交易（主题）（《中国时报》，4月16日）

4．"伤害"诠释框架

（1）对校誉蒙羞十分遗憾

吕溪木表示这次事件使校誉受损，师道蒙羞，他个人对此表示甚为遗憾。（《自立早报》，3月29日）

（2）以讹传讹，师生都受到伤害。（《中国时报》，4月16日）

（3）外界要求老师像圣人一样，不能动情，不能动怒，即使学生怎么坏，怎么激你，气你，老师就得像个木头人，不能有任何不满。（《中国时报》，3月29日）

5.“防范”诠释框架

（1）资深女警向年轻女子提出忠告：

勿轻信异性　防约会强暴（《中国时报》，4 月 18 日）

（2）方教授建议，大一的导师应全部由女教师担任，先授予一些必要的自保常识。（《中国时报》，3 月 25 日）

（3）台湾师大国文系最近笼罩在不安的气氛当中，系方也要求女学生没有必要单独去找男老师。（《联合报》，4 月 2 日）

五、文化传统影响报道框架的选用

我们还要注意到，文化传统会影响到报道框架的选用。

方凤美曾在新加坡、美国、中国香港及内地从事新闻工作。她说新加坡的记者是在一个被严格规管的体制中工作，有一次她写了一个妓女被谋杀的新闻，结果遭到当局的批评。而在美国，为了保证新闻报道的客观公正，记者不允许接受被访者提供的差旅费用及招待。另外，美国记者在新闻发布会上的表现也非常凶猛，他们喜欢一同逼问麦克风前的发言人。在中国香港地区，为外国媒体工作的中国人经常不被看重。中国香港记者通常不喜欢在新闻发布会上提问，而喜欢在会后单独提问，以便自己能够得到独家报道材料。在中国内地工作时，方凤美觉得比较特别的是部分记者习惯收红包。不过，这种情况已经有所改善了，中国内地一些富有远见卓识的媒体已经禁止记者收红包了。[①]

不同国家或地区的新闻工作及其报道往往带有某种文化痕迹，不同国家或地区的媒体对于相同事件的报道也会形成不同的风格。选用适合特定文化及政治情形的报道框架，已经成为一种新闻文化现象。这里有一组搞笑的“报道”——实质是段子，但所体现的道理还是很深刻的——讲的同是老妇人上街摔掉一颗门牙的故事，如果中国香港、中国台湾的记者以及《纽约时报》的记者来报道这件事情，他们往往会选用不同的框架，给读者的感觉也会大不一样。

中国香港《明报》——批判港府框架：

今晨一老妪摔掉门牙

本报讯　今晨一老妪出行时，因路面不平仆倒，摔掉门牙。路人将其扶起，对老妪的不幸表示同情，并纷纷指责港府近年来整治道路不力，在税收的使用和公共设施的改善上工作不力，导致市民摔倒事件发生。据记者了解，数月来，此处已有多名市民摔倒，严重的需要到医院医治。

---

①　黄煜，俞旭，黄盈盈.追求卓越新闻：分享普利策新闻奖得主的经验[M].广州：南方日报出版社，2009：84-85.

对市民摔倒事件的发生，各界反应不一。虽然港府发言人和特首已向摔倒市民致歉，并由公共事业局立即开始公共设施改善的工作，但各界仍有微词。自今年年初以来，港府不仅在公共设施的投资上出现很多贻误，而且在教育以及公共卫生事业上，都显得不够主动和积极，引起市民不满。虽然在港府的努力下，经济有了复苏迹象，但由于去年港内发生的巨贾被绑架事件上，港府及警方的行动不力，使其在市民心中的形象大打折扣，令市民缺乏安全感。

中国台湾《联合报》——党棍纷争框架：

老妪摔脱大牙　党棍再起争端

本报讯　今晨一陈姓老妪，出行不慎摔倒，送医院诊治时，发现门牙已不见，恐遗落在现场。针对近期多位老年人在同一处摔倒而致伤，公用局官员虽然已做出解释，但今日的摔伤事件又增加了市民的愤怒，纷纷指责公用局光吃饭不干事，挥霍纳税人的钱财，有挪用修缮资金的嫌疑。

市民要求公用局负责道路维修的官员引咎辞职，立即公开道路修缮资金的去向，并且迁怒于民进党，指责民进党纵容党徒不务正业，致使民众受到伤害，出行缺乏安全感。而民进党发言提示市民不要轻信谣言，认为是国民党的栽赃陷害，小题大做。而国民党代主席在午间的记者招待会上却公开指责民进党不仅工作不力，更是对民众严重缺乏同情心，并且公开说："试试摔脱你母亲的大牙，看你心疼不心疼。"矛头直指民进党主席。

民进党晚间立刻召开记者招待会，向记者详细解释了老妪摔倒事件是件普通的出行伤害事件，认为，国民党不负责任的指责完全是丧失理智的行为，并再次提出去年国民党与台岛黑社会以及政治黑金事件有染的嫌疑。亲民党当晚也发表言论，强烈指责国民党和民进党大放厥词，发言人情绪激动，使用了"满嘴喷粪"这样的字眼。

台岛廉政公署明日将着手调查公用局的道路修缮资金的使用问题，并令公用局负责道路修缮的官员停职，接受调查，不久将给公众一个令其满意的答复。

美国《纽约时报》——状告白宫与保护公民框架：

六十老妪状告白宫

六十岁的珍妮女士，在华盛顿的街道上摔倒，门牙当场摔掉。经医生诊治，绝无修复可能，一怒之下，珍妮在征求律师的意见后，准备状告美国政府保护公民不力，要求美国政府对她摔掉的门牙予以 1.3 亿美元的赔偿。

联邦法院已于昨天收到诉状，根据经验，这场官司至少需要耗费五到十五年的时间。但珍妮女士表示非常有信心，并且委托加州大学物理学研究专家，仔细研究了门牙从撞击地面到从牙床脱落的全过程，得出结论：摔倒并撞掉门牙肯定和路面的不平有着必然的联系，而路面的建设和修理完全由美国政府负责。

美国的司法专家对珍妮在这场官司中的前景表示担忧，认为导致珍妮摔倒并掉牙的原因有很多，不光是路面的原因，并且拿出很多数据，证明一个 60 岁的女人摔倒在大街上的概率非常之大，美国有记载的每年摔倒并且导致门牙脱落的 60 岁的妇女共有 13441 人，其中因为眩晕导致摔倒的占 30.34%，受外力撞击而导致摔倒的占 43.33%，其他各种原因占 20.73%，完全能够证明是由路面不平导致摔倒并致门牙脱落的只有 5.6%。这一数据显然对珍妮女士不利。

但珍妮获得了美国女权主义者的支持，全美牙医协会也表示了对珍妮的支持和同情，美国的妇女组织表态，通过珍妮的事件，可以达到促进美国政府更加关心美国人民健康的目的。该妇女组织发言人在演讲中声称，牙的作用不光是用来吃饭和美观的，它在提高我们的生活质量中起到了巨大的作用，无法想象珍妮戴着假牙的生活境遇。该发言人还指出，如果莱温斯基小姐像珍妮女士一样少一颗门牙，或者戴着假牙，克林顿总统还会对她有兴趣吗？她还做得了白宫的实习生吗？

全美劳动和就业者协会也对珍妮事件发表了看法，指出少一颗门牙将严重影响珍妮未来的就业机会。全美医疗救助者协会认为牙齿治疗价格过高，要求美国政府在这方面加大财政拨款，减少军费开支。全美假牙协会发表看法，认为假牙确实只是权宜之计，不能取代真牙在生活中的地位和作用。

演讲结束后，共有三百多名美国妇女举着提高妇女地位的牌子以及珍妮摔掉的那颗门牙在白宫前面游行。

昨天，白宫发言人在一次非正式的讲话中提到珍妮女士的事件，对珍妮女士的遭遇表示了极大的同情和遗憾，表示美国宪法规定，美国政府必须为保护每一个美国公民的生命和财产而不懈努力，珍妮女士的门牙不光是珍妮生命的一部分，也是财产的一部分，肯定要受到巨大的尊重。

希拉里发表讲话，同情珍妮的遭遇，并且希望能够成立全美老年门牙保护基金会，但对妇女组织关于莱温斯基的言论表示了不同意见。

珍妮的诉讼引起了好莱坞的浓厚兴趣，21 世纪福克斯公司计划投资 5 亿美元拍摄一部动画片，片名叫《珍妮门牙旅行记》。[①]

第四节　可读

蹩脚的文稿让读者苦不堪言，优秀的作品却会给读者带来愉快的阅读体验。好的报道必定是具有可读性的稿件。千万不要将新闻报道写成了套话连篇的公文，不要打官腔，不要伤害读者的阅读兴趣。

我们在写作的时候，心中必须时刻装着读者，要带给读者美好的阅读体验。以写作为

---

① 刘激扬.笑死你不偿命：网络经典幽默文集 [M].天津：天津人民出版社，2003：132-137.

生的人应该明白一个朴素的道理：为读者好，就是为自己好。你不顾及读者的体验，人家干吗非得看你的文章？！

一、尽早了解关键理念和技术

我们应该尽早了解新闻写作的一些关键理念和技术。事先有一个审美认识，在以后的写作实践过程中就会有一定指导，这对于尽快掌握新闻写作技术是有益的。下列条目有益于新闻报道写作，熟练地掌握这些理念和技术可提高作品的可读性。

1. 选好报道角度

报道角度指的是新闻报道的侧重点、切入点。对同一个新闻事实的报道可以有不同的报道角度，好的报道角度让新闻增色。这就好比摄影取景一样，普通的角度呈现出普通的景象，独特的角度则会带来非同凡响的图景。

好的角度能够凸显新闻价值。从一个独特的角度切入，你的报道就能够与其他稿件区别开来，从中脱颖而出，这样的角度就是成功的角度。

2. 一开始就要吸引住读者

写作需要将亮点前置，一开始就吸引住读者的注意力。写作之前，要深刻理解所收集到的事实材料，要有一个权衡比较：什么样的事实材料才最容易博得读者青睐？要把精彩的东西放到最前面，并思考怎样表达才能抓住读者的注意力。前置的亮点可以是新闻价值最高的事实材料，也可以是最有趣味的事实，还可以是有悬念的材料。总之，在写新闻报道的时候，记者应该懂得从一开始就要吸引住读者。

3. 运用讲故事技巧

特稿尤其要采用讲故事的方式，消息则倾向于更加凝练地提供信息。可读性强的报道大多运用讲故事的技巧，在很大程度上，新闻报道就是讲故事，你千万要记得——让你的故事具有可读性。我们应当树立一个讲故事的理念，如果篇幅允许，就要尽量为我们的读者讲述一个好听的新闻故事。

4. 不要忘了关注背景和影响

做报道应该有一种开阔的思维，不要仅仅局限于新闻事实本身。关注核心事实是对的，但不能局限于此，忽略其他。因为，仅仅局限于事实本身会使得报道扁平化，不能提供丰富的信息，不够舒展。关注核心新闻事实的同时，你还要关注背景和影响。新闻事实是现在，背景代表过去，影响代表未来。背景和影响从更广阔的时空范围解说新闻。

新闻不会无缘无故地发生，必然有其产生的背景，也会产生一定的影响，这样就形成了报道链条：背景—核心新闻事实—影响。比如，一个地方发生了地震，地震就是核心新闻事实，这个地方历史上的地震情况和世界范围内的地震情况构成了背景，地震发生后造成铁路中断、大坝水位发生变化则是影响——地震有可能影响到其他地方一些人的生活。对地震的关注应该将这三个方面的信息都串联起来，只有这样，你的报道才能提供完整、深刻的新闻信息。"背景—核心新闻事实—影响"，这一报道链条启发记者，每次报道新闻除了关注核心事实，还要提一下新闻背景和事实的影响，这样一来，新闻就立体化了，新闻会变得丰富多彩，更有深度。

5. 事情有多大，报道就有多大

报道的篇幅、规格要与所报道的事实相匹配，即大事大处理，小事小处理。不要把大事写小了，也不要把小事写大了。有的作者不注意这一点，往往把报道写砸了：把一件不太重要的事情写成了一篇大稿——篇幅过长，采用特稿体裁，导致语言细腻甚至琐碎；或者，把真正重要的新闻写成了小稿——篇幅过短，三言两语，草草了事，甚至是语焉不详。这样，就显得不恰当了。记者在动笔前应当判断所报道的事实，做到：大事要大报，小事要小报。篇幅到底多长才算合适？记者应当有个大概的原则：事情有多大，报道就有多大。

二、写得通俗易懂，深入浅出

写文章应该像说话聊天那样自然，不能讲一堆别人听不懂的话来显摆自己。我们写稿子，应该让读者一看就明白，不能让读者看罢还得回过头来反复分析句子语法结构。让读者一看就懂，就是减轻了他们阅读的费力程度；节约了读者的时间，就是提高了他们的阅读效率。这是我们写作具有服务意识的体现，是天经地义的事情。

1. 句子短小，段落短小

短小的句子和段落更容易阅读，新闻报道应当主要由短句子和短段落组成。句子太长、段落太长不利于迅速地传达信息，更为可怕的是，还会吓跑读者。要尽量使用逗号和句号，两行以内至少要出现一个句号。

稿件开头第一段尤其要写得短小，一两句话就结束这个段落，行文最好控制在三行以内。文章如果篇幅较长，就在正文当中插小标题。

直截了当地写作，能用一句话交代的事情绝不用两句话，能用一个字表达的意思绝不使用两个字。不说废话，不说套话，不说没有信息含量的话。

用电脑写作时，在1~3个句号后面，按下回车键，让段落变短；选中你看着不顺眼的文字，按下 Delete 键，大胆地删除。

2. 使用简单的字词

通俗易懂不代表浅薄，晦涩难懂也不代表高深。真正的写作高手能把艰深的东西写得通俗易懂，让读者轻松地读懂，这叫深入浅出。故作深奥的写作是有意与读者为敌，是一种虚伪的做法，我们应该唾弃它，不能把它当成高深的学问加以崇拜。

好的新闻报道是朴实的，好的新闻报道是用普通的文字写成的，它既不华丽，也不花哨。

越是简单的字词，越具有生命力。新闻面向大众，应该采用老百姓听得懂的语言来写作。要使用最朴实、最简单的字词来写作，不要堆砌华丽辞藻。不要故作深沉，不要矫揉造作。要始终牢记，规范是专业的表现。把话说通顺，消灭错别字，消除语法错误。正确运用标点符号，多用逗号和句号，少用省略号、叹号和问号。

3. 不发表议论，不用形容词和副词

在写作过程中尽量不要发表记者的议论，不要泛滥抒情、无病呻吟。记者的议论、抒情是不重要的，新闻事实才是最重要的。记者发表议论是对读者智商的侮辱，似乎在表明读者是不聪明的，所以才要记者加以指点。形容词、副词与议论具有相同的性质，通常应该删掉。堆砌形容词、副词等于浪费了读者的时间，让读者反感。细节描写要比形容词和副词更有力量。

4. 不说套话，不空喊口号

不要在新闻报道中空喊口号，不要在新闻报道中说套话。充斥套话的报道是不专业的，容易引起读者的反感。按说，大家都不太喜欢套话，可是一旦写起稿件，还是容易说套话、喊口号，这是值得警惕的现象。

5. 恰当使用直接引语

报道中要见到人，要听到人的讲话。读者喜欢直接引语，这种加引号的语句能够让报道活跃起来。直接引语如果超过两句话，就毫不犹豫地套用下列格式：直接引语—消息来源—直接引语。

直接引语应该恰当地分布在文章之中，不可泛滥成灾，不可堆砌直接引语，不可过度解释采访过程。要精挑细选，把最重要的、最富有吸引力的直接引语写进稿件。新闻稿件主要采取叙述的方式呈现内容，直接引语是点缀在记者叙述中的花朵，不能代替记者叙述。消息使用直接引语明显少于特稿，有的动态消息甚至通篇不使用直接引语，而使用间接引语。

6. 强调变化和节奏

新闻写作追求变化，变化能带给读者新鲜的感觉，没有变化的写作会让读者感到疲劳和厌烦。将事件叙述、人物描写、细节描写、场景描写、逸事穿插、直接引语、间接引语

等交叉运用，这就是变化。以短句子为主进行写作，偶尔来一个长句子，这也是变化。交替使用长短句、长短段落，控制写作的节奏。多用短句子，偶尔来一个长句子。多用短段落，偶尔来一个长段落。

三、在写作实践中日趋完善

作为书面表达形式，写作对语言文字的运用要求远比口语表达严格得多。我们平时进行口语交流，有些话说得不严谨，甚至有语病，通常不会受到苛责。口语交流的这种随意性以及个人的表达习惯，经常会影响到书面表达。笔者在批阅特稿作业时，总结了高才生写作中经常出现的问题，并以《不要这样写》为题制作了网络页面，分享给这些年轻人，让他们认真阅读反思。

初学者学习写作，难免会出现各种各样的问题。如果大家提前阅读《不要这样写》中所列出的这些案例，会更加高效，避免这些缺陷。写作实践中，老师、编辑、读者的指正对提升初学者的写作水平具有非常关键的作用。初学者要像哈尔滨工业大学校训"规格严格，功夫到家"所讲的那样对待写作，要舍得花费时间和精力，投入稿件写作、编辑修改中，精益求精。

下面就是笔者总结的《不要这样写》的要点，它系统呈现了年轻人容易出现的写作问题，读者可认真阅读，体会相关案例，做到举一反三、触类旁通。此外，大家还要在写作实践中时刻警醒，规避类似问题，只有这样，才能真正有效地提升写作技能。

1. 写作的优秀品质

（1）准确

原稿：

她突然醒悟，高考以 625 分的成绩杀出重围，最终被北京师范大学汉语言专业录取。

批语：

涉及专业名称一定要核实，采用更加准确规范的写法。"汉语言专业"应改为"汉语言文学专业"。

（2）简洁

原稿：

据单钰晴所言，她在小时候就接触过跳绳，当时只是将其作为一种兴趣爱好，并没有进行系统的训练。

批语：

为了语言简洁，可以删掉"据单钰晴所言"。修改为：

单钰晴小时候就接触过跳绳，当时只是将其作为一种兴趣爱好，并没有进行系统的训练。

原稿：

有没有说遇到了哪些困难？

批语：

这种表达很值得商榷，包含多重意思，可修改为：

遇到了哪些困难？

（3）规范

原稿：

在一次采访中，我们邀请到了大学生形形，与我们分享了她与 Kpop 音乐的故事以及这种音乐在她大学生活中的重要意义。

批语：

这句话主语是"我们"，后半部分太长了，主语是否应该添加"她"？不如改为：

在这次采访中，我们邀请到了大学生形形，她分享了自己与 Kpop 音乐的故事，阐述了这种音乐在她大学生活中的意义。

原稿：

她说，喜欢的小说总是让人忘了时间，引人入胜的情节不断刺激着我。

批语：

要注意人称的统一，这句话是间接引语，后面的"我"应该改为"她"。

（4）严谨

原稿：

史晓琳发现这位学生的脸上也开始有了笑容，甚至没有带盲杖。

批语：

脸上怎么能带盲杖？改为：

史晓琳发现这位学生甚至没有带盲杖，脸上也开始有了笑容。

原稿：

小李是一名成都的密室逃脱爱好者。

批语：

请思考"一名""成都"的次序。不如改为：

小李是成都的一名密室逃脱爱好者。

（5）成熟

原稿：

由院长周新顺、书记周玉宏及辅导员、专业课老师共 15 名老师带队随行，21 级全体本科生及留学生共 217 名学生参与此次实习。

批语：

不要写成由谁带队，而要采用更直接的表达。措辞要更严谨，原稿中有的领导身份介绍不够准确，有的领导姓名遗漏了。可以改为：

常务副院长周新顺、副书记周玉宏、副院长尹海良及专业教师、辅导员共15名老师带队随行，21级本科生及留学生共217名学生参与此次实习。

原稿：

经过他半年左右的亲身体验，他认为一家名为"盗梦空间"的密室具有IFS热门密室的典型特点。

批语：

两个"他"离得太近，可以删掉第一个"他"。

原稿：

我们约在了晚课结束后的空闲时间进行线上会面分享她的大学体悟。

对此，我提出了"陈列馆主要通过哪些活动来传承浙大西迁精神？"的问题。

我问窦志伟，他这样痴迷于写作是为了什么。

批语：

这属于过多地解释和展示采访过程。不要在新闻稿中写你采访时所问的问题。你不提问，怎么可能获知信息？要直接展示你掌握的内容，直接叙述，不要啰唆。

2. 规格严格

（1）消除错别字

原稿：

初一初二的马磊静心踏实的学习。

批语：

注意"的""地""得"用法，最后一个"的"应为"地"。连用两个"的"，读起来也显得单调。不如改为：

初一、初二时，马磊还能静下心来，踏实地学习。

（2）注意主谓宾

原稿：

再后来，他们就被当地帮派盯上了，张口就骂，抬手就打，身无分文。

批语：

写作中要特别注意主谓宾的对应关系，规避搭配不当等问题。这句话的主要问题是主语混乱。应改为：

再后来，他们就被当地帮派盯上了。对方张口就骂，抬手就打，导致他俩身无分文。

（3）慎用定语

原稿：

那段时间的窦志伟有一些迷茫，认为自己似乎选错了方向，但是他很快走了出来。

批语：

尽量不在人物姓名前加定语，而是改为状语："那段时间，窦志伟有一些迷茫"。具体到这篇文章，这段话承接上文，完全可以删掉"那段时间的"。

（4）代词使用

原稿：

来的人自称是连锁的"拜把兄弟"，他说，被拉走后没走出本县地界多远，就和他一起跑了。

批语：

两个"他"分不清。可改为：

来人自称是连锁的"拜把兄弟"，他说，连锁被拉走后没走出本县地界多远，就和他一起跑了。

（5）标点符号

原稿：

他决定"喘口气"，像同龄人一样重新下载了"抖音、b站、小红书"等社交软件。

批语：

不要乱用引号，这句话里的引号应该删除。

原稿：

"生活不止眼前的苟且，还有诗和远方"在把生活诗意化的过程，我们都要好好生，好好生活。

批语：

直接引语表达完，后面要加个逗号，与下面的内容区隔开来。否则，你让读者一口气读下来，还不得累死？文末的"好好生，好好生活"是什么意思？不如改为：

"生活不止眼前的苟且，还有诗和远方"，在把生活诗意化的过程，我们都要好好生，好好活。

（6）数字使用

原稿：

通常到了凌晨十二点，电子产品屏幕或夜灯还是亮的。

批语：

尽量采用阿拉伯数字，将"十二"改为"12"。

原稿：

23年高考结束之后，刚过脱离高中生活的大家都各自进入了不同的学校以及专业进行学习。

批语：

数字的运用要规范。尤其是这些文字属于作者的叙述，而非受访者的直接引语时，更要注意这一点。这里的"23"应改为"2023"。后半句表达颇费周折，要改得简单、清晰。改为：

2023年高考后，同学们脱离高中生活，进入不同的高校及专业学习。

3. 精益求精

（1）不要重复

原稿：

她热爱画画，后来进入高中以后成为一名美术生。

批语：

删掉"后来"。改为：

她热爱画画，进入高中以后成为一名美术生。

原稿：

后来相熟后，她发现这对夫妇淳朴且真诚。

批语：

不要出现两个"后"。删掉"后来"。

原稿：

也就是在那时她在心里暗下决心。

批语：

"心"出现一次即可，"暗下决心"肯定是"在心里"，就不要重复表达了。不如改为：

也就是在那时，她暗下决心。

原稿：

史婷梦怡知道这件事后很生气，向她的朋友温润华抱怨这件事。

批语：

删掉后面"这件事"，表述更简洁，而且不影响意思表达。改为：

史婷梦怡知道这件事后很生气，向她的朋友温润华抱怨。

（2）切割长句子

原稿：

在之前的实践活动中，我渐渐发现如今很多历史纪念馆和陈列馆都面临着如何传承优秀精神与文化及促进其现代化发展与创新的问题。

批语：

句子太长了，要切割成几个短句。改为：

如何传承优秀精神与文化，促进自身现代化发展与创新？在之前的实践活动中，我渐渐发现，如今很多历史纪念馆和陈列馆都面临着类似问题。

原稿：

家庭的不和谐，学校的压力，朋友的疏远让马磊一蹶不振，患上了抑郁症，自杀了三次；在初三的最后一星期，马磊把锋利的刀片指向自己，进了医院。

批语：

"指向"不够准确，要改为更恰当的动词。少用分号，一个意思表达完加上句号就行了。改为：

家庭的不和谐，学校的压力，朋友的疏远让马磊一蹶不振，患上了抑郁症，自杀了三次。初三的最后一星期，马磊把锋利的刀片割向自己，进了医院。

（3）注意历史和政治

原稿：

再后来，建国了，前伪政府秋风落叶般离去。

批语：

"建国"应当修改为"新中国成立"。不能把此前的政府随意称为"伪政府"。可改为：

再后来，新中国成立了，旧的政府势力如秋风落叶般离去。

4. 标题、图说与加粗

（1）标题

原稿标题：

战胜舞台，战胜自己

批语：

这个标题缺乏事实亮点，很普通，没有吸引力。文章开头写道："原来成绩在学校垫底，可是就在那么一天她突然醒悟，高考以 625 分的成绩杀出重围，最终被北京师范大学汉语言文学专业录取。"这句话富有新闻价值，要从这里面寻找关键词，浓缩成标题。

原稿标题：

"人生就是我的创作"，内卷时代的另类选择

批语：

标题要凸显新闻价值，聚焦于不同凡响的事实，增强吸引力。这个标题太平淡，很难凸显出来。文章开头写道："他在家自学电子制作，研究基于英集芯 IP5389 方案的 100W 快充 HUB，偶尔帮台友修对讲机、修电台、改装充电宝、做 USB 集线器，学习各种其他技能，以及读书。"这些内容是非常好的，应当从这里寻找做标题的素材，用具体事实彰显标题的个性。

原稿小标题：

04 对未来的期望

跳绳比赛分为速度和花样两个大方向。谈到未来打算，单钰晴表示想要继续练习跳绳，期望以后能多去全国各地参加比赛。多学一点花样，在需要的时候可以作为才艺。"希

望我的速度能再快一点吧，不指望超过师姐，能和她持平也很好。对了，以后还要学跳绳规则，去考一下裁判证，这可是进绳圈的第一步。"单钰晴接着说，"如果能学好的话，就把学到的跳绳技术教给其他人还有小朋友们，推广跳绳运动，让更多的人参与到跳绳这项运动当中。"

05 结语

让我们将荆棘当作铺满鲜花的原野，那么再多的痛苦也不能将自己打倒，相信跋山涉水受过的伤，最终都会化作闪耀的勋章。

批语：

全文共列 3 个小标题即可。不要单独给一段文字加小标题。小标题统领的段落数量以5 段以上为宜。不要用"结语"的说法，又不是写论文。建议删掉上述小标题。新闻报道不要乱发议论、乱抒情。你把事件报道完了，讲清楚了，就行了。应该删除上述整个所谓"结语"部分。

（2）图片说明

原稿：

图为鲁山县淮源中学的照片

批语：

图片说明要简洁，删掉"图为""的照片"。

（3）加粗

原稿：

社会实践是我们探索外部世界的一扇窗。它让我们伸出触手，向外探索，触碰世界，窥见现实，寻觅方向，找到未来的路。

向未来 Say Hi，从社会实践**开始**。

批语：

加粗部分要少而精，都加粗了就没意义了。应该加粗一个主谓句。也不要只加粗两个字。

思考与训练

第三章

新闻采访

报人书法家张飙，曾任《中国青年报》副总编辑、《科技日报》总编辑，他将自己记者的心得体会化作一首《塞鸿秋》，生动还原了记者进行新闻采访工作时的状态和优秀记者的正义追求：

城里走、乡里走、山里走，

握纤手、握绵手、握茧手。

风也受、雨也受、气也受，

人还道，

利也有、名也有、官也有。

伐恶效狮吼，

逢善魂相就，

图一个天地无垢心无垢。

新闻界素有"七分采三分写"的说法，足见新闻采访的重要性。采访是写作的前提，没有扎实的采访，很难写出精彩的文章。新闻采访需要做好准备，不畏艰难险阻。采访的关键环节包括提问、倾听、观察与记录，通过这些关键环节的运作，记者便可掌握新闻事实。

第一节　做好采访的准备

准备越充分，采访就越容易成功。记者应该正确认知新闻采访，重视现场交流，调节好心理，事前了解采访对象，收集相关材料做好知识方面的准备，还要准备好问题，预先策划采访，做好采访的物质准备。此外，记者还应该掌握礼貌称呼知识，熟悉职业伦理与规范，在新闻采访中妥善处理相关问题。

一、正确认知新闻采访

采访是记者的天职，采访决定了写作，没有新闻采访就没有新闻写作。好的记者花七分力量采访，三分力量写作。采访工作做得扎实，写作才顺利，报道才能写得好。记者要高度重视采访，更要有去现场采访的意识。

好的记者奔赴现场，即使中途受阻折返，也比从没想过去现场好得多。2023 年 11 月 6 日，东北地区迎来当年首场大范围雨雪、寒潮天气。大河报·豫视频记者乘坐从长春出发前往白城的 C505 次列车，遭遇所乘列车返程的突发状况，记者对这个经过做了报道。"记者直击东北暴雪，雪太大没去成"反倒成了趣闻，引来网友关注。大雪困住了记者的采访调查之路，却同时让人们看到了记者的努力，让人们感到了温暖和趣味，更为记者奋战在严寒天气中的敬业精神而点赞。这次记者中途受阻折返，更凸显了东北降雪、寒潮的严重性，顺利抵达现场不是新闻，没去成才是新闻。

我们以新闻为业，就要多跟人见面沟通，多到现场采访，而不能偷懒，一味地用网络搜索代替现实世界的采访。

社交媒体的发展为人们的交流沟通提供了便捷通道，同时也让很多年轻人躲避了现实世界的交往，什么事情都习惯在社交媒体上发文字来沟通，即使现实距离并不远，也不愿意面对面交流。这是很不好的现象，在关键时刻会让年轻人错失良机。长此以往，社交媒体会让人们丧失正常的社交能力。

我们既要积极利用社交媒体沟通，更要争取面对面的人际交往。即使利用社交媒体沟通，也不要仅靠冷冰冰的文字发出指令，语音通话能够让交流更加直接、充分，不妨多加利用。新闻工作本来就是跟人打交道的工作，我们更要寻求和珍惜面对面的采访，让这种交流方式发扬光大，通过面对面的采访，捕捉更加丰富和深刻的信息。

人们往往觉得记者工作很时尚，而忽略了记者工作的艰辛。采访中可能会出现种种难题，无论你是一个新记者，还是一个经验丰富的老记者，采访对记者而言永远是一个挑战。采访之前，记者必须有足够的心理准备，提醒自己前面的路途可能异常崎岖。

记者经常会面对自己全然无知的采访领域。另外，绝大多数的采访对象都是陌生人，记者需要跟一个陌生人打交道，并在短时间内迅速地建立融洽的人际沟通关系。采访并不是一件容易的事情，不能掉以轻心。

记者要做好心理调节工作，充分预判采访过程中可能遇到的困难。采访之前要明确，不是所有被采访者都欢迎记者的到来，他们有可能直接拒绝接受采访。尤其做舆论监督报道时，记者更容易遭受冷遇、敷衍，甚至会发生谩骂、追打和诬陷的情况。采访过程中，记者还可能遭遇一些刺激性信息。如果你不是记者，你完全可以不去了解这些刺激信息，而身为记者，一些残忍的细节、场面你却必须要听、要看、要追问。

新闻工作对记者的心理素质提出了很高的要求。记者心态要平稳，自信而不自负，谦和而不卑怯。记者要有随机应变能力，遇事不慌乱，沉稳大方。记者内心要强大，遇到困难不退缩，而是设法找到突破路径。记者要有好奇心和主动性，善于交际，提升沟通能力。记者要养成高效工作习惯，拒绝拖延症，要迅速判断，立即行动。采访过程中有难题和障碍，也有温暖和感动，采访实践锻炼和培养了记者。采访是记者与受访者共同创造的过程，有挑战和付出，也有成长和收获。我们要全面地看待采访工作，勇于接受挑战，在新闻采访实践过程中不断克服困难，为新闻事业做出自己应有的贡献，实现人生价值。

二、采访前要做足功课

突发新闻的报道，留给记者的资讯准备时间并不多，记者要尽快动身，并在赶到现场前的短时间内紧急搜寻资料，预想采访过程及可能出现的情况。如果时间充分，比如当记者做人物报道时，则尤其需要在采访前做足功课，收集相关材料，充分了解采访对象，储备相关知识，以便提出更有价值的问题，让采访更有成效。

蔡崇达毕业于泉州师范学院，曾供职于《新周刊》《三联生活周刊》《生活月刊》《周末画报》，担任《智族GQ》中国版报道总监、《中国新闻周刊》执行主编，代表作有《审判》《皮囊》等。《审判》是关于药家鑫交通肇事故意杀人案的深度报道。《皮囊》是一本散文集，印刷超过400万册。蔡崇达在新闻特稿写作方面有独到贡献，作品多次获得《南方周末》年度致敬、亚洲出版协会特别报道大奖。

蔡崇达肯下笨功夫做好采访准备工作，他在采访刘德华前，先到百度上搜资料，点击搜索出来的页面链接，从第一页一直看到最后一页。我在写这段文字的时候，用百度搜了一下刘德华的名字，百度上有70个页面，每个页面约有10个链接，共有近700个文件需要阅览。蔡崇达看完百度上的全部搜索页面，其中还有大量重复信息，真是下足了笨功夫。蔡崇达还阅读了香港娱乐圈发展史、香港人口变迁史、香港社会分层等方面的文献，查看了社会学、人类学方面的相关著作。蔡崇达的方法论是用社会学、人类学、文学三重视野看问题，力争认识更全面、更深刻。

他的采访也讲究下笨功夫，每个人至少采访三次，再交叉采访三次。次数不一样，受访者提供的一些细节和表达也会有所区别，有利于真实还原。他跟刘德华第一次约见时说："华哥，我觉得你是一个爱操心的人。"这个说法也是得益于蔡崇达采访前对刘德华的充分了解。与刘德华的访谈本来约定一个小时，结果那天他们从早上10时聊到了晚上10时。后来刘德华还为蔡崇达的《皮囊》作序，刘德华说："我认识崇达，看他的书，总有启发，就如生命中多添一盏明灯。"刘德华还有句话说得特别好："凡尘俗世，谁不是普通人？"这句话也很适合送给新闻工作者，不用仰视所谓位高权重者，也不用歧视所谓社会底层的人，要有平常心，不要有分别心。

记者对被采访者的事先了解至少要包括以下几个方面：

（1）被采访者的个人经历。

（2）被采访者的社会背景及亲友关系。

（3）被采访者的个人性格及其爱好、特长。

（4）被采访者的主要成就或失败。

（5）采访时的境况及被采访者可能出现的情绪。

为了做好《杨澜访谈录》，杨澜说她每次采访平均功课量是阅读10万字至20万字，总的阅读文字量已有1.6亿字，相当于读了1000多本书。[①]记者在采访前应该做足功课，收集足够多的相关材料，用心阅读，为提问做好知识准备。

新闻媒体大都有自己的图书资料室，记者可以利用它完成采访前的研究工作。记者也可以通过网络搜索、查阅图书或其他文档资料来完成对新闻背景的研究。记者收集相关资料并作了深入研究之后，能够掌握更为充分的背景信息，只有这样，记者提出的问题才会显得更加内行，采访对象也才会更加尊重记者的提问。

记者面对的是一个变动的事实世界，但没有被撰写过的题材几乎不存在，图书馆或网络海洋里永远都有供记者学习参考的资料。在采访之前，记者一定要先给自己充充电，至少要掌握住那些跟报道有关的知识性的信息。

徐迟说他在采写《哥德巴赫猜想》之前，对数学是一窍不通。为了采访数学家陈景润，他先是读了马克思的《数学手稿》，又硬着头皮啃了《中国古代数学史》《堆垒素数论》《数论导引》。徐迟还买了一套自学丛书，像一个中学生那样从头学起了数学。如果不了解数学知识，采访陈景润的效果就要大打折扣了，即使笔头功夫再硬，恐怕也写不出反响那么大的作品了。

三、预先策划你的采访

记者应当预先策划自己的采访，策划工作做得越充分，采访起来就越顺畅。记者要准备足够多的问题，并列出具体的访谈提纲。

1. 预先策划的内容

针对新闻采访而展开的策划主要包括以下内容。

1）弄清楚你到底想要什么，你的采访目的是什么

目的明确，行动才会更加高效。记者应该为自己的报道设想一个假定的主题，确定自己的采访目的，明确自己最需要什么样的信息，这些信息应该从哪些人、哪些地方获得。搞清楚了自己的采访目的，明确了自己想要什么，你的采访才不至于盲目，才能更有针对

---

① 杨澜. 提问 [M]. 杭州：浙江文艺出版社，2020：35.

性和方向感。

2）确定关键的采访对象、重点新闻事实及采访场所

记者的采访对象、报道涉及的事实成分可能会有很多，但关键的采访对象和重点事实往往只有一两个。记者在策划采访的时候应该确定好关键的采访对象和重点事实，并将焦点锁定，集中力量挖掘核心信息。

场所是采访的舞台，影响甚至决定了采访的效果。记者在策划采访的时候还要确定一个采访的场所：是在工作单位、家里，还是在新闻发生的现场采访。

3）策划采访的步骤与环节

记者应当在采访前就研究并确定好采访的顺序：是先采访外围人群（核心人物的朋友、敌人），再采访核心人物，还是直接采访核心人物；什么时候到什么地方采访；初次见到被访者时应该如何打招呼，怎样称呼对方，如何开场，如何推动采访的进程，如何结束采访；等等。针对这些环节和问题，记者事先要有充分的思考和安排。

4）预设难题及攻克措施

要对采访过程中可能出现的困难进行预设，并提前做好应对准备。要考虑到对方有可能拒绝采访，你应该能够迅速予以回应，并说服对方接受采访。记者还应该学会迅速有效地处理采访中的危机事件。采访中可能会出现的一些意外情况或尴尬场面，采访前也应该加以预设，并准备好应对措施。

5）采访前就要对新闻报道有一个设想

采访的目的是实现对事实的表达，采访前就要对已经掌握的信息做充分的思考和分析，并试着对未来的新闻作品进行设想或构思：使用什么样的新闻报道体裁，什么样的报道角度和叙事风格，什么样的写作思路，最终的稿件应该是什么样子等。

对未来新闻作品的设想可以有效地指导采访实践，让资料信息的获取可以更为有效地服务于日后的写作。

2. 列出访谈提纲

准备过度胜过准备不足，记者要准备足够多的问题，并列出访谈提纲。麦克·华莱士在准备问题方面做得要好得多，"我给自己定了一条规矩，至少在准备好30或40个扎扎实实的问题后才去采访，"华莱士说，"我通常的做法是，在黄色的拍纸簿上先写出100个问题和所有经过研究琢磨以后我心中想到的一切。然后，我开始把这些问题分类，如采访巴列维国王，我就把100个问题浓缩成50个，分成八九类，如权力问题、贪污腐化问题和年龄问题等。等到我真刀真枪采访时，我可能只用50个问题中的十一二个。"[①]

《南方人物周刊》记者谭翊飞在撰写《一家四口的两地生活》之前，拟定了下面这样一个访谈提纲，里面准备了足够多的问题：

---

① 林如鹏.新闻采访学[M].广州：暨南大学出版社，2004：220-221.

农民工返乡访谈提纲

（一）基本资料

1. 姓名

2. 年龄

3. 文化程度

4. 家庭主要成员及状况（逐一问）

（二）个人近期工作情况

1. 什么时候回家的？跟谁一起回的？拿了多少行李？转了多少趟车？花了多少车费？

2. 为什么回来？（薪水太低、根本找不到工作？不想干了？回家过年？）回来之前有无降薪？加班减少？

3. 年初是什么时候出去打工的？总共换过几份工作？几个城市（行业）？为什么换？各份工作的待遇怎样（逐一问）？这些工作，哪些是最感到满意的？

4. 这一年，中间还回过家吗？

5. 没有工作的时候，在外面住哪里？吃什么呢？租房吗？租金、面积？

（三）打工历史及感受

1. 你是什么时候第一次出去打工的？和谁一起？去了哪里？是第一次出远门吗？当时的感受是怎样的？遇到的最大困难是什么？

2. 为什么出去？不想读书了吗？现在想读书吗？为什么？

3. 这些年打工，干的最累的活儿是什么？最轻松的呢？工资最少的呢？最高的呢？去过哪些城市？做过哪些行业？

4. 你打工几年，最开心的事是什么？最忧虑的是什么？能否回忆当时的情形？

（四）经济及生活习惯

1. 今年回家买了什么东西回来？最贵的是什么？哪里买的？（往年呢？一般买多少？）

2. 在外面生活，花钱最多的是什么事情？一个月工资，能攒下来多少钱？是寄回来吗？寄给谁？还是存在广东？回家是怎么带回来的呢？攒下钱准备干什么？有无一个目标数额，积一笔钱做件什么事？

3. 如果在家乡，一个月花多少钱？（分大人和小孩，生产和生活）

4. 抽烟吗？什么烟？多少钱一包？广东的烟好，还是河南的烟好？

5. 知道保险吗？买过吗？回来后退回来过吗？怎么退的？

6. 在外面几年，你觉得自己变化最大的是什么？比如生活习惯、性格？你觉得回来有无不适应的地方？

7. 你觉得广东好，还是河南好？种田好，还是进工厂好？为什么？

8. 在你感到愤怒或压力很大时，你一般做什么？会找人说话吗？找谁？有无因工作或其他事，被人骂？或与人发生冲突？有无发生过工伤？

9. 在外面生病了怎么办?

（五）交往、集体行动及价值观

1. 在外面与谁说话／交往最多? 父母吗? 朋友吗? 多长时间打一次电话回家? 最好的朋友是谁? 什么时候认识的? 多长时间聚一次? 交女（男）朋友了吗? 准备什么时候交? 多长时间聚一次?

2. 有无参与讨工资、罢工、上访或打过官司? 有见朋友做过这些吗? 你怎么看这些行为? 与人打过架吗? 为什么?

3. 这些年, 有无感到愧疚的事? 有无对不起他人的事?

4. 在外面, 最担心或最害怕发生, 但又非常有可能发生的事是什么?

5. 你对未来有计划、充满信心吗? 你觉得社会公平吗? 你听说过经济危机吗? 你觉得经济危机是怎么一回事? 将持续多久?

6. 有听过就业培训吗, 免费的?

（六）观察及问题

1. 你家房子盖了几年了? 分别住哪个房间? 还有其他住房吗?

2. 电视机是什么牌子的? 什么时候买的? 多少钱? 这是家里最贵的电器吗?

3. 这些年买的最大的家电或家具是什么? 有无改善家里居住条件的打算?

4. 购买家电国家有补贴, 近期会买吗?

5. 鞋子、衣服, 什么时候买的, 值多少钱? 手机什么牌子型号, 值多少钱?

6. 观察家中其他物品, 如床等。

四、做好采访的物质准备

记者的着装、外表、举手投足等留给对方的第一印象, 甚至可能比记者说的话还重要, 采访之前, 记者应当确保自己着装妥当。

1. 着装打扮要妥当

记者的着装应该与采访场合相适应。在采访一个田间劳动的农民时, 记者西装革履就不太合适; 同样, 采访一个体面的政界领袖, 对方西装革履, 而记者却穿着短裤来采访, 这也是不妥当的。记者的着装风格应当与被采访者相配。

2016 年 9 月 15 日凌晨, 台风"莫兰蒂"在厦门登陆, 最大风力达到 17 级, 这也是新中国成立以来登陆闽南的最强台风。灾后重建过程中, 9 月 20 日新浪微博网友爆料, 厦门电视台一女记者"戴着小墨镜, 打着小洋伞, 扭着小腰挎着包"采访群众志愿者, 并贴出现场照片（见图 3.1）。当天下午, 厦门广播电视集团官方微博发布《关于对本台个别记者在采访中行为不当的处理意见》, 决定对该记者停职处理。

这件事情引来了很多争论，有的网友觉得处罚太重了，不应该对记者着装要求这么苛刻。其实，停职只是"暂停工作"的意思，并不是"开除"的意思，以后怎么处罚都不一定，或者舆论平息了，这个记者还可以继续工作。有人把"停职"误解成了"开除"，那是夸大了这个决定。

更多的网友却觉得这位女记者做得太不妥当，应该给予处罚。"女记者在不恰当的时候，过分在意自己的形象，显得过分娇气，也表现了对灾难的冷漠。灾难过后无论男女老少，都力所能及地为社会尽自己的一份力量。如果太阳镜换成帽子，太阳伞换成矿泉水，女记者在为志愿者递水，画面感就好多了。"这件事情对我们是一个提醒，记者的着装打扮还是应该考虑一下场合，大家都在忙着灾后重建，你穿得格格不入，显得很娇气，难道不是招人烦吗？

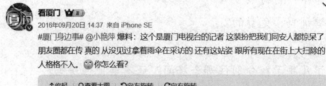

图 3.1　电视台记者装扮引争议

同样是采访新闻，这一年的 7 月，新乡电视台女记者瑛子来不及换衣服，穿着睡衣就跑到了暴雨现场采访。瑛子浑身被雨水淋透，大街上的积水淹没到了大腿，她在做报道的时候，还不忘去搀扶和帮助路人。新乡电视台女记者没有刻意注意个人形象，反而受到大家的喜爱，甚至成了网络红人。

2. 工具准备要充分

做好采访的物质准备，还要注意检查一下采访本、笔、照相机、摄像机、录音笔、电池、记者证、名片等物品是不是都带齐了，确保诸如照相机、录音笔等采访工具都能正常工作。

美国《纽约先驱论坛报》记者罗伯特·伯德有一次就原子弹的事去采访著名科学家爱因斯坦，当时爱因斯坦刚刚在《大西洋》杂志上发表了一篇强烈反对使用原子弹的文章。

采访刚开始，记者的那支不争气的铅笔就断了。

爱因斯坦有支自来水笔别在他 V 型领口的毛线衫上，记者想借来用一用。爱因斯坦脸色变得十分难看，取出自来水笔，慢慢拧掉笔帽，勉强地递给了记者。

记者刚开始记录，爱因斯坦又向他道了个歉，并从记者手里把自来水笔拿走，拧上笔帽，重新别在自己的 V 型领口毛线衫上，说要给记者另找支铅笔。

5 分钟后，爱因斯坦拿着一支铅笔回来了，但此时的气氛已经很紧张了，记者伯德是在给一位被触怒了的天才做笔记。伯德只因为少带了一支铅笔，差点儿断送了对这位历史人物的重要采访。伯德的印象是爱因斯坦太不喜欢记者了，"而由于我这次采访，以后采访他的记者的境遇想必更糟"[①]。

五、不要直呼对方姓名

采访是人际交往的过程，需要顾及所处的文化环境，要有礼貌地称呼对方。中国文化环境中尤其需要注意这一点，其实即便是西方国家的正规交往场合也很注重礼貌用语。一些大学生跟老师、长辈交流时喜欢采取"姓名＋职业"的说法，如"苏大强老师"。大学生往往觉得这是尊重对方的称呼——你看，我把你的姓名一个字不落地都说对了，还加了"老师"，多给力。其实这是没有礼貌的，甚至是没有文化的表现。

称呼有没有礼貌，要看场合。在社交场合称呼对方时需注意一个原则：尽量不使用对方的全名。以下按称谓形式、举例、性质等，对人际交往时称呼的礼貌程度做出说明。当记者采访、学生称呼老师、晚辈称呼长辈时，尤其需要注意这些细节。

（1）直呼姓名：苏大强。没有礼貌，毫不客气，采访时要特别警惕这种用法。直呼全名主要限于长辈称呼晚辈，晚辈这样称呼长辈是没有教养的表现。

（2）姓名＋职业（职务）：苏大强老师、苏大强院长。这种称呼方式在日常交流中具有冒犯性，采访时一般不用。为了增强辨识度，当受访者为多人、音视频节目录制或直播时可用。

（3）形容词＋姓名＋职业（职务）：尊敬的苏大强老师、敬爱的苏大强院长。啰唆，仍然没有礼貌，一般不用。

（4）姓＋职业（职务）：苏老师、苏院长。有礼貌，可用于日常交流、新闻采访。

（5）职业（职务）：老师、院长。有礼貌，简单，亲切，多用于日常交流。新闻采访中可根据情况选择使用。

---

① 约翰·布雷迪.采访技巧[M].范东生，王志兴，译.北京：新华出版社，1986：178-179.

（6）形容词＋姓＋职业（职务）：尊敬的苏老师、尊敬的苏院长。严肃、庄重、有礼貌，可用于文字交流或严肃社交场合。日常交流和采访时不用这么客套。

称呼能够表现出尊重对方即可，不用搞得过于客套，采用"姓＋职业（职务）"或"职务"方式称呼就不错。小学生会直接称呼"老师"，在这方面大学生反而需要向小学生学习。小朋友刚上学，搞不清老师姓什么，就直接叫"老师"，没有分别心，简单而又亲切，老师也觉得很自然。在社交场合，如果怕说错了对方的"姓"，直接称呼对方的职业、职务，是非常保险的做法。

没有必要把称呼搞得太肉麻。如称对方为"苏神"，马屁太响；或过于亲昵，称对方为"强强"——关键是还不至于到那个亲热份上。

新闻报道过程中对受访者的称呼，要区分采访与写作：记者采访具有社交属性，不宜直呼对方全名；记者写作则离开了社交场合，应该直接写出对方的全名。"苏大强老师"这种称呼如果用在新闻报道中，是敬称；如果用于人际交往，则是没有礼貌。新闻报道属于职业写作，没有人际交往那些规矩，大多数情况下反倒不使用敬称，而应该直接称呼全名，其内含的道理在于大家一律平等，便于向公众传播。人际交往、新闻采访则需要顾及文化习俗，要表现出尊重、教养和礼貌，直呼对方的全名是不妥的。

一些学生往往搞反了，写新闻稿件不该使用敬称，却偏偏频繁使用；人际交流时又屡屡冒犯对方，叫出对方姓名，而自己还浑然不觉。"苏大强老师"在职业写作中属于"敬称"，但到了日常交流、新闻采访中就是另一回事了。使用场合发生了变化，这样的称呼就令人尴尬了。

六、采访的职业伦理与规范

采访是否符合职业伦理与规范，需要结合具体情境来考量。电视采访容易出现导演新闻现象，但到底是否属于导演新闻，需要具体情况具体分析，看起来类似的场景也可能存在不一样的评判。如果是记者组织语句，指挥受访者念出来，让观众误以为那是受访者自己的话语，这种做法就会伤害新闻真实性；如果是受访者事先将自己要说的话打印成文稿，出镜时再念出来，则是另一回事，如图3.2所示。

记者在新闻采访中还应该熟悉职业伦理与规范，以下所列应该引起职业记者的重视。

（1）不要仰视采访对象，也不要俯视采访对象。应该平视被采访者，以平等的态度看待所有的采访对象。

（2）原则上，记者采访过程中不接受任何机构和个人的招待与馈赠，不接受差旅费报销、银行卡、购物卡、现金、宴请、兼职获利等好处。

（3）当场无法拒绝的贵重礼物应及时向采编部门领导报告，并在事后退还，向对方做出礼貌的解释。无法退还的贵重礼物或现金可交公处理。

图 3.2　电视新闻采访现场

（4）采访过程中在交通、餐饮、住宿、通信等方面的花费应当全由媒体承担，即便采访对象主动提供费用支持，也应婉言拒绝，并向其解释新闻职业规范要求。

（5）采访需要借用当事人的书籍、器材、文件，即便物品不贵重，也要及时归还。

（6）当采访对象处于失去亲人、遭遇犯罪等极度悲痛或惊恐之中，记者应注意体察对方的痛苦，提问的内容、语气和方式不要给对方带来二次伤害。

（7）采访应该采用公开和光明正大的方式进行，提倡明访而不是暗访，提倡显性的采访而不是隐性的采访。

暗访又称隐性采访，它掩盖记者身份和采访目的，采用秘密方式获取信息，偷拍偷录，是一种非常规采访方式。暗访的使用至少要满足以下两个限制条件：首先，新闻报道必须密切关联公共利益，与公共利益关系不大或无关的信息，不应采取暗访方式；其次，没有办法的办法，常规采访方式确实无法获取新闻信息，只得暗访。

（8）暗访中记者不享有任何超越法律的特权，即使没有主观意愿，也不得参与实施贩毒、走私、拐卖妇女等犯罪活动。

（9）在公共场合（公交车、街道、公园、市场、车站等）采访可以不暴露记者身份。

（10）进入私人住宅采访应该征得主人的同意，进入医院诊室采访应该获得院方或医护人员、病人及其家属的同意。

第二节　提问：有效挖掘信息

善问者如攻坚木，先其易者，后其节目，及其久也，相说以解。不善问者反此。善待问者如撞钟，叩之以小者则小鸣，叩之以大者则大鸣，待其从容，然后尽其声。不善答问者反此。

——《礼记·学记》

一、为读者而提问

记者提问不是炫耀技艺的过程，不需要每次都提所谓高端、大气、上档次的问题，而要勇于回归常识，敢于提出简单的问题。记者采访的根本任务是为读者提供服务，有的时候记者不懂而问，有的时候记者却会明知故问，让采访对象对读者直接讲话。

事先想一下你的稿件是什么样子，需要写进哪些内容，所有的内容都需要在采访调查阶段加以核实验证，这些内容就是提问的内容，在采访过程中应该问到这些问题。

不要为了提问而提问，而应该提出有价值的问题，找到痛点。为了提问而提问，表面上看问了很多问题，但都是些价值不大的问题，根本就抓不到痛点，提问也就失败了。

如果你不好确定问些什么问题，不妨就从你内心感到困惑的地方开始，你感到困惑的地方通常也是读者存在困惑的地方。如果你自己对这些问题都没有困惑，却还是花费了很多时间纠缠于其中，终究也得不到真正有价值的信息。提出一个问题之后，再想一想读者可能还有什么疑惑。记者是代表读者来提问的，要尽可能帮助读者消除疑问。

提问的时候不要怕自己问了愚蠢的问题，不要怕别人嘲笑自己，不要虚荣。无知不可怕，假装不无知才可怕。我们应当向《纽约时报》记者霍默·比加特学习，将"随身携带的无知"带到采访现场，不断提问，最终掌握更为全面的信息。

杨澜说自己作为一名职业提问者，经历了从追求复杂到喜欢简单的过程，她在做好功课的基础上，更喜欢运用直觉来发问，单刀直入，"因为越简单的问题越接近人类普遍关心的共同问题，越简单的问题可以覆盖越多的人共同的命运，只有这样，一个提问才有可能具备'洞开视野，打开世界的力量'"。

英国《星期日独立报》新闻主管大卫·兰德尔在其著作中强调，采访中要提最实用的问题。他总结了一些好问题，这些好问题并不深奥，大都是回归常识的简单问题。我们一起来看一下这些好问题。

（1）那之后发生了什么？

很多被访者不按时间顺序讲述，记者应该把事件拉回到发生之初，然后询问"那之后发生了什么"，让被访者从头讲起。不断地询问"那之后发生了什么"，推动被访者讲述故事，提供信息。

（2）你是怎么知道的？

被访者掌握信息的过程令人好奇，有故事可以挖掘。

（3）你知道谁可以证明这些吗？

不能相信单一消息来源，应该有其他消息来源证明才可信。如果只有他一个人掌握信息，记者应该再问："为什么？"

（4）你是怎么做到这一切的？

问"怎么做的"比问"怎么想的"好，前者更容易获得真实的事实信息，后者更容易获得主观的空泛的信息。

（5）做某事时你有什么感觉？

用开放式问题问对方做具体的某件事时有什么感觉，而不是用封闭式问题问他感觉困难还是不困难，获取更加丰富的信息，而不是简单的"是"或"否"的回答。

（6）然后呢？

不断地追问，深入获取更多的信息。[①]

二、问题的类型

问题有两种类型，即开放式问题和封闭式问题。这样划分问题的类型，简单好记，易于把握。记者采访时要多采用交叉提问方式，即交叉提出开放式问题和封闭式问题。

1. 开放式问题

开放式问题是让受访者自己提供答案的问题，往往需要受访者花费更多的精力思考问题，构思答案，组织语言。下列问题就是开放式问题：

"你觉得中国当前面临的最重大的问题是什么？"

"你对城市拆迁改造是怎样看的？"

"是什么在支持你？"

采访对象很健谈、有被采访经验时，可以考虑多使用开放式问题。另外，为了营造漫谈的气氛，可以从采访对象熟悉的、喜欢的话题开始，问几个简单的开放式问题。

2. 封闭式问题

封闭式问题里往往含有问题的答案选项，受访者在回答这类问题时，有时好像在做一道选择题，有时则要说出一个具体的人名、地点或其他具体的答案。总之，对封闭式问题的回答是有严格的限制范围的。

看看下面这些封闭式问题：

"小朋友，你知道中国的长城吗？"（答案范围：知道，不知道）

"是否言过其实？"（答案范围：是，不是）

"很多人攻击你的一个共同点是你不了解中国国情，你承不承认在研究中的确存在这

---

① 大卫·兰德尔. 全球新闻记者 [M]. 邹蔚苓，译. 上海：复旦大学出版社，2013：81-82.

方面薄弱的地方？"（答案范围：承认，不承认）

封闭式问题提供了答案线索和范围，回答时在组织语言方面显然要省力得多。采访对象感到拘束，不善言谈时可以考虑使用封闭式问题。

2000年6月21日，朱镕基总理接受西班牙埃菲社社长贡萨洛采访。下面列出了贡萨洛采访时提出的部分问题，看看它们属于哪种类型：

贡萨洛：阿斯纳尔首相即将访华。他很重视发展同中国的关系。您怎样评价目前的西中关系？您认为在哪些方面能够进一步改善这种双边关系？

贡萨洛：您去西班牙访问过两次。对于普通的中国人来说，他们熟悉西班牙吗？

贡萨洛：您看过斗牛表演吗？

贡萨洛：您认为在中国进行经济改革和对外开放过程中，共产主义能够生存吗？您怎样看待共产主义在21世纪中国的前途？

贡萨洛：那么，这种对道路的不断修正，是否会导致完全的市场化，以满足人们的意识形态的需要，包括大选、多元化？

贡萨洛：我们在西班牙都熟知邓小平的名言，即不管白猫黑猫，抓住老鼠就是好猫。现在在中国，公有经济、私有经济都在发展，然而，公有经济缺乏私有经济的经营观念。中国国有企业的私有化进程将会进行下去吗？

贡萨洛：西班牙密切关注台湾海峡的局势。您是否认为如果中国大陆与台湾的谈判失败了，中国大陆就会对台湾使用武力，使之与大陆统一？您怎样看待日前陈水扁的言论？他说，朝鲜和韩国首脑成功地举行了峰会，讨论了朝鲜半岛的统一问题，中国大陆和台湾也应用同样方式解决分歧。

贡萨洛：作为总理，您很忙，但想必也有一些自由活动的时间。在这些时间里，您做什么？您有孙子、外孙吗？我们都知道您有一个女儿、一个儿子，也知道您过去打网球，现在还打吗？

贡萨洛：您在小院子里散步时肯定在考虑经济问题，是否也考虑反腐败问题？[①]

3. 交叉提问

问题是否容易回答与问题的类型并不存在必然的联系，为了营造漫谈气氛而提出的开放式问题可以很轻松地回答，一个很宏大的开放式问题也可能并不容易组织答案。"小朋友，你知道中国的长城吗？"这样的封闭式问题很好回答，可是一些敏感的封闭式问题对于消息来源来讲可能就很难回答。

对于记者来讲，更为关键的是要把握提问的节奏。如果采访的时间很紧张，记者必须加快提问的速度，那么记者就可以考虑多提一些封闭式问题，这样一来提问的节奏也会加

---

① 《朱镕基答记者问》编辑组.朱镕基答记者问[M].北京：人民出版社，2009：151-158.

快。如果时间足够用，记者可以考虑多提一些开放式的问题，这样显得更加舒缓，不那么咄咄逼人。更多的时候，记者可以考虑将封闭式问题和开放式问题交叉提出，并控制提问的节奏，这样会使采访的过程张弛有度，更加协调。

三、多提个性化问题

记者应该做好准备，多提有个性的问题，让自己讲起话来很在行，至少看起来很在行，尽力赢得对方的尊重，促进受访者对谈话产生兴趣。记者虽然只是提问，但记者的提问能够引导出富于变化的答案，给人们带来不同凡响的认知体验。

孔子讲究礼仪，有不少奇怪的癖性，对生活细节很挑剔。他穿衣服的规矩也很烦琐，《论语·乡党》记载"亵裘长，短右袂"，意思是说孔子"在家穿的皮衣较长，缩短右边的袖子"。为什么孔子要缩短右边的袖子？林语堂在《国学拾遗》中说，孔子要右袖比左袖短一点是为了便于工作。如果记者采访孔子，还可以问他："你右边的袖子比左边的袖子短多少？"

跟这个问题类似，美国记者 A. J. 利布林在采访一位名叫埃迪·阿卡罗的赛马骑师时，提出的第一个问题就是："你让左脚镫皮带比右脚镫皮带多放几个眼？"听记者这样问，骑师便轻松愉快地谈了起来，采访过程中记者讲的话寥寥无几，一个小时之后，骑师夸赞记者："我可以看出来你常跟骑师打交道。"[①] 赛马按逆时针方向绕圈奔跑，骑师们常用把左脚镫放得比右脚镫长一些的办法，来更好地控制赛马转弯时的姿态，保持他们在马背上的平衡，以便跑出更好的成绩。利布林在采访前掌握了这些资料，提出了一个很内行的问题，赢得了骑师的好感，迅速地打开了采访的局面，从而使采访成了一次愉快的交谈。

2008 年北京奥运会上，当杨威在回答某电视台记者的第一个问题结束时，向女友真情告白："我真想你呀！"这一句富有人情味的告白，展现了人性的美丽和温馨，记者完全可以顺着这句话追问，挖掘杨威的内心情感，揭示还原一个体坛名将真性情的一面，以情动人。

可是记者竟然完全不考虑现场的具体情况，而是按照事先拟定的采访提纲继续提问，老是什么比赛、争光之类的套话。过去人们面对记者的镜头，往往会掩饰自己的真实感受，以感谢领导的培养、同事的关心之类的套话来应付采访。结果往往言不由衷，人性本真的一面被掩盖了。如今，人们敢于在大庭广众面前表达内心真实的感受，这是社会的进步，值得肯定。可是我们的记者却忽略了标志着时代进步的词汇，提问一些废话或空洞的套话，生硬地把闪光点给抹去了，真是令人叹息！下面就是一个采访失败案例。

一个实习生在建筑工地采访一名进城务工的农民工，那名农民工满身泥水，端着一个饭盒。

---

① 约翰·布雷迪. 采访技巧 [M]. 范东生，王志兴，译. 北京：新华出版社，1986：99.

实习生：请问你们是出来打工的吗？

农民工：是啊！

实习生：你们干活累吗？

农民工：还可以。

实习生：今天是国庆节，你们不放假呀？

农民工：不放。

实习生：平常想家吗？

农民工：不想。

实习生：为什么不想？

农民工：没为什么，就不想。

实习生：家里还有什么人吗？

农民工：我到上班时候了，我走了。

实习生：哎，那你们……

农民工：我走了。

实习生：哎，请问……[①]

四、提问的基本方法

1. 安排问题的学问

1）注意安排问题的顺序

一般情况下，要将容易回答的问题放在前面，将对方熟悉的问题、暖身的问题放在前面，容易回答的封闭式问题放在前面。

2）问题结构应该清晰

问题结构清晰与否反映了记者思维的清晰程度，问题之间应当有意义或有逻辑上的联系，不能杂乱无章。记者最好采用模块化设计方法，将相关问题放到一起构成一个意义模块。

2. 慎用反问句提问

践行客观公正的报道原则从提问开始，记者不应该问带有倾向性的问题。反问形式的问题会让受访者揣摩记者的倾向和好恶，从而影响和改变他自己的答案，以求博得记者的满意。

"难道你不认为校长是一个知识渊博的人吗？"这样的提问就很有问题，受访者哪敢说不呢？

---

① 张征. 新闻采访教程 [M]. 北京：中国人民大学出版社，2008：204.

3. 搜寻具体的答案

记者不能满足于受访者笼统的回答。记者应当增强采访中的写作意识，新闻写作要求具体地报道事实，采访时记者应当想尽一切办法获取具体的答案。记者可以借助5W1H，使用"什么时候""什么地方""什么人""什么原因""什么情况"等新闻基本要素作为提问的关键词，将受访者的思维引到具体的事件、细节、人物和地点上来。

4. 提问要简单明了

提问应该简单明了，这样可以提高采访的效率。不要问令人费解的问题，不要故意把问题描述得太复杂，不要问太长的问题。越简短的问题越具有冲击力，也越有利于受访者回答。太长的过于复杂的问题会增加受访者记忆问题的难度，从而降低回答问题的效率。

5. 提问不要太冷血

记者采访应该遵循减小伤害的原则，不要向受访者的伤口上撒盐。

2008年北京奥运会上有记者问谭宗亮："你奋斗了二十多年，参加了四届奥运会，而只获得了一枚铜牌，你觉得你有愧祖国吗？"运动员能拿到金牌当然好，拿不到也不至于就是给祖国丢了脸。运动员痛失金牌心里已经不好受了，记者拿这样的话来刺激运动员，令人伤心，太不懂得体谅受访者，有失做人的水准。

央视体育记者冬日娜提问："今天晚上，你完全释放了吗？你毫无保留地释放出来了吗？"刘翔回答："我……我还留了一点。"2010年广州亚运会上刘翔夺冠后，冬日娜采访刘翔的这段话在网上疯传。有网友这样评价冬日娜："她是一个让运动员闻风丧胆的记者。"

冬日娜采访史冬鹏时的语录有："大史，恭喜你蝉联了亚军！""你觉得和刘翔在同一个时代是不是很悲哀？""你有没有信心得亚军？因为冠军已经是刘翔了。""刚才的比赛你尽力了吗？"冬日娜对一位男运动员说："祝贺你在明天的女子三级跳中取得好成绩！"山西的刘青拿到女子800米冠军，冬日娜问刘青："这次800米比赛，应该是靠实力赢下来的吧？"

2010年3月23日，贵州电视台第5频道《法治第一线》栏目与贵阳市交警支队四大队联合行动，对市区主干道的交通违法情况予以媒体监督和执法处理。记者在采访一名驾驶中华汽车的女司机时，遭到殴打。

按说我们应该同情被打的记者，谴责打人的"中华女"。可网友的意见出乎我们意料，绝大多数网友没有指责打人的"中华女"，反而对记者提出了强烈的批评。网友的意见主要集中在记者的提问上，如一位网友比较平和地说：

看了完整的视频（不是剪辑后的），对该记者就同情不起来了！记者的本职是记录事件，就是交警也只是按章处罚当事人而不能侮辱当事人。是谁给了记者侮辱人的权利？记者的问题太没水平，侮辱人太不厚道了。

下面让我们回顾一下记者的提问。当时，一辆没有悬挂号牌的红色中华轿车从太平路逆行驶入中华路，执法警察对其行为进行处理。女记者上前采访，"中华女"一直回避镜头。

记者就问："现在'三创一办'，你觉不觉得你是在给贵阳市丢脸啊？"

这句话之后，就是"中华女"猛然转身大打出手的镜头。"中华女"打记者事件带给我们的思索应该有：

（1）不应为打记者的"中华女"唱赞歌，不应纵容打人的行为。

（2）记者的提问存在较大的问题，记者说人家"丢脸"是不妥当的。记者不应该给人家扣大帽子，采访要就事论事，虽然逆行驾驶是违反交通法规的行为，但实在没必要与给一座城市丢脸挂上钩。

（3）记者与执法部门的联动行为在某种程度上表现了媒体的依附性。

（4）网友评论和媒体意见出现巨大反差。媒体报道维护被打记者，在报道框架、新闻语言等方面选择倾向于自身利益的叙事策略，有失客观。然而，媒体的倾向并没有被网友接受，网友自有主张和看法。

（5）记者的监督力量应该主要放在社会腐败及社会不公等方面，某些违章行为不应被无限放大。

五、紧追关键信息

1. 记者的职责是让对方回答

有一些被访者就关键问题不做正面回答，或是答非所问，或是偏离正题，或是故弄玄虚。记者应当有足够的心理准备来应对这种难缠的被访者，提防被访者的圈套。记者如果不满意对方的回答，就再问一次；一旦发现对方在耍花招，要敢于打断他们。

有的时候，被访者会与记者踢皮球，将记者的问题踢回来让记者回答。记者千万不能上当，这并不是记者不够真诚，故意掩盖自己对问题的认识，而是职业工作的需要。记者的职责不是谈论自己的看法，而是获取对方的信息，记者应该果断地将问题再踢回去。在这一点上，记者可以适当学学东北人说话。东北人喜欢用问句回答问句，当被问到："你咋来了呢？"东北人会回答："我咋不能来了呢？"记者可以采用类似反问形式把问题踢回去。还有一种更有冲击力的问答方式："你瞅啥？""瞅你咋的？"这样对话就容易打起来。东北话的表达不孤独，"你跟谁俩呢？"吵架都是复数，明明是跟一个人吵架，都要变成俩人，不再孤单。东北话表达要什么，回答就是像什么，如果你说："我想吃肘子！"东北人就会说："我看你像肘子！"这样对话是没拿你当外人，亲密得很。

法拉奇采访基辛格时说："基辛格博士，那么怎样来解释您成了风云人物，甚至几乎比总统更出名这一事实呢？对此，您有什么理论吗？"基辛格毕竟老练，他明确地回绝了："有的，但是我不告诉您，因为我与一般人的理论不一致。"基辛格反过来请法拉奇解释她的看法："现在我还处在我的职位上，为什么要告诉您？还是把您的理论告诉我吧，我可以肯定，您对我在世界闻名这一点也会有您的理论。"

基辛格不但没有回答问题，反而将这个问题回敬给了法拉奇。法拉奇并不吃他那一套，她说："基辛格博士，我不敢肯定，我想通过这次采访找到理论根据，但是没有找到。"法拉奇还是要求对方来回答问题，并且紧接着就为基辛格戴了一顶高帽，把他引向了回答问题的轨道，"我想归根结底是成功使您出名，我的意思是说您就像一个棋手走了几步好棋一样，首先是中国这步棋，人们喜欢能吃掉国王的棋手。"

这一招果然奏效，基辛格一下子打开了话匣子，虽然当中也曾有过犹豫。基辛格说："是的，中国是我取得成功的极其重要的因素，但是关键还不在于此。关键在于……好吧，我来告诉您，这对我没有什么要紧。"接下来，基辛格把自己比喻成了单枪匹马进入城镇和乡村的牛仔，大谈他的成功之道。

可是，怎么可以把功劳归为你自己一个人呢？总统难道是历史进程的旁观者吗？这让总统情何以堪！尼克松总统对基辛格的言论十分恼火，新闻界也开始批评他，有些报纸还给他画了"孤独的骑马牧者"漫画讽刺他。事后基辛格非常后悔接受法拉奇的采访，他称接受法拉奇的采访是他生平做的最愚蠢的一件事。[①]

中央电视台《面对面》栏目制作的《与神话较量的人》，主持人王志采访新闻当事人刘姝威，其中有一个精彩的"叩问"段落，也很值得体会。

记者：你指的这个因素是权力吗？

刘姝威：你说呢？

记者：我问你。

刘姝威：我问你。你听了我讲述的话，你认为这个因素是什么？

记者：你是当事人。

刘姝威：这个问题我想应该让公众来分析吧。[②]

记者提出了问题，对方反问记者："你说呢？"记者并不回答，而是坚定地说："我问你。"刘姝威的反应也很巧妙，她还是不回答，进一步问记者："你认为这个因素是什么？"记者也不回答，而是回应对方："你是当事人。"记者与被访者之间形成了问题的博弈，记者如果提出问题后自己做了回答，那么记者就输了这场博弈。

① 奥里亚娜·法拉奇.风云人物采访记[M].嵇书佩，乐华，杨顺祥，译.南京：译林出版社，2012：1-26.

② 王志.营造自主、开放的大众话语空间[J].新闻与写作，2009（9）：66.

2. 对关键问题要紧追不舍

有时受访者回避或不愿意回答一些问题，记者不能因此而放弃，对关键问题要紧追不舍。

美国哥伦比亚广播公司的著名记者华莱士被称为这方面的"高手"。他曾通过一系列的追问，迫使伊朗前国王巴列维承认拥有秘密警察：

华莱士：陛下，听说你有一支世界上最残暴的秘密警察部队，叫"萨瓦克"。有报道说，这支警察部队的暴行包括朝人们的肛门里插玻璃瓶，甚至在丈夫的面前强奸他们的妻子？

巴列维：听说是插碎瓶子。

华莱士：为什么巴列维王朝的警察用这种办法对待自己的同胞？

巴列维：我首先要说的，这是荒唐的，这是不真实的，我对你提出这个问题感到吃惊。

华莱士：美国许多新闻机构已经报道了。

巴列维：我们的警察没有必要那样干。我说我们的警察与世界上的警察一样，是有经验的，讲道理的。

华莱士：那为什么你要拥有像"萨瓦克"那样的秘密警察呢？

巴列维：为什么不要？哪个国家没有秘密警察？每个国家都有。

3. 借用他人之口提敏感问题

采用第三人称的方式提问，将记者与问题分离开，避免被访者迁怒于记者。

鸿海精密集团董事长郭台铭因为富士康员工频繁跳楼事件而成为舆论焦点，有人谴责郭台铭管理过于严格，甚至就是铁腕管理。中央电视台记者在采访时借用他人之口提出了敏感问题：

有媒体说，郭先生的公共形象总是很儒雅，循循善诱的，但是在公司内部，其实是一个强人，甚至有人用"铁腕"这样的词来形容您。我今天想跟您本人核实核实，您在工作当中是一个什么样的个人风格？我们看到媒体上说的是郭台铭先生坐着私人飞机，过着非常豪华的生活，您个人的生活又究竟是什么样子？（CCTV《环球财经连线》特别节目《领导者》，2010 年 10 月 29 日）

4. 从别人之口获取答案

没有采访不到的人，只有不努力采访的人；核心人物不接受采访，还可以找周边人物采访。当遇到一个不愿讲话的被访者时，记者可要动动脑筋了，想一想是不是可以从别人的口中得到你所需要的信息。

唐山人民广播电台记者葛昌秋曾做过不少关于唐山地震孤儿的报道。有一个叫徐剑的孤儿，她的养父养母对她非常好，后来她成为一名小学老师。被收养以后，无论是谁来采访她都不说话。葛昌秋去过三四回之后，她还是不肯讲话。于是，葛昌秋就跟她一起去上课。葛昌秋说今天想重温一下当年蹲在小学一年级课堂的那种感觉，她就开始讲课了。

徐剑讲完课后，葛昌秋站到教室前面问同学们："今天叔叔来还有一件事情，我想把你们老师调走，行吗？"同学们说："不行"。葛昌秋又问："为什么不行啊？老师好不好啊？"学生们有的说她像妈妈，有的说她像姐姐，有的说她像朋友，一下子打开了话匣子。"你不说，我就坐在这让旁人讲，题目就是《徐剑：不言过去》。"

当事人不说过去没关系，你的老师、你的朋友、你的学生，你的养父、养母会把这些讲出来，你不说话，我也照样采访。

5. 一些简单的追问语

简单的追问语包括：

还有其他呢？

其他理由呢？

您指的是什么？

您为什么那样认为？

您是怎么想的？

还有呢？

我的问题提完了，您看还有什么要补充的？

另外，沉默也是一种追问的方法。

第三节　倾听与观察

仅仅提问是不够的，记者还要懂得倾听被访者的回答，同时要善于观察。倾听与观察都是记者搜寻新闻信息的手段，对于确保新闻采访取得成效非常关键。

一、采访中的倾听

倾听中的"倾"字表示身体向前侧着、斜着，如《礼记·孔子闲居》："倾耳而听之。"但"倾"字同时含有"用尽，全部拿出"的意思，倾听就是要求记者用尽力量去听，拿出全部的注意力去听。

身体向前侧着、斜着是记者从身体姿态上表现出对被访者的尊重，而最为关键的则是记者内心的重视和珍惜。记者应该用尽力量去听，毫无保留地投入听的过程中，用心细听，心无旁骛。

1. 主动性倾听

记者的作用是让对方完全打开，坦诚相告。倾听不是被动的，而应该是主动性的：努力抓住对方谈话的关键点并深刻地领悟它，用记者的表情、目光和动作姿态来鼓励对方谈话。

好的倾听者必然是一个以对方为中心的倾听者，而不是时时处处都想表现自己。一个优秀的记者应当具有兼收并蓄的胸怀，采访过程中一定要打消自我表现的意识，不要与采访对象争吵和辩论，不要直接否定采访对象的说法，要与被访者保持合作的态度。

2. 避免情绪干扰

受访者的个人特征可能会干扰你的倾听，比如美、丑、胖、瘦、肌肉抽搐、说话结巴等，这些个人特征以及受访者提到的某些具有感情色彩的词语，可能会给你带来情感上的冲击，让你产生一种先入之见。记者倾听的时候应该消除这种偏见，避免被这些不良情绪因素影响，保持客观公正。

3. 听些什么

记者必须完全了解自己需要什么，当对方喋喋不休地说个没完的时候，记者应当注意把他（她）拉回到主题上，直接询问其看法是什么。

记者需要倾听的是谈话的要点：具体的支撑事实——个人化的引语、趣闻逸事、情节、细节和事例，观点——被访者对问题的看法。

4. 回应被访者

记者应当做一个有反应的积极的倾听者，而不能做冷冰冰的采访机器。倾听的过程中要适当穿插微笑、皱眉、点头、身体前倾等表情或动作，另外可以适时给予"哦""嗯""啊"等声音回应，或以简短语句予以回应，让对方感到你在认真倾听他的谈话，给被访者以尊重和鼓励，让他保持谈话的兴趣。要给被访者思考的时间，不要流露出不屑的表情和不耐烦的姿态。

二、采访中的观察

1. 观察的类型

1）独立式观察

独立式观察是最常见的观察类型。记者亲临新闻现场，公开自己的职业身份，以独立观察员的视角审视事物，不介入、不干预新闻的发展过程。

这种观察要注意尽量不要干扰被访者的正常活动，尽量为观察创造一个轻松自然的氛围，想方设法减轻或消除被访者的紧张感，让被访者更加自然、更加真实地展现自我。

2）参与式观察

记者加入被访者群体，与其共同活动，并在参与活动过程中观察事物。

有的参与式观察需要记者隐瞒自己的身份，这种观察又称为隐蔽性观察。比如，你隐瞒自己的记者身份混进乞丐堆里，与他们一起过乞讨的生活，从中了解小乞丐的境遇和命运。

有的参与式观察可以公开记者身份，这种观察又称为体验式观察。比如，记者到民办训练营，跟那些因为上网成瘾、打架、厌学、交往困难等而被送到这里来的少年一起接受严酷训练：长时间反复打扫厕所，立正一小时无表情地盯着黑板上的点，徒步走40千米路等。记者从一开始就公开自己的职业身份，在体验的过程中展开观察。

2. 观察什么

相机是很好的观察记录设备，也是采访过程中有用的道具。在会场采访的时候拿着相机，可以靠近发言者。不拿相机去靠近发言者或主席台，会让人觉得很奇怪。实在没有相机，也可以拿手机拍照，用这种方式去靠近发言者，打消对方的疑虑，可以让靠近观察更加自然。

观察应当是全方位的、仔细的，一些表面看起来不显眼的内容，可能折射着报道对象深层的态度、意见及信息。

1）场景

寻求有特殊意义的地点和环境，故事就发生在这里。观察新闻发生的场景，观察不同景别的场景，先观察全景，再将镜头锁定在某个有意义的景别上。注意对下列内容的观察：

房间布局及装修，房屋采光；家具摆放，书桌、餐桌、椅子、床、沙发，被子的叠放，枕巾、毛巾的污损程度；藏书的题材与数量，照片的摆放，墙上张贴的印刷品，电脑屏幕桌面图案；垃圾桶里的残留物，烟灰缸，烟、酒、茶等消费品。

2）人物

读者对人物感兴趣，只有人物才能赋予新闻报道活力。应该从人物的外貌、衣着、发型、表情一直观察到其灵魂深处，善于捕捉人物的戏剧化表现，通过观察洞悉人物的性格取向和内心活动。注意对下列内容的观察：

佩戴的戒指、项链、耳环、手表等饰品，眼镜的形状及磨损程度，镜片的大小及颜色；携带的皮包、钱夹，名片的颜色、内容与设计风格；耳朵的形状，头发的颜色及发型，头皮屑，牙齿的形状与颜色，眼睛的浑浊程度，嘴唇的颜色，手指的粗细，皮肤是否皲裂，脸上与脖子上的皱纹、鼻梁上端两眉之间是否有横纹；体味；服装是否合身，领带的长度，袖口的污损情况，皮鞋上的灰尘，鞋跟的高度及磨损情况。

3）行动

静态的事物容易使读者疲劳，人物的行为和动作能使报道生动起来。人物的所作所为蕴藏着许多令人深思的人生哲理、让人啼笑皆非的生活幽默。行动是最好的说明，观察人物的行动，并把他们的行动带进你的报道中。注意对下列内容的观察：

谈话中眼睛的转动频率，语气及口头禅，与家人、同事的对话，表情；经常重复的动作，怎样接打电话，写字的姿势；工作表现，学习安排，交往情况；茶具、酒具的使用情况，吃零食的情况，饲养宠物的情况，养什么花草，有什么业余爱好。

3. 重在观察细节

观察不是简单地看，观察之中必然包含着思考与揣摩。一个好的观察家必然是一个好的心理学家，透过观察揣摩对方的心理，捕捉他们的情感信息。观察最要紧的在于对细节的感知，只有抓住了细节，才能抓住关键，这种细节包含着意犹未尽的戏剧冲突，释放着情感力量。

日本女大学生猪野诗织遭人持刀刺死，凶手逃之夭夭，警方又很懈怠，迟迟破不了案，著名调查记者清水洁随即开始了漫长而又艰难的查访，先于警方找到了犯罪分子。清水洁迅速赶到现场，他一一叫住路人，不停地抛出问题："请问您是否看见了砍人事件的凶手？"他找每一个献花的人攀谈，找诗织高中时的朋友，想方设法弄到班级通讯录，展开地毯式电话攻击。

清水洁好不容易才找到了命案发生时的目击者，得以还原诗织被杀害时的情景。诗织正在锁自行车，被一名男子从背后刺伤。诗织回头看时，凶手又刺了一刀。诗织蹲了下去，坐在地上，脚下有一摊血，血越流越多。周围的人们扶她仰躺下来，也有人拿毛巾盖在她身上。她的手还会动，但脸色越来越差，她逐渐失去了生命。

清水洁继续展开调查，他找到了关键消息来源——诗织的学长岛田和同学阳子。他们冒险为记者提供了大量证据和情节，包括诗织和小松认识、交往的过程，小松对诗织的监视、控制、恐吓、骚扰，诗织前往警察署报案，但警方不当一回事，等等。他们明确告诉记者，诗织是被她的男朋友小松和警方杀死的。

清水洁找来新人记者藤本麻美协同采访了这对关键消息来源。在访谈末尾，清水洁决定将诗织遇害时的情景和盘托出。"我说到诗织流血蹲下去的时候，不断忍耐的两人，感情终于溃堤了。他们号啕起来。一个体面的青年肩膀剧烈起伏，用西装右臂抹着眼睛，失声痛哭。阳子瞪着长靴的鞋尖，捂着双眼不停地抽噎。就连身为采访人的藤本，都拿着圆珠笔流下泪来。"[①]清水洁观察细致，刻画了人们听到诗织遇害情景后的悲痛表现，他捕捉到

---

① 清水洁.桶川跟踪狂杀人事件[M].王华懋，译.成都：四川人民出版社，2021：66-67.

了丰富细节，并将之真实描述出来，将悲痛的情绪传染给读者，让读者不禁为之动容。

第四节　做好记录

采访需要及时记录。记录是新闻采访的现场成果体现，它为新闻写作提供了素材。记者要综合运用多种方式记录，要记得快、记得准。

一、记录什么

1. 易忘点

人名、地名、时间、数字、计量单位和各类专业术语等，这些材料很容易遗忘，也容易搞错，在采访过程中尤其要注意当场核实、笔录。

稿件写作中有可能用到的事物名称、人物姓名等，记者在采访过程中就要立即核实清楚用字。你听到的名称，心中想到的用字可能与实际用字并不一样，需要当场确认，准确记录。我在村里听过一个人的名字，一直以为是"刘西旗"，后来经过核实才发现应该写成"刘西启"。

记者去现场采访所经过的道路、桥梁、隧道、村庄、河流等地理方位名称，有时需要写进稿件里，记者采访时就要记准、记对。例如，有人对路况不熟悉，把"统一路"写成了"青岛路"，将错误带进了稿件，伤害了新闻文本的真实准确性，也给读者带来困扰。

数字、计量单位和各类专业术语，也是容易出错的地方，采访的时候也要特别小心，要反复核实，准确记录。

2. 值得引用的语句

好的直接引语能让新闻报道生动起来，增强新闻的可读性。采访对象以不同寻常的方式说的话，关系到新闻本质的话，带有强烈感情色彩的话，重要人物或在重要场合中相关人物的重要讲话，以及争论中双方说的话都应该当场加以记录。笔录应该保持话语的原汁原味。

3. 有特色的现场材料

这为以后的细节描写留下素材，也为日后讲述新闻故事提供场景。

4. 有疑问的材料

被访者所提供的信息与客观实际不相符，与记者已经掌握的情况不符，或与其他被访者提供的情况有出入，记者就要在心中画个问号了。这样的材料应当及时记录，并在旁边做出标注，及时核实。

二、记录的方式

1. 录音

录音可以使记者省去做笔记的麻烦，让记者专注于采访对象的谈话。录音还可以帮助记者方便地引用被访者的谈话。另外，在报道引起纠纷的时候，录音可以充当证据，为记者的合法权益辩护。

录音也有弊端。录音会在不同程度上制造某种紧张气氛，让采访对象有所顾虑。录音同时会记录下大量没有价值的谈话，后期整理录音资料是件麻烦的事情，查询录音往往要比查询笔记费时费力。

录音通常应该采取正大光明的方式进行，尤其是当受访者采取合作态度的时候，更应该这样做。这里有一个问题需要思考：我们需要询问对方是否可以录音吗？如果我们询问受访者是否可以录音，对方回答说可以录音，那就皆大欢喜；但对方也有可能说不可以录音，那就很被动了。好的处理办法是并不直接询问，但也不偷录。我们不妨当着受访者的面，将录音设备放在他（她）面前，然后打开录音功能，这就是在告知对方我要录音了。如果受访者表示不愿意录音，你可以解释使用录音的理由——受访者的谈话内容非常重要，录音是为了更准确地记录采访内容，减少报道差错。

采访开始以后，不要再去刻意关注你的录音设备，尤其要让被访者逐渐弱化对录音的关注。

2. 做笔记

做笔记对于文字记者来讲尤其重要，采访的同时将相关要点记录在笔记本上，在后期写作的时候随手翻一翻笔记，可以帮助记者整理思路，补充材料。相对于录音资料的处理来讲，翻阅笔记本要比查阅录音资料迅速得多。

将做笔记与录音结合起来，可以更好地弥补两种记录方式的不足，使采访记录更加完善。采访之初，记者可以先不拿出笔记本，等采访对象说到一个关键词的时候，再把采访本拿出来，"让我把这个关键点记下来，省得出错了"。这样一来，采访记录会显得更自然。有的被访者则更喜欢记者当面做记录，他们觉得自己讲话的时候有人做记录，有被重视的感觉。与这样的被访者打交道，记者则可以尽早地拿出采访本。

3. 记在大脑里

有的记者在采访本上记的东西并不多，他们主要靠自己的记忆力，待采访结束时再迅速地补充具体的细节。"记者必须训练自己的记忆力，记忆力是记者最为宝贵的职业财富之一。"[①]

有的采访对象没有多少被采访的经验，见了记者会感到紧张，这种情况的采访适合采用记忆力来记录相关信息。另外，暗访、揭露性报道等特殊情况的采访，也比较适合采用

---

① 高钢. 新闻写作精要 [M]. 北京：首都经济贸易大学出版社，2005：58.

这种记录方式。记者暗访时录音、录像和做笔记可能会受到限制，这个时候，记者的记忆力就显得更为重要了。

但是，单纯地将采访内容记在大脑里有时是靠不住的，这种记忆很容易出现偏差，容易遗忘，容易造成新闻失真。这一点也是需要引起注意的。

三、注意事项

1. 综合运用多种记录方式

记者在采访的时候可以综合利用上述几种记录方式。记者既要有好的记忆力，还要在录音的同时做些笔记。笔记主要记重要的主干内容，录音则把整个采访过程都记录下来，便于在写稿子的过程中查找相关信息，尤其可以保证以后直接引语写作的准确性。

2. 记录的时候要注意倾听

倾听是记录的前提，对于一些关键谈话的记录，应当采用边重复边核实边记录的方法，将自己的记录念给被访者听，询问这样记录有没有偏差和误解。要认真倾听，听得清楚，听得准确，才能记得准确。

3. 不要听到什么都做记录

采访记录不是有闻必录。采访中对方可能会说一些并没有什么价值的话，不要试图将对方说的所有话都记录下来，要记录易忘点、采访对象说的值得引用的话、有特色的现场材料、有疑问的材料。

4. 不要记得太密

采访本上要多留一些空白，尤其是行与行之间要多留出一些空间，方便以后补充材料。

5. 尽快追记和整理记录

采访结束后，将当场没有记录的信息迅速地补充进去，防止遗忘。另外，记者的采访本往往字迹潦草，时间长了，有可能记者本人也看不懂这样的"天书"，所以记者应该及时整理自己的采访本，让它更清晰、更容易辨认。另外，记者应该懂得长久保存采访记录，因为这些采访记录在日后可能发生的新闻纠纷中，会成为记者的"护身符"。

四、采访建议 20 条

这一章的内容马上就要结束了，最后让我们看一下新闻采访的 20 条建议，也算是对采访知识的简要总结。

（1）见面之初出示记者证件，递送名片，表明自己的身份。

（2）简要说明这次采访的目的。

（3）告知对方采访大约会占用多长时间。

（4）迅速进入采访主题。

（5）采访时间不宜过长，一般的采访可以控制在半小时到一小时。

（6）提具体的问题，提被访者有能力回答的问题。

（7）提问要清晰、容易理解，不要故作深奥、含糊其词。

（8）问题要简短，提问时不要拖泥带水。

（9）被访者的回答不清晰时，请其重新表述。

（10）将你不确定的内容念给被访者听，并询问这样写进报道是否歪曲了对方的意思。

（11）不与被访者辩论，不卖弄自己的学识。

（12）关键时候可以持强硬态度，让托词回避者直面问题。

（13）面对困难和强权的时候，你要记得背后有人民大众和媒体组织的力量支持，你做的一切工作都是为了公众的利益。

（14）一旦对被访者做出承诺，就要信守承诺。

（15）可以考虑对消息来源加以保护。

（16）要考虑到有的被访者可能会在事后不承认自己说过的话，所以留下记录和证据就显得非常必要。

（17）用多个消息来源的话互相印证，寻求事实的真相。

（18）记录的方式有很多种，做笔记是传统的基本的记录方式，也是很重要的记录方式。

（19）采访结束前问一下对方还有什么要补充的，并表示如果有不明白的问题还会麻烦被访者。

（20）不要接受被访者的贿赂，小的纪念品除外。采访结束时向被访者道谢。

思考与训练

第四章
语言的掌控

新闻语言是新闻写作的灵魂。新闻语言的特点是准确、具体、通俗、清晰、简洁，特点即要求，我们运用新闻语言就要使之具备这样的特点，达到这样的要求。新闻语言的运用强调节奏，一是表达推进的速度要快，二是表达方式要有变化。记者要掌握新闻语言运用的具体技术，还要懂得新闻语言运用的特殊技法知识。

第一节　语言运用要求

英国作家乔治·奥威尔提出了一系列写作规则，他说下列几条"规矩"足以应付大多数情况的写作：

（1）绝不使用你在书报中见惯了的隐喻、明喻和形象化比喻。

（2）凡是可以用短词的地方绝不用长词。

（3）凡有可能删去一字，就尽量删去。

（4）可以用主动语态的地方就绝不用被动语态。

（5）如果能想出对等的日常英语词汇就绝不用外来短语、科学词汇或套话。

（6）与其违反这些规则中的任何一条，不如干脆胡说八道。①

奥威尔的写作建议正是新闻语言运用的有效举措，体现了新闻语言运用的真谛。总体上讲，新闻语言是一种白描性的语言：简练而直接地写作，文笔质朴，力避浮华，不做作，不卖弄，返璞归真。新闻报道要求运用准确、具体、通俗、清晰、简洁的语言叙述事实，这种要求看似简单，但对缺少专业训练和新闻实战经验的人来说却实在是一件很不容易的事情。

---

① 乔治·奥威尔. 我为什么要写作 [M]. 董乐山，译. 上海：上海译文出版社，2007：171-172.

一、准确

准确！准确！准确！

——哥伦比亚大学新闻学院创始人　普利策

1. 找到最合适的词句

"我重写《永别了，武器》的最后一页时，写了 39 遍我才满意。"当记者问及重写原因时，海明威回答说，"我想找到正确的词。"

记者必须以极其谨慎的态度做到准确。

语言准确，首先是指使用的语言应该恰当地表达内容。准确不准确，是不能离开具体的语言环境和要表达的内容来讲的。语言准确，就要注意词义的细微差别，遣词造句要恰到好处，要找到最准确的那个词，找到最合适的那个句子。

著名小说家福楼拜说过："我们不论描写些什么事物，要把它表现出来，只有唯一的名词；要赋予它运动，只有唯一的动词；要赋予它性质，只有唯一的形容词。我们应该苦心探索，非找出这个唯一的名词、动词、形容词不可，仅仅找到这些名词、动词、形容词的相似词千万不要满足，更不可因为搜索困难随便用一个词来搪塞了事。"

2. 写得准确无误

新闻工作具有社会影响力，需要投入足够精力，慎重行文，不可马虎大意。稿件写得准确无误，才能确保新闻真实的实现，才能避免对无辜者造成伤害，可谓责任重大。

语言不准确会对新闻真实造成伤害。2019 年 9 月 19 日，安徽工程大学教师郭某牛杀害了该校 19 岁学生涵涵（化名）。媒体报道时可以采用"安徽某大学"或"安徽一大学"等称谓，或者干脆使用真实校名全称。《三联生活周刊》官方微博报道时却将学校名称写成了"安徽大学"，引发安徽大学严正抗议。2020 年 4 月 20 日，《三联生活周刊》官方微博发布消息，就该刊发布的博文"安徽大学（实为安徽另一高校）老师杀害女生被公诉"，向安徽大学及其学子和校友们致歉。

一个学生写了一篇关于"水果大嫂"罗燕的报道，这个学生很会讲故事，在微信公众号发布后读者留言很多。稿件开头写道："晚上八点半，罗燕把所有的果筐搬进里屋后，长松了一口气。500 单的校园配送，1500 多单发往全国各地的苹果订单，这是她最近每天的工作量。"网友老范从事过水果外卖工作，他看了稿件后给我发来微信："每天 500 单校园配送，1500 单全国订单。这个量至少需要 30～50 个员工连续工作 10 个小时。"他认为这位"水果大嫂"很难完成这样的销售任务，并对新闻真实性表示怀疑。

我让这位学生进一步核实。他再次询问了受访者，这才发现是当时沟通的时候对方传达错了，每天是 1500 多斤，不是 1500 单（500 单校园配送是对的），应该改为"500 单的校园配送，1500 多斤发往全国各地的苹果订单"。一字之差，就让内行人对稿件产生怀疑，也对稿件的新闻真实性造成了伤害。只是听受访者一个人说是不够的，记者还要加深对社会情况的了解，要敢于质疑，多加核实。好在我们及时发现了这一瑕疵，修改了正文中的表述，尽力做了补救。

要将新闻写得准确无误，需要注意以下几点：

（1）保证确有其事，不杜撰，不虚构。

（2）构成新闻的基本要素必须准确：5W1H。每一个细节都要准确：人名、地名、组织机构名称，餐馆、咖啡厅、网吧的名称，年龄、年份、性别，直接引语、数字、计量单位。

（3）引用的各种资料必须准确无误，注意核实。

（4）年末岁初的稿件要特别注意年份的表述，确定到底是"今年"还是"去年"。

（5）注意标题与正文内容、正文内容的前后表述是否吻合。一旦发现有相互矛盾的地方，就要予以纠正，消除差错。

（6）遇有疑问之处，立即向有关人员查询请教，绝不要犹豫。

（7）正确使用标点符号，不写病句。

（8）不要写错别字。

不管你的学历有多高，你都要有终身学习汉语的意识。我们在现实生活中看到很多高学历人士写文章，仍然存在语病和错别字现象，有的情况还很严重。我们要毫不松懈地学习汉字。词典是最好的老师。即便到了网络时代，我们从事写作工作仍然需要配备词典，遇到拿不准的字词要马上查阅。我们写完了文章还要认真校对：一是使用软件校对稿件，将查找出的错别字消灭一遍；二是采取人工校对方式，让文章更加干净利落。

下面列出了一些容易写错的常见字（括号里为正确的字），记者不妨看一看自己是否也会写这样的错别字：

婷婷（亭亭）玉立	包涵（含）小概念	萎糜（靡）不振
甘败（拜）下风	鼎立（力）相助	沉缅（湎）
自抱（暴）自弃	再接再励（厉）	洁白无暇（瑕）
同音异意（义）	陷井（阱）	九宵（霄）
象（像）……一样	黄梁（粱）美梦	渲（宣）泄
脉博（搏）	了（瞭）望	寒喧（暄）
松驰（弛）	水笔（龙）头	钉（订）书机
一愁（筹）莫展	杀戳（戮）	膺（赝）品
做（作）废	痉孪（挛）	不能自己（已）
精萃（粹）	美仑（轮）美奂	幅（辐）射
受益非（匪）浅	罗（啰）唆	一幅（副）对联
按步（部）就班	蛛丝蚂（马）迹	战略布（部）署

言简意骇（赅）　　　这样以（一）来　　　死皮癫（赖）脸

气慨（概）　　　　　尤（犹）如猛虎下山　风彩（采）

一股（鼓）作气　　　竭泽而鱼（渔）　　　磬（罄）竹难书

悬梁刺骨（股）　　　写写划划（画画）　　山青（清）水秀

粗旷（犷）　　　　　世外桃园（源）　　　声名雀（鹊）起

食不裹（果）腹　　　脏（赃）款　　　　　众口烁（铄）金

震憾（撼）　　　　　醮（蘸）水　　　　　够（构）不成威胁

凑和（合）　　　　　蜇（蛰）伏　　　　　谈笑风声（生）

侯（候）车室　　　　装祯（帧）　　　　　做（坐）月子

名（明）信片　　　　迫不急（及）待　　　人情事（世）故

默（墨）守成规　　　倍（备）受关注　　　就序（绪）

大姆（拇）指　　　　一如继（既）往　　　额首（手）称庆

沤（呕）心沥血　　　草管（菅）人命　　　追朔（溯）

凭（平）添　　　　　娇（矫）揉造作　　　饮鸠（鸩）止渴

出奇（其）不意　　　挖墙角（脚）　　　　坐阵（镇）

修茸（葺）　　　　　欠（歉）收　　　　　旁证（征）博引

消（销）假　　　　　扯蛋（淡）　　　　　炙（灸）手可热

鬼鬼崇崇（祟祟）　　峻（竣）工　　　　　九洲（州）

遗（贻）笑大方　　　不落巢（窠）白　　　各行其事（是）

走头（投）无路　　　烩（脍）炙人口　　　姿（恣）意妄为

趋之若鹜（鹜）　　　打腊（蜡）　　　　　编篡（纂）

（9）正确使用"的""地""得"。"的""地""得"不分的情况也应该引起重视，一些记者该用"得""地"的时候却偏偏不用，而一律用"的"。有人粗略统计过，在现代汉语著作中，"的"字的比重大约占 4%。写作中会经常用到"的""地""得"，大学生写的作业里面也经常出现混用的情况——主要是用"的"代替"得"或"地"。下面让我们来简略地看一下如何正确使用"的""地""得"。

首先，"什么"前面白勹"的"。"的"是定语的标志，表示它前边的成分是定语，如：

今天，影响空气质量的首要污染物是 PM2.5。

她身上有几千个蚊子叮咬的伤口。

其次，"干什么"前面土也"地"。"地"是状语的标志，多用在动词之前，表示它前边的成分是状语，如：

记者近距离地拍摄了钓鱼岛。

那个大姑娘正在指手画脚地谩骂。

最后，"怎么样"前面双人"得"。"得"是补语的标志，用在动词（或形容词）谓语和补语之间，表示它后边的成分是补语，如：

吓得两腿都打战。

亏他们笑得出来。

现在的情况是好得很。

（10）警惕计算机打字。计算机打字也容易出错，尤其是连拼的词语，不小心的话就会选择了错误的词组，结果使得意思大相径庭。

讲一个打字出错的段子，这个段子被称为《淘宝上让人乐死的打字错误》。在感到可乐的同时，我们也应该提醒自己，今后在打字的时候可得小心，尽量别犯这样的错误。

买家：掌柜，我选的这个诱惑吗？

店铺：诱惑？

买家：我选的这个有货吗？

店铺：有货。

买家：有大妈吗？

店铺：亲，客服最大的 27 岁。

买家：有大码吗？

店铺：有！

买家：你能活到付款吗？

店铺：我尽量……

买家：我是说能货到付款吗？

店铺：可以的。

买家：你们有尸体店吗？

店铺：亲，淘宝不让卖那个……

买家：我是说实体店。

店铺：有的。

买家：你什么时候发火？

店铺：给差评的时候！

买家：我是说发货。

店铺：亲，一会儿就发货。

买家：一口气买了五件，能幽会吗？

店铺：这……吃个饭应该还是可以的。

买家：优惠！

店铺：哦，没有。

买家：亲，给我保佑吧！

店铺：啊？我没那个神力！

买家：包邮啊！

店铺：不包！

买家：你们能发神童吗？

店铺：亲，我们是做正经生意的，不贩卖儿童。

买家：申通啦！

店铺：嗯呢。

买家：还有个问题，我想吻你一下。

店铺：啊？这样不好吧？

买家：我说我想问你一下。

店铺：俺求求你了，就别再给我打错字了！

3. 使用中性色彩的词语

同样是写"死"，就有不同的表达方法，"死了""逝世""心脏停止了跳动""作古""驾鹤西行""撒手而去""吹灯拔蜡""翘辫子""嗝屁"等不一而足。如果把带有感情色彩的词语放错了地方，就不合适了。新闻媒体报道有争议的人物时更要注意这一点，宜采用"病死""病亡""死亡"等中性词语，不用"病逝""作古"等含有敬意的词语，也不用"吹灯拔蜡""翘辫子"等感情色彩极其强烈的负面词语。

通常来讲，新闻报道中应该尽量使用中性色彩的词语，不使用贬义词语，慎用褒义词语。尤其应当注意，对任何一种事物的贬义描述，都有可能拐弯抹角地与读者产生联系，令读者不悦，甚至产生一些没有必要的纠纷。

二、具体

语言具体可以让表述形象化，让读者更加轻松地感知信息；语言具体能够增强信任感，让读者觉得文章更加真实可靠。从这个意义上讲，具体的就是形象的，具体的就是可信的。语言具体能增强文章的生动性、可读性，增强和优化新闻传播效果，让读者更加信赖我们的报道，我们应该重视它。

蜜蜂酿造蜂蜜付出了辛苦的劳动，为了说明蜂蜜的珍贵，一家企业在他们的蜂蜜产品玻璃瓶盖上这样写道：

每 1000 克蜂蜜，需要 5000 只蜜蜂，以一生的努力，飞行相当于绕地球 11 圈的距离，采集 100 万朵鲜花，精心酿制而成。

这话说得多好啊，蜜蜂的辛苦和蜂蜜的珍贵，全是用具体的语言展示出来的，它对普通人不好理解的东西做了"翻译",这可比用多少宏观大词好得多。

中国新闻报道存在的一个问题是"只见森林不见树木",尤其在写大场面,在写宏观报道的时候,不懂得新闻语言的具体化要求。语言要具体,也就是要"弃多写少,弃大写小"。在描写会议气氛的时候,我们的机关报上经常用"全场欢腾""掌声雷动""气氛热烈"这样的陈词滥调,读者看了不但体会不到会议气氛的热烈,反而非常厌恶。

以下方法有助于新闻语言具体化。

(1)多使用子概念,少使用母概念。抽象的词语涵盖的意义范围大,具体的词语涵盖的意义范围小,应该多使用意义涵盖范围小的词语。如使用"水果刀"而不使用"工具"来表示事物概念。

(2)用换算、比较或日常情景转化来代替形容词,对形容词或抽象的评价做进一步的解释。如在讲到质子很小的时候,比尔·布莱森作了换算、比较:

> 质子小到什么程度?像字母"i"上的点这样大小的一滴墨水,就可以拥有约莫 5000 亿个质子,说得更确切一点,要比组成 1.5 万年的秒数还多。[①]

在讲到现代仪器的精确度和灵敏度很高的时候,比尔·布莱森将其转化成容易理解的日常情景,这种写法就很形象、很具体,读起来也很有趣味:

> 今天科学家手里的仪器,其精确度之高,可以测定一个细菌的重量;其灵敏度之高,有人在 25 米以外打呵欠都会干扰读数。[②]

(3)强调事实本身的力量,提供明确的事例、情节或细节,代替枯燥抽象的评论,代替乏味的形容词、副词。冯小刚的文章《三代同堂》在写母亲悲惨的人生时,没有评论,也没有使用"痛苦""悲惨""非常"这样的形容词、副词,而是讲述了母亲从 20 岁到 57 岁遭遇的 5 次苦难挫折、长达 16 年的瘫痪以及无声的干哭,这些事例、情节、细节是明确的、清晰的,也是具体的,更有震撼力:

> 我不知道自己的路还有多长,也不知道未来将要带我奔向何方,我想起了已经过世的母亲,想起的却是她年轻时的模样。她的一生是这样度过的:20 岁时就失去了所有的亲人,孤身一人来到北京;婚后又失去了一个年仅两岁的女儿;35 岁时离婚;45 岁时身患癌症;57 岁患脑血栓,从此长达 16 年瘫痪在床上。她躺在床上,回忆自己的一生,不禁泪流满面。到后来,她每次见到我都哭,但已经是没有声音,也没有眼泪的无声干哭了。[③]

(4)把抽象的数字形象化。数字并不都是抽象的,简单的数字容易理解,通常并不

---

① 比尔·布莱森. 万物简史 [M]. 严维明,陈邕,译. 南宁:接力出版社,2005:3.

② 比尔·布莱森. 万物简史 [M]. 严维明,陈邕,译. 南宁:接力出版社,2005:51.

③ 冯小刚. 不省心 [M]. 武汉:长江文艺出版社,2013:51-52.

存在抽象问题。庞大的数字往往不能给人一个清晰的印象，这个时候应当对其做形象化处理。

2010 年中国进行人口普查，动用了 600 万普查指导员和普查员。"600 万"是个抽象的数字，可能很多读者并没有一个明确的概念。记者不妨采用类似的报道思路，说这次调查动用了 600 万普查指导员和普查员，光是这些人就足以住满几个城市。

三、通俗

文字，应该像蒲公英的根一样实在，不矫饰，不虚伪。

——美国思想家、文学家、诗人　爱默生

1. 使用大众化语言撰写新闻

新闻报道是面向大众传播的，应当尽量使用老百姓都能听得懂的语言来写作，不故作高深，不让读者困惑难解。

先看一个网络段子：

一个自称负责总裁班招生工作的人打来电话："请问您从事什么行业？"

答："IT 和通信服务。"

问："运作方式什么样？"

答："主要是在人群密集的街道和地下通道提供咨询和直营销售。"

问："能否说得具体点？"

答："智能高端数字通信设备表面高分子化合物线性处理。"

对方听不明白，要求说得通俗点。

答："手机贴膜。"

对方把电话挂了。

把"手机贴膜"说成"智能高端数字通信设备表面高分子化合物线性处理"，这是故意让人听不懂啊。写新闻可不能这样。

我们写作应该追求深入浅出，让读者轻松看懂。写新闻应该使用大众化语言，让读者很容易理解，不能把简单的事情说复杂了。

大众化语言是通俗的，也更形象、生动，更容易被感知和接受。我们应该使用大众化语言撰写新闻，使用常用的字词，使用简短的词语和句子，方便读者阅读和理解。

2. 尽量避免使用术语和行话

术语和行话不便于大众理解，大众所共享的语言是普通语言，记者应该尽量使用普通的字词，尽量避免使用术语和行话写作。能用普通词汇表达，就绝不使用术语和行话；能用简单术语表达，就不要使用复杂术语。"网址"是一个简单术语，它比"统一资源定位符"更容易理解。

不用自己头脑思考的记者总是爱使用术语和行话，一名出色的记者不使用术语同样能准确地报道和描述一件事情。最需要避免使用的术语是那种为了显示自己的学问或知识面，把某种毫无意义的东西披上一层唬人面纱的术语。

美国新闻学者 D. W. 米勒说："新闻报道必须写得从大学校长到文化程度很低、智力有限的一切读者都容易理解。"1948 年，新华社曾专门发文指出："我们一切发表的文字必须以最大多数的读者能够完全明了为原则。"[①]

气象学家宣布辽宁省东沟县（今东港市）在气象科学方面取得了显著的成就，"已能进行短期、中期、长期、超长期天气预报"。记者在做报道的时候，就应该对这样的语言进行重组："一般的气象台可以告诉你今天、明天或后天是否下雨，可是中国的一个普通气象站可以相当准确地告诉你，在今后一个月、半年甚至十年内，气象将发生什么变化。"专家学者运用术语表达，记者运用老百姓能听懂的语言来做报道。

3. 如何考虑使用术语和行话

新闻写作要尽量避免使用术语和行话，但这个问题也不好绝对化，新的报道内容有时也需要新的词汇。时代总是在向前发展的，总会有一些新的事物及与之相对应的新词汇出现。这些科技用语、医学术语、政治用语、网络语言、外来语甚至会不断地进入主流语言行列，以至于新闻报道也必须承认并接受它们。

中国语言生活一直处于发展态势，一些新词语源源不断地汇入人们的语言生活之中。网络尤其加速了新词汇的产生和传播，"山寨""雷""囧""小镇做题家""摆烂""躺平""绝绝子"等由网络媒体迅速辐射到其他媒体，成为流行词语。"克隆""非典""甲流""链接""因特网"等类似的新词语已经在新闻报道中大行其道，并为大众所理解和接受。非得固守一个规矩，坚决地拒绝任何术语和行话，未必就行得通。从另一个角度看，恰当地使用新词汇或许还是一件好事。从某种意义上讲，新闻报道中恰当地使用新词汇也是在为读者传播新的知识，它为读者打开了一扇知识窗口，加强了读者与社会的联系。

1）考虑媒体用户情况

满足特定读者兴趣的小众化媒体，可以更加自由地使用术语和行话。一份办给球迷看的报纸，运用体育术语撰写报道是很自然的事情。给航空爱好者办杂志，要是没有术语和行话，或许人家还会嫌你没有专业品位。

大众媒体的用户复杂多样，涉及多种层次的人群，新闻报道应当让更多的甚至是所有的读者都能够轻松地理解，需要尽量规避术语和行话。

---

① 李元授，白丁. 新闻语言学 [M]. 北京：新华出版社，2001：28.

2）常见词无法表示新事物时

"克隆"即无性繁殖技术，是一项史无前例的医学成就。克隆出的动物个体，其外形和生理性状与细胞核的供体相同。新闻报道中使用"克隆"一词是合适的，它表示了一个新兴事物，其他的常见词却不能很好地表达出这个事物的意思。

当新兴事物出现时，与之相对应的新的词汇也总会显示出它的价值来。在常见词无法表示新事物时，不妨就直接使用新词汇——术语。

3）判定术语的生命力

一些术语生命力强大，对于表征事物特性、理解相关文化非常重要，又很恰当，可以普及。比如"给力""链接""拷贝""快门"这样的术语，已经成了大众交流常用语，既便于理解，又很形象生动，记者可以考虑恰当地运用类似的生命力持久的术语。

一些术语却没有持久的生命力，它们没有太大的价值，甚至只是增添了语言史的混乱。记者应该慎重地对待术语，如果你判断一个术语没有持久的生命力，那么请毫不吝惜地摈弃这样的词汇。

4）视情况对术语做注解

当一个术语刚出现时，大部分读者可能并不理解它的含义，你应该紧接着对其作解释。可以在术语的后面加括号注解，也可以不采用加括号的形式，而是另起一句话，以背景文字的形式作解释。还可以在文后用"链接"的形式，对关键术语加以解释。

当你考虑到这个术语已经为绝大多数人理解时，就不用再作这种解释了。比如报道中出现"克隆""甲流""非典"等类似词汇，现在的读者已经理解了它们的含义，或者以前的稿子中作过解释，读者已经掌握了它们的意思，就不用注解了。

四、清晰

1. 理清思路

新闻报道的过程就是记者对新闻事实的理解及展现的过程，不理解就无法报道。

记者在报道中始终是读者的向导，你自己都不清楚事情的来龙去脉，又怎么能让你的读者明白呢？记者必须厘清思路，对所写内容有准确的认识，记者对新闻事实有了透彻、清醒的认识，才能够一语中的。思路不清，行文就会含糊，妄想"以其昏昏，使人昭昭"。

对称呼搞不清，写稿件的时候就会出问题。一个大学生写道："我对曾祖父母的了解不多，只知道在那个艰难的年代他们二老孕育了七子，奶奶是孩子里的老大。"按照正常的理解，曾祖父母是爷爷的父母，而这段文字似乎在表述曾祖父母生了奶奶，这就太乱了，让读者看了一头雾水。

我跟作者反复沟通，才了解了原委。她实在不知道奶奶的父母怎么称呼，就去百度搜，最后得到了称呼为曾祖父、曾祖母的说法。其实这是不对的。你奶奶的父母是你爸爸的外祖父（姥爷）、外祖母（姥姥），你应该称呼他们为外曾祖父、外曾祖母，在我的老家临沂则称呼老姥爷、老姥娘。

再延展一个问题，父母的奶奶应该怎么称呼呢？如果你搞不清楚，不妨用手机计算器"亲戚称呼计算"功能查一下。

2. 明白表达

思路理清了，认识到位了，更要表达清楚，把话说明白。

一位作者给新闻照片写了图片说明"宁建斌大女儿住的老家"，这样的图说很容易让读者感到困惑。我了解具体情况后，将图说修改为"宁建斌的大女儿从小到大跟姥姥住在广西，小女儿和奶奶住在四川。这是宁建斌的岳母家"，一下子就清晰了。写作是为读者服务的，要时时刻刻想着读者，问问自己："我这样写，能否让读者明白？"图片说明不能局限于名词短语式样，要用语句完整叙述，透露更多关联信息，更能说清楚说明白，更能凸显新闻价值。

3. 消除语病

我们写作需要有文字洁癖，要咬文嚼字，字斟句酌，尽量不写病句，不写错别字。写作不讲语法规范有辱斯文，语法错误会"攻击"你的表述，让语句表意模糊不清，扰乱读者的思路，给读者带来糟糕的体验。记者应该正确组织和表述语句，使用结构严谨、没有缺陷的句子，清晰明了地传达信息。

很多人在写作时往往不注意细节，文章乍看洋洋洒洒，可是经不起推敲，经常出现搭配不当、主语残缺等问题，这是语言功底不扎实的表现。我们要高度注意此种现象，花大力气消除这些问题，真正将自己的语言表达能力提升起来。我们每写一句话都应该多读几遍，仔细检查一下是否存在搭配不当、主语残缺等问题，不要毛毛躁躁。

下面这句话乍看挺完整，细看存在语病：

他主动为会计学专业两个班挑起了初级会计学、财务会计学和财务管理学等三门课程的主讲任务。

"挑起"与"任务"搭配不当，"挑起担子"或"承担任务"这样搭配才算恰当。可以改为：

他主动为会计学专业两个班挑起了主讲初级会计学、财务会计学和财务管理学三门课程的担子。

下面这句话出现的错误也是很多人容易犯的：

通过此次大赛，对激励新闻学子撰写新闻评论、提升专业能力起到了良好的促进作用。

这句话以"通过"开头，将主语放在介词短语之中，造成了主语残缺。应该将"通过"删掉，让"此次大赛"作主语。另外，这句话是在消息末尾对比赛活动的评价，其实是没有必要的。消息写作更加强调客观性，重在提供事实信息，把新闻事实交代清楚就行了，最好不要再作这种无力的议论。

下面这句话把状语错放在定语的位置上了：

错误：有些人把吸烟当作自己的精神寄托，沉醉于昏昏然的烟海迷雾之中。

"昏昏然"应该是"沉醉"的状语，不是"烟海迷雾"的定语。

正确：有些人把吸烟当作自己的精神寄托，昏昏然地沉醉于烟海迷雾之中。

对于同一个意思，既想用这种说法，又想用那种说法，结果把两种说法掺和在了一起，导致了句式混杂。

错误：此次流感侵袭的却是抵抗力较强的中青年居多。

"此次流感侵袭的却是抵抗力较强的中青年"与"遭流感侵袭者中青年居多"两个句式纠缠在一起，前后牵连，"中青年"既作前一句的宾语，又作后一句的主语，句式杂糅。

正确：此次流感侵袭的却多是抵抗力较强的中青年。

下面这句话出自一篇工作通讯稿：

通过强有力的宣传，全县上下形成了人人议拆迁、人人想拆迁的浓厚氛围。

报道里讲的这句话说得有些极端，判断未必恰当。"人人议拆迁、人人想拆迁"，只要有一个人没有议论拆迁，只要有一个人不想拆迁，这句话就错了。宣传即便再到位，全县上下所有人都形成一个共识也几乎是不可能的。类似的语句很容易让读者产生疑问和不信任，我们的判断不应该走极端。

五、简洁

我发现有些记者很有本领，他们能用最简洁的语言把很复杂的事情表达清楚。

——语言学家　王力

新闻语言要注意细节的描写，讲究具体、形象，但又不能走向另一个极端——事无巨细精雕细琢，将真正的新闻淹没在细枝末节中，语言冗长繁杂，过于细碎。新闻语言的另一条要求——简洁，就是针对这一类问题而提出的。

简洁就是刘知几讲的"文约而事丰"，即用比较少的语言表达比较丰富的内容，说得干脆利落。新闻写作的一个特殊笔法是简笔，记者在叙述和描写的时候，应该使用最简练的语言来勾勒事物。"少数的精彩细节，读者有时也愿意你描写得细腻一些，但是这种细腻仍然是简笔的细腻，而不是工笔的细腻。"①

我们写文章应该说人话，直截了当，简洁易懂，不能像甄嬛那样既啰唆又曲折，令人费解。比如同样在评价一本书，甄嬛会这样说："刘先生这本书是最好不过的了，模样颜色极是俏丽，生动的表达配着有趣的案例，注释细腻倒也十分清爽。嫔妾愿多读几遍，虽会双眼迷离，倒也不负恩泽。只可惜文字颇多，每每读之，颇觉无限惆怅，真真是力不从心。又恐读多了，误了上网聊天大事。私心想着，虽喜爱，但读了总难免有失落之感。又奈何天公不作美，便也消减了读书的兴致。"这样的语言降低了表达的效率，不适合新闻报道，应该说人话："老娘看不进去这本书。"

日常生活中聊天说一些众所周知的话是可以谅解的，新闻报道中出现这样的废话却会显得特别傻。下面这段文字有点明知故问，显得啰唆：

> 说起驴肉火烧，最有名最正宗的当数保定。来自保定的 ××× 在小市场卖驴肉火烧，当问及为什么要用"家乡风味"做招牌时，××× 说："一提火烧都知道保定的最好，我们用'家乡风味'不就是为了告诉你们，我们的火烧正宗嘛！"

你在前面已经说了保定的驴肉火烧最有名最正宗，却又问保定人为什么卖保定驴肉火烧，对方给出的答案也是你的问题里提出的内容，没有任何新鲜感，并不值得引用。说了半天，也就是保定驴肉火烧很有名气，这个人在外地卖保定驴肉火烧罢了。这样兴师动众地写了 100 多字，吸引读者的内容却不多，而重复的东西却占了很大的比例。

有的大学生刚开始写新闻的时候，喜欢把自己采访的过程展示给读者看，显得很幼稚。虽然有的报道是采用对话体写成的，一问一答也会显得很利落，但要注意，采用对话体写成的稿子，往往是对显著人物进行的采访。你的采访对象不是显著人物，你又没有完全采用对话体来写稿件，就不要在稿子中掺杂记者的提问了。比如，让初学新闻写作的大学生去采访一名新生时，他（她）很可能会写成下面这个模样：

> 此次我采访了 ××× 同学。（应该删去，这是废话，你是记者当然应该去采访了）
>
> 当我问道："你报 ×× 学院时怀着什么样的心情？"（应该删去）
>
> 他说："我当时有一种说不上来的兴奋！我也不明白为什么，就是很开心。就感觉 ×× 这地方不错。"（应将直接引语掺杂在事件叙述、细节描写之中）
>
> 我又问他："那当你刚到 ×× 学院时是什么感觉？"（应该删去）
>
> "我想回家，很后悔来这，"他说，"我都不想上学了，还不如我们高中好呢。这就是大学啊，跟我想的差太远了。"（应将直接引语掺杂在事件叙述、细节描写之中）
>
> 我又问他："那后来又感觉怎么样呢？是否跟原来一样？"（应该删去）

---

① 艾丰.新闻写作的特殊笔法：简笔 [J]. 新闻与写作，2009（2）：65-66.

撰写新闻报道文字越简练越好。优秀的新闻作品不应该有一个多余的字，能用一个字，就绝不用两个字。以下方法有助于使语言简洁：

（1）从实际出发，突出中心，不说同中心无关的话。剔除可有可无的词语。

（2）一句话最好只表达一层意思，宁用短句不用长句，宁用简单句不用复合句。

不要使用过长的定语来修饰主语。

病例： 自小在莫斯科这座繁华的大都市长大，见惯了现代化繁荣景观的叶妮娅，喜爱自然风光，向往宁静生活。

遇到类似情况，可以考虑将其拆解为多个简单句：

修改： 叶妮娅自小在莫斯科这座繁华的大都市长大，见惯了现代化繁荣景观。她喜爱自然风光，向往宁静生活。

（3）不用欧化的长句式，绝不矫揉造作地写文章。

（4）不说不言而喻的和重复的话。

（5）尽量不使用形容词和副词，尽量减少修饰成分。

（6）新闻语言强调简洁，但简洁不等于抽象，简洁更不等于简陋。

（7）运用简笔进行新闻描写，点到为止，做到疏落。

同样是对春天的描写，文学作品与新闻作品的描写是不同的，文学作品中的描写可以是工笔的细腻，而新闻作品中的描写却只能使用简笔。朱自清的《春》用了七百多字来描写春天，"盼望着，盼望着，东风来了，春天的脚步近了……"这样的描写虽然也很美，但是放到新闻作品里并不合适。

读者阅读新闻主要是为了迅速地消除信息的不确定性，这么细腻地描写事物是很难让新闻收受者承受得起的。新闻写作追求更高的传播效率，需要更加简洁的笔法，三两笔之内就应该把事物描写完毕。

1959年解放军平息西藏叛乱后，新华社记者写的通讯《拉萨的春天》，开头有一段描写"春天"的文字，非常巧妙：

拉萨响过了第一次春雷，覆盖四周山上的积雪消融了，大昭寺前的唐柳吐出了新芽，成群的大雁和灰鹤在拉萨平原的上空翩翩飞翔。春天来到了拉萨。

记者只用了六十多个字，写了春雷、积雪、柳树、大雁和灰鹤，勾勒了一幅美妙的春天景象，使人感受到了春天的美，同时也感受到了简练的美。这段文字同新闻的内容紧密地联系在一起，每一句描写景色的话都有其深刻的含义。

第一句"拉萨响过了第一次春雷"，象征着解放军的平叛战斗取得了胜利；第二句"覆盖四周山上的积雪消融了"，象征着西藏农奴制度和反叛势力的土崩瓦解；第三句"大昭寺前的唐柳吐出了新芽"，象征着汉族、藏族人民友谊有了新发展；第四句"成群的大雁和灰鹤在拉萨平原的上空翩翩飞翔"，象征着西藏农奴的翻身和解放；最后一句"春天来到了拉萨"是对上述内容的总结。这段对春天景色的描写已经把全文的内容都象征地说出来了。[①]

第二节　节奏的把握

新闻作品的节奏主要有两个特征：一是快，二是变。

总体上讲，新闻报道的节奏是快的。新闻报道应该尽可能快速地传递事实变动信息，读者等不了慢慢悠悠的新闻，所以要强调撰写短的句子、短的段落，以此来加快报道的节奏。

然而，新闻也不总是保持着一个固定的节奏，它在强调快的基础上同时注意了节奏的变化。以短句子、短段落为主，偶尔来一个长句子、长段落，让节奏慢下来，然后又是短句子、短段落，节奏又快上去。这样就产生了节奏的变动，让读者看到了变化，同时也缓解了读者的阅读疲倦感。

一、句子要简短

短句子更有力量，更容易被理解，用短句子写作是一种明智的做法。想想曹操的《短歌行》，"对酒当歌，人生几何？""何以解忧，唯有杜康。""青青子衿，悠悠我心。"八个字一句，简短有力，又很有意境。把句子写得简短需要注意以下几点：

（1）最好的句子是简单句、主谓句，一句话说明一个内容，表达一个意思。

（2）美国专家认为，17个单词组成的句子是"是否便于理解"的分水岭。我们可以参考这个数据，尽量控制句子的字数。

（3）句号是一句话结束的标记，要尽快使用句号。非用长句不可的时候，注意使用标点符号进行合理分割。

（4）尽量不在代词或名词前加修饰语，可将其改为短句。

钱文忠教授写过一篇博客《珍藏学生28年前作文的李新老师》，讲述了师生之间的珍贵感情，其中有这样一段文字：

我通过当年的光明中学教导主任，也当过我班主任，教过我物理，把我从一个极其调皮的孩子"提拔"为副班长，激发了我的虚荣心，也唤醒了我的上进心的谢根福老师，很快就找到了已经退休的李新老师。

---

① 艾丰.新闻写作的特殊笔法：简笔[J].新闻与写作，2009（2）：65-66.

关于谢根福老师的定语部分虽然用逗号作了切割，但还是太长。按照新闻写作的要求，应该使用句号切割，将这一个长句子改成三个短句（两个段落）：

我通过谢根福老师，很快就找到了已经退休的李新老师。

谢根福老师是当年光明中学的教导主任，也当过我的班主任，教过我物理。他把我从一个极其调皮的孩子"提拔"为副班长，激发了我的虚荣心，也唤醒了我的上进心。

二、段落也要短

为了便于阅读，要有意识把段落做短。每一个段落讲述一个新闻意思，每一个段落开辟一个新的叙述角度。

下面的这句话取自一份学生作业：

1970年，"俏妹子"经人介绍嫁给了邻村的刘木匠，小两口和和气气，日子过得倒也平静，然而好景不长，1976年的那场大地震让这个家塌了天，丈夫走了，两个孩子受了重伤，也很快因医治无效死亡。

这个段落可以做得更短些。不妨提早使用句号，将其改成四句话、两个段落：

1970年，"俏妹子"经人介绍嫁给了邻村的刘木匠。小两口和和气气，日子过得倒也平静。

然而好景不长，1976年的那场大地震让这个家塌了天，丈夫走了。两个孩子受了重伤，也很快因医治无效死亡。

三、善用标点符号

标点符号的运用是写作的基本功，这里我们以逗号为例来说明标点符号运用的重要性。

很多初学写作的朋友不太善于使用逗号表示停顿，结果写出的句子太长，念起来特别费力。我们应该巧妙而又规范地使用逗号切割句子，加快表达的节奏，增强文章的易读性。

（1）句子内部主语与谓语之间如需停顿，用逗号。如：

农场的事，他一直很感激郝万春。

（2）宾语比较复杂，比较长，宾语与它前面的谓语动词之间用逗号。如：

狄启骋法官解释，不是所有开煤气自杀都会被提起公诉，主要是看危险程度。

（3）句首状语之后用逗号。如：

对于临沂，他并不陌生。

旁听席上，除了涉案人员家属，还有数十名法警。

（4）复句内各分句之间的停顿，除了有时要用分号，都要用逗号。如：

据说苏州园林有一百多处，我到过的不过十多处。

（5）独立语的前面或后面，用逗号。如：

隔壁那爷俩又吵架了，你听。

老婆，我很想你呀！

还有一种该用逗号却滥用顿号的现象，也应该引起注意。顿号虽然是表示语句并列成分停顿的典型标点符号，但有一些并列成分之间不宜用顿号，而应该用逗号。不少人写作时一遇到并列成分就用顿号，这是不妥当的。

（1）并列的谓语之间用逗号，不用顿号。如：

这个学校的教学评估，头绪多，任务重，时间长，惹人烦。

（2）带有语气词的并列词语之间用逗号，不用顿号。如：

绍兴的兰亭啊，禹陵啊，鲁迅故里啊，王羲之故居啊，都是不错的文化旅游景点。

逗号和句号都是切割语句，让语句变短的法宝。多用逗号，多用句号，将句子做短，可以让读者阅读时更轻松。

四、长短句交替使用

短句是词语少、结构简单的句子。短句表意简洁、明快、灵活，具有跳动感，短句能使人振奋、紧张，不停地思考。

长句是词语多、结构复杂的句子。长句表意周密、严谨、细致、精确，长句带给人平稳的感觉。一连串的长句子往往造成比较松弛的气氛，使读者变得懒散。在有些境况下使用长句子会更合适，长句子降低了阅读速度，更符合低沉、舒缓的情境。

新闻写作中，在保证多用短句的前提下，长句、短句和不长不短的句子，可以综合起来运用。句子长度的突然改变，会引起读者对句子的注意。

五、表现手法交替使用

在新闻报道中交替使用叙述、场景描写、细节描写、直接引语、间接引语等多种表现手法，也会引起节奏感的变化，这比单—使用某种表现手法要活泼得多，吸引力也会更强一些。

一种表现手法用的时间长了，读者就容易产生疲劳感，报道的吸引力就会急剧下滑。

通过表现手法的变换使用，让读者保持一种新鲜感，阅读的效果自然会得到增强。

六、平行结构带来节奏

威廉·E.布隆代尔介绍过一种能带来节奏的重复形式——平行结构，它不是依赖词语的重复形成节奏，而是利用相同的逻辑关系、相同的语法结构来表达不同的元素，形成一种平衡的节奏。威廉·E.布隆代尔举了一个非常有味道的例子：

蝗虫吞噬了犹他州的田地，洪流淹没了艾奥瓦州的乡村，炙热烤焦了亚利桑那州的棉花。[①]

平行结构实质上是一种排比，但它不同于重复词语的排比，它是一种具有诗情的排比。乱用排比容易让读者反感，尤其是过多重复词语、极力提高嗓门、带有革命说教色彩的排比，比如："生产多么需要科学！革命多么需要科学！人民多么需要科学！"平行结构很好地规避了排比的类似缺点，它不虚张声势，也不咄咄逼人，它有一种安静的力量，将情感蕴含在句子的结构中，让读者细细感受它的节奏和力量。

平行结构也可以运用在新闻标题的写作中，下面这个例子中的小标题采用了平行结构形式，读起来也很耐人寻味：

欧文宣布赛季末退役　引球迷集体感怀（引题）

别了　那年少轻狂的青春（主题）

①不想听到，你这声音（小标题）

②只能留恋，你的身影（小标题）

③一声叹息，我的青春（小标题）

（《燕赵都市报》，2013 年 3 月 20 日。"你这声音"指的是欧文宣布退役的声音）

第三节　语言运用的具体技术

语言是记者的工具，而不是记者写作的目的。记者是为了讲述新闻故事而写作，而不是为了炫耀自己的语言才华而写作。"你只有足够成熟才能理解写作是为故事服务的。为

[①]　威廉·E.布隆代尔.《华尔街日报》是如何讲故事的[M].徐扬，译.北京：华夏出版社，2006：210.

语言写作和为故事写作有很大的差别",哥伦比亚大学新闻学教授塞缪尔·G. 弗里德曼说，为故事写作需要相信故事，要求记者仅忠实于故事，而忘记记者本身。[①] 以下所列的新闻语言运用技术，有助于记者专心于事实的报道，而不是显示自己的文笔才华。

一、删除多余字词

语言要干净利落，多余的字词降低了表达效率，还有可能带来语病，应该删除。"对什么都提出质疑"不如删改成"对什么都质疑"。"贻笑大方"的意思是"给行家里手留下笑柄"，"让人贻笑大方"带有语病，不如删改成"贻笑大方"。"进行……的工作"很啰唆，通常可以删掉，而只保留当中的动词。例如，把"消防人员正在进行灭火的工作"删改为"消防人员正在灭火"。

下面总结了删除多余字词的一些情况：

1）赘语

差：两个漂亮的美女走了进来。

好：两个美女走了进来。

差：事故发生在光明路和南新道的道路交叉口。

好：事故发生在光明路和南新道交叉口。

差：这个班的学生的数量是 40 人。

好：这个班有 40 人。

2）形容词、副词

差：史大爷唱了别具一格的京剧《智取威虎山》选段。

好：史大爷唱了京剧《智取威虎山》选段。

差：同学们向他热烈地鼓掌致意。

好：同学们向他鼓掌致意。

3）多余的指示代词及量词

差：这个文化传播学院的部分研究生参加了这次会议的旁听。

好：文化传播学院部分研究生旁听了会议。

4）间接动词形式

差：医生正在进行抢救病人的工作。

好：医生正在抢救病人。

差：小船正在进行新鲜海产的运输。

---

① 塞缪尔·G. 弗里德曼. 媒体的真相：致年轻记者[M]. 梁岩，王星桥，译. 北京：中信出版社，2007：97.

好：小船正在运输新鲜海产。

差：市政协将要在下周一举行一次会议。

好：市政协下周一将开会。

差：法官做出了一个决定。

好：法官决定。

5）判断动词

差：他说的是他要走。

好：他说他要走。

6）分句

差：所有人——只要他们有兴趣——都能参加这项活动。

好：所有人都能参加这项活动。

二、通常不议论

应该客观地撰写新闻，报道中不要轻易做出判断或定论。诸如"因为""所以""因此""于是"这样的包含论证逻辑的字眼最好不用，除非是记者正在直接引用别人的话。

中国人民大学新闻学院张征老师曾举过一个毕业生初为记者的例子：多年前某展览馆举办农业产品展览，展览馆工作人员向展出单位讨票，遭到展出单位的拒绝。之后，展出单位就遇到了大夏天停水、停空调的情况。展出单位将这一情况反映给记者，那位小姑娘（记者）写了篇内参，它的简化模式是：

因为——没给票

所以——不供水

"因为……所以……"是一个论证结构，而不是陈述结构。这样一来，记者已经不是在叙述新闻事实，而是在说话、在发表议论了，这就犯了忌讳。

结果，这篇总共三百多字的内参，却招来了三万字的告状信，最后硬逼着小姑娘写了检讨。其实这篇稿子改一改就没事了：

听说——没给票

发现——不供水

"没给票""不供水"这两个单独事实都是客观存在的，但是它们之间到底是什么关系就由读者去领会了，记者就不用承担"诽谤"的罪名了。

"因为……所以""因此……""由于……""于是……"等类似的关联词语应该尽量少出现在新闻报道中，此类词语包含着论证逻辑，呈现着记者的主观判断。新闻事实材料的连接应该尽量依靠事实的内在逻辑关系自然衔接，这样会使写作更具客观色彩，也会使报道更加紧凑简练，干净利落。

下面这种写法带有评价色彩，严格地讲，用在新闻报道中也是不太合适的：

他当记者很称职。

他当记者到底称职不称职，应当让事实说话，下面这种写法显得更加客观：
他毕业于密苏里新闻学院，在《纽约时报》做过 10 年新闻采编工作。

再看一个例子：

不合适：证人撒了谎。

合适：原告律师说证人撒了谎。

"证人撒了谎"是记者的主观判断，"原告律师说证人撒了谎"却是一个事实。

如果记者不是亲眼所见，没有确凿的证据，最好不要这样说：

女博士跳楼自杀了。

记者可以这样报道：

女博士坠楼身亡，警察认定是自杀。

媒体在报道房地美代理首席财务官死亡事件时，也是采用这种写作思路，媒体并不下结论说他是自杀死亡的，而是引用了警方的说法：

4 月 22 日，美国住房抵押贷款融资巨头房地美公司高级副总裁兼代理首席财务官大卫·凯勒曼被发现死于位于弗吉尼亚州的家中。警方说，这是一起"明显的"自杀事件。

（新华社 / 法新社，2009 年 4 月 23 日）

类似上面这种写法会使报道显得更加客观，这样写报道还可以有效规避诽谤控诉或其他纠纷，显然比下列写法更为妥当：

房地美代理首席财务官自杀了。

三、动词的使用

动词可以分成两大类：中性动词和倾向性动词。中性动词是那些不容易波动的、稳定的动词，它们代表着中立、客观和平衡，不带有强烈的感情色彩，没有倾向性。

倾向性动词是那些很容易波动的、不稳定的动词，它们带有强烈的感情色彩，充满了情绪，带有倾向性。

　　遵循新闻报道的客观原则，稿件中应当尽量使用中性动词，慎用倾向性动词。国际战争中双方人员战斗死亡，使用"打死"这样的中性词语，不使用"击毙"这样的倾向性动词。人质被害的报道中不使用"斩首"这样的动词，使用"人质被砍头杀害"这样的中性表达方式。

　　我们的报道中经常出现的"抓""摸""搞""打"这样的动词让读者特别反感，如"抓基础""抓作风""抓创新""狠抓环境整治""摸清全市资源家底""搞不到手决不罢休""打响环境整治攻坚战"等。类似"抓""摸""搞""打"这样的动词带有浓烈的"革命味道"和套话痕迹，充满了情绪，没有客观与理性色彩，容易波动。

　　一个大学生对自己所在高校预防甲型 H1N1 流感的情况进行了报道，稿件里面也用了一些类似的动词，如"多处下手加强预防""贯彻'三及原则'""不放过任何一处死角""加大工作力度"等。我们的学生没有做过机关报记者，但写出的稿子风格跟机关报如出一辙，宣传味道很浓，不具体、不实在。

　　清华大学李希光教授讲到动词的使用时，举了《纽约时报》报道中美撞机后两国反应的例子，下面是相关报道的题目：

《海军机组人员平安——在战斗机坠毁海中后北京反应愤怒》；

《中国在事件中找美国的碴》；

《中国坚持美国必须做出更多的（努力）以结束僵局》；

《布什要求"迅速"交还飞机和机组人员——说北京对美国飞行员命运的沉默伤害了美中关系》；

《白宫说有望结束僵局》；

《中国飞行员乐于冒险，美国官员说》。

　　作为发言者，美方发言的动词是理性的动词：

要求

说

表示

　　表示美方发言时用得最多的动词是"说"。"说"是一个标准的中性动词，代表着中立、客观，是引语写作中备受推崇的字眼，也是连接消息来源与引语内容的首选动词。

　　而表示中方发言时用的动词多半是情绪化的：

找碴

声称

坚持

从整体上看，在《纽约时报》的报道中中国的形象被塑造成非理性的、情绪化的。相反，美国的形象被塑造成理性的、理智的。这种效果的形成，与《纽约时报》在报道中不客观选用中性动词有着密切关系。我们也要看到，《纽约时报》的这些稿件用貌似公正的中性报道掩盖了真相，美军撞毁中国飞机的事实不容抹杀，中国人民有权表达自己的愤怒。

四、名词的使用

不要动辄用类别的名称来代替具体事物的名称，应该提倡用具体的名词，少用或不用概括性名词。看《瓦尔登湖》"声音"章节中的一段文字是怎样运用名词的：

这个夏日的午后，我在窗边静坐，苍鹰翱翔于我的耕地上空；野鸽子三三两两地从我的视界疾飞而过，或者在我屋后的白松枝上蹦上跳下，尽情地啼唱；鱼鹰插进波平如镜的瓦尔登湖，叼起鱼儿复返长空；水貂鬼鬼祟祟地走出我门前的沼泽，在岸边抓住了青蛙；飞来飞去的刺歌雀压弯了莎草。

作者梭罗使用了具体的名词，具体地指明了苍鹰、野鸽子、鱼鹰、刺歌雀，而不是笼统地用"飞鸟"来代替；具体地指明了鱼儿、水貂、青蛙，而不是用"小动物"来代替；使用了具体的名词"白松枝"和"莎草"，而不是使用笼统的名词"树枝"和"水草"。作者对大自然高度敏感，其描写具有博物学家的精确，令人叹服。

名词的使用还要注意体现表述的客观性，"我国""我省""我市"等表述主观性强，"中国""山东省""威海市"等表述客观性强。

删除多余的名词。如果没有必要的话，"记者"这个词就不应当出现在报道中，记者不要太看重自己的身份，读者对报道中的记者并没有那么大的兴趣，他们最关心的是新闻本身。

不合适：法官告诉记者此案不予受理。

合适：法官说此案不予受理。

另外，名词也有中性名词和倾向性名词之分，记者在写作的时候应该注意这一点。对身体有缺陷的人士，不能使用"瞎子""聋子""弱智"等带有污蔑意味的名词，而应使用"盲人""聋人""智力障碍者"等名词。

新闻报道中还要特别注意涉及民族、宗教、港澳台等的一些名词用法，我们平时要多向新华社、《人民日报》等权威媒体学习，掌握规范用语的知识，如：

（1）少数民族支系、部落不能称为民族。使用"摩梭人""撒尼人""穿（川）青人"等称呼，不要称为"摩梭族""撒尼族""穿（川）青族"。

（2）不要将宗教与民族混为一谈。中国信仰伊斯兰教的民族有回族、维吾尔族、哈萨克族、东乡族、保安族等十个民族，不要说"伊斯兰教就是回族"或"回族就是伊斯兰教"。"穆斯林"是伊斯兰教信徒的通称，要注意"回族""阿拉伯人"等提法与"穆斯林"的区别。

（3）报道中要注意民族禁忌。涉及信仰伊斯兰教的民族的报道，不要提"猪肉"。穆斯林宰牛羊和家禽，只能写为"宰"，而不要写为"杀"。使用"回族""回民"等称呼，不使用"回子""蛮子"等侮辱性称呼。

（4）不要将香港、澳门与中国并列提及。香港、澳门与中国不是并列的关系，而是隶属的关系，不要用"中港""中澳"等表述。不宜将内地与香港、澳门简称为"内港""内澳"，可以使用"内地与香港（澳门）"，或者"京港（澳）""沪港（澳）"等。

（5）注意"大陆""内地"概念的对应。"台湾"与"大陆"为对应概念，"香港""澳门"与"内地"为对应概念，不要弄混。

（6）慎用"村长""村官"等说法。"村民委员会主任"简称"村主任"，不称"村长"。大学生村干部可称作"大学生村官"，除此之外不要把村干部称作"村官"。

五、慎用形容词和副词

乔治·克里孟梭（Georges Clemenceau）绰号"倒阁能手""老虎"，曾两度出任法国总理。克里孟梭主持《震旦报》工作时，要求记者不要使用形容词和副词："记者们，别忘了一个句子是由主语、谓语动词和宾语名词构成的。想要使用形容词的记者，到我办公室来谈谈；如果使用副词的话，干脆给我走人。"

形容词和副词是新闻写作的陷阱，形容词是名词的天敌，副词是动词的天敌。马克·吐温说过一句话："如果你抓住一个形容词，就杀了它。"这是很有道理的。滥用形容词和副词，是一个记者懒惰或无能的表现。除非迫不得已，职业新闻人最好不用形容词和副词。去掉形容词和副词，改用细节刻画手段，这比多少个形容词和副词的力量都要大。

不好：他们制订了切实可行的实施方案。

较好：他们制订了实施方案。（是否"切实可行"要靠事实说话。）

不好：我市城镇面貌三年大变样攻坚行动迅猛开展了。

较好：我市开展了城镇面貌三年大变样攻坚行动。（"迅猛"要靠细节与事实展现。）

下面这个例子注重用细节进行刻画，"开始几秒钟竟连话都说不出来""母子俩一时都说不出话来，只是眼眶中泪水直流，接着是大笑，然后是互相拥抱。"这样的细节描写胜过千万个"十分激动""非常兴奋"等形容词、副词，也更加可信、更加生动。

巴勒斯坦人民喜欢自己的警察

新华社加沙（巴勒斯坦自治地区）（2004 年）5 月 11 日电 一名年轻的巴勒斯坦警察

今天在加沙地区与阔别多年的母亲相逢时，由于兴奋和激动，开始几秒钟竟连话都说不出来。

这名警察叫阿卜杜拉·穆罕默德，今年21岁。他在童年时代被迫离开家乡，今天作为第一批进入加沙地区的巴勒斯坦警察的一员，返回故里，从以色列方面接管治安工作。

他的母亲今天穿着黑袍，专程从附近农村赶到加沙市以南20公里处的德尔市，迎接自己的孩子和其他警察。当这位母亲见到当警察的儿子时，母子俩一时都说不出话来，只是眼眶中泪水直流，接着是大笑，然后是互相拥抱。

……

新闻报道不提倡使用形容词和副词，这与形容词和副词带有评论性质有关系。名词、动词是更加具体、实在的词语，相比而言，形容词和副词却容易虚张声势，也更容易释放作者的评论倾向信息，主观性更强。

但事情并不绝对，为了提高表达的效率，也可以谨慎地使用形容词和副词，这一点与评论在新闻报道中的运用非常相似。如果非要耗费大量的笔墨才能表达出一个意思，倒不如使用一个形容词或副词，来一个评论直截了当得多。只是这种使用不可肆无忌惮，不要因为使用形容词和副词而伤害了报道的客观公正性。

即便要使用形容词和副词，也应该尽量抑制作者的不良倾向，尽量维护新闻报道的公正性。在报道各种产品、商品等事物时，不要使用"最佳""最好"等具有强烈评价意味的形容词；医药报道中不要使用"疗效最好""安全无副作用""最先进"等词语；报道领导活动时，不要使用"亲自"等副词。

六、多用主动句

通常主动句比被动句更有力量，也更容易理解，新闻报道中提倡多用主动句而不是被动句。先看一个使用被动句的例子：

王大民带上了好几个人，在今年三四月的一天凌晨闯入对方家中打砸。当时，被闯入那家的老人被吓死了，"王大民也被警察带走"，该村民称。[①]

"被闯入那家的老人被吓死了"连续使用了两个"被"字，读起来有些别扭。至少应该去掉一个"被"字，将其改为"那家的老人被吓死了"，读起来更顺口，更好理解。

被动句并不是绝对不能使用，在人物、物体等新闻性非常明显，为了吸引读者的注意，需要将人物、物体等名词前置时，可以使用被动句，如《新京报》一则新闻的标题《涉新闻敲诈 21世纪网主编等8人被查》。除了此种情况，还是应该尽量使用主动句，不用被动句。

---

① 陈瑶，杨锋，刘刚，等.黑龙江3在押犯杀死管教后逃跑[N].新京报，2014-09-03.

七、消除宣传说教语言

新闻记者应该说人话，不说鬼话；应该说真话，不说假话。

——民国时期著名报人　林白水

1. 从大学生的报道谈起

青年学生大都很反感宣传说教式语言，可是当自己写起报道的时候，往往不自觉地也使用起这种语言。

下面是一个本科生撰写的新闻报道，存在的问题不少：

学生送温暖　夕阳格外红

（这个标题不够具体，带有歌颂的味道）

十一月十五日是国家法定供暖日。昨日下午，在××学院××系副主任×××教授的组织和指导下，该系汉语言专业全体学生到福星老年公寓举行"大学生送温暖"社会实践活动。（机关报风格，埋葬新闻的导语。）在冬天来临之际，学生们的关心、爱心温暖了老年朋友的内心，真可谓：学生送温暖，夕阳格外红。（不要用抽象名词表征新闻事实，不要喊口号，不要评论，要展现新闻事实和具体的细节。）

下午三时，学生们准时到达福星公寓。（从这里开始记流水账了，"首先……接着……随后……此时……之后……"，用这样的关联词来连接材料显得不够成熟，应当依靠事实的内在逻辑关系去自然衔接。另外，这一部分的叙述显得太平庸，没有抓住真正有价值的信息。）首先，福星公寓的崔经理代表全体员工对学生们的爱心活动表示大力支持和热烈欢迎。接着，×××教授明确了这次活动的基本原则、主要目的和意义。随后，经过工作人员的认真安排，同学们三人一组到各个房间展开"送温暖活动"，开始帮助老人们整理房间、擦洗玻璃等。此时，同学们忙里忙外的身影到处可见。之后主要是陪老人们聊天，温暖他们的内心。很快两代人便开始倾心交谈。老人们有的兴高采烈地讲述着他们自己的故事；有的不断地夸赞着同学们；有的讲述着在这里的感觉，"跟家里一样，她们（工作人员）跟子女一样"。（不要用"有的……有的……有的……"这样的格式，好像小学生在写作文。找到一个具体的老人，讲一下他的故事，比这样写更生动。）这时候，每个房间都充满了温馨与欢乐。（又是讨厌的评论！记者不要说话，让事实本身说话！）

其间，记者见到了那位101岁高龄的"老寿星"，从他的精神面貌和工作人员那里得知"老爷爷身体很硬朗"。（没有必要这样使用直接引语。老寿星的故事太简陋了，他的形象也不够鲜明。）

记者了解到，福星公寓经过八年不断地发展与完善，已成为唐山养老行业的典范。（让专家去说这句话，使用直接引语。）最后，（把"最后"这个词语删掉，我们不是在记流水账。）同学们结合所学的组织文化管理知识与崔经理进行了简短的交流。同学们表示通过这次参观与实践，他们对所学理论知识有了更深刻、更全面的理解。（找一个具体的学生来采访，请他谈一谈自己的感受。要具体，不要笼统。）

对比一下重新采访并修改后的报道，下面这条报道的语言比较符合新闻写作的要求：

大学生走进老年公寓献爱心

本报讯 "通过和老人们交流，我学到了许多宝贵的人生经验，也认识到了尊老敬老养老的责任。"刘亚非同学说。11 月 15 日下午，××学院 67 名青年学子到福星公寓，进行了"大学生送温暖"爱心慰问活动。

同学们分成小组到各个房间进行义务劳动，他们帮助老人们整理房间、擦洗玻璃，陪老人聊天。

住在一楼的刘爷爷已经 86 岁了，精神矍铄，自豪地向学生们讲述着他将近一辈子的从医生涯。最后，他用《爱的代价》这首歌来表达他对学生们的不舍和感谢。

××学院带队老师×××教授说："通过这次献爱心活动，希望同学们能够更好地把书本知识和社会实践结合起来，更希望大家能够以此为契机，把尊老敬老养老的中华传统美德继承下去并发扬光大。"

2. 不用宣传说教语言

新闻主要是报道事实，新闻语言更强调真实、具体、细节、客观的力量。宣传却是为了说服对方，为了传达一个观点。但是，就算是为了宣传，也应该考虑技巧问题。拙劣的宣传说教语言不但不应该出现在新闻报道中，甚至也不应该出现在宣传作品里面，因为此种风格的语言已经令人反感到了极点。宣传说教语言最终将会葬送宣传本身。

新闻语言要力避宣传腔调。中国新闻报道存在的一个问题就是蹩脚的宣传说教语言泛滥成灾，如果不在报道中说几句套话，不加点议论，不讲点拔高的道理，似乎稿子就写不了，就显示不出"思想性和指导性"。这种宣传味很浓的报道反而不会收到好的宣传效果，只能引起读者的反感和愤懑。

3. 尽量不说套话

新闻报道中充斥着大量的套话，也是违背新闻写作的专业技术要求的。我作了一个报刊读者调查，抽样调查了 624 位报亭零售读者。结果发现，40.3% 的被调查者认为城市党报新闻报道应该"少说套话"，经常阅读城市党报的读者中则有 45.3% 的人认为应该"少说套话"。

人们在工作生活中有时难免说些套话，但在新闻报道中最好不要这样做。新闻报道中的套话传递了无效信息，让读者反感。我们写文章，应该尽量不说套话。如果你是一个优秀的职业新闻人，看到套话时可要警惕了。以下表述有的时候可以结合具体情境用几处，但不宜将其堆砌在报道中。堆砌使用会让读者产生记者滥用套话的印象，反而不利于宣传工作的开展。

传达讲话精神，认真落实，深刻领会。

要把工作落到实处，努力开创工作新局面。

齐抓共管，真抓实干，抓出实效，抓出成绩。

探索新路子，适应新要求。

振奋精神，多干实事，少说空话，开拓进取。

同心同德，努力工作，添砖加瓦，建设和谐社会。

不断推进思想建设，积极参政议政。

要以服务地方发展为宗旨，扎实做好社会服务工作，不断提高履职水平。

要以强化组织建设为抓手，加强基层培训，不断增强凝聚力。

推动科学发展，争先进位，奋发向上，大有作为。

振奋精神，凝聚力量，开拓创新，扎实工作，为实现"十二五"规划和全面建设小康社会的宏伟目标而努力奋斗！

每户 200 元慰问金温暖贫困残疾人，帮助他们脱贫致富奔小康。

贪官总是"极少数"的，群众总是"受蒙蔽"的。

事故没有不"发生"的，影响没有不"缩小"的。

下岗没有不"理解"的，生活没有不"稳定"的。

地方政府没有不"关心"的，录取没有不"拉开"的。

论证没有不"专家"的，治理没有不"综合"的。

领导没有不"亲自"的，幸福感指数没有不"提高"的。

八、辞格的运用问题

绝不使用你在书报中见惯了的隐喻、明喻和形象化比喻。

——英国作家　乔治·奥威尔

辞格是为提高语言表达效果而采用的有明显特点的修辞方式，也叫修辞格。辞格的种类很多，包括比喻、比拟、排比、借代、拈连、夸张、双关、仿词、反语、婉曲、对偶、层递、顶真、回环、对比、映衬、反复、设问、反问、通感、警策等。

新闻源使用辞格，他们说的话可以被当作直接引语，这无可厚非，也用不着太多的讨论。新闻写作中一般不太强调或提倡记者在陈述事实时使用辞格，这是新闻写作与其他写作不同的一个地方，新闻报道的客观原则约束了辞格的运用。

但事情不是绝对的，恰当运用辞格的新闻报道一样会博得读者的青睐，只是需要谨慎对待，辞格的运用必须妥当才行。

有时，比喻手法会增强读者的视觉感受，如英国《每日电讯报》一篇对巴基斯坦前总统穆沙拉夫的专访这样写道：

他的风格就像他那双黑亮的军靴一样明快。他对问题的回答就像他一尘不染的卡其布军服的裤线那样锋利。

昨天，穆沙拉夫总统坐在被他用作办公室的总统府里，重申了他支持军事打击巴基斯坦的老朋友塔利班政权和这个政权的"客人"奥斯玛·本·拉登的决心。[①]

再看斯诺对毛泽东的一段描写，斯诺说毛泽东的身体像是铁打的，这就是一种夸张的说法，但是很形象：

毛泽东每天工作十三四个小时，常常到深夜二三点钟才休息。他的身体仿佛是铁打的。他认为这要归因于他在少年时代在父亲的田里干过苦活，要归因于他在学校读书的刻苦时期，当时他与几个志同道合的人组织斯巴达俱乐部一类的团体。他们常常饿着肚皮，到华南山林中作长途的徒步跋涉，在严寒的日子去游泳，在雨雪中光着脊梁——这一切都是为了要锻炼他们自己。他们凭直觉知道，中国的来日需要他们有忍受最大的艰难困苦的能力。[②]

下面这个例子运用了双关的修辞手法：

从地形上看，张家口、石家庄与北京呈相对标准的三角形，但从张家口到石家庄却不能完全遵循"两点之间直线最近"的原则，必须通过北京。目前特快列车从张家口到石家庄需要5个多小时，而即使乘坐高速大巴，从张家口到石家庄"直线"的541公里，也需要7个小时以上。经过北京，这是最快捷的张家口—石家庄线路选择。对李真而言，这种线路就不仅仅是交通意义上的选择了。（《三联生活周刊》，2002年第20期）

这是李鸿谷、金焱采写的《李真：秘书的权力》一文的开头。表面上，记者在写河北省委原主要领导的秘书李真从老家张家口到河北省会石家庄的地理行走路线，实则暗示了李真个人的政治发迹路线。在老家不得意的李真，后来能够发迹，不是因为河北省委的直接考察，而是因为身居北京的李真父亲的老战友杨伯伯帮了忙。这就是双关。

第四节　特殊技法的运用

基于新闻报道的客观原则要求，诸如不能运用第一人称、记者不能在报道中发表议论等做法经常被视为神圣而高效的新闻写作条款。但是，我们仍然看到有一些经典报道并没有严格遵循这样的技术要求，阅读效果反而更好，这是为什么呢？实事求是地讲，探讨这样的敏感话题是要冒一定风险的，不过，这个探讨仍然是一个有趣和有益的过程。

---

① 李希光. 新闻学核心 [M]. 广州：南方日报出版社，2002：220.

② 埃德加·斯诺. 西行漫记 [M]. 董乐山，译. 北京：生活·读书·新知三联书店，1979：68.

一、能不能运用第一人称

新闻报道一般是采用第三人称进行叙述的，有的时候报道中需要表达类似"在事发现场，我看到……"的场景时，也要将"我看到"改为"记者看到"，记者在这里是一个公众委托的受过专业训练的观察者，而不是个体意义上的某个人了。现在甚至就连"记者看到"这样的字眼也不受欢迎了，新闻报道中用不着突出记者，在绝大多数的情况下应当试着去掉"记者"这两个字，看看新闻表达是不是更有效率。

基于新闻的客观原则要求，一般不提倡记者直接使用"我""我们""我的""我们的"这样的字眼，除非是新闻当事人的引语。这是有道理的。但是，我们也看到一些优秀新闻作品中的确在使用第一人称，而且读起来还不错，读者并不觉得记者这样写有什么不妥。这又是为什么呢？在什么情况下可以使用第一人称？

在某种特定的情境中，如果用第一人称写作能够使读者更深刻地理解记者的观察，有助于读者理解新闻事件或新闻人物，记者也可以用第一人称写作。

在亲历新闻、置身其中的前提下，记者本身变成了权威知情者或权威当事人时，可以采用第一人称来写作。"当记者已经成为事件亲历者之后，他就应该把他自己也当作事实材料来认识，因为这时，他身上散发出来的任何气味，都变成了亲历的事实结果。"[①]

斯诺的《西行漫记》就采用了第一人称，读起来一点异样的感觉都没有，反而增加了真实感，没有谁会怀疑这部优秀作品的客观性。

我到后不久，就见到了毛泽东，他是个面容瘦削、看上去很像林肯的人物，个子高出一般的中国人，背有些驼，一头浓密的黑发留得很长，双眼炯炯有神，鼻梁很高，颧骨突出。我在一刹那间所得的印象，是一个非常精明的知识分子的面孔，可是在好几天里面，我总没有证实这一点的机会。我第二次看见他是傍晚的时候，毛泽东光着头在街上走，一边和两个年轻的农民谈着话，一边认真地在做着手势。我起先认不出是他，后来等到别人指出才知道。南京虽然悬赏二十五万元要他的首级，可是他却毫不介意地和旁的行人一起在走。[②]

二、记者的感受和评论

从新闻报道的专业要求来看，记者一般不能发表评论，也不必大谈特谈自己的感受，但有一些例外是值得注意的。

威廉·E. 布隆代尔在《〈华尔街日报〉是如何讲故事的》一书中谈道："如果记者对于自己掌握的一切非常满意，他可以对于一些不是太重要的内容进行简单评论。他的评论

---

① 胡志平. 新闻写作创新智慧 [M]. 北京：新华出版社，2003：250.

② 埃德加·斯诺. 西行漫记 [M]. 董乐山，译. 北京：生活·读书·新知三联书店，1979：61.

虽然不会对故事的中心产生什么影响，但是能够让读者对于故事的某些方面有更形象的理解。"布隆代尔认为，记者是受过专业训练的观察者，见到了故事中的人物，去了故事中的地方，看到了故事的发展，这些都是读者不能做到的，所有这些都使记者成为一个可信的信息源，"如果没有可信度更高的信息源出现，读者有时候也会接受记者对于某些重要问题的判断"。①

比如下面这个段落：

照料病入膏肓的病人非常费钱。宾州大学医学院深切治疗部平均每天要花费 1571 美元在每个病人身上。美国全国的深切治疗部共有 7.8 万张病床，照料这些病人的费用估计约占所有医疗支出的 28%。②

"照料病入膏肓的病人非常费钱。"这就是一个议论句，它是对事实的一个判断，这样的议论是被允许的。这个判断可以由紧随其后的一些数据所证明，也能被任何一个有着正常思维和常识的读者认可。这样的判断基本上就是对客观事实的正确概括或描述。

事实上，读者愿意通过事实做出判断，也愿意在某些时候倾听他人的意见，"如果评论能使报道显得更有力量，就应大胆地表明自己的立场。"③密苏里新闻学院的同人们也认为，"如果事实充分，把明显的结论写出来并不见得就是在发议论。相反，这样写是好的，是有益的。"④

我们有必要对某些所谓的"记者的感受和评论"做些分析，这有助于在新闻写作实践中澄清一些认识。"不要把记者作为亲历者的心灵感受，直接和'抒情''议论'画等号。那是事实材料啊！换了不是记者的亲历者给记者谈出了他当时的心灵感受，难道你不当作事实来叙述吗？"⑤换言之，凡是允许发表的"记者的感受和评论"，更多的仍然应该被当作事实材料，这种"记者的感受和评论"应当以记者为亲历者或权威知情人士为大的前提。

下面这段文字也有记者的感受，但并不妨碍报道的客观和真实：

庄园有 100 多个工作人员，但不能轻易见到，浓密的绿荫让他们变得神秘。来辉武希望我们留宿一夜，但并不坚持。这时候，会生出些不舍，在这阴暗的西安郊外的傍晚。

来辉武送我们到庄园门口。外面是一大片刚刚收割完的麦地。"你看，心情多舒畅。"⑥

布隆代尔在《〈华尔街日报〉是如何讲故事的》一书中讲到，记者在报道中的角色大

---

① 威廉·E. 布隆代尔.《华尔街日报》是如何讲故事的 [M]. 徐扬，译. 北京：华夏出版社，2006：176-177.

② Michael Vitez. 何时让他安息？——家人的痛苦抉择 [M]// 黄煜，俞旭，黄盈盈. 追求卓越新闻：分享普利策新闻奖得主的经验. 广州：南方日报出版社，2009：30.

③ 周海燕. 调查性报道采访与写作 [M]. 北京：新华出版社，2003：156.

④ 密苏里新闻学院写作组. 新闻写作教程 [M]. 褚高德，译. 北京：新华出版社，1986：399.

⑤ 胡志平. 新闻写作创新智慧 [M]. 北京：新华出版社，2003：250.

⑥ 刘建强. 18 年后，来辉武和他的"505" [J]. 读报参考，2007（8）.

致有三种：

（1）概括者／总结者。在讲述故事过程中汇集材料、有所总结，但得出的结论在强度和戏剧性程度上不能夸大其词。

（2）裁判。当故事中的双方因冲突而争论不休时，记者应该在关键时刻做出独立的判断，必须有能力控制相互争辩的双方。比较好的做法是，把批评和指责放在一块，去掉非理性或不能证实的成分，再让双方轮流发言。

（3）观察者。在忠实记录的过程中引导读者自己得出结论，不能把自己的观点建立在纯粹的预测、模糊的二手资料或者个人的知识储备之上。

"那些不愿充当观察者的记者，对于那些不太重要的观点，不是完全忽略，就是要费劲引用其他信息来支持这个观点，而实际上他自己就可以处理这样的观点。"[①]但是，记者对感受和评论的发布还是应当十分谨慎才行，"他不应该把自己的观点建立在纯粹的预测、模糊的二手资料或者个人的知识储备之上。他的观点应该来自他所报道的故事和其中人物的真实感受和体验"[②]。退一万步讲，能够被发表出来的"记者的感受和评论"至少是出于公心而不是偏见！

下面来看法新社记者比昂尼克1976年撰写的报道《中国向毛泽东告别的仪式非常感人》，这篇报道运用了第一人称，而且发表了"记者的感受和评论"，读起来很感人：

中国向毛泽东告别的仪式非常感人

法新社北京9月18日电（记者　比昂尼克） 中国向毛泽东告别的仪式是庄严的，朴素的，非常感人。

当北京站的大钟敲响3时的时候，我是在火车站广场上同成千上万中国群众在一起的唯一的外国人。

人群默哀了3分钟，他们把行李放在地上，双手下垂，两眼注视着毛主席的巨幅画像，画像已经围上了黑黄两色的丧纱。

一点声息都听不到，一切活动完全停止，全市一动不动。

钟敲到第3下的时候，火车头凄厉的汽笛声打破了沉寂。

就在这同时，车站广场周围的扩音器传来了中国哀乐的悲伤的旋律。

所有在场的人一下子低下头。人人眼睛都朝地上看，他们中间有：背着婴儿的农村妇女，人民解放军的老战士，穿着老式黑衣服的农民，臂上戴着黑纱和白菊花、胸口上别着毛像章的青年，还有孩子们。

我周围的人都哭了起来，没有任何过分的动作和哀号，保持了完全的尊严。

---

① 威廉·E.布隆代尔.《华尔街日报》是如何讲故事的[M].徐扬，译.北京：华夏出版社，2006：176-177.

② 威廉·E.布隆代尔.《华尔街日报》是如何讲故事的[M].徐扬，译.北京：华夏出版社，2006：176-177.

这是感情极其强烈的时刻，我再也不觉得我是外人了，我同人们一样感到悲伤，再也抑不住自己的眼泪。

到火车上和工厂里的汽笛停下来以后，许多人还低着头。

有人擦干了眼泪，其他人若有所失地仰望着他们的"伟大导师"的遗像。

啊，毛真的逝世了。

三、记者亲历是决定因素

新闻写作技术是为新闻内容服务的，目的在于获得好的表达效果。新闻写作中的特殊技法能否"合理存在"，也是由新闻内容决定的。

在新闻写作中，新闻内容是主要的决定方面，新闻形式——报道技术必须服从新闻内容。当然，新闻形式——报道技术对新闻内容也有着重大的反作用，适合内容的形式——技术能够收到好的表达效果，反之则会造成坏的表达效果。因此，我们必须努力寻求内容与形式的统一。

研究新闻写作中的特殊技法正是基于上述认识，正是为了探究如何使新闻形式——报道技术更好地适应特殊的新闻内容需要。

新闻写作中的基本技术只适应了一般情况下的新闻内容，而对于特殊情况的新闻内容就不适用了。

特殊技法的应用是由特殊新闻内容决定的，这种特殊的新闻内容是指新闻内容为记者亲历——记者亲眼所见、亲耳所闻、亲身经历新闻事实。

在亲历新闻、置身其中的前提下，此时的记者已不同于彼时的记者，此时的记者已经变成了权威知情者或权威当事人，他的感受和看法已经变成新闻事实材料的一部分。这样一来，在报道中使用第一人称，发表"记者的感受和评论"就符合新闻报道的客观公正原则与规律要求了。

思考与训练

第五章
新闻标题

谁要是给我想出一个好标题，我给他磕三个响头。

——当代杰出新闻工作者 邓拓

一个好标题可以代表一张报纸。它的价值、力量往往可以大大超出稿件本身。

——人民日报社原总编辑 范敬宜

第一节 标题的组成

新闻标题是揭示新闻内容的简明而醒目的文字，是浓缩新闻内容的精华。

新闻标题具有揭示内容、组织新闻内容和吸引读者阅读的作用，它也是记者与编辑沟通的重要手段。标题的基本元素是文字，要在极少的文字里寻求最大的表现力，实在是个艰难的过程，非得花功夫琢磨不可。

虽然编辑经常修改甚至重做记者的标题，但撰写标题仍然是新闻记者的功课。事实上，记者最熟悉新闻稿件的内容，写出好的新闻标题本来就是记者分内的事情。

狭义的新闻指的是消息，我们在这一章里主要谈的是狭义新闻——消息标题的写作。事实上，撰写消息标题是一项很重要的基本功，它有助于初学者对新闻以及新闻写作的理解。消息标题写好了，对于制作特稿等其他新闻体裁的标题具有极大的帮助作用。学习标题的写作，应当从制作消息标题开始。写不好消息标题，也很难写好特稿标题。

一、新闻标题成分

一个完全式新闻标题通常包括引题、主题与副题三个成分，为了更快地了解这些成分，请先看一个例子。

2012 年 5 月，辽宁省三艘渔船被朝鲜方面扣押。据辽丹渔 23536 号船长韩强介绍，5 月 8 日 13 时许，该船正在我国黄海 59 区海域捕捞作业，全副武装的朝鲜军人上船后二话没说将所有船员打倒，收缴了手机、对讲机、钱包等，并把船员拖入船头一个 3 平方米左右的杂物间。就是在这个狭小黑暗的空间里，船员们度过了漫长的 13 天。其他两艘渔船的遭遇与其类似。

下面是媒体在报道这一事件时采用的一个标题，这个标题包含了引题、主题与副题三个部分：

中国渔民被扣 13 天遭非人待遇（引题）
挨打挨饿，连大小便也要请示（主题）
船上物品被洗劫一空　洗衣粉都没留下（副题）

（《燕赵都市报》，2012 年 5 月 23 日）

1. 主题

主题也称主标题，又叫正题，是标题的主体骨干，表现整个标题中最具吸引力的内容。

主题是必须具备的成分，一个标题中可以没有引题和副题，但绝对不可能没有主题。

2. 引题

引题又叫肩题、眉题。它位于主题之前，是主题的先导，对主题起着说明、概括、烘托等作用。

3. 副题

副题又叫子题、下辅题。它位于主题之后，是主题的后续，对主题进行补充、印证和解释。

二、标题的组合方式

新闻标题的结构分为单一型和复合型两种。单一型标题只有主题而无辅题，复合型标题既有主题又有辅题，辅题包括引题和副题。

1. 主题式

只有主题，没有引题和副题。如以下三个标题均为主题式：

孙子不好好写作业，奶奶竟把儿子打一顿！网友吵翻

（"江苏新闻"公众号，2020 年 9 月 11 日）

超级首都的解决之道　北京搬离北京

（《三联生活周刊》，2016 年 9 月 19 日）

踢球喝酒看电视　这个袋鼠很男人

（CCTV 新闻，2010 年 10 月 14 日）

2010 年 4 月 27 日，乌克兰议会就俄罗斯黑海舰队驻扎问题进行讨论。场外数千人抗议，场内拳打脚踢，还有人乱扔鸡蛋和烟幕弹。450 议席的议会最终以 236 票赞成的微弱优势通过了这项协议，俄罗斯黑海舰队在乌境内驻扎期限得以延长至 2042 年。《三晋都市报》报道这一新闻时采用了主题形式：

乌议会拳脚斗　俄基地获延寿

（《三晋都市报》，2010 年 4 月 28 日）

一般地，消息的主题使用的是实题，不使用虚题。实题以叙事为主，着重表现具体的新闻事件。虚题以说理或抒情为主，侧重说明原则、道理、愿望，或渲染一种情绪。通讯可以使用虚题作为主题。

2. 主引式

主引式标题由引题和主题组成。

2009 年 11 月 11 日，德国国家队一号门将，效力于汉诺威的罗伯特·恩克和火车相撞身亡，德国警方确认罗伯特·恩克之死是自杀行为。2006 年，罗伯特·恩克的女儿劳拉因患先天性心脏病接受手术，手术过程中年仅 2 岁的劳拉离开了人世：

女儿夭折伤口难愈　德国国门卧轨自杀（引题）
可曾记得爱？（主题）

（《燕赵都市报》，2009 年 11 月 12 日）

3. 主副式

主副式标题由主题和副题组成，如：

硬汉流泪了（主题）
60 岁普京第三次当选总统（副题）

（《燕赵都市报》，2012 年 3 月 6 日）

再如：

换个马甲继续收费（主题）
好消息：机场建设费不收了　收费标准：国内航线 50 元　国际航线 90 元
坏消息：改收民航发展基金　收费标准：国内航线 50 元　国际航线 90 元（副题）

（《山东商报》，2012 年 4 月 18 日）

4. 完全式

完全式标题是指引题、主题和副题俱全的新闻标题，如：

习近平在河北省指导民主生活会（引题）

大胆搞批评和自我批评（主题）

河北省委常委镜头前"亮丑"

聚焦"四风"查出六类问题（副题）

（《齐鲁晚报》，2013 年 9 月 26 日）

完全式标题会使新闻显得更加隆重，像国庆大阅兵、全国两会等重大新闻往往会采用这种标题形式。除政治性特别强的新闻以外，一般的新闻大多不采用这么隆重的标题形式。总体上看，目前新闻媒体尤其是网络媒体已经越来越少采用完全式标题了。

三、提要题与小标题

提要题主要用于重要的长篇幅新闻稿件。新闻工作者将稿件中的主要事实、做法或问题等要点提取出来，放在标题之后、正文之前。传统意义上的提要题有较为明显的题目特征，每个部分的末尾不加句号，类似多个题目的集锦。

提要题的使用不断发展变化，题目特征出现弱化趋势。目前，新闻界也常常采用完整语句段落撰写所谓提要题。当稿件没有独立的开头语句，字体字号又与正文一致时，这样的提要题就很容易与开头、导语混淆。当稿件有明显的开头段落时，提要题的辨别就相对容易得多。

在题目特征严重弱化的情况下，我们不妨称其为提要、提示。而当稿件没有专门撰写导语时，所谓的提要也具有导语的功能，因为它在形式上的确处于开头位置，在功能上发挥了吸引读者阅读的作用。

小标题是指正文中间插入的标题，很容易辨识。小标题又称插题、分题。如果稿件比较长，就要考虑使用小标题。它统领所辖段落的内容，非常醒目，让阅读变得更加轻松，增加了读者的获得感。小标题通常用在特稿中，以 3～5 个为宜，每个小标题统领的文字篇幅最好相仿。

《南方周末》刊发的特稿《告别朱令，记住朱令》，报道了朱令遗体告别仪式，回顾了朱令案件的过往。这篇稿件在标题与正文之间安排了两个段落的提要，正文共有 4 个小标题。这篇文章在记者署名之后并没有设置专门的开头，如果将记者署名等信息前调，这里的所谓提要部分就变成了开头或导语。

朱令是清华大学 1992 级学生，1994 年成为铊中毒受害者，智力下降到儿童水平，绝大部分记忆丧失，肺萎缩到了第四根肋骨，嗓子难以发出声音，生活不能自理。她在治疗过程中还感染了丙肝。这起铊中毒案件虽然锁定了嫌疑人，但始终未能侦破。朱令读书时的照片与被摧残后的照片判若两人，让人看了尤其悲痛和惋惜。朱令本来才华横溢，应当拥有美好的前程，却不料遭受了厄运的折磨。2023年12月22日，朱令离开了人世，终年50岁，再次引发社会广泛关注。

告别朱令，记住朱令

这本是一场预计八十多人参加的小范围送别。但实际到场人数超过了150人，有人在早上八点前已经到达现场，也有人从外地赶来。

从1995年北大学生为她向世界互联网发出第一封求助信，到舆论讨论阵地从BBS到短视频的迁移，一个家庭的极致悲剧，背后也是一场带有时代烙印的追问接力。（提要）

南方周末记者：苏有鹏　南方周末实习生：李雅祺、卢俊成

责任编辑：吴筱羽

2023，最后的告别（小标题）

很少被用作哀乐的古琴曲《广陵散》，回荡在八宝山殡仪馆。朱令的遗体告别仪式定在了2023年12月24日中午12点。

据朱令的父亲吴承之对凤凰周刊记者解释，更早的时段没能排上，"也挺好的，冬天了，12点蛮暖和的"。

但这个北京冬日的正午没有阳光，天色阴沉。

……（正文文字）

2013，微博时代的追问（小标题）

……（正文文字）

2005，天涯社区的争论（小标题）

……（正文文字）

1995，一位女大学生病危，"好像是铊中毒"（小标题）

……（正文文字）①

第二节　新闻标题的写作

消息标题采用主谓句形式，传递事实变动信息。撰写新闻标题要凸显新闻价值，增强对读者的吸引力。

---

① 苏有鹏，李雅祺，卢俊成.告别朱令，记住朱令[EB/OL].（2023-12-25）. https://mp.weixin.qq.com/s/zAM7ZVyPBOschH4Te5xQgQ.

一、撰写新闻标题的步骤

1. 寻找关键词

标题所揭示的内容应当与正文一致，标题中的事实一般不应当超出新闻正文的范围。撰写新闻标题的第一个步骤就是要从正文里面寻找制作标题的关键词。很多时候，标题可以用导语中的内容做基础，突出新闻要素中最应表现的成分。

看下面这段文字，试着从中找出关键词，为其拟定新闻标题：

浙大博士小陶从左脸蔓延过鼻子，又延伸到右侧颧骨的一块巨大黑色痣，最后经整形医生吕敏去痣植皮手术后，完全褪去，变成了现在的白面书生。

银丝边眼镜，浓眉大眼，平整的白色衬衫——浙大博士小陶一副白面书生的模样出现在杭州时光医疗美容医院时，大家一时都没认出他。博士笑着幽默了一把："整形技术神奇吧！"见大家瞪大眼睛细瞧他，博士又发布了惊人的消息："我马上要赴美国工作了，走之前想征婚，想找个天然美女！"这不，小陶博士让给他整形的医生吕敏来把关了。"现在的人造美女太多，只有整形医生才'识'得破。为求'美丽基因'，非天然美女不娶。"

在正文里找出关键词：

浙大博士，黑色痣，白面书生，想征婚，想找个天然美女。

2. 连成一句话

新闻标题通常是一个句子，而不是一个名词性短语。一般地，新闻标题里面要有主语、谓语和宾语，要有动词。应该这样撰写标题：

疯轿车连撞倒两根电线杆

而不要把标题写成一个名词性短语：

交通事故

新闻是告诉你一件事情，而不是告诉你一个物体的名字。新手制作标题的时候容易忽视新闻性，忽视对新闻事实的把握、考量和表述，而把新闻标题制作成一个普通文章式的标题，这是需要避免的。比如某地发现一只人面蜘蛛，初为记者的人就把标题定为《人面蜘蛛》，好像是一篇叙述文或说明文的标题，这是不可取的。

制作标题的第二个步骤，是将找出来的关键词连缀起来，使之成为一句完整的话，为最终的新闻标题搭建一个标题雏形。

上面这段文字说的主要意思是，浙大一名脸上长有巨大黑色痣的博士（"黑脸"博士）通过做美容手术变成了白面书生，他还想征婚找个天然美女。我们试着将关键词连成一句话：

长有黑色痣的浙大博士变成白面书生，他想征婚，找个天然美女。

3. 压缩并改成标题形式

第二个步骤连成的句子一般都不会特别适合作新闻标题，还需要进一步简化、修改、修饰。这个例子中不妨将"长有黑色痣的浙大博士"改为"浙大'黑脸'博士"，然后再稍微做一下压缩，改成如下形式：

浙大"黑脸"博士变白面书生　想征婚找个天然美女

新闻标题侧重报告事实，一般是实题，具有动态性。新闻标题的写作讲究具体、确定，主题多采用主谓句，强调动态。

如果你想练习标题写作，不妨先找一些新闻稿件，再把这些稿件的标题去掉，然后自己试着为这些稿件重新制作标题。比较一下自己写的标题与原来刊登的标题，看看谁的标题更好。看一看原来刊登的标题有哪些地方值得学习，找出存在的差距，反复比较、琢磨、感悟。

二、凸显最有新闻价值的事实

新闻标题的一个很重要的任务就是浓缩事实，提供新闻。新闻标题对事实的表述要呈现一种动态，要向读者报告发生了什么事情、有什么进展与变化，标题中要凸显最有新闻价值的事实或材料。

天安门老旗手国庆节辞世　曾独自升降旗26年

据北京晨报10月4日报道　到天安门广场观看升旗仪式已经成为许多人国庆节必做的事情，但是，很少有人知道，在30年前，没有奏响的国歌，没有围观的群众，天安门广场的国旗一直是由一位供电局的电工胡其俊负责升降。从1951年到1977年，这个"一个人的升旗仪式"一直持续了26年。今年国庆节上午，这位迄今为止担负天安门升降国旗任务时间最长的"老旗手"因病去世。

（新浪网，2007年10月4日）

《北京晨报》在刊发这条新闻时采用的标题是《天安门老旗手临终仍念升旗》，新浪网的编辑将标题修改为《天安门老旗手国庆节辞世　曾独自升降旗26年》，应该说后者比前者要好一些。

后者突出了几个新闻点：①天安门老旗手——不是一般地方的旗手；②辞世的时间是国庆节；③曾经独自升降旗26年。尤其是"独自升降旗26年"这一点最让读者好奇——大家印象中都是国旗方队的战士们一同升旗的，怎么会是一个人呢？这样撰写标题，事实的新闻价值就得到了更好的体现。而将标题制作成《天安门老旗手临终仍念升旗》则掩盖了很多有新闻价值的东西，这个标题突出了"临终仍念升旗"，这并不是最佳视角，难免落入俗套。

三、表述准确得当，题文相符

新闻标题中的事实要有确定性，新闻标题中必须具备足以把事实表达清楚的新闻要素，新闻标题呈现的事实要素应当真实、准确、清晰。要让读者在看了标题之后，能够得到一个可靠的信息解码，不要人为制造歧义。

标题传达的信息要符合事实原貌，制作标题要老实厚道，不要故弄玄虚，不要有意误导读者甚至欺骗读者。2023 年 8 月 31 日，张艺谋的老师司徒兆敦逝世。9 月 6 日，花瓣浏览器推送新闻《张艺谋老师逝世！遗体告别仪式在八宝山举行》。这样写标题，缺"的"，更缺德，让人们误以为张艺谋离开了人间。读者点开阅读之后才发现是张艺谋的老师逝世，感觉受到了戏耍，体验非常不好，纷纷吐槽标题党的不良行径。

"将信将疑"的内容应该杜绝，有时这类标题容易造成诽谤或误导。有的媒体对于不确定的新闻采用加问号的形式制作标题，这仍然难辞其咎。应该让读者能够很容易地读懂标题，模糊不清、费解是制作标题的大敌。

撰写新闻标题必须以新闻正文为依据，标题与正文内容不应该互相冲突。标题不能误传信息，不能将与新闻正文有矛盾的、不正确的信息传递出来。

某媒体报道，台湾女子小衣现年 24 岁，曾患忧郁症，自杀十几次却都没成功。2007 年年底小衣应征葬仪社助理，"从此投入葬仪工作，还乐在其中，直称选对行"，"小衣在葬仪社工作了半年多，接触过约 50 具尸体"。该媒体在报道时采用了标题《台湾大胆美眉半年收尸 50 具　自杀 10 余次》。

这个标题传递给读者两个信息：一是这个"台湾大胆美眉"在半年之内收尸 50 具；二是在收尸 50 具的这半年里，这位"台湾大胆美眉"同时自杀了 10 余次。显然这是与正文报道内容不相符合的，这样做新闻标题就容易误传信息。

某报报道，三名歹徒持刀入室抢劫，超市女经理大喊"救命"，歹徒被巡逻至此的民警擒获了。报道正文中明明写着"巡逻民警正好至此，最终巡警将三名歹徒一举抓获"，可新闻标题却写成《超市女经理吓跑三名持刀歹徒》。明明是歹徒被"抓获"，标题上却说是"吓跑"，正文中又没有更详细的交代，这就匪夷所思了。

四、艰深内容通俗化

从某种意义上说，写新闻就是在搞翻译，要把普通读者不好懂的内容翻译成他们听得懂的语言。新闻报道在涉及专业术语、政策条文等枯燥内容时，记者应该尽量用老百姓容易理解的话进行撰写。制作标题的时候，更应该注意将艰深枯燥的内容通俗化。

"酒敏反应器"是个专业术语，大多数读者可能一下子反应不过来这是个什么东西，下面这个标题就显得枯燥：

牡丹江市仪器仪表二厂试制成酒敏反应器

同样的报道内容，如果对"酒敏反应器"这个专业术语做一下翻译，让普通读者也能理解得了，效果就会好得多。看下面这个标题多好玩：

司机喝过酒　汽车开不走
酒敏反应器试制成功

这个标题采用了顺口溜的形式，"司机喝过酒　汽车开不走"，一下子就把酒敏反应器的功能特征凸显出来了。哦，原来酒敏反应器就是交警用来测量司机是否酒后驾驶的玩意儿啊！

耵聍俗称耳垢、耳屎，有条新闻报道说我国科技人员发现它可以检验有机氯农药在人体中的蓄积量，而这种蓄积量的大小又与某些癌症的发生有关系：

科技人员发现：
耵聍是一种很好的生物检测材料

可是对于大部分读者来讲，甚至不查字典都不敢轻易确定"耵聍"这两个字的发音，也不知道耵聍是什么，这样的标题会吓跑读者。耵聍就是耳屎，干脆直截了当地讲好了：

耳屎妙用：监测农药污染与癌症

五、学些标题撰写小技巧

好的标题令人感到亲切，而不是拒人于千里之外。新闻标题如果能够写得亲切些，写得耐人寻味，写得不同凡响，那是最好不过的事情了。学习一些撰写标题的小技巧是有益处的：

（1）使用口语化的字眼，如《跑着，跑着，灭了！伦敦奥运火炬传递中圣火熄灭》（《燕赵都市报》，2012 年 5 月 23 日）。

（2）使用顺口溜。

（3）以名人入题。如董桥的《郑振铎炒焦了股票》《老舍买画还给吴祖光》[①]，甘险峰老师的《莫言的女儿也写书》《纠正余秋雨散文的 126 处错误》（《深圳商报》，2003 年 3 月 13 日，6 月 19 日）。

（4）截取文中人物语言，如董桥的标题《"这灯儿，不亮了！"》《"来人啊，拉下去

[①] 董桥，曾任香港《明报》总编辑。本节董桥的标题均参见——王晨郁.学董桥起标题　学大公报写短评 [J]. 中国记者，2010（5）：47-48.

杀了！"》。

（5）"你""你们""我""我们"入题，就像与读者对话那样，如《王甜甜，幸亏有你》[①]，易中天的《死亡名单带我踏上寻祖之旅》[②]。

（6）数字入题，如《老人公交车上为年轻人让座 20 人站着不敢坐》（浙江在线，2013 年 3 月 20 日）。

（7）突出鲜为人知的一面，如《爱因斯坦是个负心汉，移情表姐逼走原配》。

（8）使用问句，引起读者注意，如《〈新闻编辑室〉为什么这样红？》（《中国青年报》，2012 年 8 月 14 日），《还有多少地方能让我鞠躬？除了这个叫温布尔登的圣地》（《燕赵都市报》，2013 年 6 月 30 日）。

（9）使用有个性的词代替老套的词。同样报道书展，《上海书展落下帷幕》就显得太落俗套，而使用《上海书展的腔调》（《燕赵都市报》，2012 年 8 月 15 日）就显得很有韵味。董桥的《大胡子林肯的传世演说词》加了"大胡子"三个字，让读者感到很亲切。报道意大利面的特稿采用《以面团来抚慰我》（《三联生活周刊》，2012 年第 48 期）也能让读者眼前一亮。

（10）套用人们熟悉的电影名称、诗词、流行的句式，如《满城尽是甄嬛体》（《北方新报》，2012 年 5 月 11 日）就是套用了电影名称《满城尽带黄金甲》句式。

（11）反其道而行之，采用逆向思维，寻找反常的表达方式。如《免费日省城四大景区揽客 45 万余人次，动物园最挤 1800 只动物一天看了 14 万人》（《齐鲁晚报》，2014 年 10 月 2 日），国庆期间人们出游看景变成了看人，为了说明人多，标题把人们到动物园看动物说成了动物看人，令人哑然一笑。

第三节　标题撰写的注意事项

撰写新闻标题，需要注意控制字数。标题要提供给读者真正的信息，不要重复表达。新闻标题通常采用现在时态、主动语态，标点符号的使用要规范，语言表达要符合新闻职业伦理规范。

一、字数的控制

李克强当选总理后，《经济观察报》做过一期专题报道，有一篇稿件回顾了李克强在

---

① 王甜甜，幸亏有你[EB/OL].（2021-06-13）. https://mp.weixin.qq.com/s/QEJwssX_R56OEx6LcY4SaA.
② 死亡名单带我踏上寻祖之旅[EB/OL].（2014-04-10）. http://blog.sina.com.cn/s/blog_476e068a0102et3g.html.

辽宁的工作情况——其中谈到李克强推动辽宁省在全国率先开展了棚户区改造，"开启了中国保障房体系构建的序幕"。这篇稿件的标题只用了6个字，是一个顺口溜：

要住房　找克强

（《经济观察报》，2013年3月18日）

报纸时代，通栏标题将字数控制在8个字左右，可以选用更大的字号，对读者的视觉刺激更强烈，有利于引起读者的注意，让读者在短时间内做出购买报纸的决定。也有研究表明，读报时人们的视野有45度，最佳视野只有20多度。而这最佳视野以10个以内字数为宜，六七个字的标题更可以在眼珠不动的情况下，一目了然。制作标题是一瞥的艺术，新闻标题要尽量短一些，最好能让读者在一瞥之间将其尽收眼底，尽量减少读者精力的消耗。简洁通俗的标题代表着轻松、愉快和效率，它将节省读者的宝贵时间和精力。

不过，简洁并不意味着字数一定要控制在10个字以内，标题字数的多少、标题的长度与新闻体裁、媒介类别都有一定的关系，并没有绝对的规定。一般来说，消息标题字数要多一些，标题更长，特稿标题字数要明显少得多，标题更简短；传统媒体通常追求更简短的标题，而有的新媒体却有意把标题做长。

微信标题有两行空间，为了呈现更多的信息，一些编辑会有意制作长标题，充分使用这两行空间。有的纸媒体受新媒体的影响，也有意把新闻标题做得长一些，呈现更多的内容。下面这个标题字数有84个，是新媒体时代报纸新闻采用长标题的一个例子：

开网店卖食品：借3万赔光，朋友投5万打水漂
转行卖渔具：投入40万，月销售额却只有两三百
如果拥有这些创业经历的主角是你，你还会继续坚持吗？
看荣成小伙咋用鱼竿实现"咸鱼"翻身

（《威海晚报》，2015年10月22日）

但不管怎么讲，语言简洁仍然是制作新闻标题应该注意的重要问题。应该辩证地看待字数的多少问题，言之有物才是简洁的首要含义。新闻标题的撰写与制作必须遵循简洁的原则，提升表达的效率。应该灵活对待标题字数的多少问题，用相同字数的文字传递足够多的新闻信息才是最重要的。

二、保证信息量

新闻标题中一定要传递足够数量的有新闻价值的信息。某报报道河北省旅游收入情况，刊登了这样的标题：

我省七成旅游收入来自环京津七市

这个标题表面看没什么大问题，但实际上并没有多少有价值的信息。河北省一共有11 个市，环京津 7 个城市的旅游收入占河北省七成，跟平均水平差不多，这又有什么好说的。报道正文中讲到，仅 11 月，环京津七市接待海内外游客及旅游收入分别占全省总数的 60% 和 64.61%，大家可以算一下，即使按平均数算的话，7 个城市至少也应该占到63.64%，上述两个指标实际上并没有多少优势。

标题不能把正常的东西当成是新闻，新闻标题应该为读者提供足够多的新闻信息。

三、不要重复

引题、主题、副题以及文中的小标题，尽量不要有意思上的重复，而要添加新的内容或意思。各类标题中的文字不要重复出现。

四、时态、语态与标点

（1）时态。过去需要现在化，标题写作通常采用现在时态，"曾经""已经""了""前日"等表示过去时态的词语一般不出现在标题中。

新闻报道的内容通常是已经发生的事实，是过去的事情，但我们在写作的时候不宜凸显过去的时间感觉，而应该采用现在时态，把过去的事情写得就像是现在正在发生一样，这叫"过去的现在化"。把过去现在化，可以增强时新性，增进读者的兴致，它不但是标题写作的技巧，也是正文写作的技巧。

（2）语态。新闻标题提倡使用主动语态。

（3）标点。标题的末尾尽量不用标点。如果必须运用标点，可参照以下标准进行操作：

引题的末尾可用问号、叹号、冒号和破折号，也可不用。

主题的末尾可用问号和叹号，也可不用。

副题的末尾可用叹号和问号。

消息的副题开头不加破折号。

每行题的中间，根据情况可用逗号、顿号、叹号、冒号、引号、书名号和破折号，顿号和逗号有时也可用空白来代替。

五、用语妥当

民国时期，有一年清明节，蒋介石回浙江溪口老家给母亲扫墓。有一家报纸的主编和记者对蒋介石很来气，想趁着报道蒋介石扫墓的机会骂骂他，可是蒋介石权势很大，直截了当地骂蒋介石还怕吃罪不起。

于是他们就开动脑筋，怎么也得变着法骂骂他才解气，还不能让他抓住把柄。这家报纸终于为这条消息构思出了一条导语："清明时节，蒋委员长自宁启程，回溪口老家去扫他妈的墓。"消息的标题则是：

蒋委员长回老家扫他妈的墓 [①]

这个骂蒋介石的新闻标题虽然看起来可能会让读者发笑，但是严格地讲，骂人的标题并不值得提倡，它损害了新闻伦理，容易被看成新闻人无德之表现。

还有两个类似的标题可以说一说。军旅歌唱家李双江和梦鸽的儿子李天一，涉嫌参与2013年2月17日的轮奸案而受到指控。6月28日，《聊城晚报》刊登《李天一他妈的要求高，律师不干了》；9月9日《新民周刊》第756期的封面刊登大字标题《李某某他妈的舆论战》。上述标题采用双关技巧，大开国骂，引来争议。

12月13日，国家新闻出版广电总局发布《关于查处部分报刊刊载虚假低俗内容的通报》，通报了《聊城晚报》《新民周刊》受到处理的情况：山东省、上海市新闻出版局分别对《聊城晚报》《新民周刊》下发警示通知书，予以通报批评并责令整改。两家媒体均已对相关责任人做出处理，并进行认真整改。

应该注意到，新闻媒体对待犯罪嫌疑人、犯罪分子及其家属都不应该粗鲁无礼。媒体应该尊重法治精神，注意文明表达，采用国骂形式做报道有违媒体职业伦理要求，容易对当事人造成伤害。

新闻标题应当注意用语妥当。如果报纸上刊登下面这个标题就不太合适了，它就像是一个幸灾乐祸的小男孩满大街通风报信一样，很不稳重：

26路车着火了！

不同地方的养鸡场发生火灾后，一些媒体纷纷在"活鸡变烧鸡"上做文章，如《小榄养鸡场大火　5000活鸡成烧鸡》《苍山：一养鸡棚着火　三千只活鸡成"烧鸡"》《鸡场突起大火　6000只鸡成烧鸡　鸡蛋被烤熟》《章丘一养鸡场突发大火　4800只活鸡变"烧鸡"》。

这些带有调侃意味的标题，凸显了记者的看客心态和同情心的匮乏，这种新闻娱乐化的泛滥表现需要引起警惕。

---

① 章宗栋.消息论[M].北京：中国广播电视出版社，1995：83.

第四节　提高标题的写作水平

标题写作水平有高低之分，我们需要不断提高标题的写作水平，至少能够制作"描述式标题"，体现出新闻职业规范。

一、初级水平：标签式

"县委召开常委会会议"是一个初级水平标题，仅仅起到了新闻标签作用，但没有个性，没有吸引力。标题写作的初级水平是指把标题做成文体标签，其主要功能在于告知读者，该文属于新闻报道文体而不是其他文体，没有个性。制作初级水平标题，没有经验、技巧可言，乏善可陈。

再如，"某某警方破获一起案件"这样的标题比较笼统，再说警方破案每天不知有多少，并不罕见。这样的标题几乎放在哪个案件侦破的报道上都可以，它没有将案件的个性之处展示出来，因此是缺少个性，也是缺少吸引力的。

读者阅读新闻常常是带着一种求得回报的心理，想看看有什么不同于往日的新鲜事，如果天天是这种标签式标题，势必会影响到稿件的阅读率。标签式标题凸显了新闻工作者专业技能的贫乏。

二、中级水平：描述式

中级水平标题需要对新闻内容加以具体描述，准确把握新闻点，文字处理专业到位，有技术技巧可谈。

人们都说眼睛是心灵的窗户，如果可以类比的话，标题无疑就是新闻的眼睛。标题是新闻的精华所在，中级水平标题应该将最具新闻价值、最精彩、最吸引读者的内容呈现出来。

制作中级水平标题是一种较为普遍的操作方式，新闻媒体上多数标题当属此类。要求不是特别高，但需要熟练的操作和对新闻点的准确把握。下列微信公众号新闻标题较好地揭示了新闻事实，有一定的可读性和吸引力：

父亲骨灰被弄丢，殡仪馆：给盒新的 [①]

---

① 父亲骨灰被弄丢，殡仪馆：给盒新的[EB/OL].（2023-12-08）. https://mp.weixin.qq.com/s/7sG467c0xBBh_AFpGKCiwQ.

不追责，不要求赔偿！被狗绳绊倒身亡老人家属最新回应 ①
女生收到清华通知书说"考砸了"，网友惊呆：学霸的世界我不懂 ②
暖心！临沂这 40 多头被洪水冲走的牛，回家了！③

三、高级水平：超越式

"超越式标题"不是简单地呈现新闻内容，而是以超脱的、跳跃性的思维揭示新闻精髓。制作超越式标题似乎是进入了艺术的境界，"羚羊挂角，无迹可寻"，操作者可以说是做到了得心应手，随手拈来即妙笔，进入了一种较为自由的创造境界。

超越式标题常常可以有令人拍案叫绝的效果，但是此类标题各有各的妙处，从技法上似乎难以归纳，而明显的共同点在于，都是对惯性思维和制题规则的超越。下面来看两个例子：

1. 追寻语言的张力

宋美龄于 2003 年 10 月 24 日在美国纽约曼哈顿寓所去世。

宋美龄（1897.3.5—2003.10.24）祖籍海南文昌县（今文昌市），她是蒋介石的第二任妻子，中国国民党中央评议委员会主席团主席；宋霭龄、宋庆龄的妹妹。晚年隐居纽约。

不仅故旧大多凋谢辞世，连家族晚辈也一一早逝，白发人送黑发人，是宋美龄心中的至痛。在下一辈儿孙当中，宋美龄最疼爱的是外甥女孔令伟和孙子蒋孝勇。孔令伟因癌症去世给宋美龄很大的打击，蒋孝勇的去世更是让宋美龄伤痛不已。

看《南方都市报》报道宋美龄去世所用的标题：

跨越三个世纪　走过 106 年传奇人生
宋美龄辞世
她是宋庆龄的妹妹，她是蒋介石的妻子，她是一个时代的风云人物，她在孤独中终老异国

（《南方都市报》，2003 年 10 月 25 日）

就这个标题而言，单有引题和主题也是够的，但是加了副题之后，即刻提升了这个标题的境界。良好的效果来自充分的揭示，"宋庆龄的妹妹""蒋介石的妻子"首先就是两个

① 不追责，不要求赔偿！被狗绳绊倒身亡老人家属最新回应 [EB/OL].（2020-08-20）. https：//mp.weixin.qq.com/s/w7IWq1xPrr76lCkOMRrASA.
② 女生收到清华通知书说"考砸了"，网友惊呆：学霸的世界我不懂 [EB/OL].（2020-08-21）. https：//mp.weixin.qq.com/s/LrTovttU1qRqbSr1gXnALQ.
③ 暖心！临沂这40多头被洪水冲走的牛，回家了！[EB/OL].（2020-08-21）. https://mp.weixin.qq.com/s/KU4CQeeQibyDisgVKeuCMA.

非常特殊的身份，单单拥有其中的一个就足以引起读者的注意，而编辑并未就此止步，而是继续挖掘，自然地得出了第三句"她是一个时代的风云人物"。

前三句相当于一种光辉的蓄积，而第四句则是急转直下，"她在孤独中终老异国"，一下子切换到无尽的黑暗，这种"剧场效应"充分制造了语言的张力，给读者心灵带来冲击。

相对平淡的标题是：

宋美龄辞世
昨天她在纽约家中安然离去，享年 106 岁
她是中国近现代史上有影响的知名人士
贾庆林给其亲属发去唁电表示深切哀悼

2. 巧设悬念制标题

梁昆浩时任顺德第二建筑设计院院长，他经手设计了"顺德旅游贸易中心"、珠海宾馆、"九洲城"等一座座格调新颖的建筑物。法国投资者看了梁昆浩的设计作品后，特邀他设计投资 3 亿法郎的庞大工程——巴黎"中国城"。

时年 46 岁的梁昆浩取得了这么大的成就，人们通常都会认为他应该具有高级职称。可是谁能想到，"取得如此巨大成就的梁昆浩，至今仍是一个助理建筑师"。原来，梁昆浩小学毕业后便随父当"泥水仔"，他是在实践中长期坚持自学才取得这么大的成绩的。

《羊城晚报》在报道梁昆浩时，做了这样一个标题：

他是顺德第二建筑设计院院长，经手设计的一座座格调新颖的建筑物令人击赏，法国投资者特邀他设计巴黎"中国城"
读者你猜：他的职称是……

（《羊城晚报》，1990 年 5 月 29 日）

这个标题巧设悬念，给读者留下了回味的空间。

设置悬念就是要在标题里"卖关子"，记者有意识地把具有一定异常性的结果，先来个提示，而将原因、详情暂时隐蔽起来，诱导读者探明原委。看了《读者你猜：他的职称是……》这个标题，恐怕人人都会来精神，这么厉害的建筑设计师，他的职称到底是什么呢？这个标题吸引着读者不得不"跟着记者的笔尖走"。读完报道之后，仍能令读者回味无穷。

"中国新闻奖"评委会主任、时任人民日报社总编辑的邵华泽写道："羊城晚报消息《读者你猜：他的职称是……》，抓住了评定专业职称中重学历、论文而不重实绩的现象，问题点到即止，含蓄而又犀利。"

思考与训练

第六章

导　语

立片言而居要，乃一篇之警策。

——陆机《文赋》

第一节　导语的重要性

新闻报道的开头有一个专门的称谓即导语，导语往往是新闻作品开头的第一句话或第一段，有时也可能是新闻开头的前几段。新闻写作尤其强调导语的撰写，正如美国新闻学者赫伯特·黑德所说："导语是新闻的生命所在。"有效的导语应该做到以下两点：一是要找到精彩的新闻事实，找到核心新闻事实，并在导语中呈现这些事实；二是文字表述要凝练，富有可读性，善于凸显新闻价值，抓住读者的注意力，吸引读者继续阅读下去。

一、导语让记者抓住重点

写好导语相当于写好消息。

——美国哥伦比亚大学新闻学院教授　梅尔文·门彻

导语一旦写就，它便有利于组织报道。

——美国非虚构作家、普林斯顿大学新闻学教授、《纽约客》撰稿人　约翰·麦克菲

撰写导语之前，记者需要对所掌握的事实材料进行权衡思量，把最具新闻价值的东西或最吸引读者注意力的东西提炼出来，放在新闻的开头部分。导语的撰写让记者集中起自己的智慧和精力，迫使自己确定新闻的重点和精华。导语写好了，新闻的其余部分也就大体能够得到确定。

《地基下陷倾斜，业主奔走投诉，官方收费评选 南京"楼歪歪"捧"优秀住宅奖"》一文的导语段：

因住宅质量问题而屡遭投诉的南京江北"楼歪歪"住宅小区，近日竟然获得了省级优秀住宅大奖。21日，有"楼歪歪"之称的山水云房花园小区被评为"江苏优秀住宅"，开发商喜滋滋地捧走了奖牌。

（《彭城晚报》，2009年11月27日）

这真是具有讽刺意味，一座"在交付不到一年之后，整栋楼发生严重倾斜"、建筑质量屡遭投诉的楼盘，居然就在政府那里评上了"优秀住宅奖"。这篇报道的精华内容就在导语段落里，导语让记者迅速确定了报道的主题和重点。报道的主体部分——小区业主对"楼歪歪"获奖的质疑、评奖组委会的辩解、81户业主撤离大楼等事实，都在围绕导语段确定的报道主题和重点——"楼歪歪"获"优秀住宅奖"的荒唐事件展开。

导语写得怎么样，将直接影响到新闻主体的展开。大多数情况下，导语定下了格调，整篇新闻也会与之协调。新闻报道《5000小鼠搬新家乔迁中科院上海实验动物中心》的导语将实验用小鼠称为"鼠小弟"，这种拟人化的写法显得轻松活泼，充满人情味和欢乐：

昨天，5000只"鼠小弟"坐上舒适的面包车，浩浩荡荡地从漕溪路150号出发，乔迁进入新家——松江区九亭镇的中科院上海实验动物中心。[①]

这个导语的格调是明快的，它定下了整篇报道的格调，接下来的报道将这种格调延续下去。如下文说到小鼠最怕出汗，所以"鼠小弟"们搬家要选阴天。另外，"鼠小弟"搬家的时候还有警车开道。在介绍这些实验用老鼠平时的生活时，报道称"鼠小弟"每天听8小时模拟风声、雨声、雷声及其他动物叫声的轻音乐。为了纪念"鼠小弟"对人类的贡献，工作人员还给它们竖起了实验动物纪念碑。全篇的格调都与导语相协调，轻松活泼明快，富有人情味。

二、导语对编辑的意义

对于日常新闻业务来讲，导语的好坏往往成为编辑决定是否采用这条新闻的依据。当稿件存在激烈竞争时，导语没有获得编辑的青睐，编辑懒得看下去，这样的稿件很可能被"枪毙"掉。稿件即便不被"枪毙"，在编辑过程中也要耗费精力修改导语，这又会给编辑造成负担，浪费编辑的时间。

---

① 5000小鼠搬新家乔迁中科院上海实验动物中心[EB/OL].（2001-10-10）. http: //news.sina.com.cn/c/2001-10-10/374565.html.

　　编辑往往从导语入手评判稿件质量，导语写得不好，编辑人员就很难给予稿件高度认可。导语写得不好，很难通过编辑这一关。

　　新闻稿件的编辑加工过程中有很多工作人员参与，责任编辑、部门主任、总监、主编、总编辑层层审阅，大家都认可才算完美。要求严格的领导甚至会要求记者不断修改导语，直至满意为止。为了节省编辑环节的时间，记者也应该花足够的精力打磨导语。

　　蔡崇达曾任《智族GQ》杂志中国版报道总监，他很欣赏杂志社一位女记者，认为这位记者特别有能力。有一次，蔡崇达觉得这位记者写的导语不对，就把记者叫到他住的地方修改，同时让其他编辑陪同，改不好不让出来。女记者改写了三百多遍才过关，虽然那个导语只有一百多个字。蔡崇达说他对自己也是这样严苛，看起来他写作很容易，其实是极度不容易，要跟自己死磕。

三、促使读者继续阅读

　　导语需要你付出最大的力量，它是促使读者读下去的诱饵。

——美国著名记者、《怎样当好新闻记者》作者　杰克·海敦

　　除标题外，一条新闻是否能够抓住读者的眼睛，就要看导语了。张征老师曾为导语做过形象的比喻，说导语好比是"脑袋上顶花"——小姑娘爱美，把所有的花都顶在头上。小小的脑袋顶满了花，大人以为她是"花架子"。写导语的时候就要问问自己，我的花在哪儿？

　　看一看卖盒饭的，也可以很好地理解导语的作用。卖盒饭的总是把最贵的东西放在最上头，比如20元钱的盒饭，放在最上面的很可能是鸡腿，10元钱的总把烧肉放在上面；几元钱的盒饭没有肉，也把豆腐放在最上头。没有一个人会傻到把鸡腿埋在米饭底下，然后注明"内有鸡腿"。

第二节　导语类型及选择

一、导语的类型

　　虽然按照不同的标准，导语可以分成不同的类型。但是，如同梅尔文·门彻所言，实际上导语只有两种类型，即直接式导语和延迟式导语。这种分类方法简单高效，便于学习和掌握。

1. 直接式导语

直接式导语又称硬新闻导语，它从第一句话开始就集中描述新闻的主题事实，单刀直入地告诉读者新闻的核心内容。直接式导语多用于硬新闻的报道中，特别适合对突发新闻、重大新闻和时间性强的新闻的报道。

先看一则关于美国总统肯尼迪遇刺的报道，它采用了直接式导语：

肯尼迪遇刺丧命

约翰逊继任美国总统

路透社达拉斯（1963 年）11 月 22 日电 急电：肯尼迪总统今天在这遭到刺客枪击身死。

总统与夫人同乘一辆车中，刺客发三弹，命中总统头部。

总统被紧急送入医院，并经输血，但不久身死。

官方消息说，总统下午 1 时逝世。

副总统约翰逊将继任总统。

这是路透社在出事后几分钟内发出的急电，时效性非常强。导语开宗明义，将新闻的核心内容揭示出来——"肯尼迪总统今天在这遭到刺客枪击身死。"抢先报道本身就可先声夺人，不必也不可能考虑文学化、软风格，这是典型的职业化写作。

下面这个导语出自霍默·比加特的《原子弹爆炸下的广岛》。霍默·比加特曾被称为"美国最出色的战地记者"，生活中他口吃得厉害，35 岁之前在记者圈里一直默默无闻。1942 年年底他被派往战场，终于脱颖而出。比加特的导语从来都是具有大家风范，描述出来的场面仿佛是用刀刻出来的画面，准确而有力。下面这个导语用冷峻的笔触，将原子弹爆炸的灾难性后果直截了当地展示在读者面前：

今天，记者巡视了广岛市各条大街。在这里，四周前第一颗原子弹爆炸的幸存者，现在仍以每天上百人的速度死于灼伤和感染，而日本医生看来对此束手无策。

（《纽约先驱论坛报》，1945 年 9 月 3 日）

直接式导语的优点就在于它能够让读者迅速了解报道中的核心新闻信息，而不用让读者去玩味记者的文字游戏。换句话说，直接式导语简洁、明了，在迅速传递新闻信息方面也是最讲求效率的导语。

直接式导语中的新闻要素包括何时、何地、何人、何事、如何、为何，但新闻要素不一定都要在导语中罗列出来，要挑选最有新闻价值的一两个要素进行阐述。

直接式导语并不意味着枯燥、乏味。看一个例子：

美联社马萨诸塞州大巴灵顿（1999 年）3 月 30 日电 以阿尔伯特·爱因斯坦站在一块黑板前和墨索里尼拧鼻子等照片闻名于世的摄影记者卢西恩·艾格纳，昨天在一家私人疗养院去世，终年 97 岁。

2. 延迟式导语

延迟式导语又称为软导语、间接式导语、特写导语，它的主要含义是指核心新闻事实不是一开始就报道出来，而是往往放在导语的后半部分。延迟式导语在新闻的开头并不直接讲述新闻的核心事实，而是用情节、逸事、细节、引语等精彩片段来设置某种情境，激发读者的兴趣、疑问、情绪或好奇心，并把读者带进新闻的主体之中。

延迟式导语大多用于软新闻的报道之中，故事性强的新闻、趣味性强的新闻、新闻特稿、后续报道、解释性报道、调查性报道中经常使用这类导语。

延迟式导语的优点在于它的可读性和趣味性，延迟式导语并不急于向读者报告最关键的新闻信息。悬而未决是它的一个特点，也是它吸引读者的地方，成功的延迟式导语往往会让读者欲罢不能。

撰写延迟式导语需要遵循以下几个原则：

1）足够的吸引力

下面你将看到的是合众国际社老牌记者梅里曼·史密斯撰写的一篇后续报道。它采用了特写形式，与特写风格相吻合，它的开头是一个延迟式导语，里面呈现了足够精彩的内容，对读者富有吸引力：

合众国际社华盛顿（1963 年）11 月 23 日电　这是一个十分迷人的、阳光和煦的中午。我们随着肯尼迪总统的车队穿过达拉斯市的繁华市区。车队从商业中心驶出后，就走上了一条漂亮的公路。这条公路蜿蜒地穿过一个像是公园的地方。

我当时就坐在所谓的白宫记者专车上，这辆车属于一家电话公司，车上装着一架活动无线电电话机。我坐在前座上，就在电话公司司机和专门负责总统得克萨斯之行的白宫代理新闻秘书马尔科姆·基尔达夫之间。其他三名记者挤在后座上。

突然，我们听到三声巨响，声音听起来十分凄厉。第一声像是爆竹声。但是，第二声和第三声毫无疑问就是枪声。

距我们约 150 或 200 码前面的总统专车立刻摇晃起来。我们看见装有透明防弹罩的总统专车后的特工人员乱成一团。

下一辆是副总统林登·约翰逊的专车，接下去是保卫副总统的特工人员的专车。我们就在这后面。

我们的专车可能只停了几分钟，却像过了半个世纪一样。我亲眼看见历史在爆炸，就连那些饱经风霜的观察家，也很难领悟出其中的全部道理。

我朝总统专车上望去，既没有看见总统，也没有看见陪同他的得克萨斯州州长约翰·康纳利。我发现一件粉红色的什么东西晃了一下，那一定是总统夫人杰奎琳。

我们车上所有的人都朝司机吼了起来，要他将车向总统专车开近一些。但就在这时，我看见高大的防弹玻璃车在一辆摩托车的保护下，号叫着飞速驶开。

我们对司机大喊："快！快！"我们斜插过副总统和他的保镖车，奔上了公路，死死地盯住总统专车和后面特工人员的保镖车。

前面的车在拐弯处消失了。当我们绕过弯后，就可以看到要去的地方了——帕克兰医院，这座医院就在主要公路左侧，是一座灰色的高大建筑物。我们向左边来了一个急转弯，一下子就冲进了医院。

我跳下汽车，飞快跑到防弹玻璃车前。

总统在后座上，脸朝下，肯尼迪夫人贴着总统的身子，用双手紧紧将他的头抱住，就像在对他窃窃私语。

总统被刺的情况直到第 12 段才出现。这种写法适合软新闻，适合以详细展示"如何"这一新闻要素的报道，不抢时间而重在写细节写现场。

2）不能延迟太久

即使是使用延迟式导语，也要精心设计一个导语的"核心段"，在这个段落里要介绍新闻的核心内容，把这个"核心段"恰当地放在新闻的前部。延迟太久，读者可能会失去耐心而放弃阅读。

1986 年，全国作文研究中心、文心出版社《作文》杂志搞了一场中小学学生作文邀请赛，《作文》主编王素英找到新华社记者解国记，希望记者能对这次作文比赛做个报道。记者觉得比较为难，类似的比赛已经比较滥了，再说比赛都进行了快两个月了，集子都出来了，已经没有时新性了。解国记写了这样一个稿子，但是实在没什么新意：

新华社郑州 11 月 9 日电 全国作文研究中心与文心出版社《作文》编辑部共同举办的 1986 年全国中小学学生作文邀请赛评选最近揭晓，上海马翊亿、天津李正辉、河南郝红梅、浙江王卉和江苏杨明同学获得一等奖。另外还有 10 名同学获得二等奖，17 名同学获得三等奖。

解国记没事的时候去翻那本获奖作文的小集子，其中有一篇文章，题目叫《名声》，感染力很强。解国记把第一稿推翻，专门把《名声》的梗概、情节浓缩成导语的精彩内容：

新华社郑州 11 月 9 日电 一个学习成绩优秀的农村女孩子，因借给男同学一支钢笔而被嘲笑为这个男生的媳妇。她的座位还被贴上了红纸剪成的喜字，评三好也吹了灯。她怕这个名声传到父母耳朵里会被勒死而差点寻了短见，最后在日记里写道："将来……我要当一名教师，绝不让第二个女生像我一样不幸。"

这是河南省商丘花坟中学郝红梅同学取材于现实生活的作文《名声》的梗概。这篇作文在最近揭晓的 1986 年全国中小学学生作文邀请赛中获一等奖……①

---

① 张征.新闻采访教程 [M].北京：中国人民大学出版社，2008：15-17.

刚开始稿子并不讲作文比赛的事情，而是把一篇作文的梗概写出来，一下子就把读者给吸引住了。到了第二段再巧妙地透露作文比赛的信息——核心新闻事实，把这个并不重要的比赛报道出来，完成了任务。另外，这个导语延迟得恰到好处，它没有浪费读者太多时间，很快就揭示了核心内容——全国中小学学生作文邀请赛揭晓。

3）不要故弄玄虚

故弄玄虚的导语可能令读者一头雾水，这样的导语是不清晰的：

埃玛和艾尔弗雷德被破啤酒瓶、香烟和各种垃圾包围。但是即便在入侵者点燃草地大火时这对夫妇也未曾抱怨过。

这篇揭露公墓环境恶化问题的报道，试图在导语里给读者留下悬念。埃玛和艾尔弗雷德夫妇自然不会抱怨了，因为他们已经死了。可是，这样故弄玄虚的导语却让人感到这对夫妇应该是活着的人才对，这有点欺骗和玩弄读者的嫌疑。

严肃的、重大的题材的报道，为了增强报道的可读性，其导语也可以在"软"字上做点文章，但绝对不能故弄玄虚，技巧用过了反而不好。

二、导语类型的选择

记者选择直接式导语还是延迟式导语，往往要受到下列因素的影响。

1. 题材性质

涉及重大的政治、经济、科技等内容的题材，强调时间性和重大性的题材多选择直接式导语。重在引起读者的情感呼应，更多地强调人类兴趣的满足、不强调时间性的题材多选择延迟式导语。

2. 媒体定位

党报政治色彩较浓郁，风格倾向于硬一点。从实际情况来看，硬新闻多，直接式导语选用得也多。市场化报纸的政治色彩要弱一些，风格相对来说要软些，使用延迟式导语的情况也多。

日报追求报道的时效性，往往以最快的速度、最少的文字，把新闻内容直截了当地告诉读者。风格相对硬一些，直接式导语选用得要多些。

而周刊出版周期相对来说长些，时效性相对稍差。新闻周刊要想同日报有效竞争，一是要提供竞争对手所不具备的信息；二是在提供相同的信息时，叙述得要更好一些。周刊通常较多地使用文学手段，叙述风格趋"软"一些，使用延迟式导语的情况也多些。

3. 记者风格

导语往往打着记者个人风格的印记。那些富有创新精神和报道经验的记者，逐渐形成了自己的写作特色，在导语的写作上也打上了记者的烙印。

1982 年 10 月 14 日，美联社发了一条讽刺美国经济的稿件，记者是这样撰写导语的：

就是在罗纳德·里根总统对全国说"美国正在走向经济复苏"之前几个小时，他的儿子普雷斯科特·里根却在这里同失业者一道领救济金。

连总统的儿子都在领救济金，谁还相信美国的经济开始好转了呢？

美联社 1979 年 3 月 28 日发了一条关于我国河北任丘油田的稿子，导语是这样写的：

在这里，地面上燃料奇缺，农民不得不靠挖掘玉米根来生火取暖、煮饭。然而，在 3200 米的地下，地质学家们发现了大量石油和天然气。

美联社记者撰写的导语带有自己的风格，对于同样的新闻，换了其他媒体的记者可能就不这样写导语。

第三节 怎样写导语

不要写埋葬新闻式导语。导语忌讳平淡无奇，不要泛泛地写导语，把真正富有新闻价值的东西埋葬起来。下列一些做法可能会威胁一条好导语的产生：没有把最能吸引读者的要素放置在最前端，没有将最具新闻价值的事实放置在最前端，使用累赘的语言、庸俗的套话掩盖了真正的新闻。

应该避免一些糟糕的导语样式，比如描写天气式导语、凸显记者式导语、开会式导语、抽象式导语，这些糟糕的导语往往掩盖了真正有新闻价值的信息，读起来沉闷乏味，令人厌烦。

导语要简短。台湾《自由时报》记者黄明裕写的稿件《重蹈覆辙？》导语一共只有 12 个汉字："新流感如星星之火烧了起来！"（《参考消息》，2009 年 9 月 1 日）只有这么一句话，简洁得很，却写出了气势，产生了足够的冲击力。

导语中如果出现下列内容，应该删除：①不必要出现的消息来源；②进一步说明核心新闻事实的内容（更为详尽的内容应该在新闻主体部分进行阐述）；③其他不必要出现的新闻要素（不要试图在导语中罗列所有的新闻要素）。

一、呈放什么样的事实成分

导语写作的过程也是强调不同新闻要素的过程，而强调的方法就是将需要凸显的新闻要素前置。记者应该评估报道中涉及的所有新闻要素，将它们的重要程度排排序。新闻价值越大就越重要，就越是需要强调，这样的新闻要素就越应该往前放。强调不同的新闻要素会有不同的阅读效果，强调不同新闻要素的导语亦有优劣之分，最合乎逻辑、最方便读者理解、最能吸引读者阅读的导语就是最好的导语。

发现构成导语的新闻事实是写出优秀导语的前提，你的采访越深刻，你对新闻事实的把握越准确，就越有可能写出好的导语。撰写新闻导语的基本方法就是，根据新闻价值规律去分析判断新闻事实材料，把最具新闻价值、最能调动读者阅读兴趣和好奇心的事实成分放置在导语之中。

1. 最新的事实成分

读者对新鲜的东西感兴趣。新闻是对新近发生的事实的报道，新闻事实的最新变动状况容易引起读者的关注。导语中可以呈放最新的事实成分，如：

《人民铁道》北京天安门（1999年）9月28日15时15分讯（记者李丹　雷风行）　5分钟前，一列银灰色的地铁列车，在仅距地面2.8米的地下，首次穿过世界最大的广场——天安门广场。

2. 最具影响力的事实成分

关系到人们生存环境、事业发展与前途命运等内容的事实容易引起读者的关注，导语中可以呈放这些对读者最有影响力的事实成分，如：

《经济日报》（1992年）6月1日讯（记者范敬宜）　我们能不能再给子孙后代五千年？当全国人大常委会副委员长费孝通提出这个看似突兀的问题时，在场者始则愕然，继则沉思。

3. 最具实用价值的事实成分

有的时候，读者阅读新闻是为了解决实际问题，而不仅仅是为了了解一个信息。与读者日常生活密切相关的新闻，帮助读者更好地生活，为读者出谋划策的新闻更具有实用价值。导语中可以呈放最具实用价值的事实成分，如：

台湾《民众日报》（1991年）4月25日报道　爱吃肉的人注意了！一份最近的报告指出，每天摄取动物肉的人，与完全不吃肉的人相较，引起结肠癌的危险率相差两倍以上。美国医师威林特研究证实了这一点。

4. 最有趣味的事实成分

读者对故事感兴趣，读者阅读新闻不是为了一味地接受严肃的教育，他们需要轻松的、能够愉悦情绪的报道。有人情味、有趣味的内容可以放到导语中，如：

路透社洛杉矶（2000年）3月17日电　就连好莱坞也编造不出这样的故事：为了侦

破一起神秘的盗窃案，一个联合特别行动组成立了：联邦调查局也被请来了；一条特殊的电话热线开通了，悬赏破案的赏金是 5 万美元。

什么被偷了？英王皇冠上的珠宝？比尔·盖茨的财产？都不是。被盗的东西是对洛杉矶市来说要重要得多的东西：奥斯卡金像不见了。

二、撰写导语的步骤

（1）对采访到的事实材料进行分析，对核心新闻事实进行概述。如果事实的新闻价值特别高，看一看能否撰写一个直接式导语。就像下面这个例子那样把最精彩的内容首先呈现给读者：

合众国际社纽约（1991 年）3 月 30 日电 丹尼尔·斯蒂尔有 9 个孩子，其中 5 个孩子还不满 12 岁，可她却每 7 个月写一本小说。

（2）对所有的事实材料进行权衡、思量，找出最精彩的内容，找到最能引起读者关注的内容和新闻要素，将其写进导语里。

下面这个导语取自我撰写的人物报道《走近任火》，文章发表在 2009 年 11 月 10 日《唐山劳动日报》上。任火老师身上集中体现了一些反差强烈的因素，我试图将这些不同寻常的因素凸显出来，将最有价值、最精彩的内容提炼出来：

他本来是学冶金炉专业的教师，却痴迷于编辑工作，一个人编辑两本学报。他写的编辑论文有点四不像，却在全国编辑出版学界引起了轰动，他本人也在新闻传播学术评估中位列全国前 50 强——在新闻传播学术圈里，就连北大、清华、人大的许多教授都排在他后面——人们称之为"任火现象"。

他就是河北理工大学学报主编任火老师，一个在全国编辑出版学界声名鹊起，但或许并不为更多唐山人所深刻了解的人。

（3）选择合适的导语形式，是采用直接式导语，还是延迟式导语。

（4）积极措辞，寻找最合适的、最能够调动读者阅读兴趣的关键词语来撰写导语。

导语应当生动，能够吸引读者。英国《泰晤士报》2009 年 9 月 3 日刊登消息《北京除"四害"迎国庆》（驻北京记者马珍采写），该消息的导语是：

蚊子、老鼠、苍蝇和蟑螂可得小心了！中国正在采取行动消灭你们。由于担心它们会破坏共产党执政 60 周年庆祝活动，北京决定消灭市中心的这些害虫。

政府除"四害"的消息并不容易让读者特别感兴趣。这条导语采取了拟人的手法，开头一句"蚊子、老鼠、苍蝇和蟑螂可得小心了！"调动起了读者的好奇心，将原本平淡无奇的新闻写活了，读来颇有趣味。

（5）进一步修改你的导语。

三、撰写导语的方法

1. 概述

概述有两层含义：①提炼和概括；②具体叙述。

首先要将核心新闻事实提炼出来，开门见山，用最简短的文字，将核心新闻事实概括出来。其次需要注意，概述指的是具体的叙述而非抽象的评论。导语写作中的概括指的是用具体的新闻事实来展示新闻核心内容，而不是用评论总结式的语句来概括。

采用概述的方法撰写导语，新闻的主要内容都集中在导语段落里面。例如：

眼看 1 岁多的妹妹小娜玩耍时不慎掉进石灰池，3 岁多的哥哥小明跳进池里欲拉起妹妹，失败后步行百米回家找父母救援。

事发在 10 月 14 日下午 4 时许，在广东省肇庆市怀集县大岗镇，两兄妹最后被救出，但身受重伤，妹妹甚至昏迷，双双被送到广州珠江医院救治。经过数次手术，严重烧伤的兄妹逃离了死神的魔掌，但妹妹的 4 ～ 6 个脚趾恐无法保住。

（《信息时报》2009 年 11 月 5 日，记者陆建銮、实习生邢晓雯）

再如：

香港城市大学一名从内地来港的数学系女研究生，公然将 1 万元放进系内副教授的信箱内，继而用电邮向副教授索取试题及答案，女生 14 日于香港九龙城裁判法院承认行贿罪，被判禁 6 个月，其 1 万元贿款同时被充公。

（《香港明报》，2006 年 12 月 15 日）

2. 描述

对新闻的某个场景、人物、情节进行描写叙述，为读者构建一幅引人入胜的新闻画面，营造一种强烈的现场感，吸引读者继续读下去。描写要简洁明快，要在描写的过程中迅速推进新闻的叙述。例如：

爱德华兹大笑，爱德华兹大叫，爱德华兹兴奋得乱喊乱跳。

这位大器晚成的英国选手今天在第五届世界田径锦标赛男子三级跳远决赛中，以 18 米 29 的辉煌腾跃创造了一项属于 21 世纪的纪录。

（新华社哥德堡 1995 年 8 月 7 日电，记者杨明、马小林）

再如：

一身戎装，一部轮椅，一个军礼。叶乔波以这庄严而悲壮的一幕，结束了今晚在首都体育馆为她隆重举行的"叶乔波冰坛生涯20年专题晚会"，同时也结束了她拼搏冰坛20年的赛场生涯。

（新华社北京1994年6月5日电，记者李月柱、王道源）

《南方周末》记者何忠洲对2009年北京国庆60年安保工作进行了采访，《北京安保："蚊子飞过，也要打下来"》一文的导语将读者最关心的内容作了描述，内容精当、有力而又富有美感：

至少有五道防线、二百多万人口，正在直接护卫"十一"之前的北京。

防线最远伸至河南、内蒙古、天津等外围省市与河北的交界之处，往里至北京城区，围绕京畿，层层布防；二百多万北京和河北的安保力量，从学校、检察院、行政机关等各个单位走上街头，放下原有的一切工作，遍布各个要害。

这样一张规模庞大的大网，官方形象地称之为"护城河工程"，它的目的只有一个：保卫京畿，维稳至上。

（《南方周末》，2009年9月24日）

3. 评述

所谓评述，是指通过对新闻事件或新闻人物进行评议，引出下文。它在新闻叙述的过程中加入评论元素，揭示新闻的意义或本质，帮助读者尽快把握新闻的精髓。

2020年5月23日，《纽约时报》提前公布24日纸质版头版，头版只刊登了一篇稿件《美国接近10万人死亡，无法计算的损失》。整个版面没有照片，把更珍贵的空间让给了逝者——密密麻麻地刊登了新冠死者的姓名、年龄和身份。《纽约时报》的这个头版很有温度，充分体现了对死者的尊重，令人感慨万千。那些在疫情当中逝去的人，不仅仅是数字，不仅仅是名字，他们曾经是鲜活的生命，他们曾经就是我们。

稿件标题与正文之间插入了一个提示："他们不仅是一个个名字，他们曾经是我们。""提示"在英文中被称为call out，本义是"大声说出"。提示又叫提示性插入语，可以出现在文章任何位置，字号比正文大，多见于英美报纸。稿件导语作了这样的评述：

数字不可能全面衡量新冠疫情对美国的影响，不管是病人的数量、被打断的工作还是戛然而止的生命。当这个国家接近10万人死亡这个灰暗的"里程碑"时，《纽约时报》收集了一些逝者的讣告。这1000人仅仅是死者的百分之一，他们不仅仅是数字。

采用评述方式撰写导语需要谨慎对待，不可滥用。要尽可能规避记者的直接议论。评论要深刻独到，切忌泛泛而谈，落入俗套。要给人以启迪，让读者耳目一新。

4. 提问

记者就故事的核心内容提出问题，引起读者的关注，然后再作解答或直接将读者带到下文之中。

张玮当过 11 年体育记者，后任《解放日报》运营、技术中心总监。他业余主持微信公众号"馒头说"，以"历史上的今天"为特色，推送历史小故事。这些小故事后来被整理成名为《历史的温度》系列图书，第一本《历史的温度》半年时间里就加印了 10 次。张玮撰写的《爱因斯坦的三个侧面》，开头提出了关于爱因斯坦的三个问题，很有吸引力：

这是一位科学家的故事。这位科学家的名气之大，可以说全世界妇孺皆知，以致他死后，还有人偷偷把他的大脑保存下来，想知道他到底为什么那么聪明。但是，这样一个近乎神的存在，是否真的一点错误都没有犯过？是否真的不食人间烟火？是否真的在万人敬仰中愉快地度过一生？①

5. 引语

挑选新闻人物精彩的直接引语或间接引语，唤起读者注意，开启新闻篇章。

90 岁老人陈金英用 10 年时间还款 2077 万元，"人民日报"公众号编发时，导语部分使用了老人的直接引语：

"你借钱给我这么多年，现在我赚回来了，还给你。"2 月 5 日，已经 90 岁高龄的浙江丽水"诚信奶奶"陈金英来到金华老家，递给侄子陈其德 7 万元钱，还清了她 10 年借款里的最后一笔。②

6. 对比

因为珍爱和平，我们回首战争。将两个反差比较大的事物放在导语中，加以对比揭示，凸显事物相反的性质，以引出核心新闻事实。这样撰写的导语往往饱含意味，能够给人留下深刻的印象。

自 2012 年下半年开始，雾霾成为中国环境污染方面最为显著的问题。两年后的一天，我乘坐高铁从河北出发，途经天津、山东、江苏，到浙江，雾霾从北方一路蔓延至南方，天空一片暗灰，不见天日，令人忧虑。雾霾是中国经济过度发展带来的恶果。河北的情况尤为糟糕，中国空气质量最差的 10 个城市中，河北经常独占 7 个。下面的导语出自《德媒：德国外长访问河北感受凶猛雾霾》，河北省委书记欢迎德国外长时说这是最美的季节，可浓厚的雾霾却让外长根本就看不到任何美景，这种反差具有讽刺意味：

"您是在最美的季节来到这里。"河北省委书记在欢迎德国外长时说。但在德国外长施泰因迈尔乘坐的从北京开往河北省的现代高速列车窗外，却根本不见任何美景。沿途风光

---

① 张玮. 历史的温度：寻找历史背面的故事、热血和真性情 [M]. 北京：中信出版社，2017：17.
② 程欣怡等. "今年过年真高兴啊！" 90 岁奶奶 10 年还款 2077 万元 [EB/OL].（2021-02-06）. https://mp.weixin.qq.com/s/VUsXYbrOJJKM9eY9DeyX_A.

若隐若现，河北省的省会石家庄也笼罩在浓厚的雾霾之下。

（参考消息网，2014 年 4 月 15 日，据德国媒体报道，本书作者稍作改动）

思考与训练

第七章
主体、结尾与背景

导语之后的部分是主体和结尾，新闻主体部分的写作强调跳笔技术，消息结尾经常采用自然收束方式。新闻写作注重背景的运用，背景并没有固定位置，要灵活运用，同时要有所节制。

第一节　新闻主体

导语之后的部分即新闻主体，主体好比是新闻报道的躯干，新闻报道除了要写一个精彩的导语，还应该有一个丰满的主体，以满足读者预知详情的需要。新闻主体对新闻事实做进一步的展示，具有丰富报道内容的作用。主体展开导语，使导语内容具体化。主体补充新的内容，扩充新闻信息量，使新闻报道更加丰满。主体更加详细地讲述新闻事实的来龙去脉，提供更为丰富的细节、情节、引语等材料，使新闻报道更有可读性。

新闻主体的写作技术主要包括：

（1）分情况巧妙使用过渡技巧或采用跳笔推进报道。

（2）掌控报道的节奏，总体上节奏要快，同时要懂得变化。

（3）将引语融汇到报道之中。

（4）运用讲故事技巧进行报道，维持读者的阅读兴趣。

（5）要保证可读性，要按照新闻语言的运用要求来撰写文章。

（6）要去除冗余，保证信息量。

以上这些技术或知识，本书在新闻语言、新闻结构、特稿写作等相关章节都作了充分的阐释，读者可以阅读相关内容，本节将主要对过渡和跳笔的运用技术加以论述。

一、使用过渡性结构

新闻主体的写作涉及不同的叙述，可以使用过渡性结构，把读者自然地从一个叙述引入另一个叙述。过渡性结构可以是一个词，如"然而""但是""同时""后来"；一个短语，如"与此同时""相比之下""另一方面""到了下个月"；也可以是一个句子或者一个段落。

过渡可以采用关键词技巧，即从紧邻的上下文各挑出一个关键词，放在一句话里，从而实现两个部分的自然连接。

《费城问询报》记者 Michael Vitez 的报道《何时让他安息？——家人的痛苦抉择》[①]1997年获普利策解释性新闻奖，这篇报道的主题是讨论美国人面临的一个重大抉择：在一个人弥留之际，是否应该让他自然地离世，而不是让他浑身插满管子痛苦地死在医院。报道的绝大部分篇幅在讲述垂死病人吉恩·穆尔的家人陪伴他在医院度过难熬时间的故事。但是这篇报道有时候也会插入其他病人的故事，这就需要转换场景，需要语言的过渡，比如下面这一段：

穆尔夫人认识了一位朋友——她是隔壁一名昏迷不醒的癌症患者的妻子玛丽·卢·斯蒂芬诺。

这一段之前都是讲述有关吉恩·穆尔的故事，中间插入这样一个过渡段落，接下来的篇幅里，报道就转为讲述有关另一个病人斯蒂芬诺的事情了。

类似的过渡段还有：

到了 7 月 26 日，星期五，穆尔旁边第二间病房来了一个新邻居。

小慧家住地处蒙山深处的椿树沟，小慧的奶奶像其他农村妇女一样，掌握制作山东煎饼的原始工艺。奶奶指挥爷爷垒土灶，搭鏊子。爷爷打趣说重活累活都得男人干，但奶奶并不领情。《舌尖上的中国》第二季第一集《脚步》讲述完山东煎饼的故事后，紧接着报道了广东潮州春卷和贵阳美食丝娃娃。《舌尖上的中国》过渡很简单，一句"饼卷的演化一路精彩，向南 1700 公里"，直接把人们的注意力从山东临沂的椿树沟拽到了广东潮州；又一句"再向西 1600 公里"，把人们的视线从潮州引向了贵阳。这种过渡简单自然，节奏明快，富有效率：

饼卷的演化一路精彩，向南 1700 公里，广东潮州的春卷坠碾提拉，速度飞快。绿豆畔、葱头白、虾干鱼露，油炸后表皮焦酥，内瓤软糯。再向西 1600 公里，丝娃娃是贵阳女孩儿的最爱。烫面烙熟，个头小，却能装下 20 种素菜和 4 勺蘸水。从形态到内容，从神到形，饼卷的变化千姿百态。[②]

---

① Michael Vitez. 何时让他安息？——家人的痛苦抉择//黄煜，俞旭，黄盈盈主编. 追求卓越新闻：分享普利策新闻奖得主的经验 [M]. 广州：南方日报出版社，2009：22-34.

② CCTV《舌尖上的中国》第二季第一集《脚步》[EB/OL].（2014-04-19）.http://shejian2.cntv.cn/.

二、新闻跳笔的运用

新闻写作的艺术在某种意义上说是"舞蹈的艺术"，它是讲究跳的，跳得好，就成了高超的写作技巧。

——《经济日报》原总编辑　艾丰

1. 什么是新闻跳笔

新闻跳笔是一种重要的新闻写作笔法，其含义主要是指在新闻写作中，对新闻事实不做面面俱到的叙述和描写，上下文之间不刻意考虑衔接与过渡，而是根据报道的需要跳来跳去，通常是跳过不太重要的情节，省略掉过渡，直奔下一个信息块的叙述和描写。

采用这种笔法，在句子与句子之间、段落与段落之间会有比较大的跳跃，可以简练概括地勾勒出新闻事件，从而达到某种特定的艺术效果，给人以干练、简洁、高效的感觉。

使用跳笔的报道在文体结构上表现为多段体，每段之间内容跨度很大，表面上好像没有多大联系，但实际上仍有一个内在的逻辑。

下面来看一篇报道案例，这篇报道语言轻松活泼，跳跃性强，有很好的可读性：

著名作家福克纳去世

合众社密西西比州（1962年）7月6日电　"美国作家不是美国文化的一部分。他像一条漂亮的狗，人们喜欢他到处奔跑，但是他毫无用处。"威廉·福克纳这样评价自己。他对他自己在美国文学史上的作用抱悲观主义的态度。

但是肯尼迪总统在悼念他时，却把他比作亨利·詹姆斯，颂扬他的作品为永恒的纪念碑。

福克纳今天逝世，享年64岁。

福克纳在密西西比州的牛津度过了他最后的一年。他的思想从来没有离开过牛津，即使他在弗吉尼亚大学作演讲，或在别的地方旅游，也是如此。他需要牛津。他以这里的市民，包括有教养与无教养的为模特，在他的短篇小说与长篇小说中创造了无数人物。

这里的市民对他敬而远之。当他上街去药店买药，或去邮局发信，牛津市民往往躲避他的注视。他走了以后，他们经常说他喝多了酒。他经常喝醉。

福克纳是普利策奖和诺贝尔奖获得者。他最受人欢迎的小说为《押沙龙，押沙龙！》《喧哗与骚动》和《当我弥留之际》。这些小说描写的是死亡与衰落，行文迂回，长句子长到一整段。他的文体经常被人模仿，更多地受到人们的羡慕。

2. 为什么要运用跳笔

使用跳笔的主要目的在于提高新闻写作或表达的效率。过多地考虑过渡与衔接的自然，束缚了手脚，有时反而会造成时间上与篇幅上的浪费，并且也不美观。

新闻写作中使用跳笔已经成为一种很常见的现象，使用跳笔至少有以下几个好处：

（1）跳笔让新闻写作更快捷、更方便，提高了表达的效率，节省了写作时间。

（2）跳笔使新闻作品更简洁、更有冲击力，便于读者快速阅读，节省了读者阅读的时间。

（3）使用新闻跳笔可以加大新闻信息量。

（4）跳笔使文章波澜起伏，呈现出动感，增强了报道的可读性，有利于调动读者的阅读热情。

3. 怎样使用新闻跳笔

以下是使用新闻跳笔的一些建议做法，撰写新闻稿件时可以参考运用：

（1）把句子做小，把段落做小，多分段落。

（2）不用过分注意文字的连贯性，不用刻意考虑上下文的过渡和衔接。

（3）断裂行文，加大句子与句子、段落与段落之间的跨度。这一句（段）讲述这个事实主体，下一句（段）讲述另一个事实主体；这一句（段）呈现新闻变动信息，下一句（段）马上变成了背景描写，如此等等。

（4）表述方式要灵活快速变化，概述、叙述、细节描写、现场描写、说明、直接引语、间接引语等表现方式交替使用。

（5）着力突出读者最感兴趣的事实成分，用跳跃的方式——没有过渡和衔接——把材料组织起来。

（6）不要面面俱到，不要平铺直叙。

（7）跳笔要用得恰到好处，不能跳得漫无边际，不能跳离了新闻主题。运用跳笔要注意事实材料的内在联系，文章当中需要有一条逻辑主线，将材料牢牢地拴在这条逻辑主线上，不能跳离了这条主线。

第二节　新闻结尾

新闻界对新闻结尾的看法不尽一致，有人主张新闻可以没有结尾，有人主张所有新闻都有结尾。如果界定结尾就是新闻的最后一段或最后一句，以此来表示新闻报道的终结，那么无疑新闻都是有结尾的。

不要认为新闻不需要好的结尾，或结尾对新闻写作来讲一点都不重要。事实上，一个好的结尾是可以为报道增添光彩的，"好的结尾可以使主题更鲜明，使文章有回味的余地，甚至也有审美价值，还可以带来妙趣"[①]。好的结尾并不靠记者空发议论或抒情取胜，而是

---

① 刘明华，徐泓，张征. 新闻写作教程 [M]. 北京：中国人民大学出版社，2002：190.

靠事实或材料的巧妙选择取胜。结尾要实在，不要空泛，不要在结尾里讲空话、套话。结尾要有终止感。

一、自然收束

如果没有更好的结尾，就让新闻自然收束，事实叙述到哪里就在哪里结尾。这种自然收束的结尾方式通常会非常有效，它干净利索，不落俗套，还会显得富有成熟之美。

事实上，新闻结尾常常是一个"没有结尾的结尾"，故事叙述到哪个地方就在哪个地方停止，无须额外加一个"结尾"，这一点对硬新闻来讲尤其重要。新闻报道的主要任务还是报告事实、传播信息，读者阅读新闻的主要目的也是获取新闻信息，真正拿新闻来赏析的情况并不多见，从这个角度看，对于一些新闻来讲，煞费苦心地创作一个"豹尾"也无太大必要。

二、引语结尾

以某个新闻人物的引语来结束报道，这个引语或者增加情趣，或者亮明观点，或者补充新的事实信息。

一位当年在关押伏契克的盖世太保监狱服务的捷克看守说，"我用生命担保，《绞刑架下的报告》确是伏契克在狱中所著"，"伏契克是英雄的共产党人。"新华社 1990 年 8 月 26 日的稿件《"伏契克是英雄的共产党人"——盖世太保监狱看守的证词》报道了相关内容，稿件引用了伏契克《绞刑架下的报告》的一句名言结束报道：

在这部著作中，伏契克描述了他和其他共产党人在狱中不屈不挠的斗争以及他们对生活的热爱和对自由的向往，无情揭露了法西斯刽子手的凶残，并为世人留下了不朽的名言："人们，我爱你们，你们要警惕啊！"

三、画面定格

以一个场景、情节或人物的行动为定格画面，就像电影结束那样，给读者留下回味的空间。《纽约日报》1937 年 1 月 10 日的报道《妇女儿童组成的工会后援会举行游行示威》，结尾是这样的：

游行队伍最后一个人是凯尔密特·约翰逊。他是切瓦雷特公司工人。今天，他抱着儿子参加游行。孩子的小手紧紧抓着一面旗杆，旗上的口号是：

"我爸爸是为娃娃而罢工的。"

史庆云年过半百才知道自己是养女，养父去世时示意要接史庆云的生父来，可大家还不知道是怎么回事。等找到生父了，很快生父也去世了。从养母留给她的一个棉袄里，史庆云才发现了更多的秘密。原来生母是晋察冀边区的一位情报员，代号叫素云，在自己一个月大时，母亲带着她去送情报被鬼子刺死。史庆云决定无论如何也要去生母坟前磕个头。

棉袄里的纸条说生母牺牲的地方在河北平山县城，埋葬的地方在"县城外东南角，两棵大桑树下"。可是时过境迁，当年的大桑树早已不见踪影，这里布满了成片的厂房、住宅。《棉袄里的秘密》一文将结尾定格到了这样一个场景：

在一片长满荒草的空地上，史庆云和丈夫摆上供品和鲜花，夫妻俩都已经年近古稀，颤颤巍巍地跪了下去，对母亲，也是对那一代人。

（《燕赵都市报》，2009 年 11 月 6 日）

再如《工人日报》1996 年 10 月 4 日的报道《北京有个李素丽——21 路公共汽车 1333 号跟车记》的最后一节是这样写的——结尾就像电影镜头的最后定格那样：

下午 4 时许，空车驶离西客站。

李素丽下班了。

太阳西斜，她骑上自行车，踏上了回家的路。

笔直的大路向远处延伸，沿着这条路，她消失在人群中……

四、展望未来

展望未来是指通过透露新闻的下一步发展情况来结束报道。展望未来可以采用引语的形式，也可以采用陈述的形式。

网络上流传着 1998 年修订版《新华字典》的一个例句："张华考上了北京大学，李萍进了中等技术学校，我在百货公司当售货员：我们都有光明的前途。"这个著名例句已经成为网络段子。我们用展望未来的方法结尾，不妨先提一下这个著名例句，借用它的表达形式，既形成幽默效果，又让新闻结尾在时空上得到延展。

我们主办的微信公众号"小朝颜"里，有多篇文章采用了这种结尾方式。邹思湉关于高考复读的稿件，结尾叙述了《新华字典》的这个著名例句，紧接着写道："不论是选择复读上更好的大学，还是选择上大学之后考研翻盘，认真走完这段路程的我们，都会有光明的未来。"

袁雅茜关于高中生组建"清华园"小组的文章结尾，也采用类似表现形式，但作了较大变化：

毕业后，小袁和她"清华园"的六个朋友各奔东西。虽不像小组名那样，都真实地进入了清华园里读书，但他们终究都有光明的未来。

小捞去了西交大，香哥去了华中科大，小廖去了华中师范大学，陈狗去了中传，婷婷留在湖南师大，捞逼去了西电，而小袁去了山大，"我们都会回来。再聚首，以'清华园'的名义"。

五、形成对比

选择一个新的强有力的事实，这个事实最好能够给人留下足够的回味。这个新的事实会给全文报道带来一个转折，令人出乎意料，给读者带来冲击。

2009年11月11日为一战结束91周年纪念日，西方将这一天称为"休战日"。这一天，英国、德国、澳大利亚等国家举行了纪念活动。英国女王伊丽莎白二世为无名战士墓献上花圈，德国总理默克尔和法国总统萨科齐一起在法国参加"休战日"纪念活动。

新华社的稿件从导语开始的主要篇幅都在报道各地的纪念活动，它以一个新的事实收束全文，它的结尾处讲述了现年108岁的一战老兵乔勒斯不参加纪念活动的情况。乔勒斯认为战争不值得纪念，这与全文基调形成了鲜明对比，意味深长：

在澳大利亚，公众上午11时集体默哀1分钟。

参加一战的800万英军中唯一的幸存者、108岁的乔勒斯现居住在澳大利亚。不过，他当天并没有参加纪念活动。乔勒斯的女儿说，乔勒斯认为战争不值得纪念。

六、回到前文

1. 回到文章的开头

文章写到末了，却又回到了开头讲述的内容，带给读者一种回归原点的快意。林嗣环《口技》的结尾就是这样安排的，文章开头写道：

京中有善口技者。会宾客大宴，于厅事之东北角，施八尺屏障，口技人坐屏障中，一桌、一椅、一扇、一抚尺而已。众宾团坐。少顷，但闻屏障中抚尺一下，满坐寂然，无敢哗者。

接下来文章详细描述了口技表演——夜间狗吠，夫妻对话，床的响声，孩子啼哭，抚慰孩子喂奶，丈夫小便，妻子抱孩子小便，丈夫责骂大孩子；一家四口逐渐睡去，老鼠出来活动；突然起火，成百上千人呼叫，哭喊，烈火燃烧，风声，房屋倒塌声，泼水救火声，等等。

文章结尾又回到了开头的舞台场景：

忽然抚尺一下，群响毕绝。撤屏视之，一人、一桌、一椅、一扇、一抚尺而已。

在那么多繁杂的声响之后，文章回归开头场景，戛然而止，这样的结尾给读者留下了回味的空间。如果结尾只写到"忽然抚尺一下，群响毕绝"，虽也在形式上结束了全文，但总不如回到开头"一人、一桌、一椅、一扇、一抚尺而已"来得美妙。《口技》的结尾可谓神来之笔，让人读罢之后凝神思索，意犹未尽。

回到开头也是华尔街日报体惯用的一种结尾方法。写作一个强而有力的结尾，这个结尾要回到开头，再现开头提到的某个或某些新闻要素，如开头中提到的场景、人物的引语或行为，也可以描写一下开头提到的某件事情的发展情况。结尾与开头设置的焦点相互照应，形成一个循环，令人回味无穷。

2. 回到前端其他部分

结尾除了回到开头以外，也可以回到文章的前端其他部分，让前文中的人物、场景再次出现，并透露新的内容。

按照华北平原一些农村的说法，光棍儿入祖坟，会使得家族里代代出光棍儿。为了让光棍儿入祖坟，有人想到了新的破解之道——找个女人结一天婚，不领证，不入洞房，只办一场结婚仪式就算成家。一些女性因此成了"一日新娘"。《在华北农村，成为"一日新娘"》对此进行了深入报道，文章开头讲老光棍儿宋大志担心自己死后入不了祖坟，决定与按摩店田丽丽举办"一日婚"。此后的正文共分为 5 个部分，分别用 5 个小标题统领。第一个小标题是《接亲》，相关文字主要叙述了宋金才为堂哥宋大志接亲的故事。宋金才也是一个老光棍儿，看着堂哥结婚，他心里不太得劲儿。接亲这天，他也不换新衣服，上身穿着黄色"史丹利"复合肥 T 恤，两个裤腿上沾满密集的泥点。按摩店卷闸门打开后，宋金才小声嘀咕："还真是个小姐！"媒婆吴姐有些不高兴地怼着宋金才："老宋啊，可不能胡说呀。这是正规按摩，男女都给按。现在是法治社会，谁干那些呀！"

文章接下来的小标题分别是《光棍儿》《吴姐很忙》《县城里的外地女人》《新娘》，篇幅都比较长。在文章的结尾部分，前文提到的宋金才、吴姐、田丽丽又出现了，宋金才也想结"一日婚"。当媒婆吴姐提议让他也娶田丽丽时，宋金才却并不同意，他在家庭伦理方面还挺讲究，"咋说也是我嫂子，总觉得不太好"。

6 月中旬搞掂了宋大志的婚事后，吴姐又接了两次活儿，新娘都是田丽丽。7 月 2 日上午，她突然接到宋金才的电话。帮堂哥接亲后，他在家犹豫了一阵，提出想结"一日婚"。

"老弟，你就瞧好吧，上次和你哥结（婚）那个行不行？"吴姐又一次推荐了田丽丽。

"还是换个吧。"宋金才吞吞吐吐起来，"咋说也是我嫂子，总觉得不太好。"[①]

---

① 李禾. 在华北农村，成为"一日新娘" [EB/OL]. （2023-07-11）. https://mp.weixin.qq.com/s/P6K23xuy-FE43GdPrpAhbw.

3. 人物再次顺序出场

如果一篇报道讲述了多个人物的故事，结尾时可以让前文中的人物角色迅速再次出场，一一向观众谢幕。结尾要用简洁的语言补充每个人物的最新故事信息，节奏比前文明显加快，前后呼应，带来回味，然后作一总结提升，迅速结束整篇报道。

比如，在纪录片《声音传奇》主体部分，中央音乐学院教授、提琴制作大师郑荃赐予树木音乐生命，合成器音乐家孟奇在开拓用电路架构起来的声音之地，准父母小周和乐乐用声音与肚子里的孩子交流。影片结尾时，这些人物再次一一出场："郑荃完成了一把新提琴。孟奇还在继续着他的电音探索。小周和乐乐的孩子顺利出生了，两个小宝宝终于可以通过听觉之外的其他感官，与自己的亲人交流，感受、了解这个世界。"影片进一步阐释小宝宝长大后应该再也记不起在母亲的子宫里那段只有声音的日子，之后迅速收束全文："这，也许就是声音的传奇。当我们试图呈现这些传奇，我们知道，声音本无传奇，有了人才有了传奇。"这段带有哲理的总结，让人有所思索，余音缭绕，它像演奏指挥家那样用力一挥，宣告演出正式结束。

七、点评新闻

用一个意见性事项来收束报道，点明新闻的主旨或指出新闻的意义，给读者一个更为清晰的认识。结尾中的观点意见通常是权威机构权威人士的话，而不是记者的直接议论。2009 年 11 月 13 日，美国航天局宣布，该局科学家对月球坑观测和传感卫星获得的撞月数据进行初步分析后确认，月球存在水。新华社对这一新闻的报道以科学家的评论来结尾：

科学家认为，如果最终能确认月球上存在丰富的水资源，将对人类建立月球基地以及探索更遥远的星球具有重要意义。水不仅是宇航员在月球上的重要生存资源，还是月球基地所需氧气和运载火箭燃料的来源。

第三节　新闻背景

新闻是当下的，背景是过去的；新闻是眼前的，背景是幕后的。背景的恰当运用能增强文章的厚重感，帮助读者有效理解新闻内容。背景的写作要灵活穿插，注重实效。

一、新闻背景的含义

背景的说法源自舞台戏剧表演，它本是指张贴在舞台后方的画幅。演员面向观众演出，背对着画幅，这画幅便被称为背景。新闻背景则是指新闻背后的情况，新闻是显现在前面的，背景则往往隐藏在新闻的背后，需要记者揭示出来。背景与核心新闻事实的发展有关联，对新闻事实的发展有潜移默化的作用和影响，它是说明主体新闻事实的社会环境、历史沿革、风俗文化、自然风貌、人物经历、数据知识等内容材料。

只要需要，导语、主体、结尾等任何地方都可以放置背景资料。合理运用新闻背景是保障新闻报道全面性、完整性和深刻性的重要途径。

下面我们来读一篇报道，看看哪个地方交代了新闻背景：

上海市委书记等到现场悼念"11·15"火灾遇难者

中新社上海（2010年）11月21日电（记者 陈静） 中共中央政治局委员、上海市委书记俞正声，市委副书记、市长韩正，市委副书记殷一璀，上海市人大常委会主任刘云耕，上海市政协主席冯国勤等今天一早来到"11·15"特大火灾事故现场，悼念不幸遇难者。

根据中国传统殡葬习俗，今天正是火灾遇难者的"头七"之日。一般认为，死者魂魄会于"头七"返家，家人应于魂魄回来前，为死者魂魄预备一顿饭；亦有说法认为，家人应于家中烧一个梯子形状的东西，让魂魄顺着这趟"天梯"到天上。

今天一早，残楼之下，除去几日来堆积的菊花以及摆放着的遗像、花篮、花圈，失火大楼胶州路一侧入口拉起一条醒目的黑色横幅，上面书写着白色大字"向'11·15'特大火灾遇难者致哀"。事发现场很早就聚集了近千民众，大家肃然而立。

约七点半，上海市静安区委书记龚德庆、区长张仁良率领静安区委、区政府相关负责人等来到失火现场哀悼死难者。全体默哀后，他们面对失火大楼三鞠躬，并一一献上菊花。记者看到，祭拜过程中，区委书记龚德庆泪流满面，强忍悲伤。旁边的一位静安区领导干部亦全程默默流泪。

8点30分许，上海市委书记俞正声、市长韩正带领市委市政府相关负责人和工作人员来到失火大楼前，他们神色凝重，祭拜后，向遇难者献花。

这条新闻的第二自然段是新闻背景段，交代了中国传统习俗"头七"的说法，发挥了新闻传承文化的功能。它让读者明白了上海市主要领导和民众在这一天悼念遇难者的民俗背景，既传播了中国传统民俗的知识，也让新闻更加晓畅易懂。很多读者或许听说过"头七"的说法，但未必对此特别清楚，所以非常有必要在新闻中做一些交代。这个段落虽然不长，但它非常清晰简练地传递了"头七"的民俗知识，满足了读者的求知欲和好奇心，增加了新闻的信息量和变化感，值得学习。

二、新闻背景的作用

新闻背景并不是可有可无的东西，背景"反映着新闻事实的来龙去脉，烘托着主要事项的价值显现"①，背景的建构对于新闻作品的撰写来说异常重要。

新闻背景最根本的作用就是帮助读者更好地理解新闻。

几乎任何事物都不是孤立存在的，离开背景资料的支撑，记者很难清晰地展示新闻的来龙去脉。背景可以昭示新闻的意义，帮助揭示新闻的真相，消除读者的疑惑，增强新闻的可读性和情趣性。

三、新闻背景的撰写

1. 常见写法

新闻背景的常见写法包括使用典故、说明解释、衬托对比，背景写作要灵活穿插，注重实效。

1）使用典故

运用历史、典故、逸事做背景材料。2009 年 11 月 11 日，正在马来西亚访问的中国国家主席胡锦涛访问了马六甲，用望远镜眺望马六甲海峡。马六甲州政府颁发眺望马六甲海峡的证书给胡锦涛，编号是 8888。次日，中新网的报道适时加入了这样一个背景段——马六甲海峡是"郑和七下南洋，五次造访马六甲的必经之地"：

马六甲海峡除了拥有迷人的景色外，这个历史悠久的海峡也象征着马中关系的开始，因为该处是郑和七下南洋，五次造访马六甲的必经之地。

再如美国记者巴特菲尔德在报道中国安徽农业生产责任制的效果时，添加了一个这样的背景：

自从 14 世纪一次地方农民起义导致明朝诞生以来，安徽省人民一直有句俗话："十年倒有九年荒。"

2）说明解释

对专业术语或行话进行说明解释，这些内容将构成背景知识，帮助读者理解新闻，扩展视野，增强阅读情趣。

胡锦涛在访问马六甲之后，前往巴巴娘惹博物馆参观。"巴巴娘惹"是什么意思？可能一般的读者并不知道，报道中对此作了解释：

巴巴娘惹是指 15 世纪初期定居在满剌加（马六甲）王国、满者伯夷国、室利佛逝国（印尼和新加坡）一带的中国明朝后裔，一般为男性华人与当地妇女通婚所生，男性称巴巴，女性称娘惹。他们在保存中国传统文化的同时，积极吸收马来文化。

---

① 杨保军.新闻事实论 [M].北京：新华出版社，2001：31.

再如有报道称吃白肉要比吃红肉更有利于健康，可是白肉、红肉到底是什么肉，仍然需要新闻报道做明确界定和解释。因为有一种解释说白肉是指清水煮熟的猪肉，还有说白肉指的是肥肉，也有说白肉是鱼肉、鸡肉等偏白色的肉。这就容易让读者犯糊涂：你的报道里到底说的是什么肉啊？

新闻中加入了背景材料，说通常把牛肉、羊肉和猪肉叫作红肉，而把鱼肉、禽肉叫作白肉。这样一说读者就明白了。报道称红肉的特点是肌肉纤维粗硬、脂肪含量较高，而白肉肌肉纤维细腻，脂肪含量较低，脂肪中不饱和脂肪酸含量较高。流行病学研究发现，吃红肉的人群患结肠癌、乳腺癌、冠心病等慢性病的危险性要高，而吃白肉则可以降低患这些病的危险性。

3）衬托对比

把对比性材料穿插在新闻事实前后，加以对照，以此来揭示报道的主旨。在一篇关于赫鲁晓夫的报道中，记者在报道了赫鲁晓夫派人烧了斯大林的遗体后，紧接着加了一段背景材料：

赫鲁晓夫昨天深夜派人把斯大林的遗体从红场水晶棺材中抬出，烧成灰烬。赫鲁晓夫任乌克兰第一书记时，曾经在党的会议上高呼：斯大林是他的父亲。

赫鲁晓夫在斯大林活着的时候称他为自己的父亲，在斯大林死后却将他的遗体从水晶棺材中抬出，烧成灰烬。前后对比，赫鲁晓夫对待斯大林的态度可谓天壤之别。背景材料与新闻事实相比较，揭示了赫鲁晓夫的为人，报道的戏剧性也得到了凸显。

2. 灵活穿插

将背景材料与新闻事实灵活地交织在一起，使之水乳交融，浑然一体。新闻背景可以作为独立的句子或段落出现，也可以作为句子的某个成分出现。新闻背景可以出现在主体中，也可以出现在导语中或结尾处，甚至还可以出现在标题中。总而言之，只要需要，就可以在新闻报道中随时穿插背景材料。

在标题中穿插背景。《燕赵都市报（冀东版）》（2010 年 4 月 12 日）刊登了这样一条新闻——《自行车冲下凤凰台撞上大树（主题） 事发唐山南湖凤凰台景区　骑车者当场昏迷急送医院　一年内至少发生了四次类似事件（副题）》，这个标题中的"一年内至少发生了四次类似事件"，相对于核心新闻事件"自行车冲下凤凰台撞上大树"来说就是一个背景材料。

在导语中穿插背景。《人民日报》（1994 年 10 月 19 日）刊登了一篇关于"永州养蛇"的消息，导语就是以背景材料取胜的：

唐代著名文学家柳宗元在被贬至湖南永州任司马时，曾写下千古名篇《捕蛇者说》，使"永州之野产异蛇"闻名遐迩。一千多年过去了，历代冒死捕蛇为抵租税的永州捕蛇者的新一代又悄然兴起了一股养蛇热，各乡各户竞办蛇场已成为永州农村的一大新鲜事。

在主体中穿插背景。孙爱武是美国密歇根大学博士后，这个人们眼中的高端人才，回国后却落魄到在北京海淀区成府路一个胡同式的小市场里摆摊。其实，孙爱武并不是找不到工作，只是他的期望值太高，又不肯迁就罢了。北师大曾打算聘请其为专家，月薪4800元。但是，孙爱武说自己一家五口人，一个月给他10万也不多啊。他希望直接成为博导，并有一定的资金支持。孙爱武的家庭背景如何？他是哪里人？他为什么有三个孩子？他妻子的情况又是如何？《对话"地摊"博士后孙爱武》报道在正文主体部分穿插了下面这样一个背景段，让读者更加清晰地了解了孙爱武：

> 据孙爱武介绍，他的老家在山东潍坊农村，家庭条件不是很好，父母辛苦供他读大学和研究生，已经很辛苦了，因此他很少求助家里。从南开大学本科毕业后，他考上了中国科学院研究生，在北京遇到了现在的妻子，妻子也是山东人。他在美国读博士时，妻子以陪读的身份与他一起前往美国，在那里妻子也读了研究生。后来，因为有了三个孩子，妻子成了全职太太。（2009年11月23日）

在结尾处穿插背景。日本《读卖新闻》2002年2月28日发表报道《榜上无名》，称26日美国国防部发表的《国际社会对反恐怖战争的贡献》列出了26个支持反恐战争的国家，但日本榜上无名。日本政府对此表示强烈不满，后来美方也向日方道了歉，日本首相还说布什总统曾亲口对日本的支援表示过感谢。这则新闻的结尾以一段背景资料收束全文：

> 在1991年的海湾战争中，尽管日本提供了130亿美元的资金，但受伊拉克侵略的科威特在美国报纸上刊登告示，对30个国家表示感谢，其中也没有包含日本。

3. 注重实效

应当根据新闻内容、读者情况为自己的报道选择合适的背景材料，既不要因为背景不足影响了报道，又不要过度添加背景，画蛇添足，使背景材料的撰写臃肿拖沓。

背景会拖慢文章的叙事速度。你在叙述背景的时候，故事一直停留在那里不能前进，令人着急。背景篇幅过长，很可能会让读者失去耐心。新闻背景的运用要注重考虑阅读效果，不能因为使用背景而破坏了读者的心情，让读者烦躁和焦虑。为了解决这样的问题，新闻背景的使用就要注意简短，背景简短可以让读者更快地回到新闻本身。新闻背景的使用还要注意分散，也就是注意把长篇幅的背景分解到全文中。简短和分散带来变动，让读者能够更乐意阅读和理解相关内容。

思考与训练

第八章

新闻结构

先看一个外国笑话：

消息

一个财主赶路回家，路上碰到了在他外出期间替他料理财产的管家。

"啊，管家，"财主高兴地招呼说，"老伙计，你好吗？家里情况怎么样？"

"不妙呀，先生，"管家说，"喜鹊死了。"

"哎呀，可怜的喜鹊，"财主说，"它终于去了吗？哦，它是怎么死的呀？"

"它吃得过饱死的，先生。"

"它是撑死的吗！贪吃的鸟！那么它吃什么了？"

"马肉，它吃得过多了，先生，是马肉。"

"不会吧，"财主说，"哪儿来的马肉让它撑死呀？"

"你父亲所有的马，先生。"

"什么？马都死了？"

"是的，先生，它们工作过度劳累死了。"

"为什么让它们过度劳累，管家？"

"驮水，先生。"

"为什么驮水？"

"用来救火呀，先生。"

"火，什么火？"

"啊，先生，是把您父亲的房子烧了的火呀。"

"啊，天哪，房子失火了吗？究竟怎么发生的？"

"我想是火把引起的火吧，先生。"

"什么火把？"

"您母亲葬礼上的火把呀，先生。"

"什么，我母亲死了？！"

"是的，在那以后她就死了，真可怜！"

"在什么以后？！！"

"你父亲去世以后，先生。"

"父亲……也死了吗？"

"是的，他听到那件事之后就不行了。"

"什么事呀……上帝……"

"您的银行破产了，您一分钱也没有了，先生，我也要离开您了，再见了，先生。"

"……"

管家提供了几个消息，事实上这些事情发生的时间顺序应当是这样的：

财主的银行破产了—财主的父亲死了（老爷子听到银行破产的消息，伤心而死）—财主的母亲也死了（母亲受不了双重打击，也不行了）—父亲的房子失火了（财主母亲的葬礼上，火把引起火灾，房子被点着了）—父亲的马都死了（马驮水救火，累死了）—喜鹊死了（喜鹊吃马肉，结果也撑死了）。

可是管家在提供消息的时候，并没有按照时间顺序组织材料。管家讲话的结构恰恰与事实发生的顺序相反，越到后面情况越是糟糕，越是让财主承受不了，这就是结构的力量。

第一节　新闻结构引论

一、结构决定效果

一个新闻报道是不是能够吸引读者，除了题材本身的原因，报道结构的安排往往直接影响着新闻报道的传播效果。

2009年5月9日江西卫视《传奇故事》播出了《有毒的呵护》，它的叙事结构很巧妙，由于恰当地设置了悬念，所以对观众的吸引力很大，观众在看这个节目的时候既感到好奇又感到惊恐，很受刺激。

一个叫吴桂英的女子，瘫痪在床20年，由她的姐姐照顾着。有一天，她的姐姐突然发现屋里有个影子晃了一下，姐姐跑到屋里却并没有发现别人，妹妹仍然躺在床上。这种情况出现了几次，可是并没有找出到底是谁在屋里走动，妹妹依旧躺在床上不能动弹。

有一天，姐姐本来要下地干农活，可走出家门不久又返回来时，竟然与那个人影来了一个面对面。那个人就是瘫痪了20年的妹妹！两个人你看着我，我看着你，吓得姐姐掉头就跑。

观众看到这里就有些害怕，但又被故事深深吸引住，还是特别愿意看下去。

然后，故事就开始回顾这个瘫痪妹妹的怪事，她虽然20年瘫痪在床，并没有去过天津，但突然她就讲起了天津话。人们都说她是鬼魂附体，老百姓都不敢靠近她们家了。

医学专家说她患了一种心理疾病癔症，并通过催眠治疗让她站了起来，真是神奇得很。而致使这种"瘫痪"的诱因竟是母亲的"溺爱"，也包括几个姐姐对她过分的呵护与照顾。

原来吴桂英从小体弱多病，备受家人尤其是母亲的呵护关爱。15岁时，吴桂英因为和哥哥吵架，便从此躺在床上再也不愿意起来，20年来吃喝拉撒睡全在床上。生病了躺在床上，大家就得对她好，吃好的，别人还得哄着她，还不用干活。就是这种过度的呵护害了她。

同样是这个故事，如果改变报道结构，先把原因交代给观众，说这个女子由于受到过度的呵护得了癔症，平时都是躺在床上不动弹，别人不在的时候她也下地走动，这便没有了悬念，故事的吸引力就会大打折扣。

确定结构的过程方法包括打腹稿、列提纲和头脑风暴法。

（1）打腹稿。动笔之前在头脑中把文章完成，真正写起来的时候用的时间很少，一气呵成，甚至不用怎么修改就是成品，效率极高。成熟的记者是可以做到这一点的，这也特别适应新闻写作时间紧迫的实际需求，记者在采访时甚至就要考虑写作的问题了，采访完毕回报社的路途上就要构思好文章。

（2）列提纲。在白纸上书写或在电脑上敲下几行字句，这几行字句就是新闻报道的几个信息块，到时候补充完整就可以了。

（3）头脑风暴法。想到什么就写下什么，以后再整理思路，这个情况听起来不是太巧妙，但也是一种方法。

新闻报道中具体运用的结构模式包括倒金字塔结构、华尔街日报体、板块组合结构、沙漏型结构等，这些结构模式饱含新闻经验和技巧，需要深入系统地学习，切实掌握。

二、新闻结构分类

我们一眼就能看出的标题、导语、新闻头、新闻主体、新闻结尾等属于形式意义上的结构成分；内隐在文章中、不仔细阅读分析就把握不到的结构模式，如倒金字塔结构、华尔街日报体、沙漏型结构、板块组合结构等属于内容意义上的新闻结构。

1. 形式意义上的结构

形式意义上的结构可以简称为形式结构，它表现为不同的文体式样是由特定的段落构成的，是指文章的标题、开头、主体、结尾组织而成的一种段落格式或基本框架。

形式结构往往是读者一眼就能看出来的，比如公文体，开头大都有主送机关并形成独立段落形式；个人书信往往没有标题，开头就有称呼的独立段落，结尾处有敬祝语和落款；消息往往有电头，之后是导语、主体或背景，这已经形成了消息的固定样式。读者看到这样的文章，即使没有细读，并不熟悉文章的具体内容，也能判断它是一份公文、一封书信还是一则新闻。

这类结构完全是从形式意义的角度进行区分，特定体裁的文章都有千孔一面的外表特征，不同体裁文章的结构有着明显的外在形式区别。形式意义上的新闻结构具有稳定性，它主要表现为有固定模式的结构形式，其标题、开头、主体、结尾都含有段落共性，为新闻界和读者所共识。

形式意义上的新闻结构研究还包括句式的长短、段落的大小等内容，这类结构是非固定模式的形式结构，并不受任何既定框架的约束，其稳定性主要表现在"散文体"特征十分鲜明。

形式意义上的新闻结构有其积极意义，它便于读者迅速地把握作品的体裁，进而有益于理解作品传达的信息。

新闻作品的撰写大都要求句子简短，段落简短，整篇新闻报道也尽可能简短。一句话只说明一个内容，表达一个意思即可。非用长句不可时，要注意使用标点符号进行合理的分割。

另外，新闻写作中长短句的交替使用可以产生节奏感。短句子能使人振奋、紧张、不停地思考，一连串的长句子往往造成比较松弛的气氛，使读者变得懒散。这样一来，在保证多用短句的前提下，长句、短句和不长不短的句子，可以综合起来运用。

总的来讲，形式意义上的新闻结构是比较容易理解的，诸多新闻写作理论著作也对此进行了充分的论述，这是值得肯定的。但一味地关注形式结构并不能真正揭开新闻结构的面纱，如果只停留在这个层面上去理解新闻结构，那么我们就不能真正掌握谋篇布局的方法和技术，我们就不知道事实材料如何组合才能使新闻作品得以有效架构。这样看来，内容意义上的新闻结构就显得更重要了。

2. 内容意义上的结构

内容意义上的结构可以简称为内容结构，是指不同类型的事实材料为表现主题事实而形成的内在层次关系。记者将根据这种关系来选择合理地安排事实材料的组织方法，"它包括了记者对新闻事实的基本逻辑关系和特殊逻辑关系的理解、发现和运用"[①]。

不用仔细阅读，就可以比较容易发现和把握住形式意义上的新闻结构，但新闻的内容结构就大不一样了，恐怕很少有人能一眼就看出一篇新闻稿件中有个"倒金字塔"结构。

① 胡志平.新闻写作创新智慧 [M].北京：新华出版社，2003：440.

当我们以"新闻"为研究对象时，新闻结构包含的新闻事实材料类型、层次及结构方法都是新闻内容的"表现形式"。当我们以"新闻结构"为研究对象时，框架格式、句子形式以及段落是"形式"；新闻事实材料类型、层次及结构方法则变成了"内容"，这一部分的新闻结构就是新闻的内容结构，是内容意义上的新闻结构。

只有掌握了内容结构的规律，掌握了结构方法规律，记者才能合理组织事实材料，才能进一步提高新闻传播效果。

三、主要规律要求

1. 遵循事实客观逻辑

新闻事实本身的条理性、规律性，决定着具体的新闻结构。事实是新闻的本原，事实本身的客观逻辑也是新闻结构的本原，是新闻结构的基础，是对新闻结构有着"绝对决定"意义的东西。

不管新闻事实多么丰富，不管它怎样变化，新闻事实自身都存在着客观的条理性、规律性。一件事情，总有其发生、发展的过程。发生就是"开端"，中间是"发展"，然后进入"高潮"，最后是"结局"。这实际上也成了新闻"情节"开展的客观依据，并构成了一个完整的结构形态。

新闻作品的结构必须正确体现新闻事实的客观的条理性、规律性。

当然，这并不是说，新闻结构就是客观事实内部联系及其发展规律的"翻版"，就是客观事实自身条理性、规律性的"临摹"，就是刻板地照抄生活。

记者完全可以也应该在不违背事实客观逻辑的前提下，能动地安排新闻结构，例如对于事件性新闻，大可不必把事件从头到尾，一桩桩、一件件流水账似的写出来。

根据新闻事实本身的客观逻辑来安排新闻结构，最主要的是必须抓住事实的本质，认识事实之间的内在联系，在把握事实发展的客观逻辑基础上，充分发挥主观能动性，设计出有创意、有特色的新闻结构。

新闻结构是为表现新闻事实服务的，对于具体的新闻报道来讲，只要不违背事实本身的客观逻辑，新闻结构的创新反而显得比对新闻结构模式的遵循更为重要。

2. 满足报道主题需要

新闻写作要围绕主题展开，新闻结构要服从表现新闻主题——核心新闻事实的需要。满足新闻主题需要是决定新闻结构的直接动因和直接标准；满足表现主题需要的程度，是判定新闻结构优劣的尺度。

新闻结构上突出什么或不突出什么，新闻应该怎样开头、怎样结尾，层次如何确定，段落如何划分，何处该详、何处该略等等，都应该依据表现主题的需要来定。

越是有利于表现主题，越是能满足表现主题需要的结构，越是好的新闻结构。

满足主题需要规律，还表现在对于同一素材的报道，主题不同，结构也会有所不同。比如列夫·托尔斯泰的《复活》，作者在写初稿时确定主题是反映道德问题。作品以男主人公聂赫留朵夫为中心来组织材料，采用顺叙的方式来展开情节。

后来作者把主题转向批判与暴露专制制度的罪恶，作品的结构也发生了相应变化，女主人公玛丝洛娃成了小说的中心，故事紧紧围绕玛丝洛娃展开。聂赫留朵夫为给她减刑的事四处奔走，内容也就触及社会的各个方面，深刻地暴露了沙皇制度的黑暗。这里虽然讲的是文学作品，但其中的道理对新闻作品的结构也是适用的。

一般来说，新闻结构不好的作品，首先都在于缺乏明确的新闻主题。

3. 适应读者心理需求

记者传播新闻信息的前提是读者接受新闻，新闻结构必须适应读者心理需要。读者并不是一个被动的存在，读者接受新闻有一个心理反应过程，只有引起读者注意和阅读兴趣，读者接受新闻才有可能正式开始。

新闻结构是吸引读者的一个重要手段。有时，即使新闻的内容符合读者需要，但如果结构不当，也会削弱甚至破坏读者接受新闻的兴趣。相反，有的新闻作品却因为结构奇巧，而能够激发出读者的兴趣。

组织新闻结构一定要考虑读者的接受兴趣、接受习惯和接受能力等。对于一些不好理解的、复杂的事实或问题，就要加以解释、补充，或者直接加背景段进行说明。为了减轻和消除读者心理上的压力，长篇新闻报道一定要分节讲述，要加小标题。

另外，新闻作品开门见山的写法，无非是让读者在一瞥之中就注意到它，从而激起阅读兴趣。

适应读者心理还包括必须适应读者的审美心理要求，满足读者的审美心理需要，主要是要求新闻结构应当具有完整匀称美、严谨细致美、紧凑自然美、贯通流畅美等。

新闻结构模式各有不同，但有一点是共同的，那就是它们都是在适应新闻信息传播需要的过程中产生的。例如"倒金字塔"结构虽然是战争年代的产物，但它之所以能够存在并发展，却是与读者接受新闻时的急切心理紧密相关。"倒金字塔"新闻把最主要、最有趣、最生动的事实摆在最前面，使读者一下子就找到了要读的东西。读者想要弄清有关情况，就迫使自己非读下去不可。

人们在接收新闻信息时的心理与进行艺术欣赏时的心理是不同的。进行艺术欣赏时，一般都是从容不迫，渐入佳境；而在接收新闻信息时则希望开门见山，立即抓住关键之处。新闻结构的一个重要作用或功能，就是结构应当适应读者接受新闻时的心理需要。仅仅是新闻内容很出色是不够的，没有好的结构，形式粗糙，也会因为最初的外部刺激不强烈而为读者所遗漏。

4. 体现新闻体裁特征

体裁是作品的表现形式，新闻结构应该符合新闻体裁特点要求，体现新闻体裁特征。

文章体裁不一，在反映生活的容量、角度、表现方式等方面各有不同，形成了各具特色的结构形态，有着不同的结构特点。新闻结构也受新闻体裁"规矩"的制约，在撰写新闻报道时要根据不同体裁的不同特点，采用恰当的结构形式。

新闻体裁存在着与新闻内容是否适应的问题，在报道事实已经选择确定的情况下，首先要考虑选择何种新闻体裁。

消息结构的基本特点是开门见山，把最具新闻价值的事实部分或材料放在最前边，显得头重脚轻。而通讯则通常采用"凤头、猪肚、豹尾"结构，往往把最重要、最有力的事实放在主体部分。记者在考虑新闻结构时一定要尊重新闻体裁的特点及其对新闻结构的要求。

体现新闻体裁特征的规律要求实质体现了结构的守恒性，但结构的守恒性不能扼杀结构的创新性。

我国古人主张"文章要有法度""文有文法，诗有诗法"，但又主张不可拘泥于成法，而要识"活法"。宋朝吕本中《夏均父集序》说："所谓活法者，规矩备具而能出于规矩之外；变化不测而亦不背于规矩也。"我们写作应当灵活对待"规矩"，灵活运用法则，不墨守成规，反对结构的程式化、八股调。

一篇好新闻，从内容到形式都应该有它的特点，表现出报告事实的个性来。安排新闻结构，必须从文章内容的"千差万别"着眼，而不能把目光放在死板老套、一成不变的"程式"上。这样的新闻结构才会富于变化，才能产生引人入胜的魅力。

第二节　倒金字塔结构

倒金字塔既没有过时，也永远不会过时。

——美国著名记者、《怎样当好新闻记者》作者　杰克·海敦

一、倒金字塔结构的含义

先来看一个采用倒金字塔结构的消息：

日本前首相安倍晋三中枪　心肺功能停止

新华社东京 7 月 8 日电　据日本媒体 8 日报道，日本前首相安倍晋三当天上午在奈良发表演讲时中枪，目前心肺功能停止。

报道说，当地时间 11 时 30 分左右，安倍在奈良一车站附近发表演讲时中枪倒地。目

前，安倍处于心肺功能停止状态。嫌疑人已被捕。

心肺功能停止是指心脏停跳，没有呼吸。在日本，如果伤员心肺功能停止，但未经医生确认，还不能确认其"死亡"。①

一般认为，倒金字塔结构是按照事实重要程度递减原则安排材料的，我认为与其说是按照重要程度递减原则，不如说是按照新闻价值递减原则安排事实材料更符合新闻规律。这里，我们先来了解一下这个"永远不会过时"的倒金字塔结构的原理：

标题是对核心新闻事实的概括或提炼，其新闻价值最高，倒金字塔结构的标题具有较强的独立性，即便只看标题也可以了解新闻的核心内容。

导语往往是对标题的展开，它是浓缩的新闻，就正文而言它的新闻价值最高。

主体按新闻价值递减原则安排事实或材料的写作，新闻价值越高的材料越往前放，新闻价值越低的材料越往后放。

倒金字塔结构主要用于动态新闻报道。动态新闻也即强调时效性的硬新闻，使用倒金字塔结构的频率非常高。我们平常看到的消息大都采用了这种结构模式。

新华社记者撰写的稿件很规范，许多消息采用了倒金字塔结构，这里推荐有志于新闻业的读者可登录新华网多加阅读学习。

美国前国务卿基辛格去世

新华社纽约 11 月 29 日电（记者刘亚南　杨士龙） 美国前国务卿亨利·基辛格 29 日去世，享年 100 岁。

美国基辛格咨询公司 29 日在一份声明中说，令人尊敬的美国学者和政治家基辛格博士当天在其位于康涅狄格州的家中去世。

基辛格 1923 年 5 月生于德国，1943 年加入美国国籍，曾在尼克松政府担任总统国家安全事务助理、国务卿等职务，后在福特政府担任国务卿。基辛格是当代著名外交家、国际问题专家，著有《核武器与对外政策》《白宫岁月》《动乱年代》等。

1971 年 7 月，时任美国总统尼克松国家安全事务助理的基辛格作为总统特使访问中国，为启动美中关系正常化进程作出了历史性贡献。次年 2 月，基辛格陪同尼克松总统访华。今年 7 月，已经 100 岁的基辛格又一次访问中国。他一生中访问中国一百多次。②

新华社发布的下面这篇稿件也采用了倒金字塔结构，请再仔细阅读体会。

几内亚首都传出枪声

新华社阿比让 11 月 4 日电（记者郑扬子） 科纳克里消息：据几内亚新闻网 4 日报道，

---

① 日本前首相安倍晋三中枪 心肺功能停止[EB/OL].（2022-07-08）. http://www.news.cn/world/2022-07-08/c_1128814956.htm.

② 美国前国务卿基辛格去世[EB/OL].（2023-11-30）. http://www.news.cn/world/2023-11-30/c_1130000836.htm.

有目击者说当天清晨在几内亚首都科纳克里听到枪声。

报道说，当地时间清晨5时左右，卡卢姆区有枪声传出，几内亚军队随即封锁了该区的入口，之后还有零星枪响。

几内亚过渡政府目前尚未就此事发表声明。

卡卢姆区位于科纳克里南部，几内亚总统府、外交部等政府部门及法国驻几使馆位于该区。

中国驻几内亚大使馆紧急提醒在几中国公民避免外出，加强防护，保障安全，如遇紧急情况应及时报警并与使馆联系。[1]

二、使用倒金字塔结构的依据

倒金字塔结构是新闻报道中运用最多的结构模式，它也是"迄今为止对新闻结构方法的认识，唯一最有新闻理论价值的发现"[2]。使用这种结构方法的现实依据主要有三点。

一是便于更加快捷地传递新闻信息。使用倒金字塔结构的报道能够更迅速地传递新闻信息，它依据新闻价值递减或重要性递减原则安排材料，最有新闻价值、最重要的内容放在最前面，让读者一下子就掌握了新闻点。

二是读者可能在任何时候放弃阅读。使用倒金字塔结构的新闻报道，读者哪怕只看了开头就放弃阅读，也已经了解了新闻的核心内容，可以最大限度地实现新闻传播的目的。

三是稿件编排时有许多内容要删节。使用倒金字塔结构的新闻报道，越是后面的内容，新闻价值越差，也就越不重要。编辑在删减稿件的时候，可以从后往前删除，一直删到适合版面为止，一般不会影响对全文的阅读。

三、倒金字塔结构的优点与缺点

1. 优点

倒金字塔结构的优点表现在三个方面。

一是方便记者写作新闻稿件。记者熟悉倒金字塔结构，只要按事实或材料的新闻价值递减原则安排即可，不为结构苦思，可以快速完成稿件的写作。

二是方便编辑对新闻稿件的处理。编辑在处理采用倒金字塔结构的新闻稿件时，可以从后往前删除稿件内容，不会由于删除而导致表达出现错乱问题，这样一来就可以快编快

---

[1] 几内亚首都传出枪声 [EB/OL].（2023-11-04）. http://www.news.cn/world/2023-11-04/c_1129957855.htm.

[2] 胡志平. 新闻写作创新智慧 [M]. 北京：新华出版社，2003：449.

删，提升了编辑人员处理稿件的效率。

三是方便读者收受新闻。对于采用倒金字塔结构的新闻稿件，读者能够更加快速地完成阅读。读者只要看了标题、导语，就掌握了最重要的内容，随时终止阅读也不影响对新闻内容的了解。浏览这样的新闻无须从头读到尾，大大节省了阅读时间。

倒金字塔结构的长处主要在于它符合新闻求"快"的特点，直到今天，倒金字塔结构仍然被广泛应用且具有不可忽视的效果。

2. 缺点

很多消息采用了倒金字塔结构，读者看了总有似曾相识的感觉。倒金字塔结构的缺点主要表现为缺少文采，过于程式化，不能体现个性，没有新鲜感。采用倒金字塔结构的新闻稿件，结尾不是铿锵有力，而是有气无力，读者越往后看越觉得乏力。

瑕不掩瑜，倒金字塔结构有程式化缺点，也有诸多优点。它最为集中地体现着新闻表达的规律，提升了新闻信息传递效率，它是消息写作最为常用、最为经典的结构模式，也是其他新闻结构模式的基础。我们应该重视倒金字塔结构，熟练掌握这种结构的运用方法。

第三节　华尔街日报体

华尔街日报体又称焦点展开结构，是《华尔街日报》头版上常见的一种新闻报道形式，这种结构模式尤其适用于非事件性新闻报道或宏观报道，是一种非常巧妙的新闻结构模式。

国内新闻界尤其是一些党报在做宏观的、面上的报道时，往往"只见森林，不见树木"，没有故事没有情节，读起来很枯燥乏味。华尔街日报体可以很好地解决这样的问题，"这种写法使记者能大大将机构、统计数字和泛泛不着边际的问题减少，使读者能够欣赏和接受"[①]。

德国政府对养猪户颁布了一项法令，并决定到 2003 年年底逐步实施这项法令，对于这类政策法令颁布的新闻报道，若采用华尔街日报体进行报道，则会出现另一种新的景象，下面的例文呈现了采用华尔街日报体撰写的新闻报道的结构样式：

提高猪的生活质量

[开头：趣闻逸事]

当乌尔里奇·克鲁特美尔的 1500 头猪吃完晚餐后，他就爬进猪栏，与他饲养的猪挤在一块儿。

---

① 密苏里新闻学院写作组. 新闻写作教程 [M]. 褚高德，译. 北京：新华出版社，1986：260.

但很明显，这里的气氛很不友好。只要克鲁特美尔沾满泥浆的靴子挨到地面，他的猪就会紧张地往后退。当几只略显好奇的猪靠近了一点时，他关切地摸了摸一头猪的嘴。那头猪本能地张嘴就咬。

克鲁特美尔猛地把干瘦的手臂抽了回来，痛得喊出声来。猪群又急忙散开，他咕哝着说："只有对猪一点都不了解的人才会想出这个馊主意。"

[过渡：设立"螺母段"]

他所说的那些对猪不了解的人是指北莱茵－威斯特伐利亚州的政府官员。这个地区是德国人口最集中的州，也是出产猪最多的地方。

政府官员们想让那些对肉类持谨慎态度的消费者重拾信心，因为去年暴发的疯牛病和其他食品丑闻已令消费者恐慌不已。

官员们说，作为应对措施的一部分，肉类必须经过更严格的检测和卫生防疫；而同样重要的是，农场主在喂养牲畜的过程中要与它们有更多的直接接触。

[主体：报道主题新闻事实]

该州农业部唯恐本地农场主有什么不明白的地方，在最近颁布的一项法令中，为北莱茵－威斯特伐利亚州的 600 万头猪明确规定了新的、改善了的权利。每头猪应当有 1 平方米空间的猪圈，有打盹用的稻草或软橡胶垫。当玩耍时间到了时，猪必须有钢链或可咀嚼的玩具……

但真正使农场主心怀不满的是，该法令宣布农场主或帮工必须每天至少花 20 秒钟观察一头猪，并用文字记录下他们对猪的关爱，以表明他与猪待在一起的时间足以达到规定的标准……

迄今为止，该法令尚未让农场主和他们的猪更亲近……

并不是北莱茵－威斯特伐利亚州的农场主们不喜欢他们的猪……

克鲁特美尔和其他当地的农场主为了保住自己的生计，已经根据德国的农业创新计划来饲养他们的猪了……

但农场主担心的是，新法令可能会把他们逐出这一行业……

[结尾：照应开头，回味无穷]

"我们可以制定世界上所有的法规。但猪会选择它们自己喜欢的生活方式。"[①]

华尔街日报体的结构模式一般包括以下四个方面的内容。

一、开头设置焦点

华尔街日报体的开头要设置一个焦点，这个焦点通常是要描写一个情节、人物、场

---

① 赵智敏.采写《华尔街日报》体新闻应具备的五种意识 [J]. 新闻爱好者，2006（1）：34-35.

景、趣闻逸事或是一个悬念。焦点通常起着见微知著的作用，它是宏观报道对象的一个缩影，它蕴含或体现着整篇新闻的报道主题。焦点应当确保能够引起读者的普遍兴趣。

设置焦点的意图是使本来抽象、枯燥的非事件性新闻变得具象化，从而增强文章的可读性。

开头先讲一个与新闻主题有关的焦点如趣闻逸事，然后通过它引出所要报道的主题新闻，进而一步步展开和深化对新闻主题事实的报道。这样一来，本来抽象、枯燥的非事件性新闻，就会因人物、情节等因素的介入而变得富有人情味和故事性，自然而然地引起读者的兴趣，从而增强传播效果。

二、简短的螺母段

要在开头与主体报道两个部分之间设立一个过渡段，把开头的焦点部分与主体报道部分有机联结起来。这一部分好比是一个螺母，其主要作用是自然过渡，趣闻逸事虽然好看，但毕竟不是新闻报道的重点，如何引出下面的主题新闻事实更为关键。

螺母段不应占据太大的篇幅，但需要巧妙构思和表述，自然而然地把读者的注意力引导到下面的报道中。

三、主体展开焦点

螺母段之后就是新闻报道的主体部分了，要在这个部分对主题新闻事实进行深入报道。从篇幅上来讲，这一部分是一个"大肚子"，所占的篇幅甚至会达到整篇文章的85%左右，需要多着笔墨。因为焦点体现了报道主题事实，是一个缩影，所以这部分的报道也可以看成是焦点展开的过程。

主体部分仍然需要注意文章的可读性，要保持读者的阅读兴趣，注意新闻写作故事化手法的运用，注意细节和重点的结合。如果有一些数据或者宏观面上的信息，也应该将这些东西糅进报道中去，而不能全是枯燥的内容。抽象枯燥的内容全被分散、融合在报道主体之中，并被不断地冲击，还未等读者不耐烦，马上就有更带劲的材料上来了。情节、细节、引语等技术的运用造成了起伏与波澜，让读者始终饶有兴致地了解新闻的全貌和过程。

四、结尾回到焦点

写作一个与开头照应的结尾，能让人有所回味。结尾部分通常要再现开头提到的某个或某些新闻要素，如开头中提到的场景、人物的引语或行为，也可以描写一下开头提到的某件事情的发展情况。

华尔街日报体特别强调新闻的结尾，要写作一个强而有力的结尾，这个结尾一般还要再回到开头的焦点上去，首尾呼应，形成一个循环，令人回味无穷。

第四节　板块组合结构

板块组合结构是指依照新闻内容的性质或要素，将新闻内容划分成不同的板块并对这些板块进行巧妙组合的结构模式。各个板块的地位、篇幅大体相当，板块之间形成一种并列关系是其主要特征。

中国是世界上最大的产煤国，同时是世界上最大的矿难国。我国矿难发生频率过高，而且每次矿难死亡人数不少。新闻媒体播报的每次矿难都让人十分震惊，安监部门采取的措施及发表的声讨也很严厉，读者可能会想以后应该不会再发生类似的事情了。可是，类似的矿难消息仍然不时传来。现在的读者已经有些厌烦这样的矿难新闻了：为什么矿难问题如此严重？难道国外也是这个样子吗？如果国外有好的做法，为什么我们就不能借鉴一下？

借鉴国外煤炭生产大国的先进经验，有助于治疗我国的矿难顽疾。《燕赵都市报》2009年11月27日刊登了《煤本无血　看他国如何安全生产》，对外国安全生产状况进行了报道，回答了读者的疑问。另外，就在6天前，也就是11月21日，黑龙江新兴煤矿发生特大瓦斯爆炸事故，108人遇难。此时发表这篇文章，比较及时地满足了读者了解国外煤矿安全生产情况的需求，更能引起读者的关注。

从结构模式上看，这篇文章采取了板块组合结构，分别介绍了英国、美国、澳大利亚、德国、南非等5个国家的煤炭安全生产情况。这5个国家的安全生产情况分别以一个小标题引领内容，形成了5个并列板块，阐述很清晰。下面就是这篇报道的大体样式，本书作者对正文内容作了删减：

煤本无血　看他国如何安全生产
英国、澳大利亚多年来全国煤矿零死亡

■ 英国：公布相关政府官员电话

英国煤矿工人的死亡率从2002年至2008年，实现连续多年为零。

英国的煤矿安全规定，煤矿经理必须有煤矿井下工作经历，必须通过安全和相关知识考试。每个作业时段井下都必须有一个副经理负责现场管理。

每个煤矿都有一名政府安全巡视员，他们有权勒令煤矿停业整顿。

英国工会联合会负责矿业工人的劳动健康与安全监督，并代表他们的利益与雇主进行集体谈判，一旦发生事故，要确保会员和工人获得足够的赔偿。

每年出版的《英国煤矿指南》，专门把政府负责安全和环境的部门和官员的名字、电话等一一列出，以便公众有效"监管"。

■ 美国：危险采掘机器代劳

美国煤矿广泛采用信息化技术和计算机模拟、虚拟现实等新技术，危险的采掘工作大多无须工人到井下，而是用机器代劳。美国煤矿工人中绝大多数是操作设备的技术工人。

美国煤矿中推广各种新设备，通过技术认证的产品，每月都在网上的产品目录中更新公布。

美国国会于2006年夏天通过了《矿业安全与健康法案》，法案规定，要经常对矿业经营者进行安全检查和事故责任追究制。

■ 澳大利亚：安全考试得满分才能下井

澳大利亚是世界上第一大煤炭出口国，自2003年起，全国煤矿开采实现了"零死亡"。

澳大利亚煤矿安全法规的头一条就是："财富再多也抵不上一条命。"

每位煤矿工人下井前须对井下安全注意事项、安全器材配备、禁带物品、下井人员血液酒精含量标准，以及如何遵章作业、听从安全人员指挥等现场生产情况进行3页纸的考试检查，得满分者才能下井工作。

员工大量参与公司的安全监督和管理。任何员工只要发现工作环境有不安全因素，就有权当场停止工作。

■ 德国：政府建学校　学满三年才当矿工

德国煤矿工人今天仍旧沿用传统的问候方式："祝你平安出井。"历史上，德国也经常发生矿难，但如今德国的矿山安全闻名全球。

德国政府出资设立了职业学校，培养矿工。此类学校学制3年，学生在校期间除学习理论外，有20%的时间进行实地训练。

由于国家在教育上的高投入，德国从根本上提高了煤矿从业人员的安全自我防护意识和防护能力，较好地解决了人的不安全因素。

■ 南非：研发瓦斯抑爆技术

南非的采矿业仍是劳动密集型产业，矿工绝大多数为半熟练和非熟练工人。尽管如此，南非煤炭事故死亡率却逐年在降低，成为世界上煤矿安全生产最先进的国家之一。

南非研发出一种主动型抑制瓦斯煤尘爆炸技术，曾被评为全球最先进的阻燃抑爆技术。

我国和南非的矿山安全法和煤矿安全规程类似，并且瓦斯浓度的控制标准也相似，我国曾先后多次组织人员赴南非就煤矿安全管理进行考察。

南非这一先进的抑爆技术能够在毫秒级别的短时间内，以特定的阻燃介质形成抑爆屏障，阻断瓦斯爆炸反应链，变被动抑爆为主动阻断，从而有效地避免事故的进一步扩大。

板块组合结构模式比较适合对复杂新闻事实的报道。记者可以按照新闻事实内在的逻辑关系将其分解成若干个部分，"为报道分门别类地划分几个分主题，一个部分一个部分地进行说明与展示，用这些各自相对独立的报道单元，合成对新闻事件的完整描述，完成对新闻主题的解释"[①]。

进行板块划分必须充分考虑新闻内容的特点，"如果这是一则包含着各方冲突和不同观点的新闻，你可以考虑为每一种观点写一个部分，由不同观点组成的各个章节组成一篇完整的报道。如果这是一个时间进程特征明显的新闻，你就可以根据时间顺序划分不同的部分，把过去、现状、未来划分为不同的部分，展示出新闻的进展全程。如果这是一则情节复杂的新闻，你可以把其中的各个关键环节挑选出来，分解为不同部分，以揭示新闻的全部内容"[②]。

记者在构思时要深思熟虑，抓住各个部分之间的内在逻辑联系，并让读者看到这个内在联系，这样一来，整篇新闻才能成为一个有机体，否则就容易成为七拼八凑的积木。

第五节　沙漏型结构

沙漏型结构的开始部分与倒金字塔结构非常相似，往往有一个描述新闻核心内容的导语，之后则要按照时间顺序来构造新闻主体，展开报道。

这种结构模式比较适合时间进程标志明显的新闻事件报道，便于清晰展现新闻事件在各个时间段的变化和进展，利于读者对整个新闻事件的来龙去脉有一个清晰的认识和把握。如：

从五楼撵到大街上，把他赶下出租车，把他逼进建筑工地（引题）
弱女子追得持刀撬门贼哭着求饶（主题）
追赶途中歹徒摔倒，双手摁在刀刃上，鲜血淋漓（副题）

11日清晨，桐柏南路郭庄村，一男子在五楼撬门时，被住客王丽（化名）发现，她大喊一声追出去，从五楼追到一楼，追得男子慌不择路摔倒在地，双手按到刀刃上血流不止。男子翻过护栏钻入出租车，她也跟上车，让的哥把他们拉到派出所。男子下车再逃，在一个建筑工地，哭着求饶，王丽拦着他，直到民警赶到。（导语）

---

① 高钢.新闻写作精要 [M].北京：首都经济贸易大学出版社，2005：148.
② 高钢.新闻写作精要 [M].北京：首都经济贸易大学出版社，2005：148.

追击第一波：从五楼追到街上（小标题）

追击第二波：把他撵下出租车（小标题）

追击第三波：歹徒哭着求饶（小标题）

结局：4组民警围住歹徒（小标题）

（《郑州晚报》，2007 年 10 月 12 日）

下面的这个例子，标题概括了新闻事件的核心内容，之后的正文部分依据时间顺序展开，行文貌似平淡，效果却非同一般，让人们为去世的大学生感到惋惜和遗憾：

两名大学生玩命

1月22日下午7时，北大分校物理系18岁学生吴某某，与三名女同学到学校附近的铁道边散步。

吴对女同学说，国外曾有人趴在路轨中间，火车过后安然无恙。

这时，一列火车正巧从西直门方向驶来，吴和一女同学欲亲身一试，他们迎着火车趴在两轨中间。

火车司机发现后，立即采取紧急制动措施，车头和一节车厢从他们上面驶过后停了下来，女同学从车下爬了出来，侥幸留下了性命。

吴某却没有出来，他的颅脑受到严重损伤，已经丧生。[①]

对于同样的材料，我们还可以改变文章的结构，下面就是利用倒金字塔结构改写的作品，阅读效果明显下降：

两名大学生玩命

1月22日下午7时，一名大学生因趴在铁轨中间被火车轧死，他的颅脑受到严重损伤。和他同卧铁轨中央的女同学则侥幸留下了性命。

从西直门方向驶来一列火车，司机发现有人卧轨后，立即采取紧急制动措施，车头和一节车厢从他们上面驶过后停了下来，女同学从车下爬了出来，侥幸留下了性命。

据了解，这天下午北大分校物理系18岁学生吴某某，与三名女同学来到学校附近的铁道边散步。

吴某某对女同学说，国外曾有人趴在路轨中间，火车过后安然无恙。

这时，正巧从西直门方向驶来一列火车，吴某某和一女同学欲亲身一试，他们迎着火车趴在两轨中间，结果造成了这样的惨剧。

---

① 宋品新.新闻写作学 [M].沈阳：辽宁大学出版社，1996：172.

思考与训练

第九章
引语写作

引语写作丰富了新闻表现的手段。直接引语要精挑细选，呈现消息来源精彩的话语，增强文章的可读性。我们越是强调直接引语的重要性，越要警惕直接引语的滥用。不能过量地使用直接引语，而应该将直接引语、间接引语、叙事、描写等结合起来使用。

第一节　直接引语与消息来源

引语是新闻报道的有效构成元素，引语尤其是直接引语能够增强稿件的可读性。引语分为直接引语和间接引语，直接引语是对消息来源原话的引用，间接引语是对消息来源话语意思的转述。

消息来源是新闻信息的提供者，是引语的发出者。消息来源既可以是新闻中涉及的人物或组织机构，也可以是其他的报道、音像制品、书籍、文件、档案、文章等文献资料。

与间接引语相比，我们通常更加重视直接引语的写作。好的新闻报道需要精彩的直接引用，直接引语的作用非同寻常。引语写作也离不开对消息来源的研究，需要了解消息来源的类别，学会如何与消息来源打交道，掌握交代消息来源的方法。

一、直接引语的作用

1. 有助于增强报道的客观性

作为一种客观手法，直接引语拉开了记者与新闻当事人之间的距离，表明记者引用其话，并不一定赞成其观点，如：

热电厂态度很明朗，可以从现在开始交纳垃圾占地费用，但前 9 年的补偿费用不在考虑之内，因为那是"以前领导班子的问题"。

"通过增加更多的采访者和引语作为相互支持的事实，新闻工作者就能疏远自己与事件之间的距离，而让其他人来替他们说话。"[①]这样使用直接引语，还有利于凸显矛盾，提高新闻表达的效率，便于读者认识新闻事实，迅速抓住新闻的重点。

2. 使新闻报道更加真实可信

直接引语首先是一种明白无误的事实，是新闻当事人或目击者谈话的真实记录，它避免了由于记者转述带来的意思偏差，使新闻报道显得更加真实可信。下面的例子均出自本书作者采访"干尸事件"时唐山市公安局一位副局长的谈话，由于这些关键内容都是一位亲自办案的权威人士透露的，这些信息会更容易令人信服：

（1）"我摸到了干尸的脚，手上沾了一些液体，味道很难形容。"这位办案的公安局副局长说，尸体是经过防腐处理的，上面涂满了防腐药品，"否则，是保存不了这么长时间的"。

（2）开始时谢玉臣每天都用纸将尸体溢出物吸出，自己则在尸体旁边睡觉，"死尸脸（头）朝东，脚朝西，谢玉臣脸（头）朝西，脚朝东"，直到案发。

引语是写作的手段，它有效衔接了前后部分的文字，使之成为自然流畅的叙述整体。记者的叙述直指重点和主线，挑选出来的直接引语更具权威性和吸引力。这样写作，提升了表达效率和可读性，让报道更加真实、可信、生动。

3. 带来现场感，增强可读性

读者对直接引语感兴趣，直接引语会让新闻人物的形象鲜活起来，给新闻报道带来一种有声有色的现场感觉。引语让新闻人物直接发声，为沉默的记叙文字增加了声音表达。直接引语有助于还原现场感觉，让读者沉浸其中，在阅读想象中感受声觉信息。直接引语优化了阅读体验，增强了文章可读性。

4. 改变新闻报道的节奏

在陈述性文字块中掺杂带双引号的引语，能够消除由单一叙述带来的乏味感。由于表述形式的跳跃而带来的这种变化，将为读者带来更为轻松的阅读体验。引语、叙述、描写等表现手法的变换运用，使新闻报道产生了节奏的变化，让新闻报道更富动感。

直接引语也是写作的手段。新闻报道以叙述为主要表现方式，叙述耗费了记者大量心血。有时记者叙述完一段文字，意思表达还不够完整，如果另行组织语言继续叙述又会特别烦琐，这种情况下不如干脆添加直接引语，使表达趋于完整。直接引语的使用改变了表达的节奏，成为提升新闻写作效率的有力手段。如：

如今，因爆炸受损的房屋已经修缮完毕，事件中遇难的民警也被追记个人一等功。王

---

① 盖伊·塔奇曼. 做新闻 [M]. 麻争旗，刘笑盈，徐扬，译. 北京：华夏出版社，2008：104.

艳丽却在四处维权碰壁后，站在风中喃喃自语，"我丈夫的死，就像从来没有发生过一样"。①

二、消息来源的种类

消息来源是新闻信息的提供者，是引语的发出者。记者依靠消息来源完成新闻报道，权威消息来源让新闻报道更加真实可信。什么叫权威？了解真相叫权威，而不是说谁官大、有权力才叫权威。消息来源越了解真相就越权威，以下四类消息来源尤其需要密切关注。

1. 参与者

参与者是指新闻事件的当事人，参与新闻活动的各种角色力量。作为人的消息来源，参与者的可信度通常低于物的消息来源。

政府官员倾向于为新闻涂上一层积极的色彩，他们对事实材料的提供往往不够充分，另外，政府官员还会过多地使用评论性语言。政府官员可能会揽功推过，淡化自己的错误行为或严重的疏忽，而对群众成绩的肯定往往不够。

有一类人的信息来源应当引起记者的注意，那就是所谓"中间层"人员。记者与"中间层"人员打交道要比与高层人物打交道容易得多，从某种意义上讲，"中间层"人员比高层人物还要重要。高层人物一般都很忙，没有时间理会普通记者。另外，由于高层人物一般都很在乎个人和组织形象，在发表意见的时候往往比较矜持和保守。"中间层"人员没有那么多的束缚，能够提供更多细节，他们对记者的采访也更加热情，对他们来讲，接受记者的采访，多多少少有点荣耀感。记者应该在日常生活中与这些"中间层"人员建立起密切的联系，时不时给他们打个电话，或者找时间聚一聚。

2. 专家

在面对一些复杂事物时，记者有必要请专家出来解释，以便引领读者对专业性问题或复杂事物有一个更清晰的认识。但是，记者不能完全依赖专家来做报道。记者的主要任务仍然是到一线调查采访，不要一味地与专家纠缠在一起。记者学者化并不是一种好倾向。

3. 物的消息来源

物的消息来源包括事故现场处理记录单、公务文书、合同、财务报表、账簿、司法文书、图书报刊等各种纸质文件材料，以及音像资料等。

总体上看，物的消息来源尤其是正规文件记录的可信度是比较高的，但对于物的消息来源我们也要有质疑的精神。物证是可以造假的，记者万万不能掉以轻心，仍然应该秉持审慎的态度，要善于检验物证的可靠性，明辨真伪。

---

① 白德彰. 锁匠协助警方开锁被炸身亡，警方坚称无责任 [EB/OL].（2023-12-08）. https：//mp.weixin.qq.com/s/28CmiGRS_vBwt4NfKiMN0g.

4. 网络消息来源

网络消息来源包括网站、微信、微博、客户端、抖音、快手等各种网络渠道，网络消息来源提供了丰富的内容，但其中也含有不少虚假信息，需要认真辨别。

三、如何与消息来源打交道

记者要与消息来源保持联系，加强对消息来源的保护，同时也要警惕虚假消息来源，善于采用三角定位与多重佐证的方法核实消息来源提供的材料。

1. 与消息来源保持联系

记者应该注意与消息来源保持经常性的联系，要与他们交朋友。很多人对记者的工作充满敬意和好奇，他们也愿意把记者当作自己的朋友。记者在采访中结识的这些朋友是一笔宝贵的财富，应当经常给他们打打电话，聊聊天，有时候记者也可以帮他们解决一些问题。关键时候，这些消息来源会为记者的报道事业增添力量。

2. 消息来源的保护

采访对象要求记者不公开报道他的谈话，并且记者也已经做出承诺，那么记者就不应该报道谈话，更不能指明出处。

1972 年，"深喉"向《华盛顿邮报》记者鲍勃·伍德沃德和卡尔·伯恩斯坦提供了尼克松总统"水门事件"的关键线索。33 年来，不断有人想要挖出"深喉"的身份，《华盛顿邮报》的这两名记者自然少不了受到来自各方的问询。伍德沃德表示，自己虽然一直与"深喉"保持联系，但是就连"深喉"的家人也休想从他口中得到证实。

2005 年 5 月 31 日，91 岁的美国联邦调查局前副局长马克·费尔特承认自己就是那个曾被称为"深喉"的人。在《名利场》杂志爆出费尔特的身份之后，伍德沃德和伯恩斯坦仍然没有马上站出来发表任何评论。

保护消息来源是记者的职业操守，从某种意义上讲，也是对记者职业尊严的维护。

3. 警惕虚假消息来源

作为消息来源的个人，大都心中另有企图。记者应该随时准备评估消息来源，恰当判断其背后意图对信息真实性的影响或干扰。

记者采访的时候，要当心一些说谎话的消息来源。一般记者都很反感被访者说谎话。不过，如果对方在接受采访的时候撒了一个弥天大谎，记者还是应该感到高兴的，弥天大谎可以用来揭示被调查者的丑态，它在新闻写作中具有很好的戏剧效果。

记者最应该当心的是那些看似真实的谎言，那才是真正的陷阱。记者应该懂得核实，对比不同消息来源提供的信息，看看哪些说法有出入，然后进一步地加以验证核实。

有时记者也可以检验对方是否说实话，给他出些测验题目就能看出他说谎了没有。市场调查问卷里往往会有这样的小题目，比如在询问对方收入时，隔几个题目，它会问到对方每个月的支出和盈余。直接问对方收入，可能比较敏感，不诚实的被访者就会瞎编一个数字，但是这个数字很难与后面提供的每个月的支出与盈余对上账。由于隔了一个时间段，说谎者对前一个问题的警惕性已经降低了，很难周密地考虑到每一个问题都能对上账。

记者可以用类似的方法来检验对方是否说谎，以免误听误信假情报。

4. 三角定位与多重佐证

三角定位是指当报道有剧烈冲突的事件时，记者应该找到正方、反方、中间方三种不同性质的消息来源加以采访，避免偏听偏信，从而实现对事实的全面认知和正确判断。

多重佐证是指记者通常不能仅凭单一消息来源的说法，就确信新闻事实的存在，而应当寻找多个消息来源加以佐证。记者必须找到多个相互独立的消息来源，彼此佐证，方可基本确认事实的成立。多重佐证要求独立消息来源至少有 2 个或者 3 个，有的媒体如《瞭望东方周刊》甚至要求新闻稿件必须有 5 个以上独立的消息来源。

三角定位与多重佐证有相通之处，它们都强调不能依赖单一消息来源采访。有所区别的是，三角定位强调消息来源的不同性质，多重佐证则更强调消息来源的数量。

四、交代消息来源的可行做法

引语写作需要交代消息来源，以下总结了交代消息来源的要点。

（1）养成交代消息来源的习惯。交代消息来源应该明确、具体，消息来源交代得越笼统含糊，新闻的真实性就越难以保证，新闻造假的可能性就越大。当消息来源首次出现，而读者又不熟悉时，应简明扼要地介绍消息来源身份。

（2）引语写作要保证读者能够非常容易地知悉消息来源。尽量不要孤零零地呈现一个段落的直接引语，却并不标示消息来源。这种写法会让读者不知道是谁说的这句话，感到困惑。

当直接引语与叙述融汇在一起，读者心领神会，很容易知晓这句直接引语是叙述语句中人物的话时，才可以省略对消息来源的标示。

（3）对观点或引语的报道应该指出消息来源。无论是直接引语还是间接引语，无论是完整引语还是部分引语，都应当注明消息来源或能够让读者很容易知悉消息来源。任何含有指责性的内容都应当标注消息来源。

（4）交代消息来源是为了分清责任，谁说的话谁负责。即便如此，记者也要格外注意信息的可靠性。

（5）不要冒充消息来源。"相关专家认为""业内人士说"，很多时候其实就是记者在发表言论。一般记者不应成为消息来源。只有当记者成为事实亲历者或权威当事人时，才可以成为消息来源。

（6）众所周知的信息、没有争议的信息不用标注消息来源。对事实的报道不需要指出消息来源。如果你去现场采访，掌握了第一手材料，见证了新闻事实的发展，有足够把握确认事实信息的真实性和准确性，在这种情况下通常不需要标注消息来源。

（7）如果你是通过电话、电子邮件或即时通信工具采访获知了相关信息，这些信息即便是事实也需要在导语里注明消息来源。

（8）如果对消息来源的完整表述过于复杂，为了增强导语的可读性，可以先笼统地指出消息来源，如"警方称""一位政府官员说""专家说"，在稍后的文字段落里再详细地讲述其身份头衔。

（9）对消息来源做出的承诺一定要遵守。尽量少用，最好不用匿名消息来源。绝不使用匿名消息来源对具体的人物或机构进行攻击。出于人身安全和合法权益保护的考虑，可以采用匿名消息来源形式。对匿名消息来源的说法，至少要有第二个独立的消息来源证实其可靠性。要明确告诉采访对象，即使他们的名字不出现在报道中，记者也有权利将他们的名字告诉媒体主编。

第二节　选择什么样的直接引语

直接引语是珍贵的，消息来源说的话并非都可以当成直接引语使用。我们在写作的时候，应该挑选消息来源说的精彩话语、具有分享性的语句，通过恰当呈现直接引语来增强文章的可读性和传播力。

一、有分量的评议

当事人对新闻事实有着深刻的认识和理解，他们发表的意见对读者正确认识新闻内容具有重要作用。如果消息来源对新闻事实作了有分量的评议，对事件进行了合理定性，旗帜鲜明地表达了自己的态度，帮助读者看清楚问题的实质，提高了认识，那么我们就可以考虑引用这样的评议话语。

河南商丘农民赵作海被屈打成招为"杀人犯"，11年后"被害人复活"，赵作海被释放。2010年5月11日，商丘市政法委书记王建民去看望赵作海并道歉。"你蒙冤入狱11年，我们认为这是商丘政法部门的耻辱。"这句话比较中肯地评价了这件事情。

2007年7月10日，国家安全生产监督管理总局局长李毅中赶到河南登封磴槽煤矿现场调研。李毅中说，在安全投入上舍得花钱、不遗余力，在抓煤矿安全的所有经验和做法中，这一条最为重要。

"不是煤矿消灭事故，就是事故消灭煤矿。"李毅中的这句话被新华社记者做成了标题。

2007年9月3日，国家安监总局例行召开安全生产调度月报会议。有关司局的负责人对8月发生的几起重特大安全事故进行原因分析，多次提到是"自然灾害使然"。国家安监总局局长李毅中突然打断讲话，大声说："别把事故原因动不动就推到自然灾害上，要多分析分析'人'的因素！一些事故其实在自然灾害暴发前，隐患表现和潜在威胁就已经触目惊心，为什么相关部门和单位不做好预警、防范工作啊？而只是等事故发生了、众多生命消失了，才作为啊？"

二、富有启发意义的话

人很容易执迷于对名利的追逐，并在追逐的过程中遭遇挫折和烦恼。如果不善于自我调节，不能从痛苦中走出来，那是非常危险的事情，有的人会因此而抑郁，甚至走入死胡同。人生充满竞争，但过度竞争其实并不是好事。人也喜欢比较，结果在比较中增加了更多的痛苦。人生的痛苦很多源自我们希望社会他人给予我们积极评价，用所谓他者眼光来审视自我。其实，如果我们换一种思维，不再那样去想事情，可能很多看似难以解决的问题都不过是些梦幻泡影罢了。

我们每一个个体都需要心灵慰藉。当我们身处困局，一时无法解决难题，不妨多听听富有启发意义的话语。这些话语是药，能让我们转变思维，让我们猛醒，原来我们曾经追求的一些东西可能并没有那么重要。东方甄选高级合伙人董宇辉有段话很有治愈力，他说，人生除了生死，其他都是小事。"他不爱我"——根本不要在乎他，他不爱我，我还不爱他呢。"老板批评我"——批评就批评吧，不要太当回事。你的职责是做一些振奋人心的事情，不喜欢你怎么了？"同事排挤我"——其实这也不重要，你平安喜乐，这是最重要的。

当说到"成绩没考好"时，董宇辉拿自己说事——成绩考好了又怎么样？董宇辉当时成绩考得还挺好的，那不现在也卖菜嘛。"健康的心态，持续的学习，健康的饮食，丰富的阅读，这些很重要。人生是一场马拉松，学会用跑马拉松的心态去过这一生，不要在意一时的先后。他比你多起跑几步，你让他跑。龟兔赛跑，赢的都是龟。"董宇辉的这段话很有启发意义，当我们失意的时候不妨多听听他说的这段话。我们要正确看待生活中的挫折，不要钻牛角尖，不要执迷不悟。我们要用长远的眼光看问题，不要在意一时的得失成败。这关系到每个人的身心健康与长远发展，是非常重要的事情。

三、无所顾忌的话

敢于冒天下之大不韪，能够彰显消息来源鲜明个性或特殊品质的话值得引用。

"你是准备替党说话，还是准备替老百姓说话？"河南省郑州市须水镇西岗村经济适用房用地被开发商用来建别墅，中央人民广播电台记者前往采访时，郑州市规划局副局长逯军这样质问记者。

党的利益与人民的利益应该是统一的，政府官员本应做老百姓的仆人。这位副局长却将"为党说话"和"为老百姓说话"对立起来，从而也就将党与人民对立起来，很不妥当。

"你是准备替党说话，还是准备替老百姓说话？"这句话凸显了一些官员对百姓利益的漠视及其对自身所处阶层的优越感，伤害了群众的感情，也恶化了干群关系，具有很强的讽刺意味，令人深思。

来自辽宁省葫芦岛市钢屯矿区的几名有色金属矿老板，狂言要把北京的售车小姐连人带车一起买走，"别说车了，你说吧，你值多少钱？老子连你一起买走。"矿主的言论将其财大气粗、飞扬跋扈的性格表现得淋漓尽致。

"你值多少钱连你一起买" 矿老板狂言买售车小姐

在北京的一次车展上，车展承办方共展出了 10 辆单价为 800 万元以上的劳斯莱斯。几名来自钢屯的有色金属矿主一次就要购买 8 辆，而且是现金购买。由于矿主其貌不扬，售车小姐提醒："这车非常昂贵，不是一般人能买得起的。"矿主被激怒了，当场说道："别说车了，你说吧，你值多少钱？老子连你一起买走。"

事后，这些矿主们成了当地政府密切"关注"的对象。随后，税务部门对他们进行了清查，结果大部分矿主因为偷税、漏税被追究法律责任，直到现在，该地的大部分矿井仍处在停产整顿中。[①]

四、富有人情味的话

有的话虽然并不重要，但充满人情味，也可以用作直接引语。

2009 年 10 月 29 日，李克强访问澳大利亚，华侨华人留学生在悉尼国际机场大坪欢迎他，李克强亲切地与欢迎队伍中的华侨和学生握手。"首长好帅！首长真帅。""我握到了总理的手！""我也握到了！我要告诉我爸妈。"这些直接引语用得好，亲切自然，有人情味。过去我们的通讯写领导人，常常把领导人塑造成了神，千人一面，没有个性，离老百姓很远。

陈丹和刘建平都是沈阳五爱市场服装售货员，陈丹曾经在刘建平困难的时候慷慨相助，俩人成了好姐妹。后来，陈丹得脑瘤去世。陈丹为她的原生家庭立下过汗马功劳，但

---

① "你值多少钱连你一起买" 矿老板狂言买售车小姐[EB/OL].（2005-11-11）. https: //news.sina.com. cn/c/2005-11-11/08207411374s.shtml?ivk_sa=1024320u.

家人没有为她立坟，也没有留她的骨灰。据说陈丹的母亲认为，陈丹没有结婚，未出阁的姑娘不能立坟，立了那叫"孤女坟"，会让家里不得安生，影响家运或风水。

刘建平继续在沈阳打拼，她终于扎下根来，虽然不算大富大贵，但已经有房有车了。2018年年初，刘建平在沈阳一家寺院给陈丹立了个牌位。《五爱街往事》作者在写到这里时接连引用了刘建平的几句话，透露着对好友早逝的遗憾和不舍："如果陈丹还活着，她来我家串门，我也去她家，多好。""再也没遇见过陈丹那样的人。她那样的人，可能已经没有了。""如果早一点儿给她立这个牌位，也许她能早一点儿受益。但我就这么大能耐！"文章的末尾也以直接引语收束，富有人情味，也充满忧虑和不确定：

出寺院大门，前面是片空地，刘建平回头看了一眼，幽幽叹口气，似自言自语："丹丹，你能找着这儿不？好找不？这回你有家了。"[①]

五、令人动容的话

冲击人的情感，让读者感动甚至落泪的话，值得引用。

2005年6月4日晚，陕西省榆林市绥德县刘家山村农民耿三保带着三个女儿第二次来到北京，开始实施将女儿送人的"计划"。新京报记者为此专门采访了耿三保，耿三保的一番话语让人感到心酸。

新京报：你家里还有什么人？

耿三保：去年4月妻子死后，就和三个女儿相依为命了。

新京报：你妻子是怎么去世的？

耿三保：是患贫血病，主要是营养跟不上，平时也太累。我到现在还很想她，但我觉得对不起她。她死的时候家里很穷，下葬时身上都没一件像样的衣服。因为买不起棺材，我只能把她放在两只大水缸里。缸口一合，就这么埋了。

耿三保：妻子去世的那一年，地里收成不错，赚了2000元钱，我想这是妻子在天之灵保佑我们吧。因为之前灾年的时候找村里的人借了钱，把账还了后就只剩几百元钱了。后来，县里给我办了特困户救助证，定期发点粮食和面什么的。

耿三保：小红走后三四天，那位军官把孩子给送了回来，说是她住着不习惯。隔着老远，我就朝小红跑去，最后我们抱在一起痛哭流涕。

耿三保：说实话，当时我还是希望有个男孩。结果孩子越多生活越困难。现在看来，有点后悔当初生这么多。我承认这次我是出门遇贵人，能这么快让孩子上学、有饭吃，而我们一家又不用分开。真的，我很幸运。[②]

---

① 三胖子.五爱街往事[M].北京：新星出版社，2023：41.

② 汤阳.父亲欲将女儿送人续：自称想让女儿有饭吃有书读[N].新京报，2005-06-09.

六、敢于公开的话

未婚先孕、少女堕胎这一现象并不少见，主演过《闯关东》等一系列影视剧的著名影星丁嘉丽想以自己的经历告诫少女们珍惜自己，她的真诚、勇气和良苦用心令人惊叹。

2009年12月24日至27日，首届河北省公民德行教育论坛在石家庄河北会堂举行，丁嘉丽也来到了现场。这位50岁的影星上台后，声泪俱下，当着2400名观众的面，痛陈自己过去生活不检点、多次堕胎而导致一生婚姻不幸、身心严重受创的经历。

《燕赵都市报》以《丁嘉丽痛陈堕胎经历　劝诫无知少女》为题对丁嘉丽的演讲做了报道。丁嘉丽的谈话令人感到震撼，她能够说出自己过去不检点的行为该需要多么大的勇气啊！她的一些讲话被直接引用，下面是报道的一部分：

她说，我也有女儿，我希望女儿不要犯我的过失。自己之所以犯下不可挽回的错误，是过去不知道怎样做姑娘、怎样做媳妇、怎样做女人、怎样守好妇道。

丁嘉丽回忆说，年轻时父母也教育自己要本分、正派，但自己听不进去，特别反感，总以为是过时的老观念，是封建意识。都什么时候了，要解放思想、要跟着感觉走，想怎么着就怎么着，对后果没有畏惧。

"大学毕业一年后，认识了男朋友，就偷吃了禁果，是自己主动，这个男朋友后来成为我的第一任丈夫，他对我说：这件事情很重要，你想好了吗？当时我完全沉浸其中，所有的一切都抛在脑后，忘却了自己，其实问题的关键是我有没有爱自己。我对自己不负责任，不知道一个女人要守本分，姑娘要性如棉，要洁白如玉。"

令丁嘉丽感到意外的是，这件事发生后，男友对她的态度大变，对她说："你破坏了我一段人生最美好的时光。""一个人不自爱，别人也瞧不起你。"禁果像裹着糖衣的苦药丸，甜的滋味瞬间就没有了。灾难来临了，丁嘉丽未婚先孕，过起了度日如年的日子，一面拍戏，一面担心当众失态，患了失眠症，头发大把地掉，后来只好偷跑到北京一个小村镇上的卫生院做了刮宫手术，"那种感觉，就像有人拿着刀片在你的手心深深地划了一个大口子，然后拿着钳子不停地在往外刨你的肉，特别特别难受。我当时就向大夫求饶，我说我错了，我错了！医生冷冷地说：你现在知道疼了，早干吗去了！后来的话，就没法跟大伙儿在这儿说了。当时我无助地躺在手术台上，狼狈极了，我活了20多岁，头一次感觉那么地羞愧，无地自容。"①

七、富有戏剧性的话

"陕北泥塑王"王文海抱怨说："你这是作孽啊，你怎么能把毛主席和魔鬼放在一起

① 祁胜勇. 丁嘉丽痛陈堕胎经历　劝诫无知少女 [N]. 燕赵都市报，2009-01-05.

啊。""你荣耀我不荣耀啊，我们一起合作的却不署我的名字啊，隋老师你违背合同伤了我的心啊。"王文海说话很有意思。读王文海的话语，读者仿佛看到一个朴实的陕北汉子用方言在与你对话，乐趣无穷：

2004年，王文海的儿子在网络上看到隋建国在旧金山展出塑像的消息。隋建国为雕塑增加了背景，重新取名为《梦魇》，并单独署名。王文海说，由于他不认识梦魇的"魇"字，便查了字典，得知了"魇"是魔鬼的意思。

"哎呀呀，快把我气晕啦。"王文海呶吧着嘴说，"我当时就说啊，这个隋老师啊，你怎么不跟我说一声啊，你这是作孽啊，你怎么能把毛主席和魔鬼放在一起啊。"

2005年8月，在旧金山展览结束后，王文海首次与隋建国见面。"我本以为他会跟我道歉，我骂他一顿也就算了。"王文海说，他没想到隋建国一见他就说要购买雕塑的版权，叫他快点开个价。

王文海说，他只想署名字，但隋建国说署名是不可能的，并给他开价9万元。"你荣耀我不荣耀啊，我们一起合作的却不署我的名字啊，隋老师你违背合同伤了我的心啊。"王文海说他不愿意出售版权，便拒绝了隋建国。①

韩祖荣出生于1979年，是一位河北籍的农民工，他和妻子住在北京丰台区白盆窑的一间用煤炉取暖的简陋平房里。韩祖荣平时的工作就是在新发地批发市场卖豆浆和卸菜。韩祖荣有一个明星梦，他希望自己能在2009年山寨版春节联欢晚会成名。

韩祖荣晚上到苗圃里练歌，山寨春晚办公室的人给他打电话，说他的节目入选了。韩祖荣坐在石砖上，哭了，停下来，又继续哭。他赶紧给老家的母亲打了电话，说他现在终于可以干自己想干的事情了。

韩祖荣喜欢用这样一个句式："如果我红了……"《南方人物周刊》记者卫毅在《如果我红了 一个农民工的山寨春晚梦》报道结尾处，引用了韩祖荣用这个句式说的几句话：

这些天，韩祖荣说得最多的一个句式是：如果我红了……

"如果我红了，就去领养两个孤儿。我最喜欢小孩了，我媳妇怀过小孩，但没保住。"

"如果我红了，就给我妈拍一部电影。我妈太苦了，拍出来肯定感人。"

"如果我红了，张艺谋和冯小刚找我去拍电影的话，我会在感谢词上说，第一感谢我的父母，第二感谢山寨春晚。无论是张艺谋还是冯小刚，我都得先感谢父母和山寨春晚，才轮到他们。"

说这句话的时候，他媳妇在一旁边煮手擀面边说："你到得了那个份上吗？"

（《南方人物周刊》，2009年第3期）

---

① 孙思娅.塑像《睡觉的毛主席》引侵权官司 原告索赔百万[N].京华时报，2006-11-22.

八、感情强烈的话

消息来源很严肃、很气愤或很悲痛地就某件事发表看法，这类带有强烈感情色彩的话能够触动读者，值得引用。

2021年3月18日至19日，中美高层战略对话在安克雷奇举行。在美方发表开场白后，中共中央政治局委员、中央外事工作委员会办公室主任杨洁篪发言。

杨洁篪说，美国没有资格居高临下同中国说话，中国人不吃这一套，"你们没有资格在中国的面前说，你们从实力的地位出发同中国谈话。20年前30年前，你们就没有这个地位讲这个话，因为中国人是不吃这一套的！"

杨洁篪的霸气回应刷爆朋友圈，还掀起了一股红色时尚定制风，当天就有顾客咨询商家能否定制产品。一些商家迅速推出"中国人不吃这一套"商品，印制成爱国T恤、帆布购物袋、晴雨伞、手机壳等在网店出售，很多网友纷纷购买。

央视《法治在线》2011年3月30日的报道《揭秘足坛"黑哨""黑金"内幕》，播出了中国足坛"反赌扫黑"最新进展，涉案裁判黄俊杰在忏悔了自己的堕落轨迹后痛哭流涕。"我这个体重，这个身材，能到今年坚持这么多，我付出了多少啊！但是谁让我伸手了呢？"黄俊杰说，"我对不起球迷，对不起父母，我唯一对得起的就是中国足协这帮官员，我对得起他们！"

有消息称徐帆成为浙江东方的十大流通股东之一。浙江东方股票连续两天大涨超过17%，从而引发市场猜测，怀疑明星股东提前得知某知名公司将重组浙江东方，从而提前买入，涉嫌内幕交易。2009年11月5日，徐帆的丈夫、导演冯小刚为徐帆澄清股票传闻，说这不过是"同名同姓"而已，徐帆没有这股票。他希望媒体能够将此事调查下去："我觉得应该调查个水落石出，把这事查清楚，看看这嘴巴子抽在谁身上。我发现很多人现在伸着嘴巴子到我们家，等着抽呢！"

九、重要的讲话

重要的讲话往往具有较高的新闻价值，将重要的讲话用直接引语的形式刊发出来，可以更好地体现报道内容的权威性，增强可信度。

2010年2月27日，温家宝总理与中国政府网、新华网网友在线交流，温总理的谈话很真诚，也很令人感动。温家宝的这些话是一个国家总理对国计民生的意见或看法，意义重大。从这些话中我们可以了解到一个国家总理的所思所想，我们也能够感觉到一个总理的辛苦：日理万机，殚精竭虑。下面是温家宝总理的部分引语：

谈人民疾苦：

"看到人民需要解决的问题，我常仰而思之，夜以继日；幸而得之，坐以待旦。"

谈住房：

"群众的心情我非常理解，我也知道所谓'蜗居'的滋味。因为我从小学到离开家的时候，全家五口人只有9平方米的住房。"

谈就业：

"一个人能有工作，不仅解决生存问题，也能体现一个人的尊严。"

谈读书：

"如果我们这个国家在城市、在地铁上能够看到青年都拿着一本书，我就感到风气为之一新。"

谈与网民对话：

"这次在线访谈，我的心情确实不那么紧张，倒有一种十分珍惜的感情，因为我知道这样的机会不多了。"[①]

重要人物的讲话有的很重要，有的可能并不一定特别重要，但是也会由于"物以稀为贵"的原因而被直接引用。2009年10月7日，国家主席胡锦涛来到北京地铁4号线西单站，看望慰问当班的地铁工作人员。他亲自购买了一张电子车票，通过电子检票口进入站台。半个多小时后，地铁列车停靠在西苑站。胡锦涛走出站台，前往颐和园景区。

一群来自加拿大的华侨华人正在公园里游览，胡锦涛与他们一一握手。大家告诉胡锦涛，这几年经常回北京，每次回来都发现北京变化很大。胡锦涛接过他们的话头大声说："我们都希望国家富强、人民富裕，让我们一起继续来打拼！"

胡锦涛这句话给人们的感觉是充满真情实感的，另外这句话不枯燥，能够引起人们的兴趣。"让我们一起继续来打拼"这句话很有时代感，人们印象中国家领导人都是很严肃的，很少说时尚词汇。"打拼"这个词比较时尚，人们对胡锦涛这样与老百姓对话感到很亲切。难怪一些媒体在报道中都引用了胡锦涛的这句话，甚至将这句话制作成了标题——《胡锦涛考察国庆安保：让我们一起继续来打拼》。

十、争论中各方说的话

争论具有戏剧性，往往能够引起读者的兴趣。记者在报道有争议的事情时应该使用直接引语的形式，将处于不同立场各方的观点、意见、主张报道出来，同时要辅之相关的语境背景。给矛盾双方或多方以平等的说话机会，这是对客观公正报道原则的遵循，也是生动展示争论过程的需要。

张雪峰在一场直播中说，"所有的文科专业都叫服务业"，"服务业总结成一个字，就

[①] 新华社总编室编.信心与希望：温家宝总理访谈录[M].北京：新华出版社，2010：3-47.

是'舔'。甲方都是对的，你就是对的，你就是好的。'爷，我给你笑一个吧，嘿嘿嘿嘿嘿。'"张雪峰的发言引来争议。2023 年 12 月 9 日，张雪峰发微博所谓致歉，"对不起，对不起，我给大家笑一个"。在遭遇网络吊打之后，张雪峰学会了换一种说法，称文科专业"迎合客户心理，提供情绪价值"（其实还是"舔"），如图 9.1 所示。

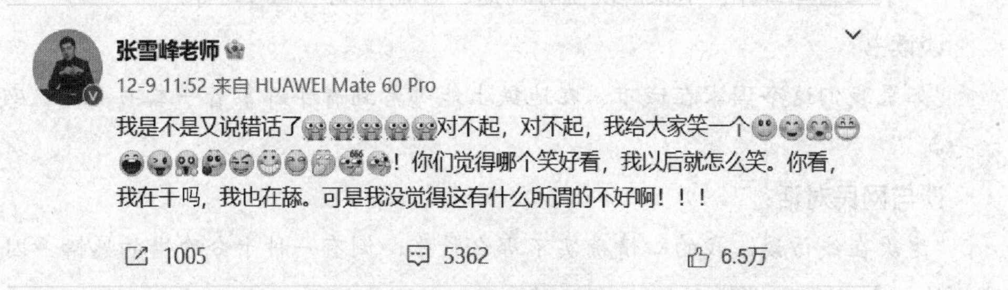

张雪峰老师 ✓
12-9 11:52 来自 HUAWEI Mate 60 Pro

我是不是又说错话了😭😭😭😭😭对不起，对不起，我给大家笑一个😀😄😁😆😂😝😱😎😁😁😅！你们觉得哪个笑好看，我以后就怎么笑。你看，我在干吗，我也在舔。可是我没觉得这有什么所谓的不好啊！！！

↗ 1005　　　　　💬 5362　　　　　👍 6.5万

图 9.1　张雪峰微博内容

蒲琳在《新民周刊》发表文章《张雪峰，请认真道歉》，表示反对："张雪峰一'舔'之见的背后，其实是无数人都存在的偏见。"[①] 佘宗明发表文章《张雪峰"打倒"张雪峰》，认为当下绝大多数人做的都是服务业，不分文理，"张雪峰说的看似是真相，其实是真相的仿制品——它里面掺杂了太多迎合流行情绪的东西，因为要迎合，所以他必须把话说死，而不能骑墙；必须以情绪化来激发情绪化力量，而不能温吞。"[②]

同济大学人文学院教授张生发表了题为《你好，雪峰，可以来舔我一下吗？！》的文章，实质支持了张雪峰的观点："我觉得，在'文科就是舔'的这个判断上，雪峰确实有以偏概全的问题。他唯一的错误就是应该在这个判断上加个限定词，这样在逻辑上更严密一点，那就是：'在中国，文科就是舔！'这样，那些批评雪峰的人可能会因此'痛定思痛'，'见贤思齐，见不贤而内自省'。"[③]

2010 年 3 月 6 日上午，唐山地区先后发生 3.1 级、4.2 级两次地震。中国地震局局长陈建民在接受记者采访时说，这两次地震均为 1976 年唐山大地震系列衰减活动中的正常余震活动，唐山不会再有强震。34 年后的余震，引发了网友激烈的争论，大部分网友对这一解释持质疑态度，也有网友支持余震说。《新快报》的记者采用了网友的大量引语对此做了报道。

质疑的一方认为，专家总说现在地震不能预测，网友"立立最爱"提出，既然连 30 多年前的余震都能判断出来，几天后的就不能预测？有网友"恶搞"说，如果现在的地震

① 蒲琳.张雪峰，请认真道歉[EB/OL].（2023-12-10）.https://mp.weixin.qq.com/s/4riKCfwwYx07Tqw_Nn2VsA.

② 佘宗明.张雪峰"打倒"张雪峰[EB/OL].（2023-12-12）.https://mp.weixin.qq.com/s/Q1a1PlaoIJTCwuLrjtY-pQ.

③ 张生.你好，雪峰，可以来舔我一下吗？！[EB/OL].（2023-12-10）.https://mp.weixin.qq.com/s/lDQXjVOaGl05uTRSXBGKGg.

是 1976 年的余震，那么，1976 年的地震是谁的余震，不会追溯到秦朝吧。下面是文中表示质疑的一段引语：

更有网友恶搞说，"据研究，近来发生在世界各地的大地震为冰河世纪地壳运动遗留余震……""地球的地震，都是盘古开天地后的余震。"网友"我是 outman"还建议，中国地震局应改名中国余震局。

认同"余震说"的一方却觉得这样的余震是好事，释放了多余的能量会更加安全。有网友用图表、数据和事实，详细分析了近期的频繁地震，指出从统计数据看，并未显示出地震数量有异常，大家觉得地球不正常，是缺乏对地震频度和地震震级的理解。下面是文中表示支持的一段引语：

一位江苏网友指出："五级左右的地震是随机的，发生在哪里都可能是以前的余震，特别是发生过大震的地方。"①

有的争论带有幽默讽刺的意味，读起来很有趣味。下面这个报道中，美国战舰的舰长与加拿大人互不相让，彼此要求对方调整航向：

海上对话

下面是一份真实的海上无线电通信的副本，记录了 1995 年 10 月 10 日，在加拿大纽芬兰岛附近海域，一艘美国军舰和加拿大人的对话。

美方：为了避免相撞，请将你们的航向向北调整 15 度。完毕。

加方：为了避免相撞，我们要求你们将航向向南调整 15 度。完毕。

美方：这是一艘美国战舰的舰长在和你们通话。我再说一遍，请你们调整航向！

加方：重复，请你们调整航向。完毕。

美方：这里是航空母舰"林肯"号，美国大西洋舰队第二大舰只。另有 3 艘巡洋舰，3 艘驱逐舰和若干支援舰艇护航。请你们将航向向北调整 15 度，重复，是向北调整 15 度，否则我们将采取必要的手段，以保证"林肯"号的安全！

加方：这里是一座灯塔。完毕。

（《中国海洋报》，1999 年 8 月 3 日）

加拿大人拿美国战舰舰长开涮，打定主意一开始就不说自己是座灯塔，等美方上钩后，再与他争论一番，最后表明自己的身份，让美方奈何不得——你还得乖乖地调整航向，总不能让灯塔调整航向吧。这番对话，就像一段相声一样让人捧腹大笑，令人回味无穷。

---

① 华静言.唐山地震在 34 年后还余震　网友难以相信 [N]. 新快报，2010-03-08.

第三节　怎样写引语

引语写作有不同的模式，"直接引语—消息来源—直接引语"是一个非常有用的模式。引语写作要注意消息来源的交代，要警惕复数消息来源的出现。

一、一个有用的模式

如果直接引语超过一个句子，应当在第一句话的后面指明出处，不妨套用"直接引语—消息来源—直接引语"模式。

为了不让讲话人掩埋了美妙的引语，直接引语的讲话人最好放置在句子的中间，把引语分成两个部分。下面的写法是妥当的：

"我越来越感觉自己不会讲课了，站在台上都不知道说什么好，感觉很空。"这名中学语文教师说，"我现在最后悔的就是当初没有考研，没有更充足的知识供自己使用。"

指明出处只需一次就足够了，这样写是不妥当的：

这名中学语文教师说："我越来越感觉自己不会讲课了。"她说："站在台上都不知道说什么好，感觉很空。"她接着说："我现在最后悔的就是当初没有考研，没有更充足的知识供自己使用。"

不要等引语全部结束了才交代消息来源：

"我越来越感觉自己不会讲课了，站在台上都不知道说什么好，感觉很空。我现在最后悔的就是当初没有考研，没有更充足的知识供自己使用。"这名中学语文教师说。

也不要一开头就指明出处：

这名中学语文教师说："我越来越感觉自己不会讲课了，站在台上都不知道说什么好，感觉很空。我现在最后悔的就是当初没有考研，没有更充足的知识供自己使用。"

二、对消息来源的介绍

第一次提到消息来源时，要介绍一下消息来源的身份，否则读者不知道是谁在讲这句话。介绍消息来源的身份，有利于读者更加准确地理解引语。

介绍消息来源要具体明确，不要笼统含糊，不要冒充消息来源。最神秘的专家是"有关专家",最神秘的部门是"有关部门",最神秘的人士是"有关人士",新闻报道中偶尔这样介绍消息来源倒也罢了,但不应充斥类似的神秘消息来源。介绍消息来源通常应该说出其姓名,交代消息来源的职务或其他身份,如果是专家还应明确具体地说明专家擅长的领域。

在同一篇报道里,第二次及其以后引用同一消息来源的话时,直呼其名即可。直呼人物的姓名才是最正规的做法。生活类报道对普通市民的称谓经常简化,如称呼"张先生""李女士"等,其实这种称呼的主要用意并不在于表示敬重,并不表明对方是重要人物,称呼重要人物反而要直接说出其完整姓名。

三、慎用"异口同声"

口语表达尤其是比较长的口语表达,其消息来源通常是单数人称。特别短的口语表达、来自书面材料的直接引语,其消息来源可以是复数人称。

口语表达中异口同声的情况当然是存在的,但是新闻写作中乱用"异口同声"的做法很值得警惕。大多数情况下,直接引语只能是一个人的话,而不是几个人同时说的话。尤其当直接引语比较长的时候,有的报道里还用"异口同声地说"这样的字眼,致使"异口同声"都变成了套话,实际上这是违背常理的。几个人一起说一句很长的话,每个字都是一样的,这是不可能的事情。比如:

临近考试前的一周,同学们每天一有空就去上自习。记者问两位女生对这次考试有没有信心,她们异口同声地说:"当然有,我们这次一定会过。不然,我们就白辛苦了那么长时间。"

有的稿子虽然没有用"异口同声"的字眼,但消息来源采用了复数形式,同样是不合适的:

闫硕的父母说:"作为亲历唐山大地震的一代人,我们目睹了唐山的巨大变迁。我们非常感谢党的政策和国家的支持,真心祝愿唐山的明天会更好!"

两个人可以共同表达这样的意思,但一起说出这么长的话是不可能的事情。不妨去掉引号,改成间接引语的形式。

下面这句话显然也不适合用复数消息来源,一个同学这样说是可以的,大家一起说这么长的一句话则是不真实的:

同学们回忆说:"我们在车上时,虽然有的坐着,有的站着,车里又挤又热,但我们还是有说有笑的。我们互相猜测着这将是一部什么样的电视剧,会让我们演什么,男主角是谁,女主角是谁。"

四、最常用的动词"说"

"说"是一个中性动词，应该多用"说"这个动词来连接消息来源和直接引语。应该尽量避免使用"说"的代替词，如"眨眨眼睛""哈哈大笑""皱着眉头"。类似的代替词语有些老套，有的时候很可能就是作者为了追求所谓生动而想象杜撰出来的。另外，这样的动作也很难把一句话给鼓捣出来，人们很难用眼睛眨出一句话来，也很难用眉头皱出或用嘴咧出一句话，所以严格地讲，用类似的代替词语并不合理。

下面这句话没有用"说"这个动词，这样写是不妥当的：

"我当时就是太激动了。"小王眨眨眼睛。

可以这样改一下：

"我当时就是太激动了。"小王眨眨眼睛说。

但如果不是特别必要，通常也可以去掉"眨眨眼睛"，直接改成：

"我当时就是太激动了。"小王说。

一位同学在课堂采访训练中这样写道：

"卷也可以很快乐啊"，郭羽总是爱笑的，她的眼睛在阳光下闪闪发光。

这次采访训练中，我要求被采访者填写问卷，提供背景资料，采访者从中寻找话题展开提问，然后写出段落稿件。所有这些活动都是在教室里完成的，并没有阳光照射到被采访者身上，哪来的"她的眼睛在阳光下闪闪发光"？这种表达其实是虚构的，偏离了客观事实，影响了表达的真实性、严谨性。新闻写作不能依靠虚构来增强表达的生动性，应当删掉"她的眼睛在阳光下闪闪发光"。

当消息来源是没有生命的资料时，可使用"这份材料表明"或"调查数据显示"等写法。

大多数情况下要直接使用"说"这个动词来引出引语，不必采用过多的解释，但当消息来源是聋哑人时，则要特别当心"说"这个字眼，以免出现"哑巴说话"的问题。如《内江晚报》刊登的一篇稿件这样写道：

"这新被子好暖和，晚上盖着一定很舒服！"日前，市中区三八街 46 号居民赵全贵从社区网格员手中接过被子后满意地说。

据了解，今年 62 岁的赵全贵是一名哑巴，一直未成家，生活比较困难。[1]

这条新闻出现了"哑巴说话"问题，读者就觉得这是新闻造假，很搞笑，很有讽刺意味。这种情况应该避免。

后来澎湃新闻记者去采访调查这件事，内江市箭道街社区居委会一位值班人员说：

---

[1] 唐泽学. 箭道街社区：盖新被穿新衣，31 户困难居民温暖过冬 [N]. 内江晚报，2017-01-10.

"赵全贵平时都是用纸和笔来跟人交流的,记者写他'说'了那些话其实并不矛盾。"①如果是这样的话,就不好说记者造假。记者在写作的时候应该给予必要的解释,消除读者的疑惑,不妨这样修改一下:

"这新被子好暖和,晚上盖着一定很舒服!"市中区三八街 46 号居民赵全贵从社区网格员手中接过被子后写下了这句话。

据了解,今年 62 岁的赵全贵是一名哑巴,一直未成家,生活比较困难。

五、直接引语中的注解

如果直接引语中的内容有所省略、代词没有指明是谁,为了方便读者理解,记者和编辑可以利用括号加以注解。

2009 年 11 月 23 日,菲律宾南部马京达瑙省发生绑架屠杀案,包括当地政客及其助手和亲属以及大批记者在内的 57 人遭到残忍枪杀,屠杀者甚至朝女性私处开枪。部分嫌疑人受良心谴责,站出来指控马京达瑙省都温赛市市长小安达尔·安帕图安。26 日,菲律宾司法部正式指控小安帕图安涉嫌参与屠杀平民案。下面是目击者的引语:

"(他们得到的)命令是杀掉所有人。这看上去是有预谋的行动,"一名目击者说,"他(小安达尔·安帕图安)就是下命令的人。"另一名目击者看见小安达尔·安帕图安亲手开枪。②

第一个括号里的内容是为了方便读者理解做的补充,第二个括号里面的内容是对引语中的代词"他"进行的注解。

黄胄是一个画驴大师,在"文化大革命"中吃过不少苦。黄胄的一番话生动再现了他在"文革"中的尴尬处境,下面这段引语中对"他们"作了注解,可以帮助读者迅速理解指代对象:

"如果我画的驴向后看,他们(指"四人帮"一伙)就说我怀念旧社会。如果画面上只有一头驴,我就是在宣扬个人主义。如果一幅画里有许多驴,我就是在咒骂社会主义落后。如果我画的驴面朝西,我就是向往西方社会。如果它们直向观众,就是向社会主义进攻。如果它们向北跑,就是因为我喜欢苏修。这还让人怎么画?结果我就成了对共产党怀有刻骨仇恨的黑画家。"③

真是欲加之罪,何患无辞。这段话将"四人帮"一伙刁钻蛮横、不讲道理的丑恶行径

---

① 内江一社区回应"哑巴群众说话":话写纸上的,与报道不矛盾 [EB/OL].(2017-01-18).http://m.thepaper.cn/newsDetail_forward_1603537.

② 菲律宾省长之子屠杀事件首要嫌犯被控谋杀罪 [EB/OL].(2009-11-28).http://news.sina.com.cn/w/2009-11-28/071119144957.shtml.

③ 章宗栋.消息论 [M].北京:中国广播电视出版社,1995:162-163.

刻画得淋漓尽致，比长篇大论的愤怒声讨有力得多。

六、标点符号的使用

（1）由两部分构成的引语，通常在第一个引语的后面加逗号——有时如果前面这个部分的意思比较独立，也可加句号——然后紧跟后引号。消息来源后也加逗号，接下一个引语。如：

"一共有十个孩子，都来自鸡山小学六年级某班。"张先生说，有的孩子身上伤疤多达三处，"孩子们说，烫他们的是同班的另外三名同学。"①

（2）只有一个部分的引语，若消息来源前置，则紧跟冒号；若消息来源后置，则以句号结束。

（3）当同一个消息来源的话被分成连续两个以上段落时，则在每一段开头处用前引号，只在最后那个段落末尾加后引号，其余引用的段落末尾不加后引号。

斯诺的《西行漫记》中有较多这种用法。斯诺劝服毛泽东讲述个人经历，吴亮平坐在斯诺身旁翻译，斯诺边听边记，之后这些笔记再被翻译成中文，加以改正。斯诺为这次访谈起了个标题《一个共产党员的由来》，这篇文章长达 30 页，其中 27 页是毛泽东的直接引语。这些直接引语被分成了很多连续段落，每个连续段落起始处用前引号，只在最后一个段落末尾加后引号。

类似的用法，《西行漫记》在呈现李长林、徐特立、彭德怀等人的直接引语时都有使用。请看其中一个例子。

接着发生了一件惊人的事，这最好用彭德怀自己的话来说：

"我的祖母把我们统统看做是她的奴隶。她抽鸦片烟很凶。我不喜欢闻鸦片烟，有一天晚上我再也忍受不住了，起身把她的烟盘从炉子上踢了下来。她大发脾气，把全族都叫来开了会，正式要求把我溺死，因为我是不孝的孩子。她对我提出了一大串罪状。

"当时族人已准备执行她的要求。我的继母赞成把我溺死，我的父亲说，既然这是一家的意见，他也不反对。这时我的舅舅站了出来，狠狠地责备我的父母没有把我教养好。他说这是他们的过失，因此孩子没有责任。

"我的命就得了救，但是我得离家。我当时才九岁，十月里天气很冷，我除了一身衣裤外身无长物。我的继母还想把我身上的衣裤留下，但我证明这不是她的，这是我生身的母亲给我做的。"②

（4）部分话语的引用，句号置于后引号的后面。如：

从担任总理的时候起，李光耀就一直主张要维持东亚的稳定，"必须保持日美中三方

---

① 尉伟 . 三个小学生何以成班霸 [N]. 齐鲁晚报，2009-11-04.
② 埃德加·斯诺 . 西行漫记 [M]. 董乐山，译 . 北京：生活·读书·新知三联书店，1979：241-242.

的平衡"。

（5）引语中的引语要用单引号。

（6）尽量少用省略号。滥用省略号，会使文章显得支离破碎，读起来也不顺畅。

第四节　注意的问题

引语写作包括直接引语、间接引语的写作，不要因为学习了直接引语的写作，就丢弃了间接引语的写作。直接引语是特别珍贵的语句，反倒要更加节俭地运用。当消息来源的表述不够规范凝练时，我们更应该使用间接引语而不是直接引语。此外，如果记者有足够的把握，无论是直接引语还是间接引语，都不能滥用，反而应该更多以叙述的形式呈现相关内容。

一、直接引语可否修改

直接引语是否可以修改？我觉得对这个问题的回答，主要应该包含以下四点认识。

（1）直接引语是神圣的，最好原样引述。

（2）一般地，可以把直接引语中的文法错误改正过来，删去那些"嗯""啊"之类的口头语。

（3）如果需要做较大的修改，不妨以间接引语的形式加以表述。

（4）不要编造直接引语。

核实引语非常重要。记者在撰写完报道后，最好将文中的直接引语与录音做一下核对。如果可能的话也可以将引语念给当事人听，请他们核实这样撰写引语是否妥当。

二、不雅语言的处理

麦克斯·珀金斯是一位伟大的编辑，他给予作者们毫无保留的鼓励、支持和建议，与作者们共渡写作的难关。珀金斯效力于查尔斯·斯克里伯纳出版社，他为了海明威《永别了，武器》中那些脏话而和保守的老板对抗。珀金斯随手把"屎""尿"等词语写在台历上，没注意到台历题头上写着"今日事"字样。老板看到这些字，对珀金斯说，如果连这些事情都需要提醒自己，那他可就麻烦了。[1]

---

① A.司各特·伯格.天才的编辑：麦克斯·珀金斯与一个文学时代[M].彭伦，译.桂林：广西师范大学出版社，2015：7.

新闻写作通常禁用肮脏的、下流的语言，涉及人体的、性的或者排泄功能的猥亵语言应该去掉。新华社公布的《新闻报道中的禁用词》明确规定，"作为国家通讯社，新华社通稿中不应使用'哇噻''妈的'等俚语、脏话、黑话等。如果在引语中不能不使用这类词语，均应用括号加注，表明其内涵。近年来网络用语中对脏语进行缩略后新造的'SB''TMD''NB'等，也不得在报道中使用。"

但有时为了增强报道的生动性，媒体也会再现当事人的原话，将一些不雅的词汇保留下来——这些不雅词汇通常出现在一些长于细腻表达的特稿中，而非以简明扼要为特征的消息里。如：

卿光亚：那是太大了！是分配不公平。我讲个小故事：当年办义务乡村班的时候，一位捐资的政协老领导到贵州山区的一所小学去旁听了一节低年级的语文课，老师讲到"旭日东升"，带领孩子们念："日，日，日，狗日的日。"那位老领导后来私下里跟我讲："莫非我捐的钱都捐给狗日的日去了？"[①]

再如《富士康"八连跳"自杀之谜》一文中讲到打工者的"碎片化"生活方式，人与人之间几乎没什么个人交往，在称呼别人的时候习惯使用粗口代词：

从学历和阅历上看，卢新和李祥庆互为镜像。前者大学本科，后者中专毕业，前者已经自杀，后者常常念叨自杀。但他们互不认识。即使认识，也应该会粗口互称对方为"屌毛"。在厂房以及宿舍里，"屌毛"是除了第一人称外的全部人称代词。"屌毛"和"屌毛"之间很少有友谊。[②]

生活当中存在大量的不雅语言，文字要反映生活就会遇到是否使用不雅语言的难题。再延展一下，如果社会对我们的职业角色期待高一些，比如我们是教师、记者等，即便我们不写作，而以口语交流，也仍然会面临这样的道德难题。最保险的做法当然就是不使用脏话，这样会让我们显得高尚一些，可以起到社会表率作用，至少别人抓不到我们的把柄。

有一天我看电视片《客从何处来》，易中天在得知自己和梁启超是同一个辈分，可以称他为"启超兄"时高兴得连呼"牛逼"，这给了我一些触动。我并未觉得易中天因为说了"牛逼"就低俗了，反而觉得他有真性情，令观众喜爱。

关于文字工作者能否使用不雅语言的问题，王路写的《使用"逼格"等词是否有悖职业道德》值得看一看。总体上讲，我觉得抱谨慎而又变通的态度来看这个问题比较恰当。通常不要使用不雅语言，至少在写消息的时候不使用此种语言。但又不要假正经，总是板着一副正人君子的面孔。应该给予文字工作者一个稍微宽容的空间，只是我们还要保持一

① 李宗陶.卿光亚：范美忠的勇敢是因为他病了 [M]//徐列.重新打量每个生命：《南方人物周刊》人物报道手册 [M].广州：南方日报出版社，2009：265.

② 刘志毅，杨继斌.富士康"八连跳"自杀之谜 [N].南方周末，2010-05-13.

个清醒的头脑就好了。当"百姓日用而不知"时，原先所谓不雅的语言就会降低粗鄙性，"那些不雅的字眼，更像一个词根或者词缀，在它们被普遍使用时，已不常被联想起来源、本义了""万不得已，用之。但一个清醒的文字工作者，一定要明白，你在使用每个词每个字的时候，不仅在被潮流裹挟着，也在影响潮流。"①

三、直接引语不能太长

一些初学新闻写作的学生用起直接引语来往往肆无忌惮，他们试图用直接引语来填充报道，结果走向了使用引语的另一个极端。引语写作也要注重节俭，直接引语不要太长。

一条新闻如果从头到尾都是一个人的直接引语，如会议报道中领导人的长篇讲话，是非常令读者厌倦的。要精选直接引语。对讲话中的一些语句，可以通过加解释和背景来显示其新闻价值和意义，而没有必要使得直接引语过长。最好找到一句直接引语，给人们留下深刻印象，让人们愿意分享。

下面这段直接引语就太长了：

一位王姓锦鲤商告诉记者，"前两年我还在卖热带鱼、金鱼，锦鲤还只是在南方比较火。最近北京人好这锦鲤的越来越多，我就索性把货都换成了锦鲤。每天来买鱼的人很多，尤其是每周一上新货时，门槛儿都快给踩破了，看中的还基本都不还价。"

最简单的改写至少应该将其拆截成两块——当然即使这样改写也不是特别理想，但总算是在形式上要轻松一点：

"前两年我还在卖热带鱼、金鱼，锦鲤还只是在南方比较火。最近北京人好这锦鲤的越来越多，我就索性把货都换成了锦鲤。"一位王姓锦鲤商说，"每天来买鱼的人很多，尤其是每周一上新货时，门槛儿都快给踩破了，看中的还基本都不还价。"

四、不要滥用直接引语

不要连篇累牍地写直接引语，否则你的报道会显得没有变化、没有力量。应该将直接引语穿插在行文中，将事件叙述、直接引语、间接引语、场景描写、细节刻画等融合在一起。滥用引语是记者不成熟的表现，引语应该写得干脆利落，不要拖泥带水，不要泛滥。

只有真正精彩的语句才值得直接引用，否则通常可以用其他更好的方式表达。比如下面这句话不妨就改成间接引语的形式：

---

① 王路.使用"逼格"等词是否有悖职业道德[EB/OL].（2014-11-11）. http: //edu.sina.com.cn/zl/edu/blog/2014-11-11/10551910/1784010372/6a55d6840102vg77.shtml.

小张告诉记者："学校离市区较远，新生刚到校，对周围环境不熟悉。虽说附近也有一些商店，但毕竟购物选择的余地比较小，这样一来，在校生活了一两年的老生就能在熟知的购物场所进点货，做点小生意。"

小张的这段话没什么个性，并不值得采用直接引语的隆重形式，看看改成间接引语形式如何：

小张说，学校离市区较远，新生对周围环境不熟悉，购物不方便，老生可以到市区进点货，做点小生意。

我们学习新闻写作，除了掌握直接引语的写作，还要注意稿件体裁对引语使用的不同要求。特稿或软新闻写作强调文学性，直接引语使用较多，但也要恰当掌握分寸，不可堆砌引语；动态消息或硬新闻写作强调快速报道，其实很少使用直接引语，间接引语使用相对多一些。

引语虽然重要，但我们的写作不能过分依赖直接引语和间接引语，更不能忘记叙述才是最基本的新闻表达方式。我们写文章，不能到处是"谁说"。对于有足够把握的事实，我们完全可以采用叙述的方式直接呈现出来，就像拿着摄像机把现场录下来，又播放给用户观看那样。

五、不对引语做过多解释

当引语中的内容出现省略，不便于读者理解时，我们可以先写出问题，再写出直接引语。写问题要简练而直接，不作过多铺陈。比如，谢里尔·詹姆斯在《弃婴》中这样写道：

朱迪是罪犯吗？"我显然是，我那么做了。但我不是个坏人。我并不像大多数媒介所描述的那样是个怪物。我的许多情况你在电视上根本看不到。"

"我显然是"后面省略了"罪犯"，如果开头不先写问题，读者就不好理解引语中的"我显然是"。需要强调的是，写问题一定要直截了当、干净利落，不能纠缠于过多的解释。

有的稿件对引语做太多没有必要的解释，拖泥带水，显得很单薄、很幼稚。"他这样说道""当我问他……他说""我记得他还和我说""他如是说""他接着说"等类似表达，都对引语做了过多解释，表达效率很低。我们应当尽量删掉没必要呈现的内容，直接写成"他说"。

下面这个例子中"她这样说道"就是对引语做了过多的解释，可以将其改成"她说"，甚至将其直接删掉都可以：

"刚刚走进学校的时候，我的眼睛都不够用了。"她这样说道（改为"她说"即可，甚至删去都行），她对大学里的一切都感到好奇。

以下多处对引语做了过多解释：

当我问她："你的工作也算是一帆风顺，你是怎么做到的啊？"（不要为引语做过多解释，把类似的解释删掉并不影响意思的表达，反而会提高表达的效率。）她说："刚开始工作的时候，如果有老教师讲课的话，我就去听……现在，越来越感觉不会讲课了……"脸上露出无助的表情，她接着说（过多解释）："现在最后悔的就是当初没有考研……"

记得 ×× 老师还和我说（对引语做了过多的解释）："现在的社会还是得靠自己……你要不断地学知识，不断地深造自己。"

思考与训练

第十章

新闻报道文体

新闻文体包括新闻报道和新闻评论两个大类，新闻报道文体又可分为消息、特稿。有的教科书对新闻报道体裁作了过于烦琐的分类，不便于区分和应用。新闻报道体裁的划分应当适度简化，采用二分法是一个有效的办法。

第一节　新闻报道文体的诞生与发展

1982 年春天，复旦大学一位研究生的硕士学位论文《中国新闻文体的沿革》获得了通过，答辩委员会认为，这篇论文填补了中国新闻学研究的一项空白。为了写这篇论文，这位研究生光手抄资料就有三十万字，中午馒头就开水，五分钟吃完饭，节省下时间投入研究。

这位研究生的名字叫李良荣，后来他留校任教，成为赫赫有名的复旦大学新闻学教授。

后来，李良荣先生的这篇硕士学位论文经过修订和补充，在福建人民出版社出版了，书名叫《中国报纸文体发展概要》[①]。我们现在重读这本书，可以了解新闻文体的发展脉络，同时感慨当年一位年轻的硕士生能将研究做得如此扎实，我们真是应该以他为榜样。

一、消息的诞生与发展

1. 从古典小说、记叙文到消息（1815—1895）

第一批中文近代报纸诞生于 19 世纪初，1815 年在马六甲问世的《察世俗每月统记传》

---

① 李良荣.中国报纸文体发展概要[M].福州：福建人民出版社，1985.本节内容主要参考了该书，同时查阅了其他新闻史文献。

是第一家中文报刊（月刊）。那个时候的中文报纸多是外国传教士创办用来宣传宗教信仰的，刊登的新闻并不多。

中国文坛也还没有准备好一套新闻文体，所谓新闻写作也不过是对中国古典文学作品的模仿。

那个时期的新闻写作没有多少规矩可讲，写得五花八门。有的把叙述和议论混在一起，有的分不清是文学作品还是新闻作品。它们的一个共同点就是竭力模仿中国古典文学作品，比如有的在写到海军交战时，竟然写上"大战几个回合"，这种写法属于中国古典小说的交战描写，仿佛不是枪对枪、炮对炮的近代战争，倒像是回到了古代将士们骑着战马搞来搞去一样。

19 世纪中后期，中国商业性报纸风起云涌，比如 1872 年在上海创办的《申报》就很著名。这些报纸大都是外商主办的，聘用了很多中国文人。那些文人大都是些参加科举考试落榜者，那个时候做报纸工作不如后来风光，考试考不好了没有办法才去当编辑和访员（记者）。

那些落榜文人就开始从中国古典文学里挑选适合报纸的文体，挑来挑去就挑中了记叙文——那些文人并没有受到新闻学训练，不过他们挑选了记叙文还是有道理的——消息就是在那个时候逐渐地从记叙文里转化过来的。

《上海新报》1862 年 9 月 6 日关于太平天国的消息，5W 齐备，语言简洁、准确，叙述客观，直截了当，已经非常合乎现代新闻报道写作的规范了。

2. 成为独立的新闻文体（1896—1918）

在这个时期，消息、通讯分别发展成了独立的报纸文体。

这一时期，电报技术用于新闻业，增强了时效性。电报费很贵，发电报就需要字斟句酌，电讯稿就要十分简洁。电讯稿的广泛应用促使消息写作日渐成熟，记者逐步积累经验，形成了较为固定的写作方法，有的电讯稿虽然只有一句话，但新闻要素也比较完备。

消息写作开始力图客观叙事，夹叙夹议现象大大减少。1904 年《时报》提出"博（内容广泛）、速（迅速及时）、确（准确无误）、直（直截了当）、正（客观公正）"五字要求，即使现在看来这五字要求也非常专业。自此，"公正客观"逐渐被人们熟识和接受，报纸也以此为标榜。

这个时期正是清末民初，政治运动、革命活动密集，中国政党报纸非常兴盛。政党报纸除运用评论直接阐明主张外，也注意在消息写作上运用春秋笔法，表面上客观公正，但实质上把自己的观点藏在了事实的选择与叙述中，出现了用事实说话的消息。

3. 综合消息的出现（1919—1949）

以前运用电报发消息，由于电报费用昂贵，消息都是一事一报，一两句话讲完，简洁明快。到了 20 世纪 20 年代，消息写作有了新的变化，出现综合消息，注重导语写作。

比如《晨报》1924年9月2日刊登的《江浙开火之传闻》，是一篇综合消息，报道了浙江军阀和皖系军阀在上海的军事冲突。消息的开头运用概述的方法写了一个导语："江浙风云，日益紧急。据昨日各方所得消息，昆山南翔方面，两军业于前夕（一日）接触。而宜兴方面亦有形势迫紧之说。惟政府方面，以未得官电，尚予否认。兹综合各方报告，分志如下。"接下来，稿件把来自四个方面的消息并列刊登出来，这四个方面的消息分别是据外人方面消息、电报通讯社消息、中美通讯社消息、新自南方来者消息，综合在一篇消息稿件里集中呈现。

综合性消息彻底突破了一事一报的格局。到了20世纪40年代，中国共产党创办的报纸上大量刊用综合消息。

二、通讯的诞生与发展

1. 脱胎于传记和游记（1815—1895）

早期通讯主要包括纪实性通讯、旅游考察通讯和人物传记，中国的通讯写作脱胎于传记和游记。

纪实性通讯脱胎于传记。传记是一种取材于真人真事的散文，如《左传》《史记》和《资治通鉴》。

旅游考察通讯以叙事为主，兼有描写、抒情和议论。旅游考察通讯脱胎于游记。不同的是，游记以描写景物为主，旅游考察通讯则以反映新闻事件、反映某地情况为主。

人物传记脱胎于史书中的传记。早期报刊上的人物传记和史书中的人物传记几乎一模一样，新闻味道极淡。

在这个时期，纪实性通讯和旅游考察通讯较多，可谓平分秋色，人物传记并不多。

2. 黄远生的开创贡献（1896—1918）

如果非要追问，到底哪个人是通讯这种文体的创始人？此人非黄远生莫属。

根据吴廷俊教授的著述[①]，通讯这种文体是民初著名记者黄远生开创的，始于1912年年初《申报》刊登的署名"远生"的"北京通讯"。在此以前，已有"通讯"说法，报刊上出现过类似通讯的文章，称为"通信"。"通信"这种称谓也在表明它是通过信件邮寄方式传回报社编辑部的稿件，与"电讯"相区别——用"电讯"传回的是消息。此前类似通讯的文章名称并不固定，写作方法也没规矩可循，时而运用虚构手法，时而随意抒情，时而单调刻板地记录事实。黄远生使通讯这种文体的名称和写作方法基本固定下来，正是在这个意义上，后人认可中国报纸有通讯这种文体，始自黄远生。

---

① 吴廷俊. 中国新闻史新修 [M]. 上海：复旦大学出版社，2008：141-143.

黄远生由此成为中国新闻史上第一个以通讯采写而颇负盛名的记者。他的通讯长期成为中国新闻记者仿效和学习的范本，名不虚传。他采写的172篇通讯被收录到《远生遗著》中，饮誉不衰。

李良荣教授在《中国报纸文体发展概要》中提出"黄远生开创的解释性通讯"，认为黄远生的很多通讯是解释性通讯。黄远生的通讯经常围绕一个新闻事件，提供大量背景材料，重点揭示"为什么"。这种写作手法与我们现在学习的解释性报道是一致的。解释性报道是深度报道中的一个重要类别，解释的方法是用事实解释事实，具体而言，是用背景材料解释新闻事实。不得不说，即便在今天看来，黄远生的通讯写作手法仍是非常先进的。

在1896年至1918年这二十多年的时间里，纪实通讯兴旺一时，旅游考察通讯则稍逊一筹。纪实通讯包括事件通讯和情况通讯。事件通讯详细地报道一个新闻事件的来龙去脉，情况通讯主要报道一地一时的最新事态。这两种通讯叙事平实，报道客观，没有描写和议论，基本清除了文学色彩，新闻味道比较浓郁。

3. 通讯写作多样化（1919—1949）

从20世纪20年代开始，旅游考察通讯日渐风行，三四十年代国统区报纸的通讯写作一直以旅游考察通讯为主。这一时期旅游考察通讯的佳作主要有：瞿秋白的《饿乡纪程》《赤都心史》，邹韬奋的《萍踪寄语》《萍踪忆语》，范长江的《中国的西北角》《塞上行》。

这个时期的旅游考察通讯大大加强了评论、分析，容易犯的一个共同毛病是：文章冗长，内容拉杂，浮光掠影，中心不突出，读起来费劲，容易让读者倒胃口。

这个时期的纪实通讯改变了过去那种不分轻重主次、记流水账的写法，比较善于抓住事物的关键去写，详略得当，重点突出。

解放区报纸上的通讯多采取讲故事形式，如《西瓜兄弟》《桌上的表》等。解放区报纸的读者多是农村干部群众，旅游考察通讯不适合他们的口味，故事式通讯容易理解，便于传播。

20世纪二三十年代的人物通讯也开始多了起来，写作上也有所创新，不再面面俱到，而是善于截取人物的一时一事，刻画人物性格。

抗日战争、解放战争时期中共报纸上的人物通讯善于讲故事，人物形象比较真实可信，如《模范农村劳动英雄吴满有》《人们在谈说着赵占魁》等。

第二节　中国新闻报道体裁的划分

体裁原指做衣服时根据体形进行的裁剪，引申到新闻写作上，指的是新闻报道的形式类别。西方新闻界对新闻报道的体裁划分相对简单，西方新闻界一般将新闻分成消息

（news story）与特稿（feature story），这与中国将新闻分成消息和通讯非常类似。

一、中国报道体裁划分情况

国内新闻界对新闻报道体裁的划分太复杂，但消息与通讯仍然是两种最基本的新闻体裁。下面仅对庞杂的中国新闻报道体裁做知识性介绍，并不代表本书对这种划分方法持赞赏态度。[①]

1. 消息

消息是一种迅速及时、直接简练地报道新闻事实的体裁，也是媒体上用得最多的一种体裁。消息体裁下面又有诸多划分：

（1）动态消息：指迅速简洁地报道新近发生的事实，反映事物发展最新动态的消息。它内容集中单一，一般一事一报，简明扼要，时效性强。一般三五百字，新闻六要素齐备。

（2）简讯：简讯大多只有几十个字，正文一般为一个自然段。它的原型是一般消息，由于版面限制或新闻价值判断等原因被压缩掉了一些内容，它与动态消息的导语大体相似，只报道新闻的梗概而不讲细节。简讯大多有标题。

（3）综合消息：对同一类事物或一个事物的多个侧面进行归纳综合报道，一般用来反映动向、成就、问题等内容。

（4）预测性消息：预测性消息是指报道尚未发生、有可能发生的事物，提供未来信息的消息。预测性消息带有不确定性。

（5）服务性消息：它是为读者提供切实可用的信息、方法和服务的消息。

（6）新闻素描：又称特写性消息，它的主要特点是通篇描写，通过全过程的描写来再现具有新闻价值的一幕。新闻素描从正面下笔，所描述的场面比较大，过程相对完整。

（7）花絮：花絮取材于"边角碎料"，它是描写性消息中的"简讯"，它从侧面入手，选取一些小的场景、情节或趣闻逸事进行描述。花絮比新闻素描更加灵活，其篇幅也更为短小。

（8）解释性消息：解释性消息又称背景新闻，它重在揭示和说明事实发生的原因和结果，着眼于报道新闻背后的新闻，向读者解释新闻的来龙去脉、意义和影响，展望事件的未来发展趋势。

（9）新闻述评：新闻述评是一种夹叙夹议、述评相间的新闻报道体裁。它的主要任务是报道新闻事实，但同时进行一些必要的分析与评述，允许记者跳出事实，直接发表议论。

2. 通讯

通讯是一种详细、深入地报道新闻事实的文体，也是媒体上经常运用的一种新闻报道

[①] 关于国内新闻体裁的划分，主要参考了刘明华、徐泓、张征著《新闻写作教程》，胡欣著《新闻写作学》等教材。

体裁。通讯是中国新闻业界的土特产，中国的"通讯"与西方的"特稿"基本相当。

在中国没有电讯业之前，记者在向报社传递外埠新闻的时候，一般采用书信传递的方式，所以这类报道最初被称为"某地通信""某国通信"。

电讯事业产生之后，为了节省昂贵的电报费用，电讯稿件必须非常简洁，一般三言两语，语焉不详。拍完电报之后，记者再写信详细叙述新闻事件，报社一般为这样的稿子冠以"通信"之名。久而久之，"通信"逐渐发展成为一种独立的新闻体裁。20世纪20年代，"通信"被正名为"通讯"，一直沿用至今。

（1）通讯的分类。国内传统新闻写作著作经常将通讯做如下分类：

人物通讯：人物通讯是以报道人物为主的通讯，着重刻画人物的精神面貌，反映人物的事迹和行为，通过描写、记述人物的若干活动和事迹来表现人物的精神境界、人生轨迹和生存状态。

事件通讯：事件通讯用来较为详细而全面地反映一些重大事件。

工作通讯：工作通讯主要分析实际工作中创造的经验和具有普遍意义的倾向性问题，从而揭示或总结出带有规律性的认识，以指导工作实际。

风貌通讯：风貌通讯着重于反映风土人情，集中描写某地的新风貌、新变化，缘物寄情。风貌通讯在写法上有点像游记，但更讲求新闻性，更注重变动。

社会观察通讯：它是报道社会现象，反映和剖析社会问题、社会变化、社会观念的通讯。

（2）通讯的特征与写作要求。

第一，翔实、深入。相比消息来说，通讯报道更详细、更完整、更深入，对情节和细节的描述也更为丰富。通讯往往要对新闻事实进行具体、形象、详细的报道，从不同侧面报道新闻事件，反映事物变动的前因后果，满足读者获知详情的兴趣需要。

第二，篇幅较长。通讯的篇幅比消息要长，一般以1500～2000字为宜，除非必要，最好不要超出3000字。

第三，表现手法多样。通讯的可读性和可感受性更强，更具有感染力。通讯综合运用事件叙述、场景描写、细节刻画、引语写作、添加背景等多种表现手法，新闻实践中也有一些通讯兼有少量的议论、抒情。

第四，结构更为灵活。通讯采用的结构模式不局限于倒金字塔、华尔街日报体、沙漏型、板块组合式以及将这些结构模式综合之后的新结构都可以在通讯中灵活运用。

第五，标题可以是虚题。通讯的标题可以是单一的主标题，也可以是主副式标题，很少有引题、主题、副题俱全的复合式标题。通讯的主题可以是"虚题"，通讯的副题前加"——"。通讯篇幅较长，应当注意在文中标注小标题。

3. 特写

新闻特写借鉴了电影特写镜头的手法，对报道对象富有特征的片段或细节予以形象、生动的突出再现。它具有新闻性、形象性和片段性的特点，强调视觉印象，以描绘为主要手法，往往截取事件发展过程中的一个片段或画面加以放大，特意描绘，给人以特写镜头般的感觉。

4. 专访

专访是针对特定采访对象进行专门访问，然后将谈话记录加以整理而成的新闻报道形式。专访内容集中，强调"专"和"访"，结构上以问答体为主，多以第一人称写作。

5. 调查报告

调查报告主要针对某一典型新闻事件或某一重大社会问题进行深入细致系统的调查研究，按内容划分，主要包括工作经验的调查、基本情况的调查和揭露问题的调查。

6. 答记者问

答记者问以一问一答的形式直接表现有关方面负责人或权威人士回答记者提问的内容。它的标题格式通常为"×××就×××××××××（问题或事件）答记者问"；主体主要包括围绕相关主题的提问与回答，有时还穿插记者的分析和思考。结尾对全文作简要总结，揭示主题的意义。

记者可以就某一重大国际问题、重大事件，新的方针政策，某一迫切需要解决的问题或广大读者关心的问题提问，也可以就某一影响较大的社会现象或自然现象等请专家或权威人士答疑解惑，做出科学分析和说明。

7. 新闻公报

新闻公报是在特定场合使用的具有相当政治严肃性的新闻体裁，它代表着党和政府的立场、态度、主张，通常由党和政府授权或委托国家通讯社郑重宣布某项新闻事实，或对某项政治事件发表声明。

8. 采访札记

采访札记是记者将采访中所见、所闻、所感摘要记录下来，加以公开报道的一种新闻边缘体裁。

9. 新闻小故事

新闻小故事用故事的形式反映新人新事，一般篇幅短小、内容集中，一篇报道仅讲述一两个小故事。它既讲求新闻性，又有相当的感染力，讲究情趣和细节。

二、国内划分方法存在问题

国内对新闻报道体裁的划分极其烦琐，可谓分不胜分，它并不科学，也不实用，让人很难适从，尤其不便于初学者学习掌握。

消息、通讯是两个最为重要的新闻报道体裁，可是消息、通讯下面又作了划分，很是烦琐却又难以抓住本质要害。以消息为例，章宗栋批评说："我国目前消息分类的最大误区在于，它不是以自身规律为依据，而是跟通讯、特写去'抢饭吃'，把本来不属于自己的东西硬要装进自己的口袋。比如所谓经验性、特写性、评述性等消息，乃至所谓人物消息、现场短新闻等，这些本属于通讯、特写的范畴，却硬要把它们归到自己的名下，这合适吗？"①现在对新闻报道体裁划分似乎已经出现了一种见仁见智的现象，可谓乱七八糟，这一点就不如国际采用的划分方法明晰。

划分标准混乱是造成这一现象的一个原因：一会儿是按照写作形式来划分——比如分成消息与通讯；一会儿是按照报道的功能来划分——比如分出一个解释性消息；一会儿又在按照报道领域来划分——比如将消息划分为人物消息、经济消息、科技消息、文艺消息、军事消息、体育消息、社会消息、教育消息、会议消息等。其实，这种按照报道领域对消息的划分，与通讯写作对报道领域的划分是有重复之嫌的。

事实上国内对新闻体裁的划分过于烦琐，套用一句秦腔，"他大舅他二舅都是他舅，高桌子低板凳都是木头"，这个体裁那个体裁都是新闻报道体裁。对新闻报道体裁的划分应当适当简化，在新闻实践工作中你抓到了一个什么样的新闻，把它写出来，自然就有了一个体裁与它对应。

三、一些值得商榷的"报道体裁"

体裁必须具有独立性和排他性，如果一篇新闻报道既可归入这个报道体裁，又可归入另一个报道体裁，这就显得不够严谨，一定是新闻报道体裁的划分出了问题。

调查报告、特写、专访、新闻小故事等类似的所谓"新闻报道体裁"的独立性值得商榷，"特写和专访与通讯一样，都是以展示报道对象演变发展过程为旨趣的。它与消息、通讯的差异还构不成排他性和独立性。并且，作为一个大类，它的分支也不及消息、通讯那样丰富。"②新闻小故事、调查报告、特写、专访不都是可以归到软消息、通讯或特稿的范畴里吗？！

将新闻述评、新闻公报、解释性消息等作为"新闻报道体裁"也是值得商榷的。

1. 新闻述评

新闻述评既有"述"的成分，又有"评"的成分，它是夹叙夹议的新闻体裁。"述"是方法或技巧，"评"才是目的和归宿，"述"是为"评"服务的。与其将它划归到新闻报道的范畴里面，倒不如把它归到新闻评论的范畴更合适。

① 章宗栋. 消息论 [M]. 北京：中国广播电视出版社，1995：18.
② 郭光华. 新闻写作 [M]. 北京：中国传媒大学出版社，2006：124.

2. 新闻公报

新闻公报的作者主体并不是记者，而是政党或政府，它往往是由国家通讯社负责发布，并不是新闻记者自己采写到的作品。或许，将新闻公报归到公务文书中去更合适——新闻公报的写作主要考虑遵循政府或政党的相关要求，而不是遵循新闻规律——它是具有新闻性质的公务文书，是带有公关性质的公务文书。

3. 解释性消息

这是按照新闻报道的功能对体裁进行的划分，说的是新闻报道具有解释性功能。但是要注意：你说解释性报道归到消息的范畴，那我说解释性报道也可以归到深度报道里，采用通讯的形式或许更合适，应该叫解释性通讯才行；你这篇报道具有解释功能，我这篇报道还有说明功能呢，难道还可以分出一种新的报道体裁并称之为说明性消息吗？如果这样分下去，那就乱套了。

四、简化新闻报道体裁的划分

西方将新闻报道分成消息（狭义的新闻）和特稿两大类。特稿的范围非常广泛，它囊括了我国除动态消息（包括简讯，可以把简讯看成更为精简的消息）以外的所有新闻报道体裁。中国人民大学新闻学院高钢教授的《新闻写作精要》一书在讲到新闻报道体裁时，也只是分别设了消息和特稿两章，显得很清晰。

我们应该简化对新闻报道体裁的划分，否则就会导致学习效率低下，这一点对于初学者来讲更是如此。本书对新闻报道体裁的划分也采用这种简化的思路，重点对消息和特稿加以介绍。

1. 消息

消息是指以最直接最简练的方式、快速而客观地报道新闻的作品。典型的消息是动态消息，即以强调时间和事实变动为使命的新闻报道。

2. 特稿

特稿对应中国新闻报道体裁中的通讯。有的教材里讲通讯的写作与特稿还有一些不一致的地方——这主要是考虑了中国政治文化环境的要求，但是这种所谓的不一致实在没有什么价值，这主要不是新闻报道体裁的问题，而是属于思维定式和写作技术理念问题，已经超出了新闻报道体裁所能承受的范围。

实际上，说通讯是中国的土特产也罢，特稿是西方的洋玩意儿也罢，那只不过是一个名称而已，关键是看你怎么用专业的新闻理念和报道技术来向读者展示新闻，讲述故事。

3. 从消息到特稿

张威先生提到一个"软消息"的概念①，我认为软消息介于动态消息和特稿之间，可以将其看成软化的消息、简化的特稿——或者说这一体裁是将消息做软化处理，或是对特稿做简化处理后的新闻报道——它在本质上仍然属于消息的范畴。

软消息与动态消息相比时效性要差一些，但更讲究情趣；它与特稿相比，时效性更强，篇幅更简短，但描写的细腻程度要差一些。

消息体裁中除动态消息以外的对时间性要求稍差的所有报道形式，如人物消息、经验消息、综合消息、花絮、新闻素描等都可归到软消息里面。

事实上，从消息到特稿，其间必然存在着新闻报道体裁的过渡问题——未必就是截然的一分为二，界限分明。"新闻报道（注：可理解为消息）和特稿之间并没有一条明确的分界线，特别是在当今时代，很多新闻事件都被'特稿化'了。"② "硬新闻与特写报道之间的区别是什么呢？有时候区别并不大。硬新闻经常被限定为关于已发生的或将要发生的事件的及时报道。同样地，特写报道也可以是关于事件或人物的及时报道，但是它也可以是有关某些普遍性话题的报道，或者人物专访，或者从人情味的角度报道的新闻事件。"③ 我们只是可以这样理解，消息更干脆更直接，特稿则更注重讲故事，但是消息也有软化的需求。

第三节　硬新闻和软新闻

国际上将新闻文体分成硬新闻（hard news）和软新闻（soft news）④，硬新闻是快新闻，主要是指动态消息；软新闻是慢新闻，主要是指特稿（feature story）。

一、新闻二分法

1. 硬新闻

硬新闻指的是动态新闻，即动态消息，它是一种强调时间性和重大性的动态新闻形

---

① 张威. 比较新闻学：方法与考证 [M]. 广州：南方日报出版社，2003：316-342.

② BRUCE D ITULE, DOUGLAS A. ANDERSON. News writing and reporting for today's media[M]. Sixth Edition.NewYork：the McGraw-Hill Companies，Inc，2003：125.

③ 卡罗尔·里奇. 新闻写作与报道训练教程[M]. 钟新，译. 北京：中国人民大学出版社，2004：237.

④ 张威老师曾对硬新闻和软新闻的界定做过非常精辟的分析，本节内容主要借鉴了他的思想，有兴趣的读者可以阅读《硬新闻和软新闻的界定及其依据》一文，详见：张威. 比较新闻学：方法与考证 [M]. 广州：南方日报出版社，2003：316-342.

式，重在迅速传递消息。硬新闻也包括强调时间性的简讯，可以将简讯看成进一步简化的动态消息。

"新闻大体上可分为两类：硬新闻和软新闻。硬新闻是指具有时效性的报道，报道刚刚发生或即将发生的事件或冲突，例如犯罪、火灾、会议、游行示威、演讲和法庭陈述等。通常这类新闻要写明发生了什么事情、为什么发生以及对读者有什么影响等内容。这类报道十分讲求时效性。"[①] 硬新闻的概念主要指的是突发新闻事件报道，它尤其注重时效性，适用于那些刚刚发生的事件性新闻。

2. 软新闻

软新闻是一种注重引起读者兴趣的新闻形式，重在引起读者的情感呼应，更多地强调人类兴趣。"软新闻指的是向读者提供娱乐和资讯的新闻，强调趣味性和新颖性，时效性不及硬新闻。例如，关于一个飞机模型设计者的人物报道或者关于饮食效用的报道可以称为软新闻。"[②]

软新闻通常指的是特稿，软新闻是关于人类共同兴趣的新闻报道。软新闻的首要功用在于愉悦读者，它的报道主题并不一定重大，也不特意追求时效性。

软新闻更注重讲故事，更多地运用逸事、引语和描写，撰写更加细腻。软新闻的欣赏价值要甚于通报新闻的价值。

软新闻重在引起读者兴趣和情感呼应。尽管新闻价值诸多属性都起作用，但硬新闻对新闻价值属性的要求程度更高，而软新闻的要求程度相对要低。

二、区分的关键

区分硬新闻和软新闻的关键依据在于时间性和重要性。硬新闻是易碎的，时间性是第一位的。软新闻的"软"不是指"软绵绵的故事"，而是指在时间性、重要性方面不如动态新闻那样"过硬"。

1. 重要性

重要性在区分硬、软新闻中具有关键作用，这一点国内和西方观点比较一致。

（1）硬新闻：这是源于西方新闻学的一个名词，指题材较为严肃，着重于思想性、指导性和知识性的政治、经济、科技新闻。受众阅读或视听这类新闻时，只能产生延缓报酬效应，所以称这类新闻为"硬新闻"。

软新闻：这是源于西方新闻学的一个名词，指那些人情味较浓、写得轻松活泼、易于

---

① 卡罗尔·里奇.新闻写作与报道训练教程[M].钟新，译.北京：中国人民大学出版社，2004：237.
② 卡罗尔·里奇.新闻写作与报道训练教程[M].钟新，译.北京：中国人民大学出版社，2004：21.

引起受众感观刺激和阅读视听兴趣、能产生即时报酬效应的新闻。社会新闻大致属于这类新闻……

——甘惜分主编《新闻学大辞典》

（2）西方新闻界对新闻还有这样一些分类法：分作硬新闻（意即重要的公众事件的报道），软新闻（意即重要性不足、趣味性浓厚的报道），纯新闻（意即直截了当的事实报道，不加解释分析，不以文采和材料的有趣取胜）。

——汤世英等《新闻通讯写作》

就重要性这一点来讲，重要性不足的事件的确容易被处理成轻松活泼、人情味较浓的软新闻，重大的新闻事件容易被处理成相对严肃的硬新闻。重要性在区分硬新闻与软新闻中十分关键，可是重要性仍然不是区分硬新闻和软新闻的第一因素。

2. 时间性

时间性是区分硬新闻和软新闻的关键因素。时间性是指事实的发生与新闻报道之间的时间差情况，这个时间差很小，表明新闻刚刚发生或正在发生，新闻的时间性就会很强，这样的报道通常属于硬新闻，反之则是软新闻。在重要性这一点上，国内和西方观点比较一致。然而，在很多情况下，重要性往往会因时间因素而退居其次，因此，同样一条重大题材的新闻，如果在时间性上占得先机，可以以硬新闻的面目出现，如果错过一段时间再报道，就会采用软新闻的手法来处理。

比如同样报道鸿门宴，记者刚刚掌握相关情况，需要尽快发出消息，应该强调最新的结果，来一个典型的倒金字塔开头，突出时间性，这样的新闻是硬新闻：

刘邦在项羽举办的鸿门宴会上险遭刺杀，现在已经返回灞上军营。（马伯庸）

如果过了一段时间再去报道，失去了抢先报道的时间优势，我们则应该采用软新闻的报道形式。刘邦脱险回到军营的信息早已被硬新闻报道出去了，软新闻就需要在讲故事方面下功夫，提供更加丰富的情节、细节和内容，以故事性超越时新性：

樊哙闯进鸿门宴会的时候，他的双手紧握着短剑和盾牌，头发直竖，眼角几乎要裂开。守门的持戟卫士试图阻止他，但失败了。这位年轻时在沛县从事狗类屠宰业的平民，此时正面对着天下最有权势的贵族项羽，高声发出严厉的指责。整个宴会现场鸦雀无声。（马伯庸）

我教几个女研究生拍摄全景图片，她们在校园里拍完作品，一个女生还摘了柿子送给我，她自己也留了一个。下个星期上课的时候，女生问我，老师你吃那个柿子了吗？我心想她不会要我吧，就反问她吃了没有。她说吃了呀，挺甜，但也很涩。

柿子刚摘下来的时候梆硬，是涩的，我才不会吃它呢。我把那个柿子放在办公桌上，它慢慢变软，一个星期后就完全变软了，吃起来很甜，也不涩了。在这个过程中，时间成为关键因素。硬新闻与软新闻的区分，跟柿子多么相似。那个女生把刚从树上摘的柿子送给我，她是给了我一个"硬新闻"。一个星期后，硬柿子变为软柿子，成了"软新闻"。

三、写作的区别

1. 硬新闻写作

二分法中的硬新闻只有一类，即动态消息。在结构上，硬新闻有一定之规。硬新闻在文体上的典型标志是倒金字塔结构，或者说对硬新闻文体的结构要求基本上就是倒金字塔结构。

硬新闻使用直接式导语。最普通的导语就是直接式导语，这种导语以直截了当的方式讲述新闻，概括介绍稿件中最有新闻价值的事实。硬新闻的导语必须十分精练，否则将难以吸引读者。

2. 软新闻写作

软新闻对应的是特稿。软新闻的写作往往比较自由，不拘一格。对软新闻文体的结构要求是非倒金字塔结构，或称自由式，没有整齐划一的限制。

在软新闻里，新闻故事最重要的部分不必出现在导语中。软新闻也不必使用倒金字塔结构。软新闻几乎总是以延迟式导语开头。延迟式导语对时间要素有所回避，也不强调正在发生或发展变化中的事件，通常将重点放在描写新闻现场的某种情景或创造某种气氛上面。

思考与训练

第十一章
消　息

消息是新闻媒体上占比最大的内容产品形式，采写消息是记者的基本功。消息文体最为集中地体现着新闻规律，它在迅速传递事实变动信息、提升新闻表达效率等方面具有明显优势，消息的写作要体现出其优势和特征。

第一节　消息概论

消息具有简明扼要、迅速及时的特征，大多数新闻事件的报道适合采用消息体裁。对于新闻工作来讲，再怎么强调消息的重要性都不为过。

一、消息的特征

消息是精要化的新闻，消息是简装版的新闻。消息是一种迅速及时、直接简练地报道新闻事实的文体，也是媒体上用得最多的一种体裁。狭义的"新闻"即指消息，消息有两个本质特征：简明扼要、迅速及时。

1. 简明扼要

消息通常简明扼要地报道新闻事实，所用笔墨更为经济。消息的篇幅更为短小，一般在1000字之内，大多数消息只有几百字。"这是新闻媒体受时空限制的结果，也是传播者和受众'急需'使然。"[①]

消息写作的最基本表现手法是叙述，所呈现的新闻事实也更为集中。消息的内容更为简括，消息在细节刻画方面远没有特稿那样细腻，只要交代好新闻基本要素就算合格了。消息是浓缩了的新闻，"水分"更少，它是地地道道的新闻"干货"。

---

① 刘明华，徐泓，张征. 新闻写作教程 [M]. 北京：中国人民大学出版社，2002：143.

2. 迅速及时

"消息是以最直接最简练的方式快速而客观地报道新闻事实的作品"[①]，消息更注重迅速传递信息，特别强调时效性，尤其在报道一些重大新闻事件、突发性新闻事件时，更要争分夺秒才行。消息以最快的速度，把新闻事实的最新变动和最新信息，直截了当地报道出去。

二、消息适用情况

1. 突发事件报道

对于突发事件的报道，媒体需要尽快地向读者报告新闻，这个时候，记者可能只是了解到了主干信息，但掌握的细节材料还不够丰富，可以采用消息体裁迅速报道新闻。

2009 年 11 月 21 日凌晨 2 时 30 分左右，黑龙江省龙煤集团鹤岗分公司新兴煤矿发生特别重大瓦斯爆炸事故。

事故发生当天，新华网在 9 时 23 分发布了消息。在第一时间做报道，这个时候记者是很难掌握丰富的细节材料的，他也不可能写出更为详细的情况，甚至就连到底多少人被困井下也不够清楚——消息称是"数十人被困井下"，27 日搜救工作全部结束，确定 108 人遇难。这种情况容不得记者再去寻找丰富的细节，事件已经突发，记者掌握了主干信息，必须马上报道，这个时候就应该采用消息的报道形式。

黑龙江龙煤集团鹤岗分公司一煤矿发生爆炸事故　数十人被困

新华网哈尔滨 11 月 21 日电（记者梁冬）　记者从黑龙江省煤矿安全生产监督管理部门获悉，11 月 21 日 2 时 30 分左右，黑龙江省龙煤控股集团鹤岗分公司新兴煤矿发生爆炸事故，有数十人被困井下，具体人数正在统计中。

事故发生后，黑龙江省鹤岗市主要领导及龙煤集团鹤岗分公司的主要负责人立即赶往事故现场组织指挥救援，目前事故救援工作正在紧张进行中。

2. 事实并不复杂时

有的新闻事实本身并不过于复杂，读者也只是知道有这么件事情就足够了，无须采用特稿体裁深入报道，这个时候采用消息体裁会更加有效。对这样的新闻事实进行报道，不需要展示过多的细节，也用不着细腻的描述，只需要交代清楚来龙去脉即可。如下面这个例子：

---

① 章宗栋. 消息论 [M]. 北京：中国广播电视出版社，1995：4.

金正日：电视台只播世界杯朝鲜胜出赛事 其余禁播

据香港《星岛日报》报道，朝鲜44年来首次打入世界杯，但朝鲜最高领袖金正日已经下令，在世界杯期间，朝鲜国营电视台只可以播放朝鲜胜出的赛事，其他赛事一律禁止播放。这意味着绝大多数朝鲜人民将没法知道哪个国家夺得世界杯，除非朝鲜奇迹般胜出。

朝鲜国营电视台不会播放其他国家的赛事，至于朝鲜有份参与的赛事，则会经过剪辑，要令朝鲜看似是较强的一队，才会播放给国民看。国营电视台还会对片段作其他修改，例如遮盖足球场内的所有广告，还会遮盖与朝鲜敌对一方的球迷。

朝鲜上一次打入世界杯是1966年，在那届世界杯上，他们曾以1比0击败意大利晋级八强，在与葡萄牙的1/4决赛中，他们在三球领先的情况下，最后被对手逆转，以3比5输了球。（新华网，2009年11月27日）

3. 刊播较多稿件时

报纸的版面、广播电视的时段都是有限的，当在特定的版面空间、特定的时段内安排更多的稿件时，就只能采取压缩每条稿件篇幅的办法，采取消息体裁也就成为一个有效的手段。编辑可以将特稿或通讯形式修改成消息形式，反过来却不好将消息直接修改成特稿或通讯形式。

为了发布更多的新闻，每条新闻只能采取更为简练的表达方式，去除过多的细腻描述，在更短的时间和篇幅内更加迅速地传达新闻信息。这个时候，消息体裁就成为新闻工作者的首选体裁和最佳选择。

一些企业报往往只有四个版面，而且出版周期往往又比较长，有的甚至半个月或一个月才出版一期。这么长的出版周期里会有很多事情值得报道，而报纸版面又很有限，所以这样的企业报在报道新闻的时候更多地采用了消息体裁，这样一来报纸就会容纳更多的新闻，能够最大限度覆盖新闻。

三、消息的重要性

1. 消息体裁的优点

新闻是对新近或正在发生的事实的报道，消息体裁在新闻媒体中占据着十分重要的地位，消息能够更为迅速地报道新闻，它是新闻报道的主角。

（1）增加媒体的信息量。新闻媒体每天都要发布大量的稿件，消息所占的比重是最高的。报纸版面、广播电视时段都是有限的，消息篇幅更小，采用消息体裁可以增加新闻报道的数量，传递更多的新闻信息。

（2）消息更易于传播。消息体裁直截了当地报道新闻，更加迅速及时，它是一个轻骑兵，运用起来更加灵活、方便。它的写作更加凝练，不像特稿那样细腻，也不追求更多的细节描写，所以传播效率也会更高。媒体在发布消息时会更加迅速，更加方便，消息的后续传播也会更快。

（3）消息更节省读者的时间。消息是简明扼要、迅速及时地报道新闻的体裁，与特稿相比，消息的篇幅相对来说要短小得多，收受消息所用的时间也会少得多。所以，消息能够节省读者的时间，这在人们生活节奏越来越快的今天，无疑是一个显著的优势。

2. 采写消息是基本功

有的人会认为写消息很容易，如果是考虑到消息篇幅短小，写的字数就少，省得再"挤牙膏"了，写完拉倒，那么的确写消息要容易些。但这是抱着应付的态度、很不敬业的态度来对待新闻写作，并不具有说服力。

事实上，真正要写出一篇值得称道的消息并不是一件容易的事。不要认为消息篇幅短小就好写，"其实不然，凡是真正懂消息写作的同志均认为消息最难写"[①]，不少名记者都感到写消息甚至比写特稿还要难。

写消息难，难就难在记者要在一个如此短小的篇幅里把问题说清楚，而且要说得精彩。这就好像是在八仙桌下面打醉拳，给你施展拳脚的空间十分有限，你还要把拳打好，这实在是一种不小的挑战。

写消息是记者的基本功。消息具有最强的新闻性，只有掌握了消息的写作技巧，记者才能驾驭其他新闻体裁。掌握消息写作技术是记者的首要任务，写消息也是记者最为重要的基本功和看家本领。写好了消息才有可能写好特稿，写消息的功力将在很大程度上决定写特稿的水平。我们要练好消息写作基本功，只有基本功扎实，才有可能写出更加精彩的各类报道。

第二节　消息写作的要点

写作要有文体意识，消息的写作要体现出其文体特征——简明扼要、迅速及时。让读者觉得你写的像个消息，这是最起码的要求。如果连像个消息的样子都做不到，那就太说不过去了。消息的写作注重采用信息模式，强调文章的信息密度，强调新闻信息传递效率。

一、消息写作的基本要求

消息有两个本质特征，即简明扼要、迅速及时。特征即要求，这两个特征也是对消息

---

① 常秀英.消息写作教程 [M].北京：中国广播电视出版社，1995：11.

写作的基本要求。

1. 简明扼要

消息的写作应当对准核心新闻事实，一事一报，避免面面俱到。

消息要写得简明扼要，就必须精选材料，舍得割爱。消息里面也可以写细节，但是消息的细节与特稿并不一样，消息的细节要以一当十。消息的写作不能像特稿那样细腻，与主题关联不大的材料即便再精彩也要舍得割掉。

消息写得简短，但简短并不等于肤浅，也不等于枯燥。消息的篇幅短小，但同时要保证内容具备一定的深度。

要提高消息的"含金量"，篇幅要短，但容量要大。消息写作提倡"短些，短些，再短些"，但短并不等于空洞无物，而应力求短而丰满，短而充实。

2. 迅速及时

无数事实表明，在当今世界，同一重要事件，不要说迟发一天半天，就是迟发几小时、几分钟，我们的消息便会在竞争中失利，在舆论上遭受不应有的损失。反之，我们讲究消息的时效性，就能在竞争中赢得主动权。

以下几点有利于提高消息写作的及时性：

（1）记者要有时效观念。时间就是新闻的生命，当新闻发生以后，记者应该在第一时间出现在新闻现场。记者要善于奔波，冲在前列。

（2）记者要有雷厉风行的作风。记者不能是个慢脾气，做什么事情都不紧不慢。记者在接到新闻线索后，要迅速做出判断，立即出发，主动出击。

（3）记者要有倚马可待的写作技能。写作是记者的基本功，当记者采访完以后，可以迅速地撰写语言流畅的消息。

（4）记者的社会联系要广泛。当新闻发生的时候，记者的社会联系网能够迅速反应并向记者发出信号。记者在采访的过程中，可以得到社会联系网的支持，更加方便地获取相关信息。

二、消息头与消息标题

1. 消息头

消息头用来表示稿件发出单位、地点和时间，显示消息的身份，表明责任的承担者，标示新闻的来源和时效。消息头是消息体裁的外在标志。

消息头包括电头和"本报讯"。通讯社主要以电报、电传、电话等方式发稿，采用"某社某地某月某日电"作为发稿标志，称为电头。报社记者或通讯员采写的稿件一般都用"本报讯"作为发稿标志，采用"本报讯（记者某某）"或"本报某地某月某日讯"等样式。

消息头的写作要点主要包括：

（1）消息头最常见的格式是"本报讯（记者某某）"。

（2）如果时效性特别显著，可标明日期，日期标注时通常不包括年。

本书一些新闻案例在月份前面添加了"（某某年）"字样，这多是本书作者后来补充上去的，便于准确记录稿件的发布日期，在实际发稿时是省略年份的。

（3）异地报道可标注报道地点，地点应该与新闻相关。如：

新华网乌鲁木齐12月8日电（记者毛咏、江文耀） 7日晚间，新疆若羌县发生5.1级地震。

（4）综合报道不应该使用标注日期和地点的消息头。

（5）地点是指记者采访报道并发出稿件的地方。在甲地写稿，发稿时却使用乙地消息头，这是不对的。

（6）记者未到达现场，就绝不能使用带有现场地点的消息头。

（7）离开当地后，保留使用当地电头的时间应该有所限制。路透社规定对于消息的时限是24小时，对于特稿的时限是两个星期。

（8）记者应当署真实姓名。

（9）做出实质贡献的记者应当署名。没有参与报道，或只是在报道中起到极其微小的作用，新闻工作者在这种情况下不能要求署名。

（10）可以在报道的结尾对有贡献的人员做出说明。

2. 消息标题

消息标题必须是实题，不能虚化，要明确地告诉读者发生了什么。消息标题对事实的表述要呈现一种动态，要向读者报告发生了什么事情、有什么进展与变化，标题中要凸显最有新闻价值的事实或材料。

消息标题的制作比较复杂，可以是单一型标题（主题式），也可以是引题、主题、副题配备的复合型标题。消息的主题必须是"实题"，副题前不加破折号。本书对新闻标题单独设章加以论述，其中所谈的要求与技巧，主要是针对消息标题而言的，读者可以查阅。

三、消息的结构

1. 典型结构：倒金字塔

为了迅速传递新闻，消息在结构模式选择上更多地采用倒金字塔结构，"从总体上看，无论何种类型的消息，基本上都不能完全摆脱倒金字塔结构的束缚"[1]。倒金字塔使用直接式导语，以直截了当的方式讲述新闻，它一般概括介绍稿件中最有新闻价值的事实。倒金字塔结构将最有新闻价值的事实或材料放到最前面，然后按照新闻价值递减顺序安排事实或材料，能够最快捷地满足读者的新闻欲求。

2. 允许采用不完整结构

通讯或特稿的写作讲究结构完整，但消息对结构完整性的要求是相对灵活的。

形式意义上的消息结构包括标题、消息头、导语、主体、结尾等成分，消息的写作不必要求所有结构成分都具备，实际刊发的消息往往是缺这少那。消息结构成分完备可以刊发，少一个结尾也可以刊发，主体和结尾被删掉也可以刊发，有的消息甚至只剩一个标题——标题新闻——也可以刊发，没有标题只剩一个导语也可以刊发——简讯。

在形式意义上的结构成分被删减的过程中，内容意义上的结构成分同时被删减掉了。

允许不完整的消息结构存在，这是由消息这一体裁的主要任务——迅速传递新闻变动信息——所决定的。

四、具体与概括的统一

消息的篇幅短小，应该更加注重语言表达的效率，灵活恰当地综合使用具体语言和概括语言。

具体与概括并不矛盾。具体是指消息的语言不能空洞无物，不能用抽象的语言、不能用记者的议论来写新闻。概括是指消息的写作不能拖沓、冗长，应该采用更加凝练的语言来写作，在需要概括的地方就概括，不要总以一种细腻的笔法来写新闻。

细节描写是具体，直接引语是具体，细节描写和直接引语可以增强新闻作品的生动性，但是一篇消息里面不能像特稿或通讯那样有那么多的细节和直接引语。

消息写作需要控制细节描写，否则就很难做到简明扼要。

间接引语的使用便于记者控制篇幅，消息更多使用间接引语，而不是直接引语。消息写作即便使用直接引语，也要更加严格地控制数量。我们阅读新闻作品会发现，很多消息里面见不到一个直接引语，这种现象也要重视。

与特稿相比，消息在体现新闻客观性方面的表现尤其突出。消息最为严格地遵循了新闻报道的客观原则要求，消息的写作切记要采用第三人称写作，记者不要发表议论、抒情。

除了使用具体的语言，消息更要考虑使用概括的语言。

在一篇企业防火模拟演练的报道中，有一段运用概括语言描写的文字："报警、灭火、

---

[1] 刘明华，徐泓，张征. 新闻写作教程 [M]. 北京：中国人民大学出版社，2002：145.

疏散人员等一项项消防项目演练在有序进行着。"报警、灭火、疏散人员是一些比较复杂的动作，可以写出很多细节和故事，但是也有可能越写越复杂，越写越没劲，所以还不如干脆就用这三个词语来概括一下。

多一字不如少一字，消息以语言简洁为上乘，要用更加凝练的文字，快速展现新闻事实。要珍惜每个字，推敲每句话，力求字字句句承载着尽可能多的信息。

五、故事模式还是信息模式

写新闻有两种模式：故事模式与信息模式。故事模式是指运用讲故事的技巧来撰写新闻，尤其在撰写特稿的时候，讲故事是一种非常有效甚至必须采用的模式。在某种程度上讲，新闻写作的确是一门讲故事的艺术。

信息模式是指记者更加干脆、更加直接地报道新闻，记者不是以讲故事技巧取胜，而是以新闻干货的提供取胜，记者不与读者兜圈子，而是更迅速地向读者提供核心新闻事实信息。

新闻篇幅越短小，新闻写作就应该越靠近信息模式；新闻篇幅越长，新闻写作就应该越靠近故事模式。大多数消息的写作应该以提供信息为第一要务，应该尊重信息模式的运用。但是如果篇幅足够的话，也可以考虑运用讲故事的技巧。不要僵化地对待写作，要灵活地运用写作技术。在一篇采用信息模式的消息稿件里，至少讲一个细节、一个直接引语，不是更有可读性吗？

相对来讲，动态消息更倾向于采用信息模式，软消息的写作更倾向于采用故事模式。

第三节　事件性消息

事件具有变动的特点和原始的戏剧性特点，容易引起读者的关注。新闻天然地关注事件，新闻报道必然追逐事件。报道事件是消息的基本命题，写好事件性消息是记者的一项非常重要的基本功。

一、事件来龙去脉要清晰

事件性新闻写作的最基本要求是要把事件交代清楚，让读者对新闻事件有一个清晰的认识。新闻是帮助读者解答疑惑的，而不是给读者留下疑惑，让读者自己去猜测。要把事件的来龙去脉交代清楚，应该注意以下几个方面：

（1）新闻要素要齐备，事件轮廓要清晰。

（2）不要粗枝大叶，细微之处也要准确。

（3）附属事实及相关原因要交代清楚。

《苍山八旬老汉替儿偿还债务》一文讲述了沂蒙山区李老汉替儿偿还信用社贷款的事情，这篇报道新闻要素比较齐备，核心新闻事件轮廓也比较清晰。但是，这篇新闻的附属事实部分还是给读者留下了疑惑。

欠信用社的 9650 元钱是李老汉的儿子在 20 多年以前贷的，我们从李老汉的口中得知他的儿子在外闯荡 20 多年了，一直没有回家，当然也就一直没有归还这笔贷款。这就让读者产生一个疑惑，都 20 多年了，李老汉的儿子为什么没有回家？他当时是贷款之后就外出逃债了吗？当时有什么具体的情节和故事？他现在又在哪里？ 20 多年了难道他还没有挣到 9650 元钱吗？他为什么不还钱呢？

这些都是新闻的附属事实，但在这篇新闻中，附属事实的新闻价值也并不小——20 多年了没回家，他的耐力可真够大的，这背后又该有多少故事啊！附属事实及相关原因没有交代，就给读者留下了一个大大的问号，让读者百思不得其解。

二、见事还要见人

新闻学是事学，新闻学也是人学，人是新闻报道的力量源泉。读者关注事件，实质上是在关注事件当中的人。事件性消息在报道事件进程的同时，不能就事论事，而忽略了人的因素。新闻报道中应当再现人的面孔——有血有肉的人的面孔。

可是，长期以来机关报风格的报道中见不到人的面孔。这样的稿件给读者带来的不是愉快的阅读体验，而是腐朽的气息。比如下面这条发表在某日报上的消息，新闻价值很低，套话突出，通篇稿件见不到一个具体的人影。这条消息所讲的事情没有个性，人物形象模糊，稿件的大部分篇幅在讲套话，并没有传达出多少有用的信息。

××城建局举办学习十七届四中全会精神知识竞赛

本报讯 11 月 18 日上午，××城建局举办了学习贯彻十七届四中全会精神知识竞赛。经过 1 个多小时的激烈角逐，××城建局机关代表队获得竞赛第一名。

此次竞赛旨在通过以赛促学的方式，在全局进一步掀起学习贯彻十七届四中全会精神的热潮，通过竞赛展示和检验前段学习十七届四中全会精神的效果，进一步强化全局党员的先进性意识、责任意识、学习意识，同时以全会精神为指导，继续谋划好 2010 年城市建设管理工作。

"人"是新闻报道中最为重要的因素，离开人，几乎没有什么社会事件可以发生。事件性消息的写作，必须充分再现人的因素，读者喜欢看到报道中人的故事。事件性消息在写人的时候应该注意以下几点：

1. 关注事件当中人的命运

记者应当有同情心，多加关注事件当中人的遭遇和命运。尤其在对一些关系到人命安危的事件报道时，记者更应该将笔墨重点放到人的命运上。关注新闻当事人的命运，就是在关注人类自己。下面这条消息报道了一场惨案，交代了一家六口惨遭杀害的状况。老百姓希望过安定的生活，这样的消息唤起了人们的同情心，也让人们更加警惕社会危险因素。

北京大兴一小区发生凶杀案6人死亡

新华网北京11月28日电 27日16时许，北京警方接到报警称大兴区清城名苑小区一居民住宅内有人死亡，经警方调查案发现场一家6口被刀伤致死。

北京市公安局新闻办28日凌晨证实了上述消息。

北京警方的官方消息称："2009年11月27日16时许，北京市公安局110指挥中心接一群众报警，称大兴区某小区一住户内有人死亡。接报后，大兴公安分局迅速出警，经工作查明，现场6人死亡，已认定为刑事案件。目前，警方正在全力开展侦破工作。"

记者了解到，案发地点为北京大兴区清城名苑小区一居民住宅，6名遇害者为一家人，祖孙三代，其中2名为儿童，因刀伤致死。受害者一家刚搬进这一小区不久，与周围邻居不熟悉。报案者为其中一名受害者的弟弟，几天来联系不上家人，于是上门寻找。

北京警方对这一案件高度重视，已成立专案组，目前已初步锁定嫌疑人，案发原因正在调查中。

2. 关注事件结果对人的影响

除了完整报道事件历程，新闻还应该关注事件结果对人们生活可能带来的影响，让新闻离读者更近一些。比如媒体报道中国发现首例狗感染甲流，这一事件的关键点仍要落到人的因素上面来。新闻必须回答读者的疑惑，消除读者的疑虑，狗感染甲流是不是一种正常现象？狗感染甲流给人的健康带来什么危害？人们在日常生活中是否应当采取一些额外的防范措施？

3. 再现有血有肉的人物形象

描述刻画人的行动和细节，让人物动起来。精心挑选引语，让新闻人物自己开口讲话。但是要注意，消息在挑选引语和细节时应该比特稿更加苛刻。消息的篇幅更加短小，容纳的引语和细节数量有限，必须精挑细选。

三、一事一报

消息篇幅短小，一篇消息最好只写一件事。一事一报会让报道主题更加集中，也会让报道更加迅速及时。试图在一篇消息里面讲述太多的事情，往往会让报道显得混乱。事件性消息也要交代背景，但是它的背景要比特稿更加简洁。

有的时候记者可能同时采访到两件事情，但作为事件性消息，即便是这两件事情有共通的性质，一般也是一事一报，一篇消息里面只报道一件事。

事件性消息一般是将报道重点限定在事发当时的这个时空段落，它的报道内容比较单纯，主要集中在核心事件上面，基本不涉及或很少涉及其他情况的介绍。

《5000 小鼠搬新家乔迁中科院上海实验动物中心》是一篇事件性报道，这篇稿件只是讲述了一件事：某一天，上海实验动物中心工作人员将 5000 只小鼠搬到了新址。稿件里面虽然也有一些背景，但这些背景也只是为说明这一件事服务的。

从这篇稿件中我们可以看到：这次搬家工作人员特别照顾小老鼠们，上海实验动物中心的饲养条件已经很好了，这个实验中心的动物福利也有了很大提高。但这一切都只围绕着发生在上海的小鼠搬家这一件事展开，它并没有讲述其他地方小鼠搬家的情况，也没有透露其他地方实验动物的福利状况，它并不表明全国的动物福利状况到底如何。

5000 小鼠搬新家乔迁中科院上海实验动物中心

本报讯（记者朱晓芳、实习生潘隽） 昨天，5000 只"鼠小弟"坐上舒适的面包车，浩浩荡荡地从漕溪路 150 号出发，乔迁进入新家——松江区九亭镇的中科院上海实验动物中心。

这个宽敞无比的新家占地近 70 亩，空气清新，具有国内一流的设施、设备，是一个集实验动物种子保存、繁育和动物实验为一体的全新的实验动物资源与实验中心。但要加入这个庞大的新家族，对于"鼠小弟"来说，却并非易事。

"鼠小弟"们从小就"养尊处优"，这次大搬家竟可能成为它们的"死亡之旅"。

各种小鼠、大鼠最怕出汗。因它们的毛比较厚，一出汗就等于做了一次剧烈运动，所以"鼠小弟"们搬家要选阴天。可这两天阳光明媚，工作人员只能将搬家时间选在早晨 8 点。一路上，警车开道，确保了"鼠小弟"们的安全。

由于隔离箱中的氧气含量有限，旅途一长，"鼠小弟"们就会窒息而亡，所以 4 万只小鼠得分批前往"新家"。上海实验动物中心的仇书记说，虽然做好了一切防范措施，但这次搬家还是会损失上百万元。

"鼠小弟"的老家使有些小鼠"出师未捷身先死"。动物实验中心原来养了很多做实验的猫，放养后仍威胁"鼠小弟"的安全；野鼠、蛇会从下水道里爬上来，这些让工作人员防不胜防的"杀手"危害着实验甚至把"鼠小弟"们一一吞进肚子。"鼠小弟"的"新家"则做好了安全措施，在下水道设置了几道隔离装置，杜绝野鼠、蛇类的"光顾"。

据介绍，"鼠小弟"的新家相当于五星级宾馆。室温控制在 20~24℃，湿度控制在 45%~65%，每小时换气 15~29 次。"鼠小弟"每天还听 8 小时模拟风声、雨声、雷声及其他动物叫声的轻音乐。

"鼠小弟"做完实验后就完成了它的光荣使命，研究人员对"鼠小弟"采取安乐死，并进行焚化。为了纪念"鼠小弟"对人类的贡献，他们还竖起了实验动物纪念碑。

目前动物实验中心的大、小鼠品种多样，许多是患老年病、高血压、糖尿病、乳腺癌、免疫缺陷的特别实验鼠，这些类型的老鼠原先都是从国外引进，价格昂贵，最贵的一只老鼠售价为 200 多元。实验动物中心的张助理介绍，为了降低成本他们要培育出自己的实验鼠，目前正在研究之中。[①]

四、软消息的写作

软消息的写作不必拘泥于倒金字塔结构，可以灵活地使用其他非倒金字塔结构。软消息更倾向于采用故事模式来撰写新闻，更讲究趣味性，更注重对趣味性因素的挖掘，记者需要挖掘故事的幽默因素，增强报道的人情味。

动态消息强调时间性，相对来讲，软消息则更需要在可读性上下功夫。记者需要在细节刻画、故事的生动性等方面多做些努力。

与特稿相比，软消息的篇幅比较短，记者应该在这样一个不长的篇幅里，集中力量讲述一个故事。在一个有限的篇幅内，叙述、刻画好一个主题新闻事实已经足够了。

平常我们会听到"笑掉大牙"这样的话，却很少听到"笑掉下巴"的事情。这个世界上，什么新鲜事都可能发生。一个男子给女朋友讲笑话，自己笑得厉害，结果把下巴笑脱臼了。下面来看一下这条软新闻：

为逗女友一笑　讲笑话自己笑掉下巴
T277 次列车破例停车急救"笑先生"

本报讯（通讯员武客、肖勇、唐黔飞　记者左洋）　在疾驰的列车车厢里，一男子为逗女友开心，不停地讲笑话，不料自己大笑时，却把下巴笑脱臼了。为及时救治该男子，武昌直达南昌的 T277 次列车，破例中途停靠黄石站一分钟。

记者昨获悉此事详情：10 月 28 日下午 2 时许，T277 次列车离开武昌站仅 20 分钟，乘警忽然接到乘务员打来的电话：11 号车厢有旅客出了事。乘警马上赶到 11 号车厢，只见一名年轻女子紧搂着一名嘴巴张得奇大的男子，该男子痛苦地用两手托着下巴，浑身不停地抖动。

经询问得知，该男子姓孔，今年 30 岁。孔某与女友一同回南昌，上车前，两人因一些小事发生争吵。为逗女友开心，孔某给女友讲了几个笑话，不料，女友紧绷着脸就是忍

---

① 5000 小鼠搬新家乔迁中科院上海实验动物中心 [EB/OL].（2001-10-10）. http://news.sina.com.cn/c/2001-10-10/374565.html.

着不笑。见女友表情怪异，孔某自己倒被逗得哈哈大笑起来，结果，笑得下巴脱臼了。

因列车中途不停站，列车长紧急与武汉铁路局联系。15 时 05 分，该车破例临靠黄石站一分钟，将孔某及时送医。

（《武汉晚报》，2009 年 11 月 2 日）

第四节　非事件性消息

非事件性消息关注的对象多是社会问题、社会现象，或者是某些可供参考的方法、技巧与经验。非事件性消息对一段时间或若干空间内发生的情况做概貌性或阶段性的反映，报道对象往往没有明确的行为主体，也没有事件所具备的明晰的时间与空间界限，缺少事件那样的具体的发生发展过程。

与事件性消息相比，非事件性消息的报道对象多是面上的东西，是事实渐变的信息，也是更加务虚的东西。

一、找到新闻由头

新闻是对新近发生的事实的报道，非事件性消息的写作可以考虑找一个新闻由头，借着这个由头来写。由头让报道有了新闻依据，但由头并不是新闻报道的重点，它只是一个引子。它让读者更为自然地接触非事件性新闻报道。

在《中国实验动物"处优养尊"　福利状况已接近国际标准》这篇稿件中，昨天举行的一个会议就是一个由头——"在昨天举行的 2002 年上海'国际实验动物科学大会'上，我国科学家发表报告指出，过去 10 年，中国实验动物的福利状况大幅提高，已接近国际标准"——记者借着这个由头，很自然地对中国实验动物福利状况进行了报道。

二、以点带面

"点"是具体的、个别的事例，"面"是全局的情况。"点"具有代表性，它反映了"面"的情况。"点"更加具体和生动，可以增强报道的可读性，给读者带来更容易被感知的信息。写"点"是手段、技巧和方法，却不是最终的目的，写"点"的根本目的是写"面"。

《中国实验动物"处优养尊"　福利状况已接近国际标准》是一篇非事件性消息，它有点上的情况——中国科学院上海实验动物中心，也有面上的情况——全国实验动物机构的情况。写"点"的目的是表现"面"，以点带面，报道中国实验动物福利状况。另外，这篇稿件第 2 段介绍了实验动物的价值，第 5 段阐述了中国实验动物事业的发展速度，增强了知识性和思想性，也使得新闻超出了就事论事的范围。

上一节我们在论述事件性消息的写作时举过一个例子——《5000 小鼠搬新家乔迁中科院上海实验动物中心》，里面也出现了诸如"养尊处优"这样的词语，但它是集中于单一事件的报道——某一天，上海实验动物中心将 5000 只小老鼠搬到了新址。它只讲"点"的情况，却并不阐述"面"的情况。我们在这篇稿件中可以感受到上海实验动物中心的工作人员很爱护小老鼠，但是这些信息都是紧紧围绕着上海实验动物中心搬迁小老鼠这一件事，并没有离开这个事件中心。

大家可以分别阅读这两篇文章，通过阅读来体会事件性消息和非事件性消息的区别及其各自的写作技术特征。

下面来看一下非事件性消息的例子，体会"以点带面"的写作方法：

猕猴哥住进星级宾馆　鼠小弟聆听背景音乐

中国实验动物"处优养尊"　福利状况已接近国际标准

本报讯（记者张咏晴） 猕猴住进了三星级宾馆，白兔呼吸着"航天级"的新鲜空气，"鼠小弟"每天聆听轻柔的背景音乐……在昨天举行的 2002 年上海"国际实验动物科学大会"上，我国科学家发表报告指出，过去 10 年，中国实验动物的福利状况大幅提高，已接近国际标准。

"这是一群为生命科学事业献身的小精灵。"上海实验动物管理委员会副主任、中国农业科学院刘瑞三研究员表示，实验动物被称为"活的试剂"，它们是人类疾病的替代模型，同时又是异体器官移植的主要供体。"善待实验动物与否，代表了一个国家的文明和科学水平。"

目前，我国在北京、天津、云南、上海设有 4 个国家级实验动物中心，2 个国家级研究所，全国拥有 1000 余个实验动物机构。与 20 年前"瓦罐养鼠"相比，实验动物的现有居住环境、营养饲料等得到大幅改善。以中科院上海实验动物中心为例，"鼠宾馆"都是无菌中央空调间，恒温、恒湿，空气中的灰尘直径不大于 0.001 微米，并安装了国内最先进的环保设备，严格处理排放的气体和污水。

中国科学家还提出了"善待动物"的基本原则。其中包括：给予需要的动物以镇静剂、麻醉剂；给予动物人道处死、实施安乐死；温和抚慰，减少动物过激反应；为实验动物竖立"安灵牌"等。此外，"实验动物许可证管理办法"和持证上岗制度也已在我国正式实施，确保动物获得人道待遇。

"我亲眼看到了中国的实验动物事业，只用不到 10 年时间走完了西方 30 多年的路。"在本届大会上，包括国际实验动物学会前主席鲁塞尔教授在内的专家组充分肯定了中国的成绩。国际实验动物评价与信赖协会也在大会上宣布，对上海实验动物中心进行考评后，将给予国际认证。

（《文汇报》，2002年5月8日）

三、运用量化方法

量化可以更加集中地展现总体情况，让读者更清楚地看到问题的全貌和社会现象的总体态势，传递给读者更为精确的信息。

中国百万美元资产家庭数居全球第三

新华网（2009年）11月20日报道　波士顿咨询公司（BCG）19日发布最新报告称，到2008年年底，美国仍是拥有百万美元资产家庭最多的国家，将近400万户，紧随其后的依次是日本、中国、德国和英国。

波士顿咨询大中华区合伙人兼董事总经理梁国权表示，中国经济的强劲增长、收入水平的提高和高储蓄率将持续迅速创造财富。

报告预计，中国财富市场未来五年内将以年均17.2%的速度增长，至2013年达到7.6万亿美元。百万美元资产家庭数量预计将从2008年的41.7万户增加到2013年的78.8万户，年均增幅为13.6%。

中国的财富也显示出较强的区域集中度。半数以上的百万美元资产家庭集中在6个主要地区，即广东、上海、浙江、北京、江苏和山东，每一个地区都拥有超过2万户百万美元资产家庭。

报告显示，按管理资产额（AUM）计算，全球财富已经从2007年的104.7万亿美元下跌至2008年的92.4万亿美元，缩水幅度高达11.7%。这是自2001年以来，全球财富首度出现缩水现象，但中国总财富仅减少了2.3%。

四、运用对比方法

非事件性消息所报道的对象多是呈渐变状态的事物，不像事件那样容易引起人们的关注。比较出新闻，通过对比，可以把人们不容易发觉的事实变动状况凸显出来，从而强化报道对象的变动性和新闻性。

《普京惊叹：十年科学家少了一半》一文通过纵向比较、横向比较，将俄罗斯科学家数量减少情况作了充分的展示。

纵向比较：与苏联解体前相比，"俄罗斯科学家的数量减少了一半"，"国家投入的科研经费就大大减少"。

横向比较：先进国家的实验设备应该有了新的发展，但俄罗斯"大部分实验室使用的还是苏联时代的设备"；"俄罗斯拥有世界上10%的科学家，但生产出的高科技产品只占全世界总量的1%"；"俄罗斯只有9%的企业使用了高新科技，而主要工业化国家中使用新科技企业的比例则超过90%"。

下面让我们来看一下这篇报道：

普京惊叹：十年科学家少了一半

美联社莫斯科（2002年）3月20日电 俄罗斯总统普京在克里姆林宫的一会议上说，自从苏联解体以来，俄罗斯科学家的数量减少了一半。这次会议讨论的主题是，政府该如何支持经费不足的俄罗斯研究中心以参与全世界最尖端的科学研究。

普京在开幕词中说："选择国家科学的发展道路就必须确立国家的立场。"

苏联号称拥有世界上人数最多的科学家，但自1991年苏联解体后国家投入的科研经费就大大减少，导致科研人员流往国外或去私营企业找工作。

普京说，苏联解体以来俄罗斯科学家的数量减少了一半。过去5年中，约80万名年轻科研人员离开了科研界，目前俄罗斯科学家的平均年龄为56岁，大部分实验室使用的还是苏联时代的设备。

据俄塔社报道，总统安全委员会第一副秘书弗拉季斯拉夫·舍尔秋克说，有20万名俄罗斯科学家远走国外。

普京说，俄罗斯拥有世界上10%的科学家，但生产出的高科技产品只占全世界总量的1%。

工业和科技部部长伊利亚·克列巴诺夫说，俄罗斯只有9%的企业使用了高新科技，而主要工业化国家中使用高新科技企业的比例则超过90%。

舍尔秋克说，政府可能会关闭一些效率低下的研究中心。对于余下的科研中心，政府则会在2010年之前将拨给的经费增加5倍。

数年前制定的一项法令规定，科研经费要占政府每年支出的4%，但这一目标从未达到过。

思考与训练

第十二章

特　稿

特稿是与消息相并列的新闻报道文体，它是非虚构的新闻故事，注重文学性和原创性。撰写特稿要研究故事的构成和讲故事的技巧，通过人物描写、场景描写、逸事回顾、事件叙述、细节描写、引语捕捉等方法完成特稿故事的讲述。

第一节　作为故事的特稿

无穷的远方，无数的人们，都和我有关。

——中国现代文学奠基人　鲁迅

给我讲一个故事，看在老天爷的分上，让它有趣一点。

——《华尔街日报》资深头版撰稿人　威廉·E.布隆代尔

一、特稿需要讲故事

特稿是充分运用讲故事技巧，更加生动、详尽、深入地报道新闻事实的体裁。特稿具有高度的文学性，它是属于新闻范畴的非虚构故事。新闻报道文体主要分为消息和特稿，除了消息之外的其他所有报道都是特稿。特稿是细腻化的新闻，特稿是豪华版的报道。

梅尔文·门彻在《新闻报道与写作》中说："特稿旨在娱乐或以侧重讲故事来提供信息。"普利策特稿写作评奖的条件是："除了具有独家新闻、调查性报道和现场报道的共有的获奖特质外，特稿主要考虑高度的文学品质和原创性。"

与消息相比，特稿具有明显的个性特征：

（1）消息注重事件轮廓的勾勒，特稿注重新闻的细节。

（2）消息更加精干，特稿更加细腻。

（3）消息注重提供信息，特稿注重讲述故事。

（4）消息注重迅速报道，特稿更注重精心打磨。

（5）消息关注整个事件，特稿更注重人物因素。

（6）消息的写作套路相对固定，特稿的写作风格更加自由多样。

特稿是传统纸质媒体应对广播电视媒体、网络媒体竞争挑战的重要报道形式，新闻特稿化正在成为一种潮流。如今，特稿不但占据了报刊媒体的重要版面，而且它的技术模式已经深刻影响并渗透到了电视媒体和网络媒体的新闻报道之中。

特稿的任务主要有三点：

（1）向读者提供全新的新闻信息。

（2）展现更丰富的情节、场景和细节，让报道更有人情味，更有欣赏价值。

（3）剖析深层的原因，进行更为深入的解释和报道。

二、故事的威力

讲故事是新闻报道的一种有效模式，消息体裁和特稿体裁都可以采用讲故事技巧。有的消息也可以不采用讲故事方式来撰写，而采取信息模式更加直截了当、干脆利落地报道方式。特稿是软新闻，通常必须采用讲故事形式，讲故事形式更利于新闻信息的传播，也更利于对新闻的解释。

人类是擅长讲故事的高级动物，人类用故事来思考问题，解释现实，依靠故事推进商业、宗教、军事和政治活动。耶路撒冷希伯来大学历史学家、《今日简史》作者尤瓦尔·赫拉利揭示了故事的诸多秘密[①]，他的理论对我们认识故事很有启发。

根据尤瓦尔·赫拉利的理论，故事规模的大小并不重要，听故事的人会沉迷于故事本身，很难从整体的角度审视，故事涉及人群的规模即便很小，也能够产生震撼力；成功的故事善于使用障眼法，通过调动听者的情绪，让听者忽略对真相的追逐，产生行动的盲从。

尤瓦尔·赫拉利甚至说，好的故事并不需要真实，全世界那么多文化、宗教和部落的故事都不是真实的，可是人们却会相信那些虚构的故事。究其原因，一是我们个人身份的认同是以故事为基础的，我们从小就听这些故事，这些故事赋予生命意义，让我们的生活具有秩序，成为我们的精神家园，其重要性不容我们去推翻；二是人类整体上的机构体制是建构在故事上面的，比如宗教以故事为基础，在全球建立起很多重要机构与体制，形成了强大的力量。故事是人类的屋顶，屋顶一旦坍塌会引发社会的灾难，屋顶有时比地基还重要。

故事可分为虚构和非虚构两种类别，新闻学里面的故事不能虚构，也不需要虚构。现

---

① 尤瓦尔·赫拉利.今日简史：人类命运大议题[M].林俊宏，译.北京：中信出版集团，2018：261-279.

实世界发生了那么多真实的新闻故事，比虚构的故事可要离奇多了。只要人类存在，非虚构的新闻故事源泉就永不枯竭。现实世界为非虚构创作提供了源源不断的素材，我们如实记录都来不及，何必绞尽脑汁去虚构呢。

三、讲好新闻故事

讲故事是一种富有魅力的报道方式，也是新闻报道的基本策略。在某种意义上来讲，新闻报道的确就是一门讲故事的艺术。记者不应该在那里干巴巴地说教或者喊口号，记者要学会讲故事的写作方法。在中国，这种讲故事的报道思路也逐渐被新闻界接受和运用。

读者喜欢故事化的新闻，故事是形象化的新闻信息，富有趣味和吸引力，更容易被读者理解和掌握。以讲故事的方式向人们提供信息，有利于提升新闻传播效果，人们也更愿意分享和传播这样的新闻信息。"因为这种方式让人放松，让人觉得有趣，"美联社特写新闻部主任德希尔瓦说，"以这种方式整合过的新闻素材将更加有效地吸引读者。因为读者看到的不再是干巴巴的事实罗列，而是真实的生活。"①

《华尔街日报》资深头版撰稿人布隆代尔说，如果其他条件相同的话，读者更愿意听遭殃的棉农讲述棉铃虫给他们的棉花地带来的灾害，而不愿意听某个大学教授喋喋不休地发表有关害虫正威胁美国西南部棉花产地的长篇大论。

2020年新冠疫情席卷全球，截至2020年5月25日，美国新冠疫情死亡人数近10万，但美国民众并没有因此而示威，公开表现比较平静。不过，当天美国警察用膝盖压脖子致一名黑人男子死亡的故事，却彻底激怒了美国人。

明尼苏达州明尼阿波利斯市数名警察，将被戴上手铐的黑人男子弗洛伊德按倒在地，白人警察德雷克·肖万用膝盖死死压住他的脖子，长达8分钟。其间，弗洛伊德不断挣扎、哀求，"求你了，啊，我不能呼吸……"但警察不为所动。46岁的弗洛伊德最终不治身亡。美国的社交媒体上，"我不能呼吸"成了热搜词。

该事件导致大批民众走上街头，高喊口号"我不能呼吸"与警察对峙——和平抗议示威，纵火焚烧汽车楼房，打砸商店银行并抢劫；特朗普威胁要出动军队镇压，警察骑马踩踏抗议者，使出了闪光手榴弹、催泪弹、橡皮子弹……美国城市混乱得如同战场。

2020年5月28日晚，示威者冲进明尼阿波利斯市一警察局并纵火焚烧。30日，数千名抗议者聚集在洛杉矶南部的泛太平洋公园举行抗议示威活动，造成交通瘫痪，部分抗议者损毁沿途商业设施并烧毁数辆警车。洛杉矶因此实施宵禁，约500人被捕。30日，抗议者来到白宫附近继续举行示威活动，而且人数比29日明显增多。华盛顿为此启动了国民警卫队，协助警察处理白宫周围的抗议活动。

---

① 杰里·施瓦茨.如何成为顶级记者：美联社新闻报道手册[M].曹俊，王蕊，译.北京：中央编译出版社，2003：157.

抗议示威持续升级，截至 2020 年 5 月 31 日，全美 34 个城市发生了大规模游行示威。此外，德国、英国等也举行了谴责美国警察暴力执法、声援美国国内抗议活动的集会。

10 万人死亡只是一个抽象的数字，美国民众没有过激反应。一个黑人的死亡，却实实在在地刺痛了人们的同情心，那是一个鲜活的生命从人们眼前消失的悲惨故事。这就是故事的力量。

应该说，这次黑人枉死引爆的全美骚乱，也有疫情导致的焦虑以及人种歧视等背景因素。《纽约时报》2020 年 5 月 29 日刊发的专栏文章说："过去两个半月对美国来说，就像一场乌托邦电影的蒙太奇开场——这部电影的主题是一个国家的崩溃。"

四、故事的解释作用

杰克·鲁勒研究并总结了新闻中的 7 个主要神话，即受害者（让死亡升华和转变成牺牲）、替罪羊（体现着罪恶，如激进分子、犯罪分子）、英雄（成功的故事）、好妈妈（圣母玛利亚、特蕾莎修女、戴安娜、慈善家）、骗子（包括愚蠢的罪犯、运气不好的职业杀手）、另一个世界（自己社群之外的国度）、洪水（地震、水灾、火山爆发、飓风等）。[1]根据杰克·鲁勒的理论，通过讲故事，新闻变成了神话；作为神话，新闻的最重要价值是故事而不是信息，新闻需要在故事与信息之间寻求平衡；新闻是很久以前就讲述的故事的最新回响，原型故事具有持久威力，记者其实是在重复讲述以前的故事；记者利用人们的共同理解，利用人们熟悉的故事形式，带着原型故事来处理新闻故事。"由于这些故事的特定的讲述来源于得到普遍共识的原型故事，所以在每个时代——包括今天——它都能对听众产生情感上的巨大的冲击力。"[2]神话原型为新闻故事提供了深刻见解，新闻通过讲故事得以用深远的方式与公众沟通。

与抽象的论证说理相比，故事具有更好的解释作用。20 世纪 90 年代，新英格兰地区的报纸报道了当地房地产和银行市场不景气。很多文章专业性较强，不能吸引读者的注意力。有一篇稿件讲述了一个热狗经销商的真实故事，却让人们很快就明白了问题的严重性：这个商人由于接受了银行的建议，购置了大量房产，结果遭遇了不景气，背上了 3 亿美元的债务。

一些宏观题材的报道或专业性比较强的题材的报道，最好采用讲故事的形式。因为对于这类较为艰深的内容，一般读者在理解其中的道理时，是需要花费一番思索的。可是，读者并没有责任对新闻内容进行反复研读，不采用讲故事的形式报道新闻，读者往往会很

① 杰克·鲁勒. 每日新闻、永恒故事：新闻报道中的神话角色[M]. 尹宏毅，周俐梅，译. 北京：清华大学出版社，2013：12-16.
② 杰克·鲁勒. 每日新闻、永恒故事：新闻报道中的神话角色[M]. 尹宏毅，周俐梅，译. 北京：清华大学出版社，2013：20.

快失去兴趣而转移视线。

　　故事的解释作用就像我们平时用的例证方法一样，记者用新闻故事帮助人们解开疑惑。我们在给别人讲道理的时候喜欢这样说："你还不理解吧？那么让我给你举个例子吧。"讲故事就是通过举例子来帮助人们进行理解。

第二节　故事的构成

　　故事有虚构和非虚构之分，新闻是非虚构故事。小说、童话和民间传说大都是虚构的故事，新闻与它们的最大不同之处在于，新闻不可虚构，新闻讲述的是现实世界中真实发生过的事情。根据查里·施瓦茨的理论，故事包含角色、难题、场景、过程和结局五大元素，撰写特稿需要加强故事元素的研究与运用。

一、角色

　　生活中人们占据着社会地位，扮演着社会角色，所谓"人生如戏，戏如人生"。主角的确定尤其重要。主角是报道中新闻事实的核心人物，选择主角实际上就是对新闻事实的把握和考量，其中最为重要的技术标准仍然是新闻价值理论。要选择最能体现新闻价值属性的人物作为主角，这样的主角也是最能引起读者兴趣的人物。"要选择那些能够引起读者兴趣的人作为主角。这样他们才会读你的文章，"美联社特写新闻部主任德西尔瓦说，"他们喜欢这个人也好，讨厌也好，他们都将对你的文章产生兴趣，这样才能让你阐述的观点在他们中间引起反响。"[1]

　　故事中的角色设置非常重要。女企业家苏银霞曾向地产公司老板吴学占借高利贷135万元，月息10%。在支付本息184万元和一套价值70万元的房产后，仍无法还清欠款。2016年4月14日，因不堪母亲苏银霞受辱，苏银霞时年22岁的儿子于欢用水果刀刺死讨债人。2017年3月23日，《南方周末》推出特稿《刺死辱母者》对这一事件进行报道，引发社会关注。稿件中包含以下众多角色：催债人、受侮辱的母亲、儿子、地产公司老板、民警、聊城警方内部人士、职工目击者、于欢的姑姑、律师、匿名企业负责人、村民消息来源。

　　也有人对角色与性别哪个更重要展开讨论[2]。但我们认为，角色其实比性别更重要。在故事中，起关键作用的是角色及关系，性别反倒是次要的。《刺死辱母者》中的"母亲"

---

① 杰里·施瓦茨. 如何成为顶级记者：美联社新闻报道手册[M]. 曹俊，王蕊，译. 北京：中央编译出版社，2003：156.

② 如果新闻主角换一下性别，你的看法会有不同吗？｜于欢案 [EB/OL].（2017-03-30）. https: // mp.weixin.qq.com/s/TSEpSwWwr0vYnc4IiT2gKw.

角色及"母子"关系非常关键——当着儿子的面侮辱母亲，儿子一怒之下刺死了辱母者，受人欺负的弱者奋勇反抗，博得了人们的同情甚至赞许，虽然这个孩子也成了杀人犯。同样是女性，如果其角色仅仅是"女企业家""女老板"，这个故事就很难给读者带来同样的冲击力，恰恰是新闻建构中"母亲"角色及"母子"关系引发读者产生了不一样的感受。

人物性格的刻画对于角色的表现来说非常重要，记者不能只是单纯地列出人物的姓名、职业、年龄。单纯地罗列角色的人口统计学特征是很呆板的做法，无法让读者饶有兴趣地了解你想要刻画的人物。"绝不能让人物性格显得一成不变，那样才能达到栩栩如生的刻画效果。"①

记者必须对角色有着充分的了解，这样才有可能把他刻画清楚。记者一味地说角色很善良或很歹毒是不行的，实际上这也违背了报道原则，这是记者的议论而非描述。记者必须向读者描述新闻人物的日常行为、细节和对话以展示其性格特征，这样的描述才是有个性、有吸引力的。

看看斯诺在《西行漫记》中对毛泽东的描述。斯诺谈了一个毛泽东搜寻寄生物的细节，这样的细节不但无损伟大人物的形象，反而拉近了主角与读者的距离：

我记得有一天我和毛泽东谈话的时候，看见他心不在焉地松下了裤带，搜寻着什么寄生物——不过话得说回来，巴莱托要是生活在同样的环境中可能也非搜寻一下不可。但我可以断定，巴莱托决不会当着红军大学校长的面前松下裤子的——我有一次访问林彪的时候，毛泽东却这样做过。小小的窑洞里非常热。毛泽东却把身子向床上一躺，脱下了裤子，向着壁上的军用地图，仔细研究了二十分钟——偶然只有林彪插口问他一些日期和人名，而毛泽东都是一概知道的。他随便的习惯和他完全不在乎个人外表这一点相一致，虽然他完全有条件可以打扮得同巧克力糖果匣上的将军和《中国名人录》中的政治家照片一样。②

二、难题

没有难题就没有故事。故事是在特定场景中，角色面对难题采取行动的过程，故事表现的是对生命价值的建构或毁灭，故事成功的关键是充分展示人性。新闻故事中，主角总是要面对一些无法回避的难题，一些让读者都感到头痛的问题。这就意味着，解决这些问题往往需要付出很大的努力。如果主角轻而易举地就能把这些问题解决了，那么这篇文章很可能就没什么可写的了。

这并不是说记者可以无中生有地去杜撰难题。新闻的真实性是第一位的，不能为了

① 杰里·施瓦茨.如何成为顶级记者：美联社新闻报道手册[M].曹俊，王蕊，译.北京：中央编译出版社，2002：156.

② 埃德加·斯诺.西行漫记[M].董乐山，译.北京：生活·读书·新知三联书店，1979：69.

讲故事而去臆造难题。难题只是新闻故事的一个要素，它也必须符合新闻真实性的原则和要求。因为归根结底，讲故事只是一个形式问题或技巧思路问题，不能为了讲故事而讲故事。讲故事是为新闻报道服务的，新闻真实性是第一位的，故事是第二位的。在保证新闻真实性的前提下，采用讲故事的形式去报道新闻，最终目的是优化新闻传播效果。

"难题，一般分为情感难题和外部难题。越难越好，马上就有解答或得到解药的难题是不及格的，难题不需要是大事件，重点是要能牵制，要牵制住主角人生的前进。"[①]情感难题包括爱情、婚姻、亲情、友情等方面的分离、背叛、误解、崩解、自我否定。外部难题包括环境恶化、气候变迁、瘟疫、政治压迫、战争迫害等，主角大都是被动地遭遇了外部难题，然后要想办法解决问题，尽快摆脱困扰。

现实比虚构离奇，新闻故事中的难题远远超出我们的想象。因为同村两个男童遭人杀害，1993年江西青年农民张玉环被认定为杀人凶手。这是摆在张玉环面前的一个严峻难题，他面临死刑的危险。张玉环遭刑讯逼供认罪，被羁押长达近27年之久，三次被判死缓。张玉环坚持喊冤，而真要申冤又何其困难。2020年8月4日，江西省高级人民法院再审宣判张玉环无罪，予以释放。

有的难题还带有喜感。见证奇迹的时刻要到了，2019年，枣庄67岁的田女士自然受孕要生孩子。不过，摆在她面前的难题可是不少：产妇67岁，年龄太大了；之前她还患有三高等疾病；新生儿未足月；田女士原来的子女反对"中年得妹"，她的女儿曾说如果孩子生下来就和父母断绝关系。虽然困难不少，但好在老妇人生孩子毕竟是件喜事，田女士的丈夫对于解决难题很有把握，还有一丝得意。

三、场景

场景是特定时间故事发展所依存的空间场所，是日、夜、晨、昏时的客厅、卧室、车站、街道、医院、校园等空间场所。场景既包括建筑、树木、家具、陈设等硬元素，也包括光线、声音、气味、温度等软元素。场景是人物生存、活动的时空环境，记者在报道中应当再现关键场景。场景具有以下价值与功能：

（1）场景传递着文化：场景中渗透着人物角色的生活方式、宗教信仰、价值观、仪式、禁忌、民族历史，场景是文化的重要载体，释放着文化信息。

（2）场景辐射着故事信息：场景是故事发生的舞台，场景是故事不可分割的要件，辐射着故事信息。

（3）场景蕴含着情感力量：场景比议论和解释更形象具体，更有情感力量，能够更加高效地表征和传递情感。场景更容易赢得读者的信任，能够让读者更快地进入故事。

---

① 萧菊贞.故事的秘密：写在剧本之前的关键练习[M].台北：大块文化出版股份有限公司，2017：59.

（4）场景帮助读者理解故事：场景在很大程度上影响着人们的行为方式，场景描写能够烘托气氛，有效帮助读者理解文章中人物的性格和行事的动机。

（5）场景是写作的手段：场景可以用于开篇，可以用来收束全文，可以用于推动文章的进展。场景既是故事发生的舞台，也是故事写作的有效手段。

来辉武是 505 集团公司总裁，以经营 505 神功元气袋享誉世界。刘建强在《18 年后，来辉武和他的"505"》中，这样描述了场景：

> 五月初五，端午节。一大早，很多人来到西安近郊周至县尚村。来辉武住在这里，这一天是他的生日。18 年前，他用自己的生日命名"505 神功元气袋"。
>
> 穿村而过通往来辉武庄园的柏油路还是他多年前所修，已经坑洼不平。
>
> 还有很多人不知道他的生日，包括领我们前去的来辉武的一位小友。他埋怨没有通知自己，所以没带礼物。
>
> 天一直阴着，时而落些小雨。占地近 300 亩的生态园中，药气浓郁。石子路上潮湿，能看见小青蛙跳跃，一只尚未生出羽毛的雏鸟不知何时从何处跌落上面。来辉武俯身捡起来，走到草丛边轻轻放下。

生态园里种了很多中草药，还建有一个教堂，故事的主角来辉武就居住在这样一个庄园里，请读者感受一下这个场景：

> 园子里种满水杉、女贞、竹子、白芷、杜仲，多已成年，能为 505 的中成药生产提供部分原料。端午节正午前的艾叶最好，全国二十多个省市的 505 药材收购站同时在这一天展开收购。
>
> 园中有一座教堂，由当年园林基建时的民工食堂改造而成，现在也堆满艾叶。看着这些药草，来辉武眼神温柔。

（《读报参考》，2007 年第 8 期）

四、过程

要对新闻事件的进展作描述，展示难题的解决过程及其细节，这一部分的叙述要能够解答读者的疑问才行。

"你必须对人们的行为动作进行极为详细的描述。通过你的描写，让读者产生仿佛亲眼所见的感觉。不要直接告诉读者发生了什么，要用你的描写让他们去感受发生了什么。场景的描写也要力求细致。运用你的每一种感觉，将你看到的、听到的、闻到的和触摸到的全都描写出来。很多记者根本不这么做，他们甚至不知道应该这么做。他们应当重新学习叙事性文章写作的技巧，这样才能让读者更好地通过他们的文章去感受这个世界。"[1]这

---

① 杰里·施瓦茨. 如何成为顶级记者：美联社新闻报道手册[M]. 曹俊，王蕊，译. 北京：中央编译出版社，2003：158.

种方法的确很有效。很多时候，记者并不在事发现场，这就需要通过采访来掌握足够的信息，并在写作环节还原故事发展过程，呈现出故事画面。

要善于使用冲突。冲突是剧情发展过程的推进器，冲突的产生会让过程更加艰辛，也会强化主要角色，让人物有更多机会面对问题。[①] 摆在主角面前的是难题，解决难题的过程则会遇到一系列的冲突。冲突增加了故事发展过程的张力，凸显了故事的戏剧性。记者要积极发现、采集冲突信息，在故事中善于设置和使用冲突，以此推进故事发展的过程，让故事更加精彩，更富有吸引力。

五、结局

在文章的最后，需要有一个结局。"主角要么失败了，要么最终解决了难题。虽然在现实生活中，事情不是这么简单，但为了不让文章内容无休止地延伸下去，你必须设置一个结局，提醒读者：事情结束了。"[②] 新闻报道的篇幅是有限的，现实社会中的事件可能仍在继续，但是对于记者的具体报道来讲不得不设定一个界限，告诉读者故事结束了。

故事的结局若是喜剧，主角解决了难题，生命价值得到了建构，可以激发读者积极向上，让读者看到生活的希望与美好。故事的结局若是悲剧，主角没有解决难题，生命价值遭到了毁灭，则让读者直面人生的残酷与无奈。新闻关注着沸腾的社会生活，用非虚构的方式反映这个世界的多样性。

第三节　故事的写作

新闻报道是讲故事的艺术，故事是一种与读者有效交流的形式，它能够让读者保持阅读兴趣。消息可以运用讲故事技巧，也可以不讲故事，而是集中于信息的传递。但是特稿通常必须采用故事化技巧，甚至我们可以这样说，不讲故事也就无法撰写特稿。讲好故事，需要不同寻常的事件、个性鲜明的角色、耐人寻味的细节、清晰的主轴、紧凑的结构。我们撰写特稿，经常使用人物描写、场景描写、逸事回顾、事件叙述、细节描写以及引语捕捉等讲故事的方法。

一、人物描写

通过精心描写，刻画出人物的个性形象，并使这个形象生动起来，让读者觉得这个人

---

① 萧菊贞. 故事的秘密：写在剧本之前的关键练习 [M]. 台北：大块文化出版股份有限公司，2017：80.
② 杰里·施瓦茨. 如何成为顶级记者：美联社新闻报道手册 [M]. 曹俊，王蕊，译. 北京：中央编译出版社，2002：156.

物就好像站在他的面前一样。故事中的角色应当是有血有肉的人，而不应该是干瘪苍白的木偶。

史书上描写皇帝，经常说皇帝的容貌像龙，有帝王相，一看就不是一般人。把皇帝写得这么"高大上"，大都是格式化写作，恐怕也不能太当真。中国人民大学清史所张宏杰博士在《百家讲坛》节目中说，从汉代到清代，史书上记载皇帝们的长相，无外乎"貌奇伟""龙睛凤目""日角龙颜"（日角指的是额骨中央隐隐隆起部分，形状如日，相术家认为这是帝王之相）这几个词，史书中，皇帝们脸上从来不长麻子、不长粉刺，也不长老年斑。

《清史稿》对乾隆的相貌描写就四个字："隆准颀身"。意思是说，这位皇帝"高鼻梁，大高个"。但据故宫现在还保存着的乾隆朝袍来推算，乾隆身高大约一米六六，并不高。

《清高宗实录》对乾隆的相貌描写多一点，说他"生而神灵，天挺奇表。殊庭方广，隆准颀身，发音铿洪，举步岳重，规度恢远，嶷然拔萃"。这么一堆文字，现在的读者看了会眼晕，很难想象出乾隆到底长什么样。史书这样写皇帝，一个重要原因是安全起见，小心写不好脑袋搬家了。到了现在，如果我们还在新闻稿件里这样进行人物描写，读者就不会买账了。

《史记》中对汉高祖刘邦的描写是"高祖为人，隆准而龙颜，美须髯，左股有七十二黑子"。翻译成白话文是说：高祖这个人，高鼻梁，一副龙的容貌，长着漂亮的胡须，左腿上有 72 颗黑痣。这段描写中，刘邦也是"高大上"的，但其中讲到刘邦左腿上有 72 颗黑痣，注意了细节，给人以深刻印象，还不错。

新闻故事中描写人物，不能学史书中的格式化写作，而应该注意真实刻画，凸显个性。

看一段关于爱迪生的人物描写，爱迪生把纽扣一直扣到下巴这个细节令人印象深刻：

托马斯·阿尔瓦·爱迪生，37 岁，头发已经花白，穿着一件方格花布罩衫，纽扣一直扣到下巴。[1]

下面是对特斯拉的人物描写，里面透露了一个强有力的事实——特斯拉的身材、体重35 年间没有变过：

1916 年，特斯拉已经 60 岁了。

他的朋友们经常评价他穿着得体，衣服非常合身，就像量身定做的一样。其实他们不知道，他的衣服是 35 年前定做的。35 年以来，他的身材就没有变过，体重也是一样。[2]

很多时候，特稿中的人物描写需要依靠大量的细节和人物言行，限制单一的外貌

---

① 史迪夫·劳. 我是未来：尼古拉·特斯拉传 [M]. 杭州：浙江人民出版社，2018：25.
② 史迪夫·劳. 我是未来：尼古拉·特斯拉传 [M]. 杭州：浙江人民出版社，2018：193-194.

描写。

总编辑是怎样工作的？下面这个人物可不是我们通常想象的工作狂，但我们喜欢这样的人物，他长着海象胡须，工作起来似乎吊儿郎当。这样的人物描写不落俗套，增加了阅读的趣味：

总编辑威廉·克拉里·布劳内尔（William Crary Brownell），有一把络腮白胡子和海象胡须，他的办公室放着一口黄铜痰盂，一张皮沙发。每天下午，他都会读着新提交上来的书稿，不久"拿着书稿瞌睡"一小时。然后，他喷着雪茄绕大厦所在的街区散一圈步，等到他回到办公室，吐完痰，就准备宣告他对这部书稿的意见了。[①]

二、场景描写

没有场景描写，就没法讲故事。这跟拍电影一样，没有场景就没法拍电影，脱离了场景的新闻故事也是没有冲击力和可信性的。场景描写是讲故事的有效手段，特稿写作中应该有意识地设置和运用场景。

（1）记者要到现场去，成为场景的一部分。要认真观察，尤其要注意观察和记录现场的细节。

（2）记者无法亲临现场时，要不厌其烦地询问被采访者，获取场景信息，与被访者共同完成场景的搭建。

（3）好的场景描写包含着有趣的细节和个性化的信息，好的场景描写不是平面的，好的场景描写要有立体感、纵深感，要让读者感受到故事所处的时空场域。应该精心研究场景，并在作品中巧妙设置场景。

（4）场景描写与叙事相融合。场景描写是关于物的，叙事是关于人和动作的，场景描写是为叙事服务的，场景描写要与叙事相融合，用场景描写来推动叙事。

（5）限制单一的场景描写，尽量与多种表达形式相融合，以便完成视觉、听觉、嗅觉和触觉等全方位信息的提供，充分调动起读者的感觉系统，让读者仿佛身临其境一样。

文字虽然是视觉符号，但好的文字作品不仅仅诉诸视觉，它同时能够触发其他感官的连锁反应。柳永《雨霖铃》开篇写道"寒蝉凄切，对长亭晚，骤雨初歇"，用声音拉开故事的幕布，让读者听到秋后的蝉叫得那样凄凉而急促，传递出傍晚时分面对长亭的时空信息，并带来急雨刚停住的瑟瑟凉意。

（6）场景描写不是固定的。场景描写没有固定的段落位置要求，可以根据写作需要，灵活地分布在全文之中。场景描写可以是一个段落，也可以是一句话，或者是一个句子

[①]　A. 司各特·伯格. 天才的编辑：麦克斯·珀金斯与一个文学时代[M]. 彭伦，译. 桂林：广西师范大学出版社，2015：14.

成分。

鲁荣渔 2682 号是一艘鱿钓船，船上发生了 11 名生存船员杀害 22 名同伴的惨剧。《时尚先生》记者杜强对此做了报道，他的特稿《鲁荣渔 2682 号：太平洋大逃杀亲历者自述》中散布了多处场景描写。下面这段文字中的场景是讲述者所在的渔船宿舍，具体包括宿舍的床上、行李箱等，文字描述呈现了空间关系。在这段文字中，场景描写与引语写作、动作叙事等多种表达形式融合在一起，提供了视觉、听觉、嗅觉和触觉等全方位信息：

刘贵夺就进来了，就说，"哎，这不是二副嘛，你咋躺地下了？"说一句给一刀，"肠子都淌出来了，"一刀，"这咋整？"又给一刀。当时行李箱在我和二副中间挡着，我看不着他，反正刘贵夺那姿势我看得很清楚，猫腰扎的。鱼刀拔出来呲呲响，二副躺在地下哼哼，喘着气。

我那会儿半躺在床上，吓得没法动弹。

场景描写带来感受。下面这段文字的场景成分更多一些，但氛围比较平和，能够让读者想象场景画面及其身处其中的感觉：

船还在秘鲁渔场的时候，每到夜晚，四周夜幕的深处会亮起其他船只的灯光，星星点点，尽管微弱缥缈，却让人产生身处中央、被包围、被拱卫的错觉，这时候那灯光已经不见了，窗外一片漆黑。

记者走入场景。虽然没有采访对象说这艘渔船就是鲁荣渔 2682 号，但记者还是要努力追寻现场。故事已经结束了，记者跳上了这艘渔船，在文章的末尾为读者呈现了船上的场景，今昔对比，让人生出许多感慨——鲁荣渔 2682 号渔船上曾经发生了那么惨烈的屠杀，现在我们看到的却是这样一番荒凉的情景，颇有时空穿梭的感觉：

在靠海一侧的地方，停靠着一艘锈迹斑斑的渔船，对比照片，它和鲁荣渔 2682 号是同一型号。我跳了上去。渔船看来已经废弃很久，遍地散落着连霉菌也已经死掉的垃圾，从船头走到船尾，我只用了四十多步，然后绕到右侧舷梯，爬上船长室，地上散落着几本《知音》，控制台右侧放着水杯、洗洁精，还有一页塑封过的、韩国海警散发的提醒手册。控制台左侧，赫然堆着一叠黄色的冥币。

后侧的船员寝室里，已经空空如也，侧面的墙上写着"万能的父"，低矮的棚顶画着女人的裸体。

走出船员室时我注意到门上的留言，"走了！胜者为王，败者为寇！拜拜。"

三、逸事回顾

逸事是指不见于正式记载、鲜为人知的事迹，回顾逸事是推动故事叙述的有力武器。

逸事更新了读者的认知，丰富了故事的内涵，为读者带来惊奇、趣味和新鲜感。

蕾切尔·卡森（Rachel Carson）是美国海洋生物学家、世界环保运动的开拓者，她的名作《寂静的春天》被视为环境保护主义的奠基石，出版当年就销售了 50 万册。为了揭示硫磷的毒性，卡森在《寂静的春天》中回顾了一件逸事：

> 有一位化学家，企图用尽量直接的手段获取它对人类产生毒性的剂量，他就吞服了微量的药剂，约为 0.00424 盎司。他旋即瘫痪，以至于他事先准备好的解毒剂还没用就死去了。①

四、事件叙述

我们讲故事，更多地要直截了当地叙述事件。新闻报道强调表达的快节奏，稿件写作需要迅速进入主题，将主要篇幅和主要精力放在对事件的直接叙述上。

特稿篇幅较长，写作中要给予逸事回顾、细节描写、人物描写、场景描写等较为宽松的空间，但主要任务其实仍然在新闻事件叙述上，逸事回顾等写作手法也是围绕核心事件叙述展开的。当稿件篇幅变小时，逸事回顾等写作手法的运用空间明显受限，更要直接叙述事件。

近些年，高校在招生拓展方面投入了很大精力。为什么高校这么重视招生拓展？为什么高校要注重提升录取位次？原因在于高校生源竞争已经威胁到专业能否办下去，招不来优秀学生，专业就没了。现在很多高校已经启动末位惩罚机制，录取位次倒数的专业会被缩减招生名额；如果录取位次一直倒数，其专业就会一直被缩减招生名额。招生名额都没了，老师还教什么学？专业可不就没了。《南方周末》的一篇报道在开头直接讲述招生拓展的故事：

> 2024 年 6 月末，北京某"双一流"高校的一名教师赴黑龙江招生。在机场候机时，坐她边上的是北京科技大学教师，对面的人来自中国政法大学。大家都在翻看各自学校的招生资料，讨论的都是招生问题。
>
> 黑龙江共有 12 个地级市，这趟航班的目的地是其中一个——牡丹江。
>
> 让她吃惊的是，在牡丹江市第一高级中学举办的招生咨询会，云集了全国近百所高校的招生老师，操场上的人挤得水泄不通。不少招生组都住在同一家宾馆，她半开玩笑，"把当地的经济都盘活了"。
>
> 高校的生源竞争，已经从最早的北大清华之争，扩散到各个层级的高校。
>
> 3 个月前，教育部印发《关于做好 2024 年普通高校招生工作的通知》。其中再次提到，"各高校要逐步减少外派招生宣传组的数量，进一步拓展线上咨询服务渠道"。这是近 5 年

---

① 蕾切尔·卡森. 寂静的春天 [M]. 江月，译. 北京：新世界出版社，2014：24.

来，连续第二年提出这一要求。

但这似乎难以减缓高校对招生工作的焦虑。江南大学本科招生办公室主任李兆丰解释，过去考生更多只需选择学校，但在新高考之后，考生要考虑到专业这一层面。这使得招生工作从学校层面的竞争转向专业间的竞争，也让"所有老师都成了招生工作的参与者"。[①]

五、细节描写

随着时间的推移，稿件中的很多内容会被读者逐渐淡忘。能够留在读者记忆深处的除了故事梗概，往往就是一些精彩的细节了。

细节描写能够吸引读者的目光，让读者兴奋。精彩的细节能增强报道的可读性和欣赏价值，让读者为之一振，或是忍俊不禁，或是深思良久，记忆深刻。

2003 年 10 月 27 日，重庆农家妇女熊德明因为向温家宝总理反映丈夫工钱被拖欠而成为"名人"。之后，熊德明还获得了 2003 年度中央电视台全国年度经济人物社会公益奖，重庆市也给熊德明颁发了"振兴重庆争光贡献奖"。后来，熊德明建了个养猪场，干起老本行，还算挺成功。

中央电视台"致富经"栏目组的记者去采访时[②]，熊德明的丈夫很认真地称呼她为"熊总"，这个细节就挺有意思。记者问：你们都是老夫老妻的，为什么不直呼其名，怎么这么客气要称呼她为"熊总"啊？熊德明的丈夫解释说，老婆是名人了，又建了养猪场，见过大世面，现在家里都是她说了算，一切都要听她的，所以在公开场合自己这个做丈夫的也必须像外人一样叫她"熊总"。熊德明的丈夫很尊重自己的"熊总"老婆，他是心甘情愿地这样称呼的，这个细节让观众会心一笑，给观众留下了深刻的印象。

六、引语捕捉

读者对人物说的话语感兴趣，捕捉精彩的引语有助于剧情化的实现。在新闻报道中运用引语，能增加报道的现场感和故事性，有助于消除平铺直叙带给读者的乏味感，拉近报道与读者的距离，给读者带来愉悦。因此，记者要有灵敏的听觉，善于捕捉精彩的对话。

季邦很注重个人形象，他是少年先锋队中的"花花公子"。斯诺讲述这个红小鬼的故事时，注重搜寻细节，他搞清楚了这位少年对诨名的担忧，捕捉了季邦的直接引语。"我希望得到保证，"季邦向斯诺陈述了诉求和理由，"你替外国报纸写到我时，可不能写错我

---

① 杜寒三."招不来学生，专业就没了"：大学招生，不止名校在"卷"[EB/OL].（2024-07-20）.https://mp.weixin.qq.com/s/U1B-zdW9-E0jtnEvE8811Q.

② 中央电视台 7 频道"致富经"栏目报道，2010 年 5 月 13 日。

的名字。要是外国同志以为有一个红军士兵名叫'鸡巴'，那是会给他们留下一个坏印象的！"这位少年太单纯了，他若不跟斯诺说这些事情，斯诺怎么会知道呢。现在倒好，斯诺听明白了，全世界都知道他的绰号了。

但我最喜欢的是保安一个当外交部交通处处长李克农通讯员的"小鬼"。他是一个十三四岁的山西少年，我不晓得他是怎样参加红军的。他是少年先锋队中的"花花公子"，对于自己的那个角色，态度极其认真。他不知从哪里弄到一条军官皮带，穿着一套整洁合身的小军服，帽檐什么时候发软了，总是衬上新的硬板纸。在他的洗得很干净的上衣领口里面，总是衬着一条白布，露出一点。他无疑是全城最漂亮整齐的士兵。毛泽东在他旁边也显得像一个江湖流浪汉。

由于他父母缺少考虑，这个娃娃的名字恰巧叫作向季邦（译音）。这个名字本来没有什么不对，只是"季邦"听起来十分像"鸡巴"，因此别人就老是叫他"鸡巴"，这给他带来无尽的耻辱。有一天，季邦到外交部我的小房间来。带着他一贯的庄重神色，咔嚓一声立正，向我行了一个我在红区所看到的最普鲁士式的敬礼，称我为"斯诺同志"。接着，他吐露了他小小心灵里的一些不安来。他是要向我说清楚，他的名字不是"鸡巴"而是"季邦"，两者是完全不同的。他在一张纸上细心地写下他的名字，把它放在我面前。

我惊奇之下极其严肃地回答他，说我只叫他"季邦"，从来没有叫过他别的名字，而且也不想叫他别的名字。我以为他要我选择军刀还是手枪来进行决斗呢。

但是他谢了我，庄重地鞠了一躬，又向我行了那个十分可笑的敬礼。"我希望得到保证，"他说，"你替外国报纸写到我时，可不能写错我的名字。要是外国同志以为有一个红军士兵名叫'鸡巴'，那是会给他们留下一个坏印象的！"在那个时候以前，我根本没有想把季邦写进这部不平常的书里来的，但经他这样一说，我在这件事情上别无选择，他就走了进来同蒋总司令并排站立在一起了，尽管有失历史的尊严。①

第四节　新闻特稿

新闻特稿是指以报道新闻事件为主要内容的特稿。重要的新闻事件发生后，往往是消息打头阵，抢先播报相关动态，特稿随后披露更为详细、更为深入的东西，满足读者了解详情的需求。

要想写好新闻特稿，必须先有细致深入的调查研究，事先取得对新闻事件的独到认识和判断，这是撰写新闻特稿的基础。在新闻特稿中，记者应当运用娴熟的写作技术细致地报道新闻。以下几点尤其需要注意。

---

① 埃德加·斯诺. 西行漫记 [M]. 董乐山，译. 北京：生活·读书·新知三联书店，1979：302-303.

一、特稿的标题

狭义新闻即消息标题强调动词的使用，通常采用一个经过打磨的句子形式。特稿标题的制作虽然在精神理念上与狭义新闻标题制作有相通之处，但在操作形式上仍然有一定的区别。

最为明显的区别表现在，特稿标题更多采用短语形式——这在消息标题制作上是不允许的。2009 年 5 月 16 日，夏俊峰和妻子在马路上摆摊被沈阳市城管执法人员查处。夏俊峰刺死两名城管队员，重伤一人。2013 年 9 月 25 日，夏俊峰被执行死刑。《夏家年夜饭 仅 10 分钟 饺子没煮》采用的是消息标题形式，它是一句话，是主谓句式；《夏家 10 分钟的年夜饭》（《华商晨报》，2014 年 2 月 6 日）则是一个典型的特稿标题，它是一个名词性短语，而不是一个句子的样式。同样的新闻若用不同的体裁来报道，标题形式上也会有所变化。

下面我们结合消息与特稿的区别，对标题撰写做些小结：

（1）消息标题的结构形式最复杂，特稿标题的结构形式则要简单得多。狭义新闻（消息）标题制作技能是学习的关键，是学习特稿标题制作的基础。

（2）消息标题通常是一个主谓句，强调动词谓语的运用，重在表现变化和动感。

（3）特稿标题经常采用短语形式，常用"……的……"结构，如《镀金记 中国人租赁"金色大厅"的16年》[1]《神奇的安慰剂效应》[2]。这样一来，特稿标题呈现的就是一种静态，更像普通文章的标题。

（4）特稿可以采用消息题，即可以将偏静态的标题充分动态化，把短语形式的标题转化成主谓句形式的标题，扩展原本更简略的标题，使之容纳更多的关键词，呈现更加具体丰富的信息。2017 年 3 月 23 日，《南方周末》刊发原创特稿《刺死辱母者》，稿件标题具有纸媒风格，却并不适应移动互联网时代的传播要求。网易新闻客户端转载时，将标题修改为消息题《母亲欠债遭 11 人凌辱 儿子目睹后刺死 1 人被判无期》，引爆互联网。

（5）消息通常不用特稿题，一般不能将消息标题制作成特稿标题形式。

（6）消息标题必须是实题，或将实题与虚题结合起来使用——消息标题的核心是实题，要明确、具体地描述新闻事实的变动，强调名词、动词等实词的使用，不可虚张声势。

特稿标题在对新闻事实明确化、具体化方面的表现要弱得多，它在字数的控制上要求更严格，更强调某种意味的传达。特稿标题可以是实题，也可以是虚题——表现一种情绪、意境或态度——但我们更主张特稿标题实题化，更加高效地传递新闻信息。

（7）特稿正文中通常应该加小标题，小标题个数控制在 3～5 个为宜。

---

[1] 镀金记 中国人租赁"金色大厅"的16年[EB/OL]．（2014-01-28）．http：//www.infzm.com/content/97905.

[2] 神奇的安慰剂效应 [EB/OL]．（2014-01-27）．http：//www.infzm.com/content/97889.

特稿小标题可以采取一些不同凡响的做法，甚至可以借鉴古典小说制作标题的套路，模仿四大名著，采取"回"的形式命名。每一回的标题都分为两句，每句字数相等、结构相同、意义对称。只是这种做法并不常见，不属于常规操作，但偶尔尝试也是不错的选择。纪录片是视频版的特稿，学习特稿报道可以多看看纪录片。徐童的纪录片《算命》分为九回和一个尾声，小标题采取了章回体小说手法，语言凝练，句式整齐，作品内容依靠影像技术呈现，讲述当下残障和社会边缘人物的命运故事，古典的文字标题与现代的叙事内容相得益彰，别有风味。

第一回　厉百程算定孤单命
　　　　唐小雁棒打无赖汉
第二回　厉百程且说结婚事
　　　　小神仙画符财运红
第三回　小神仙进货大悲院
　　　　尤小云问事行宫村
第四回　放生养生兄弟俩各有说道
　　　　改名改命唐小雁泪流无成
第五回　避严冬厉百程返青龙县
　　　　看哥嫂老两口奔白虎沟
第六回　回娘家石珍珠记忆犹在
　　　　扒祖坟石大哥是为后人
第七回　找残联碰钉子冷脸官腔
　　　　住旅店嫖暗娼吐露私情
第八回　四兄弟大难压身是凶宅
　　　　一把牌江湖游戏只为财
第九回　三春归燕郊自有操练
　　　　五更赶辛集直待运来
尾　声　算不尽芸芸众生微贱命
　　　　回头看五味杂陈奈何天

二、从开头到结尾

1. 如何开头

特稿往往以生动的画面、精彩的引语、意想不到的情节来开头，特稿多采用延迟式导语。

2. 特稿的结构模式

一般特稿的结构模式要比消息复杂，特稿采用更加自由灵活的结构方式安排文章材料，可以采用板块组合、华尔街日报体、沙漏型等结构，很少采用单纯的倒金字塔结构来安排文章的材料。

3. 特稿的结尾

"结尾是文章完了的地方，但结尾最忌的却是真个完了"[①]，好的结尾应该有余音，有余味。特稿的结尾是戏剧性的结尾，应当为特稿撰写一个精彩的结尾，让读者感到回味无穷，就像华尔街日报体的结尾那样。

三、写作注意事项

1. 切忌重复、累赘

特稿的篇幅通常应该控制在 5000 字以内，2000 字或 3000 字以上。特稿写作同样需要简洁，在同一篇报道中不能重复使用同一事实。切忌华而不实的辞藻，切忌报道过量。

2. 真实再现新闻发展历程

记者应该调动一切技术，通过自己的笔触，真实再现新闻发展的历程及相关环节，满足读者了解新闻详情的欲求。记者所做的工作在某种意义上讲就是在还原新闻发生的过程，写作必须恰到好处、详略得当，让读者看完之后头脑里有一个清晰的认识。

3. 充分运用讲故事技巧

与消息相比，新闻特稿更强调可读性和生动性。记者应当充分运用讲故事技巧，把稿件写得更有味道。要重视细节刻画，用精彩的细节调动读者的阅读兴趣。要让新闻人物说话，将直接引语有效地分布在全文之中。要及早地推出难题，展现难题的解决过程，将读者的注意力吸引到故事中来。

4. 提供足够的背景资料

世上没有无缘无故的爱，也没有无缘无故的恨。矛盾或纠纷的发生自然有其背后的原因，记者应当适时地向读者介绍相关背景材料，让读者对新闻事实的来龙去脉有一个完整而又清晰的认识。

5. 多信息来源采访，全面展示事件的复杂性

消息的信息来源可以是单一的，比如国务院新闻办召开新闻发布会，信息来源可以只

---

① 叶圣陶. 怎样写作 [M]. 北京：中华书局，2007：68.

有一个新闻发言人，记者将他的讲话加以整理，就可以发消息了。特稿就不能这样，特稿的信息来源必须是多元的。就拿一个新闻报道来讲，除了采访新闻发言人，还需要专家学者的意见，还需要到大街上走一走，听听老百姓的意见，记者需要找到故事和情节。

很多事情并不像看上去那么简单，在简单的对错之间往往还有许多种状态存在，记者应该全面地展示新闻事件的复杂性及人性复杂的一面。对新闻人物描写的脸谱化和过分地简化新闻历程是一种不公正的做法，记者应该全面、公正、真实地展示新闻事实，让读者对新闻有一个正确的理解。

四、奇异事件特稿

新闻特稿中还有一类特稿，专门以报道奇异事件为主要任务，具有极强的吸引力。奇异事件本身就天然地具有新闻价值，容易引起读者的关注。

奇异事件特稿虽然不一定能够占据主流媒体的重要版面，但它仍然具有不可替代的作用。在生活节奏加快的现代社会，奇闻趣事能够给读者带来轻松和愉悦，有助于缓解读者紧张的精神压力。同时，这类稿件还能够让人们看到生存环境中的奇异变动，有助于展示这个世界的丰富变化和复杂情况，有助于引起人们对客观世界的进一步思考和探究。

奇异事件特稿的报道要点主要有：

（1）关键是要找到让读者感到惊奇有趣的事件。

（2）寻找事实中的令人惊奇的趣味元素。

（3）完整清晰地讲述新闻故事。

（4）带领读者揭示奇异事件的"谜底"，揭示事实发生的原因及趋势。

（5）奇异事件特稿不是仅仅为了猎奇，要用科学的思想指导对奇异事件的报道。

（6）奇异事件特稿要写得生动，但不能用危言耸听的语言组织报道。

下文就是本书作者任《燕赵都市报》记者时执笔撰写的一篇奇异事件特稿：

与妻子尸体同床共枕 8 年

妻子宋教授死后的 8 年里，谢玉臣一直对外谎称她在养病，从不让外人进屋探望。更让人不可思议的是，8 年里妻子的尸体一直放在他的睡床上，谢玉臣就在尸体旁边睡觉，到破案时妻子早已经成了一具"木乃伊"。

生死之谜被揭开

2003 年 11 月 1 日下午 2 时许，干警包围了唐山市路南区矿院楼平房 1 排 3 号住宅，宋教授失踪 8 年的谜底也终于被揭了开来。谢玉臣和宋教授的住宅分东西两间住室，宋教授的尸体就存放在西屋的床上，尸体上蒙着一个床单，下面有一层白纸。经检验，尸体未见损伤，死亡时间初步推定于 1995 年 10 月。

"她（宋教授）可是个人才，搞钢铁冶金在国内外都很有名气。"在采访中，河北理工学院的老师告诉记者，从1995年年底人们就看不到宋教授了，8年里大家也都有过猜测，估计宋教授已经死了。可是，宋的丈夫谢玉臣一直对外宣称她在养病，在练功。学校和有关部门也曾多次上门求见，但都被谢玉臣拒绝了。"他（谢玉臣）很蛮横，采取恐吓、威胁的办法对付我们。"一位曾要求探视宋教授的公安人员说，谢玉臣拒绝探访的理由主要是，"看可以，如果人死了，由你们负责，如果没有死，以后我也不管了，你们把她弄走。"

1988年上半年，宋教授因脑溢血住院治疗，半年后仍能继续工作。宋教授的同事回忆说："从1995年左右感觉她的身体开始变弱，以后就不能下床和出屋了。"

据谢玉臣交代，1995年10月28日宋教授已经停止了呼吸。谢玉臣称宋的尸体无明显变化，情况特殊，有研究价值，便将妻子的尸体藏在家中。开始时谢玉臣每天都用纸将尸体溢出物吸出，自己则在尸体旁边睡觉，"死尸脸（头）朝东，脚朝西，谢玉臣脸（头）朝西，脚朝东"，直到案发。为了掩盖宋死亡的事实，谢玉臣对要求探视宋的人们谎称宋在练功治病，需要静养，拒绝任何人探视，"就连宋教授的亲儿子来探视也绝不允许"。

据了解，宋教授和她的丈夫谢玉臣都是理工学院的退休教师。1978年1月宋教授从东北工学院（今东北大学）调入唐山工程技术学院（今河北理工学院），任冶金系教师，她是省管专家，享受国务院政府特殊津贴。宋教授来唐前已离婚，谢玉臣的前妻在地震中死亡，1978年年底宋教授与谢玉臣结婚。

尸体防腐令人惊

8年里活不见人死不见尸，虽然一次次要见宋教授的请求被谢玉臣拒绝，但是学校领导和公安部门并没有放弃揭开谜底的努力。

10月31日，河北省政法委书记刘金国作了指示，要求11月10日之前破案。唐山市公安局组成专案组，立即展开工作。当天夜里，干警就在谢玉臣家周围进行了蹲点。考虑到谢玉臣的特殊身份和影响，公安人员试图先从后窗户向里看个究竟，不料窗户关得很紧，一时无法打开。11月1日上午，专案组采取了连夜制订的第二套工作方案。下午2点左右，专案组分成两组进入宋家。一组在东屋做谢玉臣的思想工作，另一组由于存局长带领技术人员秘密进入西屋——这里正躺着去世8年的宋教授的遗体。

在东屋谢玉臣依然态度强硬地说："要想见宋教授拿法律手续来，没有法律手续谁也别想见！"西屋的门被打开了，干警揭开了蒙在那个人形物体上面的床单，这才知道宋的确是已经死了。

"我摸到了干尸的脚，手上沾了一些液体，味道很难形容。"这位办案的公安局局长说，尸体是经过防腐处理的，上面涂满了防腐药品，"否则，是保存不了这么长时间的。"令人惊奇的是，宋死后一直是放在床上的，尸体保存得非常好，就连一些医学专业人员也感到惊讶。尸体呈蜡状，黄褐色，已经干瘪，双手放在腹部，牙齿外露，头发枯萎，虽然经过了防腐处理，一般人看了也会感到恐惧。

事情发生后，居民感到非常后怕，"我们现在轻易不敢走这条胡同了，晚上一般也不出门了"。记者再次走进谢家小院时，有居民在胡同口远远地张望。

古怪行迹难揣度

据谢玉臣交代，1995年10月28日宋实已经停止了呼吸，到2003年11月1日东窗事发，整整8个年头过去了，谢玉臣就在尸体的旁边睡觉，他的作为让人感到不可理喻。谢玉臣究竟是一个什么样的人呢？

矿院楼家属院住的都是河北理工学院教职员工及其家属，平时大家都很熟悉。大家似乎并没有觉出谢玉臣有什么不正常，在采访中邻居都说他的为人还算不错。11月7日，唐山突降大雪，记者再次走进了这个家属院，"要是谢玉臣还在的话，他早就出来扫雪了。"居民说，每到冬天下雪的时候，谢玉臣都会早早起来扫雪，把这条胡同全扫了。一位大姐说，柿子熟了的时候他还会给邻居送些柿子——记者看到谢家的柿子树枝头上正挂着熟透的柿子。

"刚开始我们也闻到了难闻的气味。"谢的邻居回忆说，有人看到谢玉臣那一阵子往屋里运沙子，有的时候又在自家的院子里晒沙子、晒床单，古古怪怪的。

1995年11月3日省委组织部领导带队到宋教授家中慰问，被谢玉臣挡在了门外。河北理工学院领导出面做谢玉臣的工作，但谢玉臣仍然拒不接受，并立下了字据："宋实同志愿意接受用气功调理身体，谢玉臣支持继续用气功调理，据目前身体状况不宜去医院体检，如去医院而出现问题后果自负。"

"我早就劝过谢玉臣，让他还是早点去医院给宋看病，可他对我说他会给调理好。"谢的邻居回忆说，宋教授生前有一次在院子里坐着的时候他曾见到过，问她为什么不去医院呢，"她跟我说她被谢玉臣控制了"。

2002年人口普查时，广场派出所派人到宋家中核实户口，并要见宋本人，仍然被谢玉臣挡在了门外。

谢玉臣的那间西屋非常神秘，与别人家不同的是，早在宋实去世之前，他就把西屋与院子里的厢房连在了一起，窗户和门一年四季都挂着窗帘，8年里，谁都别想走进这户人家。记者还了解到，有人曾经趁谢玉臣出去的时候，闯到院里试图进去看个究竟，无奈"门锁得很紧，没有成功"。

每天早上5时左右谢玉臣都会起来遛早，然后买三袋奶回来，一袋给自己的儿子，一袋给自己，另一袋给宋教授，以此来表示宋还活着，他这种做法也坚持了8年多。居民们还向记者反映，今年五六月非典期间，谢玉臣还给宋办了出入证。8月以后，谢玉臣从外面弄来三个大树根，每天都花很长时间搞根雕，出门渐少，尤其到最近一个月，居民们已经很少见谢玉臣出门了。

个中原委待审查

在唐山市路南分局，据相关负责人介绍，分局已经对谢玉臣进行了初次的提审。据谢玉臣交代，他不承认自己是为了冒领工资、薪金而把尸首隐藏8年之久的，只是说尸体对于他很有研究价值才这么做的。该负责人说，目前事情并没有搞清楚，现在还很难给谢定性。

唐山市路南分局局长在接受记者采访时显得小心谨慎，他只是说互联网上的众说纷纭，莫衷一是。当记者问到谢玉臣的行为出于何种动机时，该局长却以案件正在进一步审理中不便媒体介入为由推脱记者的采访。

当记者问到能否把不涉及案件机密的部分内容透露给读者时，该局长称："审理中的案件是一个完整整体，没有哪一部分不是机密的，机密的东西我们无可奉告。等我们把事情彻底弄清楚后再通知你们。"在记者的反复追问下，该局长说，我可以告诉你们，这一事件就全世界来讲也会是罕见的，不信你们可以期待，将来这事儿会闹得很大！局长的话让记者隐隐感觉这层神秘的面纱离读者不是更近了，反而显得更远了一些。

（《燕赵都市报》，2003年11月7日）

第五节　人物特稿

人物特稿是指以报道新闻人物为主要内容的特稿，人物特稿讲述在特定环境中有着特定社会行为或生活方式的人的故事。读者对人物报道会很感兴趣，他们可以从人物报道中得到相关的借鉴、启示、提醒和教益。

《难忘的英格丽·褒曼》选用典型事实，运用虚实结合的手法，生动地描述了一代影星英格丽·褒曼对工作的献身精神和精益求精的敬业态度，具有很强的感染力，堪称经典之作。这篇稿件的导语尤其出手不凡，作者用概述手法交代了四个典型事例，一下子就把褒曼的知名度和观众对她的狂热崇拜表现得淋漓尽致，令人过目难忘，回味无穷。下面让我们读一下这篇文章，体会一下人物报道带给我们的阅读享受：

难忘的英格丽·褒曼

她不施脂粉出现在银幕上，美国化妆品马上滞销。她在影片中演修女，进入修道院的女子顿时增加。一个影迷从瑞典把一头羊一路赶到罗马作为礼物送给她。多少信只写"伦敦英格丽·褒曼收"便送到了她手中。

英格丽是当时最有魅力的女性之一，但是，她始终保持了她的本色：热衷于舞台，热衷于生活，爱吃冰激凌和爱在雨中散步，在演员生活中扮演每一个角色，在人生舞台上也尽量领受生活的情趣。

英格丽曾在斯德哥尔摩、好莱坞、罗马、巴黎和伦敦用五种语言登上舞台、银幕，无往不胜。她拍摄了47部影片，三次获奥斯卡奖，一次获埃米奖。她有子女4人，是位慈爱的母亲。她以狂热的精神献身于工作。"如果不让我表演，我一定活不下去。"她这么说过。当海明威对她说演《战地钟声》里玛丽亚这个角色得要把头发剃掉的时候，她大声回答说："为了演这个角色，要我把头割掉也行！"她可以通宵达旦地排练，甚至导演早已满意了，她还要求重来一次。话剧《忠贞之妻》在伦敦上演八个月期满的头天晚上，她还同导演讨论她的表演有哪些可以改进之处。

英格丽在成为影坛最璀璨的明星后仍然坚持每片试镜头，而且可以为了演一个难度大的角色而放弃主演，甘当配角。她不愿定型，力争演各种性格的人物，如《郎心似铁》中濒于疯狂的新嫁娘，《东方快车谋杀案》中沉默含蓄的瑞典女传教士（这两个角色都为她赢得了奥斯卡奖）。

她在23岁那年从瑞典初到好莱坞时，宁愿马上拎起行李回国也不接受公司老板要她"改头换面"整容的命令，从此她以她著名的"本来面目"出现在银幕上。

《间奏曲》里孤独的女钢琴教师、《神魂颠倒》里热情的精神病学家、《圣玛利亚教堂的钟声》里爱打垒球的修女——一个接一个令人叫绝的角色使她几年之间便饮誉影坛，票房成绩世界第一。50年代她因婚变而星运中落，在五六年后重放光彩，以《真假公主》一片再获奥斯卡奖。

谁要是当英格丽替身，非失业不可。《忠贞之妻》在美国上演初期她脚部受伤骨折，可是在接下来的六星期里仍坚持上舞台——改成坐在轮椅上演戏。她无论病得多重，总是笑着说："舞台医生能把我治好的。"的确，幕一升起，她的病似乎霍然而愈。1973年，癌症攫住了英格丽，但它未能摧毁她的意志和毅力。她不顾病痛接受了聘请，在一部电视剧中演以色列已故总理果尔达·梅厄。她承认："时间越来越少了，但是，我在癌症面前多争取到一天便是胜利。"电视剧开拍前，她到以色列了解梅厄的生平，拍摄期间她一条胳膊已必须每夜做牵引，拍完最后一个镜头，她两眼含泪，自知从此与她热爱的摄影机告别了。她以此片的演技获得1982年埃米奖。

她于1982年8月29日逝世，终年67岁。英格丽将活在许多电影观众心里——同加里·古柏在西班牙白雪皑皑的山上；同卡里·格兰特在间谍出没的里约热内卢。但是，最生动地浮现在人们脑海中的是《卡萨布兰卡》里的英格丽：靠在钢琴旁喃喃地说："山姆，再弹一遍吧，为了过去。"在雾茫茫的机场上回首告别，眼神凄楚。[1]

人物报道的写作需要注意以下几点。

一、不要把人物写得索然无味

记者首先应该判断所报道的人物与读者需求之间有什么样的关系，分析一下这个人物

---

[1] 《参考消息》1984年4月29日，原载美国《读者文摘》。引自：颜雄. 百年新闻经典[M]. 长沙：湖南大学出版社，2000：764-765.

对社会人群的作用、影响。如果这个人物具有新闻价值，读者能够从他身上得到点启发或教益，读者能够对他产生兴趣，我们才有报道的必要。

值得报道的人物包括：

（1）英雄：他们做出了惊天动地的壮举，惩恶扬善，事迹感人。

（2）成功者：他们在事业上取得了成功，有突出成就。

（3）草根人物：他们是老百姓，但是他们有着不同寻常的情感故事、悲欢离合。比如河北武强一位父亲 24 年一直在寻找自己丢失的女儿，写下了《寻女日记》，"找不到女儿，我们死不瞑目"。我们的读者还是以老百姓居多，草根人物的命运离老百姓更近，也会受到更多读者的关注。

（4）犯了错误的人：违背了社会规则、有争议或触犯众怒的人也值得关注。这类人极端的是犯罪分子，错误轻微的则是触犯众怒、有争议的人物。

我们所报道的人物应该是能够引起读者关注的人，无论被报道者是一个英雄还是一个普通老百姓，他（她）都应当是一个与众不同的人——他（她）有非同寻常的经历，他（她）的故事值得关注甚至令人着迷。

记者的任务是把人物的故事讲得生动有趣，切忌把人物写得索然无味。

2024 年 6 月 24 日，中国科学院院士、南方科技大学校长薛其坤，获得 2023 年度国家最高科学技术奖。媒体报道时注意到，薛其坤早年考研三次才上岸：第一次考研，高等数学只得了 39 分；第二次考研，大学物理只得了 39 分。这样的信息反差，读者也很喜欢。《南方周末》推出了记者专访报道，下面的文字从薛其坤早年不够顺利的求学之路写起，显得生动有趣：

薛其坤早年曾有一段曲折的求学之路。1984 年，他从山东大学光学系激光专业本科毕业后，考研失利，被分配到曲阜师范大学物理系工作。在曲阜师大，薛其坤一边工作一边准备考研，于 1987 年考上中科院物理所的研究生。

来到北京后，薛其坤的开局也谈不上顺利。他对媒体回忆，"从 1987 年到 1992 年，没有一套像样的数据能写成一篇论文让我毕业。不过，因为当时的仪器设备经常出问题，我在物理所修了四年的仪器，对仪器设备掌握得十分熟练"。

转折出现于读研期间，1992 年，他作为联合培养博士生赴日本东北大学读博，从此人生进入快车道，42 岁就当选为中国科学院院士，是当时最年轻的院士之一。

薛其坤的日本导师推崇"7-11"工作制，即早上 7 点到实验室，晚上 11 点离开。他深受影响，在回国后也保持了这样的工作习惯。

当选院士后，薛其坤依然保持着"7-11"作息，被师生戏称为"7-11"院士。实际上，薛其坤解释，"我很多时候都是晚上两点左右回家，你知道为什么吗？晚归就意味着那天我得到了非常好的数据。就像你在写出理想的稿子之前非常焦灼挣扎，但当你完成并且感觉很满意时，一看夜里两三点了，你也会觉得很幸福"。

在物理学家的身份之外，薛其坤还是一名教育工作者。他从 2020 年 11 月开始执掌南方科技大学（简称南科大）。

2010 年，被称为"高等教育改革试验田"的南科大正式在深圳筹建。

2022 年，南科大的数学学科入围第二轮"双一流"学科建设名单，南科大也一跃成为国内最年轻的"双一流"大学之一。截至目前，南科大有 11 个学科进入 ESI 全球排名前 1%，包括化学、物理学与地球科学等，其中材料科学进入 ESI 全球排名前 1‰。

相较于传统高校，以南科大、西湖大学、上海科技大学为代表的新型大学具有以问题和需求为导向，致力于基础性前沿研究，并采用跨学科合作的知识生产模式等鲜明特点。

此前，薛其坤常年在北方生活和工作，来广东不到 4 年，他自嘲口音已经变成了"山东偏广东"。最近，薛其坤接受《南方周末》记者专访，结合学校实际情况，谈了谈新型研究型大学的发展之路。[①]

二、是写人生片段还是更长的历程

撰写人物报道，记者应当在采写之前就考虑清楚，是写人物的人生片段还是写更长的人生历程。如果是写短暂的人生片段，记者就要掌握这一片段中更多的细节，要对人物的片段经历做深刻的挖掘，寻找精彩的故事和情节。

如果是写更长的人生历程，更为重要的则是要对人物的人生历程做一个梳理，从中找出其人生历程的关键节点。记者应当以这些节点事件来写人物，以少胜多，精挑细选报道材料，而不要把人物报道写成一簿流水账。

无论是采写人生片段，还是报道更长的人生历程，记者都要做好人物访谈，提出好的问题，这是人物报道的关键。下面提供一份人物访谈问题清单，这些问题主要用来获取非预期答案：

你的初次记忆是关于什么？

你的母亲 / 父亲给你的最好建议是什么？

在你生活中对你影响最深的人是谁？

你的第一份工作是什么？

你最差的工作是什么？

你的第一辆汽车是什么样的？

谁是你的初恋？

---

① 魏翠翠，王尔宜.专访薛其坤：最年轻的最高科技奖得主，执掌年轻的"双一流"大学 [EB/OL].（2024-06-24）.https://mp.weixin.qq.com/s/ryg4CEzObhxh-Vgd-nIMSQ.

当你紧张时，你会做什么？

你的脾气好吗？

你喜欢吃什么？不喜欢吃什么？

谁是你最好的朋友？

你最坏的习惯是什么？

什么会使你愤怒？

你的专业是什么？

你多久阅读一次？

你每晚睡多少个小时？

如果你半夜醒来且睡不着的话，你会怎么做？

你理想的一天假期将怎样度过？

你计划什么时候退休？

谁是你最喜爱的聚会嘉宾？

你喜欢圣诞节吗？

你最喜欢的歌曲 / 书籍 / 电影 / 歌手 / 艺术家是_____？

你最崇拜的人是谁？

你最喜欢的饮料是_____？

你最喜欢的度假地方是_____？

如果你可以完全自由地选择，你会去哪里生活？[①]

三、以人的标准来写人

不要把先进人物写成了"神"，也不要把犯了错误的人写成了"鬼"。那种非黑即白的写作理念把这个世界看得过于简单了，用这样的思维方式来报道人物是不够真实也不公正的，读者也不喜欢这样的报道。

我们应该用人的标准来写人，写一个英雄或一个成功者未必就要把他写成高大全的形象，英雄和成功者的失败或缺陷反而让他们显得更有人性更富真实感。

写一个犯了错误的人，哪怕是写一个犯罪分子也不要走极端，也不要怀着仇恨的心理将其写得面目全非。新闻本来就不应该传递仇恨，新闻的职责在于反映和沟通，新闻的光芒在于理性和客观。

2008 年 5 月 12 日，汶川发生大地震。5 月 22 日，都江堰光亚学校语文教师范美忠在天涯论坛发表《那一刻地动山摇——"5·12"汶川地震亲历记》，亮明"先跑言论"："在

---

① 这些问题主要是由杰瑞米·马汀（Jeremy Martin）提出的，参见：大卫·兰德尔. 全球新闻记者[M]. 邹蔚苓，译. 上海：复旦大学出版社，2013：91-92.

这种生死抉择的瞬间，只有为了我的女儿才能考虑牺牲自我，其他的人，哪怕是我的母亲，在这种情况下我也不会管的。"范美忠因此获得了"范跑跑"的绰号，成为众矢之的。

《南方人物周刊》发表了题为《卿光亚：范美忠的勇敢是因为他病了》的报道，这篇稿件报道的主角按说是卿光亚校长，但报道重心一直离不开范美忠——如果没有范美忠，媒体也不会关注这个私立学校的校长了。

卿光亚这个人很有大将风度，由于自己有这么个老师，他承受了很大的压力，但他也以卿光亚式智慧做出了抵制，保护了范美忠。《南方人物周刊》的报道将卿光亚校长的理性、沉稳、正义、宽容和稍微的妥协表现得恰到好处，"范美忠说的也许是真话，但不善，不美"，"范美忠不是强人，这个时代的人就喜欢戏弄弱者"等小标题很好地揭示了卿光亚的态度。

我们这个社会对待所谓"犯了错误的人"，包括媒体的报道，真应该学学卿光亚。

范美忠表达的观点，易卜生也说过一句类似的话："有的时候我真觉得全世界都像海上撞沉了船，最要紧的还是救出自己。"范美忠只是说了真心话，他有意挑衅正统观念，但他有说话的权利。有些人却试图将其一棍子打死，非得让人家丢了工作，可怜他还有女儿要养，这又是真善良了吗？！甚至还有人对范美忠进行了人身攻击，这是社会不理性不成熟的一种表现，也是社会的悲哀。范美忠也是地震灾难的受害者，他是一个难民，我们惩罚范美忠，让他丢了工作，这也是一种次生灾难。

卿光亚校长给范美忠打电话说，他现在开除范美忠了，但这个开除是停职留薪，等他9月再来上班，9月上班那是范美忠支援灾区建设，学校当然不能拒绝这份爱心了。卿光亚校长处理得多好啊，既缓解了舆论压力，给了教育行政部门一个交代，同时没有让范美忠真正丢掉工作，给了范美忠足够的关爱，真是令人感动。

2008年6月，范美忠参加了凤凰卫视节目《一虎一席谈》，与评论员郭松民辩论。郭松民站在道德高地，怒骂范美忠无耻，并愤而离场，获得了"郭跳跳"绰号。此后，范美忠几乎消失在公众视野。

2023年10月，范美忠突然接受《凤凰周刊》记者采访，他对当年的言论依然不后悔，他特别讨厌强迫，反感道德优越感的彰显。范美忠虽然发表了"先跑言论"，说过"哪怕是我的母亲，在这种情况下我也不会管的"，但事实上他非常孝敬自己的母亲，把母亲接到家里一起生活。另外，范美忠所在学校校舍建筑质量很高，地震当中完好无缺，他的学生在地震中一个都没有受伤，脱离事实的道德指责其实很难赢得理性公众的认可。行胜于言，仅仅说得高尚其实不是最重要的。社会的进步表现在为公众提供一个宽松的言论环境，理性沟通，拒绝网络暴力和道德绑架。总体上看，这些年来范美忠没有垮在舆论旋涡当中，他虽然遭受了折磨，最终辞掉了教职，但后来的日子过得也还不错，买了房买了车，社会公众也给予范美忠更多理解和包容。

四、打开彼此，写出人物性格

采写人物特稿，记者和受访者要打开彼此的内心开关。记者首先要打开自我，充分接收信息。记者还要设法让受访者打开自我，让对方愿意分享自己的故事，袒露内心的想法。这就要求记者要善于交朋友，舍得付出时间或金钱，以真诚打动受访者，赢得受访者的配合。只有这样，记者才能搜集到足够的素材，讲述出精彩的人物故事。

写好人物的性格非常关键。人物有性格，读者才喜欢。人们常说"江山易改，本性难移"，又说"性格决定命运"。在同样的环境条件下，不同的人对同一件事情的态度和处理方式也会不同，一个人之所以会这样做而不那样做，往往是性格起到了决定性作用。写人物特稿实际上就是在写人物的性格，抓住了人物的性格也就真正读懂了这个人，也才会真正理解这个人物的所作所为。而要认识一个人的性格，最基本的做法无非看这个人做了什么事情，说了什么话。

写好人物的性格，要通过事件和言语来写人。一是通过事件来写人：人物特稿必须见到人物的所作所为，也就是说要通过事件来认识人物，通过事件来展示人物的性格特征。二是通过言语来写人：言为心声，一个人说什么话，怎么说话，可以很好地表现他的性格特征。下面以易小荷的人物特稿采写为例做一说明。

易小荷离开上海，在四川自贡市古镇租来的平房里住了一年多。她在古镇进行田野调查，采访了近百位当地居民，又用了半年时间在成都完成写作。从 2021 年 7 月抵达古镇开始，一年半的时间里，易小荷没有收入和繁华都市里的社交。2023 年 2 月，易小荷出版了人物作品集《盐镇》，重点讲述了十位当地女性的故事，每篇文章讲述一位女性，独立成章。这些女性大多是家暴的受害者，目睹过父亲对母亲的家暴，或者自身就遭遇过丈夫的家暴。

易小荷与她们做朋友，请她们吃饭，参加她们的婚宴等活动。易小荷首先打开自我，充分体验和感受当地女性的生活，从她们的视角打量这个世界。

采写人物特稿，记者除了打开自我，更为关键的是让受访者打开自我。记者要有耐心和诚意，舍得花时间与受访者做朋友，用自己的真诚和付出赢得对方好感和信任。

起初，九十岁高龄的陈炳芝并不愿意与易小荷深聊。问她问题，她要么摆摆手，要么说其他的。易小荷花了三个多月时间坚持每天去看她，每次在她那里买些小吃、冰棍儿或瓶装水。

有一天，陈炳芝拖出一个木箱子，说里面是些硬币，需要去银行换。易小荷帮陈炳芝擦拭干净那一堆黏糊糊的硬币，一个个数出来，给了陈炳芝五十元钱。那天下午，陈炳芝跟易小荷聊了很多，她终于对易小荷打开了内心的开关。易小荷以《盐约》为题写陈炳芝，稿件通过诸多事件和言语刻画人物性格，给读者留下了深刻印象。

五、考察人物所处的社会阶层

记者应该善于考察报道对象所处的社会阶层，努力寻求人物行为的社会原因。每个人都处于一个特定的社会阶层，社会阶层有如下特征：

（1）同一阶层的人群具有类似的行为。

（2）社会阶层有高低之分。

（3）社会阶层是职业、财富、教育背景等综合的结果。

（4）个人会提升到较高阶层或下降到较低阶层。

一个人的行为和思想必然折射着他的社会背景，时政人物关注政治利益，财经人物看重商业诉求，文化人物更看重自己对世界的认知与感受。"人出生于某个阶层、长期从事某种职业会在其身上烙下与其他阶层和职业不同的价值观、行为方式、思维个性和思想情感，从阶层和职业属性入手是把握人物特质的一条捷径。""人最终还是社会的一分子，无论他的性格如何，职业所决定的价值观和思维方式如何，他都带有这个时代的烙印。观察一个人，我们常常要把他放在大的时代背景下，放在与他相关的同时代的人物中进行比较鉴别，既要找到人物的个性和职业属性，又要看到时代的潮流是如何改变了人生的轨迹。人就是在这种有限的规范中，展现出不同的命运，它既是时代的，又是个人的，既能看到人物个性的张扬和命运的陡转，又能呈现时代的风云流变，这无疑就是一篇好的人物报道。"[①]

中国社会科学院社会学所"当代中国社会结构变迁研究"课题组以职业分化和三种资源占有现状为划分标准，划分了当代中国社会的十大阶层：①国家与社会管理者阶层（拥有组织资源）；②经理人员阶层（拥有文化资源或组织资源）；③私营企业主阶层（拥有经济资源）；④专业技术人员阶层；⑤办事人员阶层（拥有少量文化资源或组织资源）；⑥个体工商户阶层（拥有少量经济资源）；⑦商业服务业员工阶层（拥有少量的三种资源）；⑧产业工人阶层（拥有少量的三种资源）；⑨农业劳动者阶层；⑩城乡无业、失业、半失业者阶层。[②] 我们在做人物报道的时候，应该看一看这个人物属于哪个社会阶层，对其社会背景加以考察，寻求其行为的社会层面的原因。

六、人物特稿的有效结构

人物特稿的一个有效结构是：现在—过去—现在—将来。依据这样的思路来安排材料，有助于记者更为快捷有效地推进人物报道的写作。

（1）现在或其他某个时刻：一般地可以从人物最新的情况写起，这样会使稿件更具有新闻性——时新性。如果人物的其他某个时刻更具有震撼力，也可以从那个时刻写起。

---

① 徐列.重新打量每个生命：《南方人物周刊》人物报道手册[M].广州：南方日报出版社，2009：2.

② 赵孟营.社会学基础[M].北京：高等教育出版社，2006：336.

（2）过去：讲述有新闻价值的人生经历，讲述新闻人物的故事，比如他的童年，他接受的教育，他的事业、婚姻，他的成功或失败等。

（3）现在：再次回到现在，更深入地交代他现在的境况。

（4）将来或其他某个时刻：他对未来的打算是什么？或者将结尾定格在其他某个时刻的画面上。

思考与训练

第十三章
报道领域

新闻工作面向不同的社会领域，记者除了掌握基本的新闻采写技术，还要不断积累工作经验，熟悉报道领域相关知识，成为报道特定领域的行家里手。会议报道、时政报道、教育报道、灾难报道、警事报道、环境报道是常见的或日益重要的报道类别，应该予以重视。记者在不同类别领域开展工作时，需要梳理工作思路，掌握操作技巧，熟悉报道要点，迅速找到消息来源采集素材。

新闻媒体通常会划分报道领域，安排记者跑口，比如跑教育口、跑公安口等。跑口又称跑线，主要是指新闻媒体让记者负责对接不同的部门、行业，搜集相关领域的新闻信息。跑口也只是一个大致的分类，时政报道、教育报道、警事报道可以看作跑口报道。会议报道其实与时政报道最为接近，会议是政府部门最常见的活动形式，会议报道也成为最常见的时政报道。灾难报道、环境报道即使不归于跑口报道，也具有很强的内容领域性质，需要将其归于报道领域加以研究。

第一节　会议报道

会议是有关组织传达情况、讨论问题、进行决策、布置工作的常见活动，对人们的生活、工作具有广泛的影响力，会议是新闻报道的常见领域。会议新闻很重要，经常刊发在党报头版显著位置、广电媒体的重要新闻时段，在网络与新媒体上也很常见。掌握会议报道技能，写出合格而又令读者满意的会议新闻是我们的基本功。

一、会议报道的重要性

中央广播电视总台每天晚间播出的《新闻联播》，以"宣传党和政府的声音，传播天下大事"为宗旨，被称为"中国政坛的风向标"。《新闻联播》播出的新闻很多是会议报道、时政报道，传递了中央的大政方针，从中可以解读出很多导向信息，具有很强的参考价值。

有网民制作视频说很多在国外的华裔商人每天通过收看《新闻联播》来为他们的经营决策做参考和指导，并在视频中介绍了看懂《新闻联播》的技巧。这些说法是有道理的，我将其整理成以下段落分享给大家。

关于各国领导人来访的新闻，意味着双方可能达成了一些协议，很多外贸机会就从这里产生。如果新闻里说双方进行了"亲切友好的交谈"，那表示合作的可能性非常大。如果是"坦率的交谈"，那就说明双方分歧很大，没法沟通。如果是"交换了意见"，那是指双方各说各的，没达成什么协议。"深度交换了意见"其实是指双方吵得很厉害，没能达成协议。如果说的是"会谈是不易的"，那就说明双方的目标差距很大，能坐下来聊聊很不容易。

如果你做金融投资，当《新闻联播》报道领导人去某家上市公司参观时，你应该关注这家公司的股票。如果领导人参加某个展会，那就要留意这个行业的股票了。每年发布的文件也很关键，代表着某个领域的政策支持。如果一号文件说大力发展高新科技、农业、新能源，那么你应该重点关注并投资这些行业，坐等政策扶持。

地方领导的调动也很重要，经济发达地区的领导调到经济落后地区，那么后者城市的机会就来了。比如杭州的领导调到郑州，那么郑州的房价、电商、物流相关行业就很值得关注。反之，如果经济落后地区的领导调到经济发达地区，那么这个地方关注度可能会降低，因为它会相对保守和稳定。如果你想在不同地区求职、投资、兴业，这类新闻就特别需要留意。

新闻里让某个犯罪分子道歉有两种情况，一种是事态很大，需要安抚情绪；另一种是警告这个领域的其他人，所谓杀鸡儆猴。缅北电诈相关报道很好地体现了这些特点，既要安抚情绪，还要严正警告犯罪分子同伙。

有些新闻不能仅停留在表面观看，还需要用心从正向、反向多个角度思考。当你看到外汇管制以及外汇储备下降的新闻时，可以想一想谁在兑换外汇，他们为什么要兑换外汇。告知类的新闻里藏着机会，而引导类的内容反过来看往往更有机会。

网民收看《新闻联播》的上述经验未必完全正确，但也从一个侧面有力论证了会议报道、时政报道的重要性。如何收看《新闻联播》，每个人的做法是不同的。如果更多的人像富有经验的网民那样对待这档节目，无疑也会提升《新闻联播》的影响力、引导力，促进党和政府的声音传播得更广、更深远，这是一件好事。很多会议报道在趣味性价值体现方面不是很强，但在重要性方面的价值却是毋庸置疑的。会议形成的决策往往会影响到社会人群的切身利益，小到放假安排、奖金发放、福利待遇、升学升职，大到企业发展、经济走向，很多事情都受会议决策左右。这也使得会议报道具有了重要性，会议报道反映了会议决策、会议精神，它密切关联着我们的个人生活发展、经济利益诉求，在人们的决策、投资以及生活中起着重要的参考和导向作用。

二、会议报道要点

会议报道需要记者做好采访准备工作，重点关注会议的内容与议程、会议讨论和决议情况，信息来源方面重点关注参加会议的关键人物，寻找有新闻价值的内容作报道。

1. 会议报道的准备

在正式参加会议采访之前记者需要先做一些研究工作，充分了解与会人员的相关情况和会议将要讨论的内容，并试图回答这样的一些问题：

（1）会议将由谁召集？

（2）召开会议的机构是一个什么性质的组织？

（3）谁是会议上的关键性人物？

（4）会议将要涉及哪些内容？会议的新闻点在哪里？

记者应当搜寻相关资料，也可以联系一下关键人物，试着先了解一些会议的内容。

2. 会议报道要点

（1）会议召开的时间、地点及参会人员。

（2）会议的内容与议程。

（3）会议讨论和决议的情况。

（4）会议的相关背景。

（5）与议程不符的内容：注意展示会议所涉及的问题中蕴含的矛盾与冲突。

（6）与会者和专家对这次会议的看法及评论。

（7）受会议决议内容影响的相关人士的反映。

（8）下次会议的议程。

3. 信息来源

（1）与会人员。

（2）参加会议的关键人物。

（3）与会议内容相关的其他人员。

（4）图书馆与资料室。

（4）相关专家、学者。

三、常规写法

党媒的会议新闻（会议是时政活动的重要内容，会议新闻通常也可划归到时政新闻当中）、时政新闻通常采用常规写法，常规写法是牵涉领导人物因素的常用写法。我们如果要掌握这种写法，可以多看看各级党报的头版稿件，那里有很多会议新闻、时政新闻常规写法的每日案例。

会议新闻、时政新闻的常规写法主要体现在导语、主体和结尾三个部分，它极其强调领导的级别因素。导语点明会议主题、时政活动主题，并将主要领导写出来。主体部分通常写主要领导讲话或活动的要点，每个主要领导的讲话或活动内容放在一个段落里，按照领导级别由高到低安排写作顺序。结尾部分写一下会议议程或活动，讲一下前面没有提到的领导或参会人员情况。

这种常规写法体现了新闻报道的礼仪化现象，它高度注重领导级别，是以领导级别来决定写作顺序和内容安排的，党媒、企事业单位媒体经常采用这种写法进行会议报道、时政报道。出席会议、参加活动的人物具有特定的地位与角色，领导的级别高，具有显著性和重要性，应该予以突出，这样安排写作有现实意义。另外，会议新闻、时政新闻牵涉领导，领导就成了最重要的读者，这样写新闻也是让最重要的读者——领导满意的有效举措，如果不这样写，领导会不满意，写稿子的人会日子不好过。综合考量来讲，这种常规写法就成了一种高效而又安全的写法。新闻写作不是真空中的活动，除新闻理想以外，它还受诸多现实因素的影响，这种常规写法应该掌握，否则学了新闻学书本知识还是写不出让大家满意的新闻稿件，工作过程中很容易受挫。不要盲目批评这种写法，要先掌握这种常规写法，再去提高。不要太清高，太清高了就是骄傲，骄傲使人落后。

采用常规写法，不能把会议新闻、时政新闻写成流水账。会议当然有议程，活动当然有环节，要一项一项地进行，但我们在写会议新闻、时政新闻的时候却没必要用"首先""接着""然后""最后"这么多的关联词，通常应该删去这些关联词，把重点放在内容上，而不是时间顺序上。

常规写法虽然注重领导因素，但也没有必要把所有领导名单都列一遍，那样就太枯燥乏味了。毕竟我们还要顾及更多的读者，不能过分强调礼仪化。其实，参加会议的领导也不应过多干涉新闻报道，如果自己的名字没有出现在新闻报道中，也不要乱发脾气。领导干部的职责是为人民服务，不是在稿件中争名夺利，要多给新闻工作者一些专业自主权。

下面这条时政新闻采用了常规写法，聚焦于核心议题，重点突出。请各位读者认真阅读，仔细体会。

李强同澳大利亚总理阿尔巴尼斯举行第九轮中澳总理年度会晤

本报堪培拉 6 月 17 日电（记者陈效卫、王迪） 当地时间 6 月 17 日上午，国务院总理李强在堪培拉议会大厦同澳大利亚总理阿尔巴尼斯举行第九轮中澳总理年度会晤。

李强表示，今年是习近平主席对澳大利亚进行国事访问和中澳建立全面战略伙伴关系 10 周年。回顾 10 年来中澳关系发展历程，最重要的经验启示就是要坚持相互尊重、求同存异、互利合作。去年 11 月总理先生访华以来，中澳各领域对话合作进一步恢复发展，两国关系实现全面转圜。中方愿同澳方一道，保持住、发展好两国关系当前来之不易的积极势头，合力打造更加成熟稳定、更加富有成果的中澳全面战略伙伴关系，更好造福两国人民。

李强指出，中澳关系的本质特征是互利共赢，中澳发展对彼此是机遇而不是挑战。中方愿同澳方坚持全面战略伙伴关系的定位，用好中澳战略经济对话等机制，不断扩大贸易规模，积极拓展新能源汽车、可再生能源发电等领域合作，加强地方、文旅等交流合作。希望澳方为中国企业提供公平、公正、非歧视的营商环境，为双方人员往来提供更多便利。中方愿同澳方在地区和国际层面加强协调合作，从维护本地区和平稳定出发，反对阵营对抗和"新冷战"，坚持开放包容、共同发展，携手推进地区经济一体化，建设开放型世界经济。

阿尔巴尼斯表示，澳方高兴地看到，当前澳中关系企稳向好。澳方坚持一个中国政策，不支持"台湾独立"。澳方支持中国发展繁荣，高度赞赏中国为世界减贫事业做出的重大贡献，愿同中方保持对话沟通，以庆祝澳中建立全面战略伙伴关系10周年为契机，深化经贸、能源、人文、环境保护、应对气候变化等领域合作，加强两国立法机构交往，不让分歧定义双边关系，推动澳中关系持续改善和发展。欢迎更多中国学生和游客来澳留学、旅游。

两国总理一致同意坚持中澳全面战略伙伴关系定位，巩固中澳关系改善发展势头，共同维护地区和世界和平、稳定与繁荣。双方宣布年内将在澳举行第十届中澳科技合作联委会会议、中澳高级别对话第八次会议、第八次中澳气候变化部长级对话。中方将把澳大利亚纳入单方面免签国家范围，双方同意互为旅游、商务、探亲人员审发3年至5年多次入境签证。

双方还就共同关心的国际和地区问题交换了意见。

会晤后，两国总理共同见证签署战略经济对话、自贸协定实施、应对气候变化、教育、文化等领域多项双边合作文件，并共同会见记者。双方发表《中澳总理年度会晤联合成果声明》。

第九轮中澳总理年度会晤前，李强同阿尔巴尼斯举行小范围会谈。

会谈前，阿尔巴尼斯在议会大厦广场为李强举行隆重欢迎仪式。现场鸣放礼炮19响，中澳两国国旗在广场上空迎风飘扬。仪仗队行持枪礼，军乐队高奏中澳两国国歌。李强检阅了仪仗队。

吴政隆参加上述活动。

（《人民日报》，2024年6月18日）

四、将会议看成新闻出处

读者往往反感俗套的会议新闻，一般化的会议新闻千文一面，没有个性。惯常的会议新闻标题往往是这个样子的——《省委常委、副省长×××在全省××工作会议上要求，全面抓好××工作》，读者看了提不起精神。老套的会议报道往往将真正有新闻价值的事实掩盖在密密麻麻的文字里，读者没有耐心去做大海捞针似的寻找。

1. 会议分析

会议报道可以分成两种情况。

（1）极少数会议本身就是新闻。这样的会议应当是特别重要或特别有新闻价值的会议，比如全国两会，或是某个首次召开的具有特殊意义的会议。记者可以就这样的会议本身做报道，说一下在什么地方召开了一个什么会议，有哪些人参加了这个会议、会议议题是什么，等等。

但是如果可能的话，即便是特别重要的会议，记者也应该去寻找有新闻价值的会议内容，重点放在会议内容上，为读者挑选值得关注的信息。

（2）大多数会议本身并不是新闻。大多数普通的会议本身并不值得报道，记者应该将会议看成是出新闻的地方，是新闻的由头或来源。会议的形式是次要的，谁参加这个会议、在什么地方召开会议等也不是重要的，重要的是有报道价值的会议内容，而不是会议本身。记者应该将注意力放到会议内容上，去抓有新闻价值的会议内容要点。

2. 关照读者

一定要摒弃老套的会议新闻写法，去除大段大段的"×××强调""×××指出"等字眼。老套的新闻写法站在领导的立场上，套话盛行，枯燥乏味。好的会议新闻关照读者，注重满足读者的信息需求，贴近实际、贴近生活、贴近群众，具体实在，切实解决老百姓的困惑。

记者在选择报道内容时，应该主要考虑老百姓的关注点。一般地，与百姓生活密切相关的政策性信息，决策层对社会热点问题、难点问题的态度及解决思路，都是读者感兴趣的内容。记者在独立判断会议新闻价值时，应重点考虑上述问题。

3. 懂得讲故事

新闻学是有关讲故事的技艺，会议新闻报道也要讲故事。讲故事能够增强会议报道的生动性和吸引力，通过讲故事的方式将会议信息传递出去，有利于增强会议报道的传播力，增强民众对会议新闻的分享愿望。

2004年开春后不久，禽流感在我国一些地方点状发生。浙江省政府专门召开农业工作会议，要求各地全面抓好防治禽流感工作措施的落实工作，决不让一只病禽上百姓的餐桌。新华社记者报道这次会议时撰写了农业局局长集体吃鸡鸭的文章，给人带来新鲜感觉。

记者一反常态，将"浙江百名农业局局长集体吃鸡鸭"做成了标题，利用人们痛恨官员大吃大喝的情绪设置悬念，吸引读者的注意力。

这篇报道懂得讲故事，抓住了新闻点，注意趣味性事实的展现，对浙江省委常委、常务副省长章猛进在餐桌上带头吃鸡腿，又为各位局长分起了鸡肉的会议花絮大做文章。事实上，这件所谓的会外之事，恰恰与会议的内容有着千丝万缕的联系。农业局局长集体吃鸡鸭正是在给老百姓增加消费家禽的信心和勇气，这是政府在抓防治禽流感的同时，采取灵活形式引导消费、扩大市场需求的有效做法。

五、认真参加会议

记者在抱怨会议新闻枯燥乏味时，应该多想想自己是不是认真参加会议了。记者应该留意会议细节，注意搜寻领导讲话脱稿时说的小故事、个人体会甚至小幽默，这些都可能成为日后报道不错的素材，也可能会成为会议报道的不错的切入点。

下面来看一篇会议报道：

唐山38个会合而为一 省下1000万
唐山改进作风从会风开始，市委书记赵勇会上讲话仅3分钟

"把38个专题会议合并召开，是改进作风的一个创新，改进作风的一个重要内容就是开短会，讲短话，讲真话，讲实话。"昨日上午，河北省委常委、唐山市委书记赵勇在全市"转作风、抓落实、促发展"工作会议上，预先安排的30分钟讲话仅讲了3句话，时间仅为3分钟，为各级领导干部带了个好头。而8位市领导最长不超过20分钟的限时讲话，更是深刻贯彻了改变作风的这一创新举措。

30分钟讲话缩至3句话

昨日上午，唐山市"转作风、抓落实、促发展"工作会议在市政府会议室召开，与以往不同的是，此次会议是集38个专题会议于一体的大会。会上，周仲明等8位市领导分别对2009年的工作进行了部署，每人的讲话最长不超过20分钟。之后，河北省委常委、唐山市委书记赵勇讲话，其原定30分钟的讲话意外地缩为3句话，用时仅3分钟。而原定220分钟的会议，也只用了不到170分钟的时间便圆满完成。

据了解，按照唐山市委、市政府的要求，今年3月至6月、8月至11月，将不再召开全市性的工作会议。

38个会合并 节省1000万

"多会并一会"能给唐山领导干部作风转变带来什么？记者就此采访了唐山市委秘书长刘建国。"每年年初时，各种工作会议非常多，有的会议要开到5月甚至6月底，致使部署工作不够及时。"刘建国说，省委干部作风建设年活动部署之后，唐山市迅速行动起来，为了打造效率唐山，按照省委常委、唐山市委书记赵勇的要求，改进作风从会风开始。"我们感到，这既是改进作风的一个实际举措，同时也是会议模式的一个创新。"

随后，刘建国为记者算了一笔时间账和经济账。"今天将 38 个全市性的工作会议合并在一起召开，单从时间上计算，就可以节省 25 天的时间。同时还可以减轻财政负担，此次会议，采用电视电话会议召开，可以解除 7200 名县乡干部到市里开会的劳顿，也可以节约会议经费 1000 万元以上。"

对于唐山这种新的会议形式，与会的广大干部纷纷表示赞许。唐山市路北区常委、副区长杨明贵说："每年春季，一大部分时间被开会牵扯，这次会议后，唐山上半年不再召开全市性的工作会议，我们有了更多的时间和精力到基层、到一线去做事。"

（《燕赵都市报（冀东版）》，2009 年 2 月 28 日，记者刘超、王军伍、张汇报道）

六、新闻发布会报道

1. 发布会报道要点

（1）新闻发言人的姓名与身份。

（2）新闻发言人讲话的要点。

（3）新闻发布会所涉及的新闻背景。

（4）记者提问及新闻发言人的回答情况。

（5）新闻发布会举办的时间、地点以及目的。

2. 寻找有价值的信息

在报道新闻发布会的时候，记者应该多问自己几个问题，将真正有价值的信息挑选出来，呈现给读者。

（1）新闻发言人的哪些回答是坦率的，哪些回答是不够坦率的？

（2）哪个问题最精彩？哪个回答最精彩？

（3）什么内容是以前没有讲过的？

（4）新闻发言人回避了哪些问题？这些问题的真正答案在哪里？

（5）新闻发布会的背景是什么？

（6）事实的发展前景又会怎样？

新闻发布会报道的一个重要环节是要充分关注会议的背景和相关事实，而不能仅仅充当会议的传声筒，简单地发布会议提供的文字材料。

当中国出口产品在海外屡屡遭遇不公平待遇之后，2009 年 11 月 23 日，一部主题为"中国制造，世界合作"的国家广告在美国有线新闻网亮相，引起世人关注。12 月 3 日，4 家国内行业组织在京联合举行了新闻发布会。

《燕赵都市报》对这次新闻发布会的报道，就"中国制造，世界合作"国家广告片的内容、策划制作过程及原因、播放情况作了详细的介绍，探讨了"中国制造"的未来出路。整篇新闻报道跳出了就会议论会议的窠臼，注重了对背景要素的挖掘，找到了真正的新闻点，也保证了报道的深度。

第二节　时政报道

时政报道泛指与政府事务相关的新闻报道，涵盖政府决策、政府运转、政局变动、政要信息等内容的报道。时政新闻大致可以分为三类：

（1）常态化时政新闻。如重要领导人的出访、调研活动，重要领导人的讲话。

（2）可预见时政新闻。例行政治事务，如每年的两会；重要的历史节点，如抗日战争胜利 70 周年纪念活动。

（3）突发性时政新闻。不好预料的一些时政新闻，如官员贪腐案，重要的人事变动，重要领导人去世，国外重要政治人物的变故、大选、政变等。

党媒习惯采用常规写法报道时政新闻，它很严肃正统，严格按照领导级别安排材料，富有权威性。时政新闻的常规写法与会议新闻的常规写法是一致的——会议也是重要的时政内容类别，本书已经将会议新闻单独列出来，对常规写法作了阐述，在此不再赘述。

时政报道的内容与老百姓的利益密切相关，我们应该树立明晰的时政报道理念。我们更要呼吁多从老百姓面临的问题开始寻找新闻，增强平视权力的意识，不写官样文章，而是撰写老百姓真正需要的时政新闻报道。

一、时政新闻报道理念

政府部门所做的决定与公众利益密切相关，对老百姓生活的方方面面都有影响。

本书作者在《燕赵都市报》当记者时，城市新闻部主任陈鹰先生在报社内部对时政报道做过很到位的总结。他说，生活类报纸的时政报道明显区别于党报或其他类媒体的时政报道。它最基本的一点是要求有用，突出关注点、兴趣点。即使报道部门成绩，也必须以读者的关心、关注为切入点，讲求政府与市民间的良性互动。

应该说，政府部门的每一项工作都事关百姓利益，环境保护、城市建设、交通改善、社会保障、工会行动、工商技监打假、消协维权、医疗政策等，均与百姓工作、生活密切相关。问题的关键是，我们必须在这些纷繁的工作内容中，找到几个基本点，去除用处不大、百姓关注度不高的内容，把人们关心的东西予以放大，做细，服务到底，这就是我们应存的、基本的时政新闻报道理念。这可以称作大时政新闻。

此外，机关部门短小的政策信息发布，如果与市民生活、工作有关，我们也必须公布，比如考试时间、文化演出信息、获得重要荣誉等，凡与百姓有关的，都有公布的必要。

还有，含有正气的社会故事，代表时尚和社会正义的人间真情，百姓困惑与困苦，以及他们的要求和呼声，我们也不能漠然视之。这可以称作时政新闻附属品。

二、关注点与信息来源

1. 报道关注点

（1）财政预算。

（2）城市拆除违章建筑。

（3）城市建设与城市规划，道路建设。

（4）任命或解聘政府官员。

（5）人大代表会议与政协会议的召开。

（6）其他重要会议的召开。

（7）卫生、教育、环境、工业、农业、服务业等的发展规划与相关政策的发布。

（8）政府应对社会问题而采取的行动。

（9）政府采购。

2. 信息来源

（1）政府官员或领导干部。

（2）普通机关工作人员。

（3）与报道事务相关的老百姓。

（4）专家。

（5）政府文件。

三、为百姓读者写新闻

1. 增强可读性

"因为官方程序中使用的语言复杂，再没有其他的口比政府口更能提供写作味同嚼蜡的报道的机会了"[①]，记者必须在行话、官话中寻找到真正的新闻故事。

我们应该多从老百姓面临的问题开始寻找新闻，然后去询问政府为解决百姓的困难做了些什么。

一定要考虑百姓的关注点，应该站到百姓的立场上做报道，而不是站在官员的立场上做

---

① 谢丽尔·吉布斯，汤姆·瓦霍沃.新闻采写教程：如何挖掘完整的故事[M].姚清江，刘肇熙，译.北京：新华出版社，2004：317.

报道。马屁新闻盛行，固然有新闻体制的原因，但有些记者抱残守缺、不思进取也是需要引起注意的。这种官样文章写起来容易，但可读性很差。长此以往，这样的报道会让百姓失去对政治的兴趣。值得警惕的是，由于记者的懒惰和保守，这类报道现在仍然大行其道。

我们应该紧抓社会痛点，增强报道的可读性，让更多的百姓关注时政新闻。增强时政新闻可读性，是新闻工作讲政治的真正体现，具有现实政治意义。增强时政新闻可读性，让更普遍的社会公众关注政治，才能在关键时刻有效引导舆论，以便迅速形成共识，凝聚力量，促进国家与社会有效解决问题，实现良性发展。

2. 不要说套话

时政报道最容易出现套话，而这样的报道也最容易招致读者的反感。体制内的记者有时候也不得不按照固定的套路来写稿子，结果是这样的稿子永远呈现着一副古板的面孔。说套话的稿子或许能够博得某些官僚的欢心，满足官僚的虚荣需求，却耗费了巨大的社会成本，疏远了群众，也背离了新闻传播专业精神。

吴官正任中共中央政治局委员、山东省委书记期间曾要求山东媒体，不要在报道里说什么"重要讲话""轻车简从""冒着寒风"等套话。吴官正还说，"涉及我的稿子，你们觉得不合适的尽管改，不用告诉我，发多发少，你们定"。作为一个省委书记，吴官正对待媒体的做法体现了一种务实作风，值得称赞：

> 我提几点建议：一是省委领导同志的讲话，从我开始，不要讲"重要讲话"，把"重要"两个字去掉，讲话那么多，哪有那么多"重要"啊！二是涉及我的稿子，你们觉得不合适的尽管改，不用告诉我，发多发少，你们定，你们可以删，但不要加。三是在报道里面对我赞扬的话无论如何不要写，什么"轻车简从""冒着寒风"全部删了去。我们在地方工作本来就应该这样。你们的报纸一定要体现党的优良作风，要反映民意。有的领导如果要报道，你们和他讲明白，这是帮倒忙，不能搞。报道领导活动，说明哪天到哪里去，讲了什么话就可以了，新闻就应该这样。

> （《新闻报道不要写赞扬我的话》，2000 年 1 月 26 日，此文是吴官正同志到山东省大众日报社视察时谈话的一部分）[①]

把本该归属于新闻的东西归还给新闻，遵循新闻传播规律撰写时政报道，不说套话，追求更高的传播效率，讲述生动的时政故事：这才是读者愿意看到的景象。

四、平视权力意识

"贴近实际，贴近生活，贴近群众"，我们天天在喊新闻报道要做到"三贴近"，可是

---

① 陈宝成.《民贵泰山》揭秘吴官正主政山东经历 [N]. 南方都市报，2010-04-23.

真正做的时候就走了样。喊得多，做得少，结果"三贴近"也快变成了带有官僚气息的新闻口号了。

2002年11月胡锦涛当选中国共产党第十六届中央委员会总书记时，《南方周末》做了一篇报道《他们眼中的胡锦涛》。其中一个小标题叫"胡锦涛舅奶奶的回忆"，听起来有点八卦的味道，但其中所蕴含的进步意义和探索精神仍然值得称道。实际上，只有当报道真正从个人化的视角切入，新闻才能真正引起读者的兴趣。下面来看"胡锦涛舅奶奶的回忆"这个片段：

如今的多儿巷3号已没有人居住，在它不远处的一幢楼房的二楼，住着胡锦涛的一位舅奶奶刘秉霞。

刘秉霞老人今年88岁，她透过窗户指着多儿巷3号的老屋说："我21岁结婚后就住进了那里，一直住了60多年，几年前银行建大楼才搬到了这里。"刘秉霞说，她丈夫的姐姐是胡锦涛的祖母，"胡锦涛在老屋里住了好多年，直到考上大学才离开。"

刘秉霞回忆说，胡锦涛从小很懂事，不顽皮，"从不同人斗嘴，不同人吵架"。有时贪玩一点，大人在旁边稍微"哼"一下，他就马上知道自己做得不对，很快改过来。"这孩子不需要大人操心。"

据她回忆，胡锦涛在家里话不多，不爱宣扬。有一次他在班里被选为了班主席，家里也不知道，后来还是从他同学那里了解到这件事。那同学说："胡锦涛在班里年龄算小的，但大家都听他的。我的成绩也不错，年龄也比他大，但大家就不听我的。"

令刘秉霞老人印象深刻的是胡锦涛学习很出色。"他放学回来把书包一放，就开始做作业。"她比喻说，"他学习就像走路，一步一步地，从不打岔。"

刘秉霞患有心脏病和白内障，但还比较开朗。作为一个年近九旬的老人，她基本上能用普通话与记者交流，举手投足间颇有"大家闺秀"风范。当记者提出要给她拍一张照片时，她还特地换了一件漂亮的毛衣。

刘秉霞说，胡锦涛的父母"人蛮好"。她还记得胡锦涛的父亲很疼胡锦涛，"没见过他骂孩子"。

下面这段文字讲的是胡锦涛的高中同学对往事的回忆，这些故事增进了人们对这位国家领导人的热爱：

当时毛泽东提出了教育要与生产劳动相结合的口号，胡锦涛他们被安排到了鲍徐乡劳动。夏道球对一个细节记得很清楚，当时学生正是长身体的时候，一到吃饭时间便争先恐后地往饭桌前跑，而胡锦涛总是走在后面，让别的同学先吃。夏道球还记得如果是两个人抬东西，胡锦涛会把重物往自己这边挪一挪，让自己承受的力多一些。

在居鸿富的记忆里，胡锦涛几乎没有发过脾气，"性格很随和"。他说胡锦涛平时很注意整洁，注意自己的形象和风度。有同学介绍说，胡锦涛高中时代就开始讲普通话。

居鸿富说胡锦涛那时的爱好是唱歌、跳舞，"他的舞跳得很好，那时不跳交谊舞，而是表演性的舞蹈"。①

五、记者应该做些什么

1. 活动与会议

撰写政府事务报道，记者应当积极参加政府举办的活动与会议，并善于从这些活动与会议中搜寻真正的新闻。记者应当密切关注政府出台的文件政策，努力挖掘关系到百姓生活及其切身利益的信息。

另外，记者还要保持清醒的头脑，不要一味地钻进文山会海当中，却忽略了最重要的根基——百姓生活。记者到社区里面走一走，参加一些社区活动，跟老百姓聊天，询问他们的感受与意见，然后带着这些问题再去审视政府的会议与文件，会更有针对性。

记者的职业是一个眼睛向下的职业，要为公众利益服务，要熟知百姓冷暖，关注百姓需求，推动社会问题的解决，促进美好社会的建设。

2. 日常的积累

（1）阅读。平时要注意搜集和阅读时政类专业书籍、杂志、网站文章，浏览、阅读、收听、收看时政新闻报道，掌握时事的发展脉络及变化趋势，订阅新华社内参。

（2）参加培训。参加专业培训，听取专家对时政的见解，不断更新和提升自己的认识。

（3）讨论。媒体应该及时组织时事政治分析研讨会，记者要积极参与讨论。

（4）知识整理与储备。及时整理搜集到的优秀报道、值得称道的专业解读等材料，建立自己的时政知识资料库，不断丰富自己的时政见解，为日后的时政报道做好知识储备。

3. 规范名称用法

时政报道要特别注意党政机构、职务名称及简称的规范用法，记者平时要注意这方面知识的积累。以下列出一些地方党组织及其领导职务、地方政府领导职务的名称用法，感兴趣的读者可以在网络上搜索，掌握更多的名称用法知识。写作的时候如果有拿不准的地方，要迅速查询、请教。

（1）地方党组织。中国共产党××省委员会简称中共××省委，或××省委，如中共山东省委，或山东省委。中国共产党××市委员会简称中共××市委，或××市委，如中共临沂市委，或临沂市委。中国共产党××县委员会简称中共××县委，或××县委，如中共沂南县委，或沂南县委。

---

① 邓科，刘建平. 他们眼中的胡锦涛 [N]. 南方周末，2002-11-16.

通常，地方党组织简称不再重复增加"党"字，不简称为中共××省党委、中共××市党委、中共××县党委。中国共产党××工作委员会，简称××党工委，如中国共产党河北雄安新区工作委员会，简称雄安新区党工委。

（2）地方党组织领导。中国共产党××省委员会书记简称中共××省委书记，或××省委书记。中国共产党××市委员会书记简称中共××市委书记，或××市委书记。中国共产党××县委员会书记简称中共××县委书记，或××县委书记。地方党委领导简称不能重复省、市、县等字样，不称为××省省委书记、××市市委书记、××县县委书记。单字县县名本就带有"县"字，简称中也应多一个"县"字，简称为×县县委书记，如环县县委书记。

（3）地方政府领导。地方政府领导的简称要增加省、市、县等字样。××省人民政府省长简称为××省省长，不简称××省长。××市人民政府市长简称为××市市长，不简称××市长。××县人民政府县长简称为××县县长，不简称××县长。

第三节 教育报道

教育牵涉千家万户，教育领域的新闻层出不穷，时不时引发舆论关切。教育政策影响着社会人群的利益，校园里发生的故事也为家长、社会所关注。教育新闻的采写要慎用行话口号，要善于发现教育界存在的问题，加强报道策划，促进教育事业健康发展。

一、报道关注点与信息来源

教育领域值得关注的内容很多，有个性的校园人物、有争议的人物事件值得报道。郑强教授曾任贵州大学校长、浙江大学党委副书记、太原理工大学党委书记，他很有个性，敢说敢干，被称为"网红教授""网红校长"。他在一个短视频里说自己监考时看到考生做不出题来，就会给考生讲出来："我上课从来都没有人不及格的，为什么？我在监考时，一看到同学做不出题来，我就站在黑板上（前）讲。为什么？因为这个卷子做错了，老师们跟同学们不见面的，同学们永远都得不到进一步改正和提高的机会呀。考试的根本目的，不是把同学考倒，而是让同学们能够把老师讲的东西再重新理解一下。而且，我站在旁边看他写错了单词，我就告诉他正确的该怎么写。我就是这么做的，哪一个人敢说我郑强不对啊！"郑强教授的这种做法绝大多数老师不敢尝试，因为这种做法很容易被界定为教学事故，受到处罚。郑强教授讲话的这个短视频在网上广泛流传。

除了正常的课程学习，学生还有机会参与很多校园活动，比如社团活动、文艺演出、关爱校园流浪猫、同学之间的互帮互助等，这些活动也很值得报道。"学霸连夜帮室友补高数"的视频引起网友关注。视频中，王同学介绍说，她们是辽宁石油化工大学机械设计制造及其自动化专业大三学生，大家进入紧张的期末备考阶段，寝室有几个同学高数不太好，就想找李同学帮忙补习一下。她们把大白纸贴在阳台玻璃后面当作黑板，李同学一讲就是两个小时。"人民日报"公众号转发了这条作品，阅读量 10 万 +，最有趣的是网友的留言："看到这里，踹了一脚我只会吃饭的舍友""看拿笔的姿势，感觉就惹不起""是我不学吗？是我缺这么个好室友"。[①]当我在课堂上分享这个作品时，前排的同学已经迫不及待地要踹自己的同桌了。

此外，学校在人才培养过程中取得的成绩及存在的问题，学科研究进展及取得的成果，社会服务及文化传承，与师生利益密切相关的事情，学生食宿条件的保障和改善，大学生就业，资金走向，等等问题都为人们所关切，具有新闻价值，值得报道。

1. 报道关注点

（1）有个性的校园人物。

（2）有争议的人物事件。

（3）学生或老师参加的活动。

（4）教学环节出现的问题和事件。

（5）与考试相关的事情。

（6）人才培养取得的成绩及存在的问题。

（7）学科研究进展及取得的成果；科研方面的丑闻，如论文抄袭、数据造假。

（8）学校为社会提供的服务，在文化传承方面的有效做法。

（9）校园安全方面的事件，如宿舍火灾、食物中毒、自杀、溺水等。

（10）伙食、住宿。

（11）毕业生求职就业。

（12）教育领域群体或个体之间的矛盾、冲突。

（13）教育与不公平问题。

（14）贫困地区的教育问题，对困难群体的帮扶。

（15）教育资金的走向：财政拨款，校友或社会捐赠，学校廉政建设，腐败问题。

2. 信息来源

（1）学生及学生家长。

（2）教师。

（3）校长及教育管理部门。

（4）政府负责人。

---

① 神仙室友！学霸连夜帮室友补高数 [EB/OL].（2021-12-01）. https://mp.weixin.qq.com/s/PwYBAgLQYyyYA5qA7q26YA.

（5）新闻事实牵涉的其他人员。

二、采写教育新闻的建议

1. 慎用行话口号

教育新闻的读者并不局限于教育界，要慎重使用行话口号。如果使用了行话，也应该作出必要的解释说明，否则读者看了就会一头雾水。

作者查阅东部某沿海城市的教育局网站，看到这家网站的教育新闻标题中充斥着"一二三新举措""两基""三真""三强化""三重机制""四定""五进"等行话口号。

这样的字眼真是枯燥无趣，让人头大。很多稿件的正文也没对类似行话口号作解释说明，结果就连教育工作者都看不懂，这样做宣传真是让人无语。

教育界一些行政领导特别喜欢用数字总结出一些口号，并要求大力宣传，这样的带数字口号就在教育新闻里大行其道。此种表述并不符合新闻规律，宣传效果极差，太悲催了。

教育新闻的价值在于用通俗易懂的语言，把教育领域的变动信息和有趣故事分享给读者，把教育信息中蕴含的动向揭示出来，解读出来。教育新闻应该少喊行话口号，多凸显新闻价值，要增强教育新闻的实用性、相关性、趣味性，少一些宣传腔调，多一些新闻品位。

2. 跳出教育看教育

教育问题其实也是社会问题，记者应该树立大教育的观念，在整个社会发展的宏观视角下看待教育问题，寻找教育新闻。如果仅仅是就教育论教育，很多教育问题其实是根本无法说清楚的。

记者应该将教育新闻放在一个更加广阔的社会背景下进行多维透视，在向读者展示新闻事实的同时，挖掘、解释、剖析、追踪、预测这些新闻的前因后果和发展趋势。

不要采取简单化的思路看待和解决教育问题。如果教育收费有问题，那么就免费；如果教育部的权力过于集中，那么就向地方学校下放权力；如果学生学得被动，教师就必须放弃主导——实质上是放弃了教师的教育责任。记者应当有全局观念，并具备社会学和宏观教育管理的相关知识，才能更深刻地看清楚问题的实质。

3. 学会寻找新闻

记者应该善于从看似平淡的日常教育专业会议、活动、课题中，寻找鲜活的新闻线索。要学会"听会"的本领，从各种各样的工作会议、研讨会议、教学展示会议、教育活动、教育教学课题、教育文件中寻找新闻选题。

记者应当注意同教育界人士交朋友，接近不同类别的教育专家，了解教育界的内幕和新闻。

教育科研成果当中也有新闻可以挖掘，记者应当尝试运用大众语言将专业科研成果翻译给老百姓听。

4. 加强报道策划

教育新闻具有明显的"四季歌"特征：高考后谈大学录取工作、谈补习班，开学时谈新生报到，开学后谈课程改革、校园安全，收学费时谈助学贷款和贫困生补助，放假了谈社会实践和"三下乡"，大学生毕业时谈就业问题和考研，等等。

教育工作的周期性决定了教育新闻的"四季歌"特征。记者应当熟悉教育工作的周期性规律，在对教育新闻的把握上应当具有超前性和预见性，加强新闻报道的策划与准备工作。对于日常教育新闻报道来说，报道策划与准备工作做得越充分，教育新闻的撰写就越容易成功。

第四节　灾难报道

厩焚。子退朝，曰："伤人乎？"不问马。

——《论语·乡党第十》

《论语》里面的这段话提醒我们在做灾难新闻报道的时候，第一要关注的是人的因素，而不是物的因素。财富失去了还可以再创造，生命没有了却永远不会再来。面对灾难新闻，记者首先要问的是"伤人乎"，而不是去关注损失了什么钱财物质，也不是看官员的表演。

对于灾难信息，以往宣传部门容易采取"压新闻"的手段，不让家丑外扬。

在网络传播新时代，"压新闻"的舆论操控旧做法已经越来越显得不合时宜。如今，信息传播渠道越来越丰富，除了传统新闻媒体，网络、手机、人际等传播渠道都能够迅速传播信息。

新闻媒体如果共同"失语"，而灾难信息却通过其他渠道传播出去，反而对于舆论引导极其不利。

公开还是掩盖，实际上是宣传管理新旧思维的博弈。灾难已经发生，掩盖信息无济于事，反而有可能造成更大的灾难。东汉许劭在《予学》中说"不测之灾，勿相欺焉"，讲的就是这个道理——突然降临的灾难，不要故意欺骗世人。灾难发生之后，任何人都有权利了解真相。掩盖事实只会导致苦难加重，并不利于问题的解决。

谁都不愿意看到灾难的发生，灾难新闻的报道也并不是往政府脸上抹黑。新闻媒体具有环境监测的功能，媒体对灾难新闻的报道，恰恰是在履行自己监测环境的功能义务。灾难新闻让人们警醒，看清前行路途中的暗礁与危险。从这个角度讲，灾难新闻报道对于维护社会有序运转具有不可替代的积极作用。

一、交通事故报道

1. 报道要点清单

（1）事故发生的时间、地点。

（2）死亡发生的时间、地点及原因。

（3）事故发生的原因。

（4）天气与公路状况。

（5）驾驶员情况：是否违章驾驶，车速是多少，司机是否酗酒，是否疲劳驾驶；驾驶员的姓名、年龄、性别、职业状况等其他个人特征。

（6）汽车品牌型号。

（7）行驶的起点与终点。

（8）事故的受害者：死者、伤者、其他驾乘者的人数及相关故事。

（9）重伤者的最新情况。

（10）车辆损坏情况。

（11）亲历者与目击者的陈述。

（12）事故调查者的陈述。

（13）救援情况、政府部门的反应，英雄行为。

（14）保险赔偿情况。

（15）违法行为：抢劫、偷窃。

（16）警方采取的行动。

（17）这一地区以前发生的交通事故情况。

2. 信息来源

（1）驾乘人员。

（2）事故的目击者。

（3）受害者的家人、朋友。

（4）处理事故的交通警察，政府人员。

（5）医院。

（6）保险公司。

（7）消防队。

（8）殡仪馆。

2009年11月5日20时30分许，河北省唐山市滦县（今滦州市）发生一起特大交通事故，一辆货车与前车追尾后发生侧翻，闯入路边办丧事及看热闹的人群，致使19人死亡，13人受伤。《唐山劳动日报》当班编辑凌晨两点左右被电话叫醒，赶回报社重新安排了稿件。11月6日，该报刊登了这条新闻。

作为市委机关报，《唐山劳动日报》能够迅速报道这一交通事故，没有"压新闻"，这种对待灾难信息及时、公开的做法是值得肯定的。从时效性方面考虑，同城的《燕赵都市报（冀东版）》却没有在11月6日刊发这一新闻，应该说《唐山劳动日报》在这次新闻竞争中是先走一步了。

滦县发生一起交通事故　造成19人死亡

本报11月6日讯（记者赵志远）　11月5日20时30分许，滦县杨柳庄镇东赵庄子村路段发生一起交通事故。

据初步勘查，事故原因为一辆载货车与前车追尾后发生侧翻，闯入路边人群。经全力搜救后，32人被送往医院进行救治，有19人经抢救无效死亡。事发后，当地党委、政府负责同志在第一时间赶到现场，全力组织抢险救援工作。

目前，肇事司机和车主已被公安机关控制，事故善后工作正在有序进行中。

可是读者看了这样的新闻之后，一定还有很多疑惑，比如人群是怎么回事？这一交通事故发生在晚上8时30分左右，这个时刻天早就黑了，怎么路边还有那么多的人？这是一辆什么样的载货车？它是从哪里开来，又要开往何方？车为什么会追尾？是车速太快，还是汽车出了故障？司机的情况怎么样？伤亡者的具体情况怎么样，他们多大年龄，都是干什么的？当地党委、政府、医院是怎么组织抢险救援的？伤者都被送到哪些医院去了，他们的亲人有什么反应？这些问题都需要回答。

11月7日，《唐山劳动日报》在头版刊登了一篇1300多字的新闻，标题和导语段如下：

河北省及唐山市积极妥善处理"11·5"交通事故

张云川胡春华车俊专门作出批示，要求迅速开展救援工作。赵勇多次电话指示做好抢救工作。宋恩华陈国鹰等赶赴现场指挥并看望伤员

本报讯　滦县"11·5"交通事故发生后，河北省委、省政府以及唐山市委、市政府高度重视救援工作，省委书记张云川、省长胡春华、省委副书记车俊等省领导专门作出批示，要求迅速开展救援工作。省委常委、市委书记赵勇多次电话指示，做好抢救、稳定工作。副省长宋恩华专程赶到唐山指挥救援并看望伤员及家属。唐山市委副书记、市长陈国鹰，市委副书记、组织部长张义珍，市委常委、宣传部部长郭彦洪，市委常委、政法委书记许德茂，副市长辛志纯、高瑞华冒着大雾，在第一时间赶赴事故现场，指挥抢救救援

工作，并到医院看望慰问了伤员。

......

这是一篇带有明显党报风格的报道，从这篇报道中可以看出这一交通事故引起了当地党委、政府的高度重视，连省委书记、省长都作了专门批示，要求迅速开展救援工作。副省长宋恩华还专程赶到唐山指挥救援并看望了伤员及家属。应该说，这篇报道对当地政府官员组织抢险救援的情况做了比较详尽的报道。可是读者似乎并不满意这样的报道，因为他们还有很多疑惑没有消除。

这种稿件的写作实际上是在套用一个万能模板，做一道填空题。不管哪个地方、什么时候发生了什么灾难，只要换上一些名词主语，稍加改造就行了：

（　　　　）事故发生后，（　　　　　）高度重视救援工作，（　　　　）专门作出批示，要求迅速开展救援工作。（　　　　）多次指示，做好抢救、稳定工作。（　　　　）专程赶到（　　　）指挥救援并看望伤员及家属。（　　　　　）冒着（　　　　），在第一时间赶赴事故现场，指挥抢救救援工作，并到医院看望慰问了伤员。

这样的万能稿件实在是太多了，读者看了这样的报道能满意吗？！当然不能。

当灾难发生时，使用"政府积极救援框架"已经成为媒体的一种习惯做法。依照笔者的看法，一味地批评政府并不是一件理性、公正的事情，对于这起交通事故来说，本书作者宁愿相信，就连肇事司机都不愿意发生这样悲惨的事情。当事故已经发生之后，埋怨谁都已经无济于事，我们只能勇敢地面对灾难，收拾残局。

一方面，学界容易对这种"政府积极救援框架"采取批判的视角，这种报道方法容易落入"负面新闻正面报"的窠臼，遭到专业人士的鄙视。另一方面，体制内的记者对这类负面新闻也不愿意采取更加开放的视角，保守的报道方法反而显得更加安全有效。但是不管怎么讲，媒体还是要慎用这种表扬政府的框架，这种框架带有明显的倾向性，有时会伤害到新闻本身，甚至会惹怒读者。

2010年1月5日，湖南省湘潭县立胜煤矿发生火灾事故，已经发现25名遇难矿工遗体。一篇由湘潭官方提供的新闻稿用"工作措施有力，取得很好成效"来描述抢险工作，遭到众多网友的批驳和嘲讽。

这篇名为《国家煤监局副局长王树鹤肯定湘潭县救援工作有力》的新闻稿，在第三段这样写道："王树鹤对事故的处理给予了高度评价，他认为市、县两级领导高度重视，第一时间赶到了现场，反应非常迅速，工作措施非常有力，取得了很好的成效。王树鹤对整个抢救方案总体赞成，他提出由指挥部进一步完善后，积极实施，圆满完成任务。"

网友认为这是政府工作总结汇报的一贯写法，但用在矿难上让人不能接受。"太搞笑了，都死了25人了，还工作措施有力，取得很好成效。我们只想问问这些处理事故的人，成效在哪里？"网友认为当地政府的事故处理小组不是对事故进行责任认定、寻找事故的原因，"而是一味地宣传成绩，让人愤慨和不能理解"。

现在让我们再回到滦县特大交通事故的报道上。《燕赵都市报》在第一天的新闻竞争中晚了一步，可是他们在第二天的报道上透露了更加丰富的信息，报道更加符合新闻专业要求。

滦县发生特大交通事故　19死13伤
受伤群众已妥善救治，善后处理工作正在紧张进行

燕赵都市报（冀东版）记者　任哲、齐雪芳

11月5日晚8时30分许，唐山市滦县杨柳庄镇东赵庄子村路段发生一起死亡19人、伤13人的特大交通事故。昨日，记者从唐山市各大医院、事发现场及滦县宣传部门了解到，事故发生后，唐山市开辟了医疗绿色通道，对受伤群众进行了妥善救治。目前，东赵庄子村村民情绪基本平稳，善后相关工作正在紧张进行当中。

车祸事故：自卸货车冲入人群32人伤亡

昨日下午，记者从滦县政府部门获悉，根据交警部门现场勘查和询问证人，11月5日晚8时30分许，迁曹公路滦县杨柳庄镇东赵庄村路段，一辆行驶途中的解放牌重载自卸货车，与同向行驶的一辆东风力神农用车发生追尾。由于地处下坡路段，司机处置不当，重载自卸货车侧翻后冲入正在举行丧事活动的人群中。

据了解，由于事发时道路西侧参加丧事活动的群众有近百名，重载自卸货车侧翻冲入人群后，共造成32人受伤，其中19人经抢救无效死亡，13人入院治疗。

家中5名亲人不幸死亡，10岁女儿腿部骨折正在住院的东赵庄子村村民赵华顺告诉记者（这句话不妨改成：村民赵华顺家中5名亲人不幸死亡，10岁女儿腿部骨折正在住院，她说），事发当天，村里一名村民正在举办丧事。由于搭台演奏比较热闹，加上同村人都前去帮忙，因此重载自卸货车冲向人群时，灵台周围聚集着近百名看热闹的村民。

提起车祸发生时的场景，赵华顺泣不成声地说，本来她10岁的儿子和女儿已准备睡觉了，因为丧事办得比较热闹，两个孩子又爬起来跑了过去。"要是不去就好了，没想到会出这种事情……"

伤者救治：开辟医疗绿色通道救治伤员

昨日，记者从唐山市各大医院及滦县政府部门了解到，车祸事故发生后，13名受伤群众已在滦县当地及唐山市各大医院进行妥善救治。目前，13名受伤人员伤情平稳，无生命危险。

在唐山市第二医院记者了解到，该院共收治了4位伤者，其中3名是儿童，最小的4岁，最大的只有10岁，另一位成年患者在康复科。据该院小儿科主任左玉明介绍，医院已为3名受伤的孩子安排了专门医护人员进行诊治，并采用最先进的微创手术进行治疗。

据该院党委书记张利介绍，11月5日晚上得知滦县发生交通事故后，医院及时派出了救护车到现场进行抢救。4位伤者入住二院后，医院召集技术院长、护理等相关主任及

---- 285 ----

时召开了紧急会议，并开辟了专门的绿色通道。"要特事特办，不考虑费用，不惜一切代价，用最好的医生，专人负责患者。"

事件进展：善后工作正紧张有序进行

据滦县宣传部副部长武铁东介绍，事故发生后当地公安交警、医护人员迅速抵达现场。唐山市及滦县负责同志也在第一时间赶到并组织力量对伤员进行救治。

"滦县有关领导连夜召开了会议，一边部署死亡群众家属的安抚工作，一边对事故原因进行调查。"武副部长介绍，目前滦县已经成立了救治、事故调查、后勤保障等多个工作组，紧张妥善地处理善后事宜。

此外，记者从唐山市宣传部门获悉，事故发生后河北省及唐山市领导多次到医院看望伤员。目前伤亡人员家属情绪稳定，肇事司机和车主已经被当地公安部门控制。

这篇报道主要采取的是讲述的思路，而不是宣传的思路，并且配制了交通事故示意图，便于读者了解事故情况和原因。该报道回答了读者更多的疑问。它的写作符合都市报的操作标准，更加人性化，也更能打动读者，更能唤起读者的注意和同情。这篇报道更加关注人的因素，更加关注伤亡者的情况，关于赵华顺的报道尤其让人揪心。赵华顺一家有5名亲人丧生，本来赵华顺10岁的儿子和女儿已准备睡觉了，因为丧事办得热闹，两个孩子又爬起来跑了过去。

当然，这篇报道可能还有需要完善的地方，读者的一些疑问还有待解答，比如：到底为什么两辆车发生了追尾？是汽车刹车失灵，还是司机酒后驾驶？可是新闻采写也有一些现实的困难，有的时候记者可能已经很努力了，可在短时间内还是无法获取足够的信息。

二、火灾报道

1. 报道要点清单

（1）火灾发生的时间、地点。

（2）火灾发生的过程：从什么地方开始，向哪里蔓延，怎样蔓延。

（3）火灾发生的原因：人为纵火、自然原因还是管理漏洞。

（4）火灾发生的隐患：房屋结构与材质、用火用电装置情况、生活习惯。

（5）人员伤亡情况：死者、伤者人数及相关故事。

（6）重伤者的最新情况。

（7）财产损失情况：房屋住宅、公共设施、生活生产用品等财产损失情况。

（8）火灾的影响。

（9）最先发现火灾的人，报警的人；报警的方式与过程。

（10）灭火救援情况、英雄行为。

（11）亲历者与目击者的陈述。

（12）事故调查者的陈述。

（13）违法行为：纵火、偷窃、抢劫。

（14）警方调查及采取的行动。

（15）火灾情况的背景资料。

2. 信息来源

（1）消防队员及其负责人。

（2）警察。

（3）受害者。

（4）受灾者的家人、朋友、邻居。

（5）火灾目击者。

（6）医院：抢救伤亡者的医生、护士。

（7）火灾发生地的负责人。

三、自然灾害报道

1. 报道要点清单

（1）自然灾害发生的时间、地点。

（2）自然灾害的危害强度。

（3）死伤者人数，被困人员面临的情况。

（4）财产损失情况：房屋、土地、公共设施、农作物、其他的生产生活资料。

（5）灾害发生的原因。

（6）是否有过灾害预报。

（7）被困人员的疏散情况。

（8）政府的救援、救济措施：物资、经费、人员、指挥。

（9）瘟疫、疾病的防控措施。

（10）社会慈善机构与爱心人士的捐助情况。

（11）救灾人员构成：部队、警察还是群众。

（12）英雄行为。

（13）违法行为：偷窃、抢劫、人身伤害。

（14）警方对违法犯罪行为采取的防范措施及处置情况。

（15）亲历者与目击者的陈述。

（16）灾害救助者的陈述。

（17）灾害发生的历史背景总结与分析。

2. 信息来源

（1）政府负责人。

（2）受灾群众。

（3）救援官兵、警察或群众。

（4）抢救伤亡者的医生、护士。

（5）灾害预报部门。

（6）救灾专家。

（7）社会学者。

四、需要注意的问题

记者奔赴灾区做报道，首先要保障自身的生命安全，其次要做好灾区采访的物质准备，再次要注意报道方式的妥当性，最后要有正确的价值取向。

1. 记者自身的生命安全

灾难新闻的采访报道中，记者应该增强自身生命安全意识，做好自我防护。

勇敢的精神诚然可贵，但无谓的牺牲必须避免。没有记者自身生命安全的保证，后续的一切工作都无从谈起。

当记者身处地震、洪水、台风、火灾、交通事故等现场采访时，要注意周边环境是否安全。

当记者身处化工材料爆炸现场、生物化学武器攻击地域、污染水域时，应该注意做好防护。

当记者意识到自身有可能成为暴力威胁、恐怖袭击、人质绑架的对象时，应该尽快离开。

2. 灾区采访的物质准备

地震、海啸、洪水等重大自然灾害往往会严重破坏灾区生产、生活基础设施，电力、通信中断，食宿难以保障等问题尤其需要特别注意。

（1）移动电源。记者的采访报道越来越依赖电力支持，拍照、摄像、用电脑写稿件、向编辑部传回报道等都离不开电力。拿着照相机、摄像机、笔记本电脑、手机却找不到电源充电，这在灾区是很常见的事情，也是令记者头疼的事情。

记者应该多准备一些移动电源，充满电带在身边。对于一些大型报道活动，媒体还应该为前方报道组配备便携式发电机，以保障报道活动的正常开展。

（2）手机上网。新媒体时代的记者应该随时保持与互联网的连接。在灾区采访，记者对手机上网的依赖程度会明显上升，手机也是灾区采访最便捷的上网设备。记者去灾区前应该多准备几个手机，配置不同电信公司的手机号码，以尽可能地保障网络接通。

（3）食宿安顿。灾难发生之后，灾区处于混乱状态，往往成了一个"孤岛"，生活条件也会变得非常艰苦。这个时候不要再指望有人会为你精心安排食宿，你可能会吃不上饭，找不到被子和床铺。你应该有充分的心理准备，迎接挑战，寻找解决办法。

如果有条件，就尽可能地跟上消防、武警等救灾部队。一方面，他们往往冲在抢险救灾第一线，有大量新闻资源可以挖掘；另一方面，他们的物资准备也往往比较充实，跟他们熟悉后，他们通常也愿意帮助解决食宿问题。

3. 报道方式的妥当性

灾难报道特别需要注意伦理问题，报道要有同情心，要注意报道方式方法的妥当性。

（1）遵循"知情同意"原则。获得采访对象的许可之后再开展采访报道。

（2）不要侵扰悲痛。采访与报道方式应该妥当，灾难给人们带来身心伤害，要懂得尊重和保护不幸者。当采访对象正处于失去亲人等悲痛状态时，应该特别注意提问的语气、方式和措辞，不要在采访对象伤口上撒盐，以避免造成再次伤害。

（3）不要给救灾添乱。不要因为报道新闻，随意占用宝贵的救灾资源，而给救灾带来障碍，耽误了抢救生命的时机。

4. 灾难报道的取向

灾难报道不能一味地沉浸于灾难本身，还应该着眼于未来的发展。报道灾难是为了总结经验教训，更好地渡过难关，而不是永远地沉浸于过去的痛苦。灾难来临，人们需要抗争，灾难终将过去，而活着的人们还要继续生活和发展，生生不息。过去的意义是由现在和未来赋予的，人们还需要向前看。

灾难报道要唤起人们采取行动，而不是营造经久不息的悲情。灾难报道应该引导人们走出悲伤和绝望，鼓励人们不要放弃现在的努力。"放弃了现在，过去只成为永远无法挽回的深沉哀痛。记者不要老去问人家的悲惨经历，去撕人家的伤口，像祥林嫂身边的老女人，特意寻来，要听一段悲惨的故事；采访提问，又像脸皱得如干核桃的柳妈。"四川省社会科学院新闻传播研究所研究员张立伟先生说，"不！不要柳妈，也不要事儿妈！传媒该强调的是，噩梦过去是早晨，明天将是崭新的一天！不要沮丧，不要停止前进，因为生活本身就在前进。向前看，开始行动，现在就开始行动，至少从心态上向开始行动敞开。"[①]

2008年5月17日，《天府早报》刊发了一篇着眼于未来的报道：《给我5年时间　重建宝山——富庶的彭州市宝山村损失严重，七旬书记誓言东山再起》。当众多村民陷入绝

---

① 张立伟. 以科学发展观统率灾后重建报道 [J]. 新闻记者，2008（7）：5-8.

望时，几近失明的贾正方却在谋划东山再起。"给我 5 年时间，就 5 年！"宝山村 73 岁的老支书贾正方相信宝山村还有翻身的机会。

写作应当超越苦难本身，而不宜滥情，以追求读者的泪水为能事。当灾难来临，我们可以悲痛，可以哭泣，但我们不能一味地陷入悲痛中而不能自拔。我们还要选取乐观向上的态度，勇敢面对未来。

第五节　警事报道

农村宅基地纠纷并不鲜见，但因宅基地纠纷导致两家共有 7 人死亡的悲剧，却着实让人震惊。《南方周末》刊发的警事报道《半米墙，七条命：山西大同村邻互杀事件调查》全文共 9135 字，开头将事件浓缩为 367 字：

被杀的那个中午，张天印正在睡午觉。在此之前，围绕张德成儿子张平垒院墙一事，两家已经吵了三天。

在那三天里，张天印给几乎所有村干部都打过电话，还找过镇司法所，但都没有下文。

就在出事当天上午，双方矛盾升级后，一名村干部终于联系了镇司法所，并回复说：所长第二天就来调解。张天印这才松了口气。

然而他没能等到第二天。2019 年 9 月 24 日下午 1 时左右，张平闯到张天印家中，将正在睡觉的张天印喊醒，用一把杀羊用的单刃刀将其捅死，随后，又捅死了张天印的老伴。杀完人，张平扔掉凶器，坐等警察上门将其抓走。

7 个月后，就在法院审理张平案期间，张天印的三儿子张科"等不及了"，他同样用一把单刃刀，先是杀死了张平的儿子张玉权，之后又将张德成夫妇双双杀死。

张平与张科先后被判处死刑，并分别于 2021 年 8 月和 2023 年 10 月被执行枪决。

至此，因一起农村常见的宅基地纠纷，两家共有 7 人死亡。[①]

一、报道要点与信息来源

1. 报道要点

（1）受害人的姓名、身份及相关背景。

（2）案件发生的时间和地点。

（3）犯罪的过程和细节。

---

① 柴会群，张玮，谷泽涛. 半米墙，七条命：山西大同村邻互杀事件调查 [EB/OL]．（2023-12-12）．https://www.infzm.com/contents/262395?source=134.

（4）犯罪分子使用的工具或凶器。

（5）犯罪分子如何进入受害人住所。

（6）对受害者造成的伤害。

（7）受害者和犯罪者之间是否认识，犯罪嫌疑人此前的犯罪记录。

（8）是否有酒精和毒品的因素。

（9）警方提供的案情及鉴定的作案原因，权威机构或权威人士认定的犯罪动机。

（10）谁发现的尸体。

（11）丢失的物品或金钱。

（12）可供破案的线索有哪些。

（13）不寻常的环境条件，逮捕现场的环境。

（14）受害者及其亲属、证人的陈述。

（15）犯罪事件对受害者家庭及其他人产生的影响。

（16）被捕者的姓名、身份及相关背景。

（17）侦查过程。

（18）传讯的情况，是否保释。

（19）提起诉讼的确切罪名。

（20）案件的特殊性要素，是否牵涉官僚主义因素等。

2. 信息来源

（1）现场观察。

（2）办案警察。

（3）当事人。

（4）受害者的家人、邻居、朋友。

（5）目击者。

（6）医院。

（7）官方文件。

通常事故发生后一个小时内，办案人员会将书面报告写出来，记者可以试着查阅这样的报告。

查阅执行逮捕的文件、执行调查的文件、搜查证、起诉状、拘留证。

（8）法庭办案人员。

（9）辩护律师。

二、将关注焦点放到社会层面上

没有人是一座孤岛，

在大海里独踞，

每个人都像一块小小的泥土，

连接成整个陆地。

如果有一块泥土被海水冲击，

欧洲就会失去一角，

这如同一座山岬，

也如同你的朋友和你自己。

任何人的死亡都会使我蒙受损失，

因为我包孕在人类中，

因此，不要打听丧钟为谁而鸣，

它正为你而敲响。

——英国诗人　约翰·多恩

犯罪属于典型的社会问题——由于社会结构或社会关系失调，导致社会成员正常生活和社会进步发生障碍，需要依靠社会力量加以解决。

社会问题起因于社会，社会问题的解决需要采取社会行动。我们不能仅仅将眼光放在犯罪分子个体身上，我们需要探寻犯罪现象背后的深层社会原因。只将仇恨发泄到犯罪分子个人身上是不理性的，简单地指责罪犯是不够的，甚至是不负责任的。

每种类型的犯罪都起因于社会、文化、经济、生理等诸多因素的综合作用，需要综合防治，"它牵扯到医生、研究者、社区工作者、社会工作者、父母、老师和其他公民"[①]。我们在做警事报道的时候，应该注意从社会整体层面上探寻原因和解决之道。记者应当注意加注背景补充介绍宏观情况，将新闻事件与社会宏观情况联系起来，让读者有一个更加清醒和理性的认识。

警事报道的主要出发点不是为了罗列形形色色的违法犯罪事件，尤其不是为了展示犯罪的血腥场面和细节。我们的报道应该为公众安全的保障做深度挖掘：找到深层的社会原因，让读者对违法犯罪问题有一个科学理性的认识，对自身的生存环境有一个准确的判断，动员全体社会成员共同应对公众安全问题带给我们的困扰。

下面来看一篇警事报道：

人性之死——南平"3·23"凶杀案追踪

新华社记者　孟昭丽　涂洪长

福建省南平市中级人民法院4月8日对"3·23"恶性杀人案作出一审判决：被告人郑民生犯故意杀人罪，判处死刑，剥夺政治权利终身。

---

① 谢丽尔·吉布斯，汤姆·瓦霍沃.新闻采写教程：如何挖掘完整的故事[M].姚清江，刘肇熙，译.北京：新华出版社，2004：312.

这是意料之中的判决：向 13 名无辜学生挥刀时，郑民生宣判了自己人性之死。

庭审

8 日清晨，南平阴郁的天空飘起小雨。对被告人郑民生的庭审吸引了全国各地近 20 家媒体 50 多位记者。

上午 8 时，郑民生戴着手铐脚镣进入法庭，入座被告席，神情委顿，眼睑低垂。

旁听席上，受害者家属座位不时传出哭泣声。蒙难学生侯传杰的母亲一直紧紧抱着儿子照片。休庭间隙，她忍不住号啕大哭："我可怜的孩子！"

张雪欣在受伤学生中伤势最重。她的母亲在庭审现场说起女儿，悲不自胜："以前她是个活泼的孩子。受伤后，就再也没有主动叫过一声妈妈。现在她的左手仍然不能自如活动，要是落下残疾，孩子这一生可怎么过啊！"

检方先后出示犯罪现场监控录像截图 16 张、证人证言等多项证据，最终结论：郑民生犯故意杀人罪，事实清楚，证据确凿，足以认定。

庭审中，郑民生对自己行凶杀人的犯罪事实供认不讳，但不断强调所谓行凶"原因"并多次打断审判长和检方提问和陈述。他声称多年追求一名姓叶的女子，屡屡受挫，感觉生活无趣，产生极度焦虑感和自卑感，最后起了杀心。

郑民生一再说："我原本也想做个普通、本分的人，辞职后帮人洗过车，卖过西瓜。我只是想先结婚，再做其他事情。"

中午 12 时，主审法官宣判郑民生死刑，剥夺政治权利终身。

郑民生表示"要上诉"。

"恶魔"

郑民生现年 41 岁，南平市人，中专毕业，原马站卫生所医生，2009 年 6 月辞职。

3 月 23 日 7 时 20 分左右，正逢孩子们上学，南平实验小学门口，郑民生连续对 13 名小学生行凶，致 8 人死亡、5 人受伤。

庭审所示证据表明，郑民生行凶并非临时起意。他 23 日上午 6 时 20 分离家，直奔实验小学，寻找作案机会，其间向一名小学生打听学校开门时间。

行凶时，郑民生专门朝小孩的颈部和胸腹部下手。因用力过猛，他自己的右手虎口被割伤。最恶劣的是，当一名学生家长喝令他停止行凶并挺身与他对峙时，他把一名经过自己身边的小女生抓过来，猛刺多刀。

校门口一家食杂店的老板吴家崇说："听到孩子们喊'杀人了'，以为是小孩子们在玩耍。仔细一看，一个穿着灰黑色秋衣的男子拿着刀在追杀学生。我立即打 110 报警。"

"真是飞来横祸。得知消息，我急忙赶到医院，见儿子身上有十几处伤。"受伤孩子刘卢毅的母亲卢燕平回忆，"儿子当天是班里的值日生，要提前到校。没想到发生这样的事，我蒙了。"

"朋友赶来告诉我女儿出事了，我哭着跑到医院。万幸的是，女儿终于醒了。"受伤孩子吴雨萱的母亲说，"我和她爸爸这几天都睡在病房外面椅子上，希望她早点恢复出院。"

事发后几天，学生家长魏玉琴每天搂着女儿送她上学，"孩子看到同学被害的场景，心里很害怕，惨案给孩子幼小的心灵留下了阴影。"

警示

3月24日，案件发生第二天，南平市公安机关以涉嫌故意杀人罪向检察机关提请批捕郑民生。

3月26日，南平市公安局延平分局向延平区人民检察院移送审查起诉，延平区人民检察院同一天转至南平市人民检察院审查起诉。

3月27日，检察院依照《刑事诉讼法》规定，向南平市中级人民法院提起公诉。

4月8日上午8时，南平市中级人民法院依法公开审理这一案件，南平市人民检察院派员出庭支持公诉，法院指定辩护人为被告人郑民生辩护。

一名曾经的医生，与受害学生素不相识，怎么成了凶手？作案动机是什么？

郑民生在庭审中说，行凶直接原因除了恋爱过程多次受挫，还与家人和前同事关系紧张。

南平市人民检察院陈述，郑民生不能面对恋爱中遇到的挫折和生活中的困难，心理扭曲，蓄意杀人。谴责郑民生暴行、为逝去生命悲痛的同时，要剖析案件发生的原因，避免类似惨案再次发生。

长期从事犯罪学心理研究的福建省警察学院治安系教授张昌荣认为，郑民生恶性案件是长期精神压抑得不到有效疏导的结果。由于工作、婚姻和家庭、人际关系方面都受到挫折，郑民生长期处于焦虑状态，最终以极端方式宣泄。

福州大学社会系副教授甘满堂说，社会压力增加是心理疾病患者人数上升的主要原因。人与人之间沟通减少，社会竞争激烈，导致有心理疾病的人增多。这一群体如果得不到及时疏导和援助，问题会由小到大，由轻到重，从对自己生命的不尊重——自杀，发展到对别人生命的漠视——制造危害社会的公共安全事件。

三、警事新闻报道注意事项

1. 新闻采访提示

（1）采访过程中记者注意自身的安全，做好防护措施，向新闻采编部门领导汇报行踪和采访进展情况。

（2）办案人员、法官有拒绝透露信息的权利，记者应该予以尊重，不宜强行采访。

（3）不干涉、不妨碍警方侦查和破案，不窃取警方办案材料记录。

（4）不要采用审讯的方式采访犯罪嫌疑人。

（5）不要接受任何涉案人员的馈赠、宴请。

2. 表达需注意规范

（1）报道应该遵循无罪推定的原则。在法院宣判之前，使用"犯罪嫌疑人"的称呼，不使用"犯罪分子"来指代刑事案件当事人。

（2）民事案件和行政案件中的原告与被告具有平等的法律地位，原告可以起诉，被告可以反诉。新闻报道应该注意使用中性表达方式，尽量规避记者的感情色彩和主观倾向，不要使用"某某将某某推上了被告席""罪大恶极"这样的表述。

（3）缓刑不能表述为"当庭释放""恢复自由"。通常，记者不宜推测被告人的刑期。

（4）被告职务与犯罪主体身份应当一致。当被告有多重职务身份时，应当使用其犯罪时的职务身份。

（5）不要使用社会身份作为罪名前缀，如"医生强奸犯""农民工小偷"等。

（6）不要把"检察长"写成"检察院院长"。审计署的行政首长称为"审计长"，不能写成"署长"。

3. 留有余地

对于犯了错误的人，报道应该留有余地，要考虑到他们在社会上的生存与发展困境。日后的报道，如果与新闻主题关联不大，通常没有必要非得将他们的违法犯罪历史抖搂出来。

4. 公布人名须谨慎

报道对象尤其是作为普通人物的报道对象，记者在发表新闻报道前应当征询他们是否愿意在报道中公开自己的姓名。涉及强奸、凶杀等犯罪报道，记者更应顾及受害者及其家属的感受，在很多时候，不公开其姓名是对他们的一种必要的保护措施。

以下人物不宜公开报道其真实姓名，稿件涉及这些人员时可采用真实姓氏加"某"字的代称，如"王某""高某"：

（1）犯罪嫌疑人家属。

（2）涉及案件的未成年人、妇女和儿童。

（3）被暴力胁迫卖淫的妇女。

（4）强奸案中的受害一方。

（5）凶杀案中的受害者及其家属。

（6）被强制戒毒的人员或有吸毒历史的人员。

5. 不宜展现残忍画面

报道应当顾及读者的感受，画面不能让读者感到恐怖和恶心。不要直接展现凶杀、暴力、血腥等残忍图像，不要直接刊登尸体和身体缺陷的特写照片。用其他画面来代替引起读者不适的照片，比如一位退休教授死后成了一具干尸，媒体就不宜直接刊登干尸照片，刊登案发院落的照片更为妥当。也可以使用文字描述犯罪情节，但不应该过度渲染，不要将残忍细节作为报道的主题和重点。

第六节　环境报道

人类社会发展的同时要注重环境保护，不能过分地向环境索取。环境新闻报道应当反映环境问题，应该确立生态中心主义的指导思想地位，寻找环境问题产生的人类行为原因，确定环境风险所在。

一、环境新闻在西方的发展

1. 滥觞期（20 世纪 60 年代之前）

20 世纪 60 年代之前是西方环境新闻滥觞期。

1918 年 2 月，英国《大西洋月刊》刊登环境新闻特写《黑雾》，对伦敦烟雾事件进行报道，最早揭示了资本主义工业化带给人类的大气污染灾难。

20 世纪 20 年代，美国"扒粪"记者就曾把目标对准过环境问题。1934 年，《哈泼斯杂志》专栏作者伯纳德·德沃托在他的环境专栏《安乐椅》发表文章《西部：一个被劫掠的省份》[①]，认为在经济关系上，美国东部地区劫掠并且控制了西部地区，西部地区成了东部地区的殖民地。1948 年，德沃托因《穿越广袤的密苏里》报道集而获得普利策新闻奖。

2. 成熟文本诞生期（20 世纪 60 年代）

20 世纪 60 年代是美国环境新闻成熟文本诞生期，典型标志是卡森《寂静的春天》的出版。

《寂静的春天》可看成是环境新闻调查性报道，1962 年出版，当年就销售 50 万册，激起了公众的环境保护意识，被看作环境保护主义的奠基石。卡森是一位生物学家，也是一位科普作家，她是环境新闻成熟文本的先行者，为后来的大学环境新闻教育工作者、环境新闻记者所敬仰。

说《寂静的春天》是成熟文本，主要是基于它的以下特征：①以生态整体为中心来调查研究环境危机；②质疑科技；③突出工业社会对环境产生的风险性；④调查研究的科学性。[②]

---

① BERNARD DEVOTO.The west: a plundered province[J]. Harper's Monthly Magazine，1934（8）: 121.

② 王积龙. 抗争与绿化：环境新闻在西方的起源、理论与实践[M]. 北京：中国社会科学出版社，2010: 34-36.

整个 60 年代，媒体发布环境新闻或开设环境新闻专栏的情况越来越多，1969 年《纽约时报》开设了环境报道专栏，为很多媒体所模仿。

3. 发展完善期（20 世纪 70 年代—90 年代）

20 世纪 70—90 年代，环境新闻进入发展与完善期。

70 年代，媒体热衷报道地理上遥远的外地生态问题，而忽略本地环境新闻报道。80 年代初期，美国环境新闻热度开始降低，环境新闻报道量有所减少；80 年代后半期，媒体环境新闻报道开始增加。1988 年美国全年干旱，夏季酷热难耐，公众对环境问题的兴趣被激发起来，这种兴趣至少持续了 5 年。进入 90 年代，环境新闻变得更加平稳。

4. 兴盛期（21 世纪以后）

进入 21 世纪后，环境新闻朝着多样性方向发展。环境新闻报道的题材更加多样化，并且出现融合新闻发展趋势，环境新闻已经成为主流媒体不可或缺的重要内容。

二、环境新闻在中国的发展

1. 启蒙期（20 世纪 70 年代）

20 世纪 70 年代及以前，人们对环境问题一直十分陌生。70 年代后，环境新闻才算进入启蒙期。

1973 年，国家计委召开了第一次全国环境保护会议，但环境议题并没有引起媒体的关注。

1979 年 3 月 3 日，新华社发布电讯稿《风沙紧逼北京城》，这篇稿件是新华社老社长穆青指示记者采写的，题目也是由穆青修改确定的，原题目是《风沙逼近北京城》。《人民日报》《光明日报》《北京日报》等媒体纷纷刊播，引起强烈反响。《风沙紧逼北京城》是 20 世纪有关中国生态保护的新闻名篇，其中写道：

大风一起，大街小巷尘土飞扬，扑面而来的风沙吹得人睁不开眼睛。一旦尘暴袭来，首都上空更是一片灰黄，白昼如同黄昏。

2. 起步期（20 世纪 80 年代）

从 20 世纪 80 年代开始，中国全面进入改革开放时期，工业经济在蓬勃发展的同时带来了对生态环境的严重破坏，中国环境保护面临严峻形势。真正意义上的环境新闻也是从 20 世纪 80 年代开始出现的。

1981 年 12 月 31 日，中央电视台开播《动物世界》，这个节目可以被看成是中国第一档环境电视栏目。

1983 年，中国将控制人口、合理利用资源和保护环境确立为基本国策，环境新闻报道获得政策支持。

1984 年 1 月，《中国环境报》创办，这是中国第一份环境专业报纸，意味着环境新闻成为中国媒体的一个独立报道领域。

1986 年，中国环境新闻工作者协会在北京成立。这年《北京晚报》记者沙青发表《北京失去平衡》，报道了过度开采地下水导致北京地面下沉的新闻。沙青是扛起中国环境报道大旗的最重要先驱之一，此后两年他还发表了反映北京城市垃圾问题的《皇皇都城》和反映水土流失问题的《依稀大地湾》。

1987 年，大兴安岭发生大火。《中国青年报》发表《红色的警告》《黑色的咏叹》《绿色的悲哀》，报道体现了整体性生态观，深入探究了自然、社会与人之间的相互关系，揭露了环境管理中的官僚主义危害，"连年的大火，该烧醒酣睡的人们了！"

1988 年，徐刚在《新观察》发表《伐木者，醒来！》，揭示了森林砍伐带给我们的危害。徐刚的这部作品被称为"中国的《寂静的春天》"，徐刚被称为"中国的卡森"。

3. 发展期（20 世纪 90 年代）

20 世纪 90 年代以后，中国环境新闻报道进入快速发展期。

1992 年 6 月，联合国环境与发展大会在巴西召开。新华社和人民日报、中国环境报、科技日报等媒体记者先后发回几十篇相关报道。

1993 年，中国开始举办"中华环保世纪行"活动。这一活动声势浩大，全面提升了中国环境新闻传播的地位，也可将其视为环境新闻报道策划的开端。当年，新华社、中央电视台、《人民日报》《中国环境报》《中国青年报》等 25 家媒体参与了报道。

1994 年，中国首个民间环保组织"自然之友"诞生。

1996 年，中央人民广播电台记者汪永晨创办"绿家园志愿者"组织，培养了不少环境新闻记者。汪永晨也是 90 年代中国环境新闻传播的主要领军人物。

1996 年开始，民间环保人士廖晓义女士担任了中央电视台第 7 套节目《环保时刻》独立制片人和总编导。这标志着中国民间环保人士开始借助新闻媒体参与环境新闻传播活动，这种行动也完全符合互联网时代"用户创造内容"的精神。廖晓义担任《环保时刻》独立制片人和总编导持续至 2001 年。

1997 年，广西电视台开办《生存空间》，宣传可持续发展战略，报道经济发展过程中的环境问题。

1997 年至 1998 年，中国数十家媒体推出"零点行动"报道，一大批污染企业被关闭。

1999 年，新闻媒体对长江流域洪水灾难进行了报道与反思。

2000 年 6 月 19 日，《人民日报》在《风沙紧逼北京城》刊发 20 年之后发表了《风沙依旧紧相逼》。

4. 兴盛期（进入 21 世纪后）

进入 21 世纪后，尤其是 2003 年以后，中国环境新闻进入了兴盛期，中国的环境新闻传播逐步融入了世界潮流之中。

2003 年 7 月 9 日，《中国青年报》刊发《世界遗产都江堰将建新坝　原貌遭破坏　联合国关注》，杨柳湖工程进入公众视野，引发全国 180 多家新闻媒体关注。

2003 年 10 月，中共十六届三中全会提出了科学发展观。科学发展观既不赞成单纯为了经济增长而牺牲环境，也不赞成为了保护环境而不能动地开发自然资源。

2004 年，环境新闻报道数量开始大幅度增加，与以前相比出现十分显著的变化。[①]

2007 年，中共十七大审议通过将科学发展观写入党章，首次提出建设生态文明。4 月 11 日，国家环保局颁布了《环境影响评价公众参与暂行办法》。

2009 年 12 月 7 日至 18 日，哥本哈根世界气候大会在丹麦首都哥本哈根召开，会议商讨了 2012 年至 2020 年的全球减排协议，中美在责任承担方面发生了激烈争执。中方表示，作为发展中国家，中国需要以"共同但有区别的责任"原则积极参与这次气候大会。中国媒体聚焦哥本哈根气候大会，在中西方环境外交之争中冲锋陷阵。

2012 年，雾霾成为中国显性环境问题，公众与大众传媒对雾霾问题持续关注。每当雾霾袭来之时，网民利用社交媒体传播、调侃大气污染问题已经成为一道媒体景观。

2017 年中央环保督察逐步在全国展开，其严厉程度及广泛度史无前例。

雾霾在中国大面积的暴发以及国内环境的长期恶化，导致国人高度关注大气污染、水污染、土壤污染等环境污染问题。环境污染问题已经让国人产生切身之痛，由于环境问题的解决需要较长的时间，可以预见中国媒体及国民对环境问题会持续关注，环境新闻在未来必将成为一个重要的热门新闻领域，值得研究和关注。

三、生态中心主义的确立

如果我们最终失去了清洁的空气、水、安全的食物和与之共存共荣的多样化生物基因，经济发展还有什么意义？社会组织和国家的存在还有什么价值呢？

谁能够想象，一个春天，如果失去了知更鸟的歌声，该会变得多么阴郁和寂寞呢？

——美国海洋生物学家、自然文学作家、现代环保事业的先驱　蕾切尔·卡森

在如何看待人与生态系统的关系时，产生了两种对立的观点，一种是人类中心主义，另一种是生态中心主义。

人类中心主义把人类看作地球的统治者，将人类的利益置于核心，而把其他生物均置于绝对被支配地位。人类的贪婪、对大自然的疯狂攫取、环境的破坏、环境灾难的产生均

---

① 孙光耀. 从环保议题看政府公共关系 [J]. 江西社会科学，2008（11）：148-150.

源于人类中心主义，人类中心主义表现了人类的自大与愚蠢。

生态中心主义并不将人类看作自然的绝对统治者，它看重生态的价值，认为生态创造了人，没有生态，人类就不能存在。"要打破人类中心主义的关键一步是确认其他生物的内在价值，从而确定人以外生物的道德身份"[1]，人是生态系统的普通成员，人以外的自然生物同样具有内在价值，具有道德身份。

环境新闻报道应该敢于打破人类中心主义，确立生态中心主义的指导思想地位，反思人类的错误行为对生态的伤害，寻找环境问题产生的根源。人与其他自然生物本就同在一个生态系统中，人类虽然找到了自身的价值，但这种价值同时也是人赋予自身的，并存在夸大的成分。我们一方面在价值序列中尊重人的价值，同时要理性看待作为生物体的人类在生态系统中的地位，还要看到我们在广袤宇宙中的渺小。环境决定了我们的生存，我们要懂得敬畏自然的道理。

四、寻找确定环境风险所在

环境风险是指人为因素可能对环境造成危害，揭示环境风险所在是环境新闻的核心价值，寻找并确定环境风险所在是成功报道的前提。

对风险的理解可以借助德国社会学家乌尔里希·贝克的风险社会理论，"我所说的风险，也就是生产力发展的先进阶段所制造出来的，首先是指完全逃脱人类感知能力的放射性、空气、水和食物中的毒素与污染物，以及相伴随的短期和长期的对植物、动物和人影响的后果。它们所导致的常常是不可逆转的伤害，而且伤害一般是不可见的"[2]。

环境新闻应当反映环境问题，当前环境问题主要表现为工业社会的发展给环境带来了伤害。风险是环境新闻反映环境问题中有效的元素，是环境新闻报道必须面对的问题。"风险是环境新闻用来分析各类环境问题的基本要素，涉及几乎所有的环境问题报道""对于环境新闻来说关键在于，利用科学知识确定风险，这样才是化解风险的关键一步，怎样化解风险也是新闻价值的重要因素。"[3]

王积龙在论述环境新闻的风险性时详述了七个方面，即技术、人口、土地、水资源、气候、野生物和文化。文化牵涉每个方面，比如文化在科学技术、人口等方面都有体现，本书不再单独列出，下面主要归纳总结其他六种环境风险常见议题：

---

① 王积龙.抗争与绿化：环境新闻在西方的起源、理论与实践[M].北京：中国社会科学出版社，2010：93.

② ULRICH BECK. Risikogesells chaft：auf dem weg in eine andere modeme[M]. Frankfurt am Main：Suhrkamp Verlag. 1986：.XII. 转引自：王积龙.抗争与绿化：环境新闻在西方的起源、理论与实践[M].北京：中国社会科学出版社，2010：67.

③ 王积龙.抗争与绿化：环境新闻在西方的起源、理论与实践[M].北京：中国社会科学出版社，2010：67.

（1）科学技术带来的风险。科学技术并不能解决人类的所有问题，不能迷信科学技术，而应对科学技术保持必要的质疑。环境新闻要善于发现技术风险，并及时告知社会，以便引起人们的警醒，避免或减少技术风险带来的灾难。

（2）人口风险。由于重男轻女观念导致的性别失调；人口密集有可能给环境带来巨大的压力和破坏；把人口当成生态圈的特殊成员而不是普通成员，赋予人类贪婪索取的特权，最终导致环境恶化，生态改变。

（3）土地风险。土地风险包括诸如土壤污染、土地面积的减少、"如画美"的危害（绿化带、人工湖、人造园林等对土地生态环境采取的人工景致表面上看是风景如画，实际上却是压缩荒野的做法，损害了大自然）等问题。

（4）水资源风险。应当关注工业排污导致的水污染，农村养殖带来的地下水污染，地下水位下降导致的地面塌陷，以及饮用水大面积污染与恶性疾病的关系。

（5）气候风险。气候风险包括全球变暖带来的灾难，雾霾对肺部、心脑血管造成的难以根除的损害，气候导致的洪灾、大火和饥荒，全球变暖给经济社会发展带来的冲击，人类活动、大型工程与气候风险间的关系。

（6）野生物风险。应该敬畏生命，不要随意迫害野生物。野生物的消失会使生态整体失衡，这种失衡最终会危害到人类自身。鲸的过度捕捞，冬虫夏草的过度开采，类似种种行为潜藏着风险。

五、环境新闻采访与写作

1. 揭示现在的危害性

谈论过去的危害和未来的危害，都不能给人们以足够的刺激，不足以充分调动人们对环境问题的忧虑。揭示环境污染现在的危害性，能够带给人们更为强烈的刺激，让人们充分感受到环境问题的严重性和紧迫性，更容易引起人们的深切关注。

美国科普作家卡森《寂静的春天》里很容易找到对现在危害的描述，如"在现在的美国，一个接着一个的地方没有了鸟儿来报春。早晨起来，原本四处会飘荡着美妙的歌声，现在有的，只是异常的寂静"①。环境问题不是头脑中的想象，环境问题的恶果就摆在人们的面前，再不引起警惕就更麻烦了！

《中国新闻周刊》在报道塑料垃圾入侵海洋问题时，开头就集中呈现了当前海洋环境遭受塑料污染的权威数据和紧急情况：

联合国公布的数据显示，全球每年生产的塑料超过 4 亿吨，约有上千万吨塑料垃圾

---

① 蕾切尔·卡森. 寂静的春天 [M]. 江月，译. 北京：新世界出版社，2014：86.

流入海洋。另有研究显示，目前海洋里漂浮着 5.25 万亿个塑料碎片，甚至在北纬 35° 到 42° 之间的太平洋海域，汇成了一片由 400 万吨、1.8 万亿塑料碎片组成的"垃圾大陆"。

近几十年，太平洋塑料垃圾浓度显著增长，包括"垃圾大陆"在内的"太平洋垃圾带"面积正持续扩大。如果不加干预，随着时间的推移，大量塑料垃圾将沿洋流继续扩散。要有效控制海洋垃圾，需要每个国家都做出自己的努力。

海洋塑料垃圾绝大部分来自陆地，经由河流输送至海洋。治理海洋塑料垃圾，必须从河流入手。[1]

2. 讲述环境故事

环境新闻可以写得很好看，好看的环境新闻通常都是采用讲故事的方法完成的。

法新社记者丹·马丁在报道内蒙古地区环境问题时，一开头就呈现了故事画面——德乐格日并不清楚敌人到底潜伏在哪里，他只能以一根木棍为武器，来保护自己的羊群。作者用了两句话就营造出了一种紧张氛围，吸引住了读者的注意力。这篇报道还综合运用了逸事回顾、直接引语、事件叙述、背景知识添加等讲故事技巧，增强了稿件的可读性，也保证了报道的信息量和深刻性。这篇稿件很注重结构的安排，报道的结尾部分又回到了开头讲到的德乐格日身上，形成首尾回环，具有明显的故事色彩，令人回味。

<h3 style="text-align:center">狼群活动猖獗，中国牧民求救</h3>

法新社记者　丹·马丁

德乐格日拄着木棍，扫视着身边广袤的草原。可怕的敌人就潜伏在附近的什么地方，但他只能以这根木棍保护自己的羊群。

他说："它们晚上出来，可我们从来听不到声音。等听到声音，就是羊的惨叫声。到了那时候，就太晚了。"

狼群在内蒙古地区游荡。44 岁的德乐格日原本养着 40 只绵羊，但已经在狼群的偷袭下损失了 6 只。

然而，目前受到保护的狼群越来越多地发动攻击，促使牧民和一些地方政府呼吁恢复捕杀这种食肉动物。

德乐格日抱怨说："现在，我们牧民根本得不到足够的保护。狼是不可以捕杀的。我们怎么办？"

袭击事件频频发生。去年 6 月，内蒙古阿拉善地区的政府无法可想，只好在靠近蒙古国边界的地方修建了一道 100 千米长的围栏。

国家媒体说，阿拉善的牧民在两年时间里损失了 600 多只绵羊和 300 多头骆驼。内蒙

---

① 家宁.上千万吨塑料垃圾流入海洋，该怎么办？[EB/OL].（2023-07-12）. https://www.inewsweek.cn/observe/2023-07-12/19144.shtml.

古各地都出现了类似的惨重损失。

去年12月，有人在距离北京仅50千米的长城附近看到了狼。这是狼在20年至30年的时间里首度出现在该地区。

目前尚不清楚狼群为何如此大胆。

政府报告和国家媒体说，种种迹象表明，采取环保措施后，狼的数量在不断增加。

不过，研究狼的动物专家高中信说，情况很可能恰恰相反。

在东北林业大学从事专门研究的高中信说，狼群之所以袭击牲畜，是因为环境恶化、沙漠化加剧和人类侵入，从而减少了它们可以捕食的猎物。

他在接受本社记者采访时说："狼的数量也许稳定了，但沙漠化和草场退化越来越严重，对狼群构成了新的威胁。"

在中国的蒙古族人看来，此事还涉及感情，因为狼在传统的蒙古族社会中具有强烈的象征意味。

蒙古族征服者成吉思汗根据狼群的习性打造了骁勇善战的骑兵，最终建立了有史以来最庞大的陆地帝国。

数百年来，蒙古族牧民为保护自己的畜群而与狼展开搏斗，但仍然把它们作为草场的守护神加以尊崇。

作家吕嘉民说："在蒙古族文化中，狼占据着中心位置，但它们的数量有所减少。现在，蒙古族的年轻人不再愿意倾听关于狼的古老传说。这些故事渐渐被淡忘了。"

身为汉族人的吕嘉民曾在"文革"期间与蒙古族牧民生活在一起。他在利用笔名创作的《狼图腾》一书中细致讲述了狼的精神。

迄今为止，放宽禁猎限制的呼吁毫无成效。不过，高说，有些地区存在非法捕猎的现象。

就目前而言，德乐格日只好在离家比较近的地方放羊，夜晚也不能把羊群散放在外面。

由于羊肉价格最近出现下跌，他已经感到日子不太好过。他说，尽管政府承诺要为他损失的羊做出补偿，但尚未兑现。

他在谈到狼群的时候说："它们过去只捕杀野生动物。可是现在，它们开始捕食家畜了。"

（法新社，2009年5月25日）

3. 深度与真相

环境新闻报道不能仅仅满足于浅层事实的传播，而应该善于追求深度和真相。

鼓励消灭狼，是早期各国政府较为普遍的做法，这也一度导致狼在许多国家迅速减少甚至消失。不但中国如此，美国、英国、法国、日本、德国均出现类似情况。后来，各国政府开始改变对狼的态度。尤其在进入20世纪90年代以后，很多国家开始将过去鼓励猎杀狼的资金，用来建立基金会，鼓励研究狼、保护狼。法新社记者采写的报道《狼群活动猖獗，中国牧民求救》，是一个善于追求新闻深度和事实真相的例子。报道开头讲到德乐格日的 6 只羊被狼偷走了，回顾了相关背景。以前政府曾鼓励消灭狼，狼几乎在中国灭绝；后来中国政府为了维护生态平衡，又制定了对狼的保护政策，禁止捕猎狼。

现在牧民的羊经常遭到狼的捕猎，说明狼的数量比以前增加了。如果报道到此为止，读者很容易得出这样的推论：采取环保措施后，狼的数量增加了，说明环保措施有力，环境改善了。

但是法新社记者并没有到此为止，而是进一步挖掘材料，让人们看到了事实的另一面。

记者采访了东北林业大学专家高中信，这位专家认为，狼群袭击牲畜是因为环境恶化、沙漠化加剧和人类侵入，减少了它们可以捕食的猎物。从这些信息来看，环境非但没有改善，反而是恶化了，这样报道环境新闻就更加深入了。

4. 使用数据

数据代表着严谨、精确、科学，数据增强环境新闻报道的权威性，让人产生信赖感。

数据同时意味着枯燥和难懂，数据的使用应该严格控制。在一段数据之后，要及时作出解释。环境新闻报道中的数据是少量的，要以故事讲述为主。

要善于凸显有冲击力的数据，找到那些本身就有趣味和意义的数据。

下面的文字出自一则报道空气污染的稿件，作者运用了 3 个数据，揭示了当下空气污染问题的严重性：

今年联合国环境大会上发布的报告显示，每年世界各地约 700 万人死于空气污染。

去年，美国科学家发表一项研究报告显示，中国的空气污染平均每天会导致 4000 人死亡，占中国总死亡人数的 17%。[①]

5. 描述专业知识

环境新闻与专业知识之间的关系非常紧密，有时候需要通过专业知识的描述来推进报道。环境新闻报道是面向社会公众的，专业知识的描述不能像化学教科书那样抽象，而应该尽可能地通俗化，专业知识的讲解也应该尽可能生动些、有趣些。

滴滴涕的化学名是双对氯苯基三氯乙烷，分子式是（ClC_6H_4）$_2$CH（CCl_3），卡森在讲述杀虫剂滴滴涕的微观构成时，给读者上了一堂化学课。她先是告诉读者大多数杀虫剂都是以碳原子为主要成分，接着她对碳原子展开了描述，这些描述增加了读者的见识，相对

---

① 李彪. 中国仅剩香格里拉等 6 个城市完全无雾霾 [EB/OL].（2016-06-03）.https：//news.sina.cn/gn/2016-06-03/detail-ifxsvenv6453564.d.html?sinawapsharesource=newsapp.

来说是比较好读的：

> 这种基本元素——碳，是这样的一种元素，它的原子几乎拥有无限的能力：它们能相互组合成链状、环状以及其他各式各样的类别，还能和其他物质的分子连接起来。的确是这样的——各种生物——从细菌到庞大的蓝鲸，它们之所以有着让人难以置信的多样性，主要是因为碳原子。[①]

接下来卡森对甲烷的分子构成进行了描述，并以此过渡，逐步阐释了化学家会如何制造出复杂的滴滴涕来：

> 它们有着完美而简单的结构，由四个氢原子和一个碳原子组成。科学家们已经发现，去掉一个或者是全部的氢原子，而代之以其他元素，例如，用一个氯原子代替一个氢原子，氯代甲烷便产生了；如果用氯取代三个氢原子，麻醉剂氯仿（三氯甲烷）便产生了；如果以氯原子取代全部的氢原子，四氯化碳——我们熟悉的清洁剂就产生了。[②]

读了上述文字，我们就会觉得化学真是太神奇了，虽然我们很可能仍旧不知道该怎么让氯原子来取代氢原子。卡森接着说，对于化学家的操作来说，这才是一个极其简单的暗示，毒药的合成非常复杂：

> 化学家能够操纵许多碳原子组成的碳水化合物，而不仅仅是一个碳原子的甲烷。这些由许多环链（还有侧环和侧链）组成的碳水化合物，通过化学键与它们组合而成的，不单单是氢原子和氯原子，还有各式各样的化学官能团。如果在外观上有些微的变化，整个物质的特性也就改变了。例如，不只是碳原子上附着的元素至关重要，键合的位置也是十分重要的。于是，如此精妙的操作就制成了具有真正威力的毒剂。[③]

6. 科研成果的解释

环境新闻报道还要做好科研成果的翻译、解释，做好必要的科普工作，帮助读者准确理解相关研究结论。

《科技日报》发布了题为《伦敦雾 ≠ 中国霾 二者空气化学过程相同但成分不同》的报道，稿件中说："伦敦雾是强酸性的，而中国霾基本上是中性的。"澎湃新闻转发了这篇报道，标题为《国际科研团队：中国霾是中性的，与当年伦敦夺命大雾成分不同》。[④]结果，网民对这条新闻冷嘲热讽："好吸你就多吸点。""这种霾，我国是不对外出口的。你们外国人还是死了这条心吧！""中国砖家不好使了，开始请国际砖家了。"

---

① 蕾切尔·卡森. 寂静的春天 [M]. 江月，译. 北京：新世界出版社，2014：15.

② 蕾切尔·卡森. 寂静的春天 [M]. 江月，译. 北京：新世界出版社，2014：15.

③ 蕾切尔·卡森. 寂静的春天 [M]. 江月，译. 北京：新世界出版社，2014：15-16.

④ 国际科研团队：中国霾是中性的，与当年伦敦夺命大雾成分不同 [EB/OL].（2016-11-18）. http://www.thepaper.cn/newsDetail_forward_1563534.

　　其实，国外科研团队所说的"中性"，是指与酸性、碱性相对而言的"中性"，并不是表示褒义、贬义之间的"中性"，不是说中国霾是无害的。而实际上，伦敦雾是单一的强酸性，而中国霾的成分更复杂，既有酸性成分，又有碱性成分，二者发生了二次反应才成为中性的，比起伦敦雾的控制要困难得多。

　　不要埋怨公众没有深入研读报道内容。媒体在进行环境新闻报道时，有责任对科研成果做翻译，用浅白晓畅的语言描述研究结论，给予必要的解释，做好科普工作，帮助读者准确理解科研成果的含义。否则，媒体的环境新闻报道就容易误导公众，甚至引来谩骂和嘲讽。

思考与训练

第十四章
深度报道

深度报道追求报道的深刻性，具有社会治理价值与功效，调查性报道与解释性报道是深度报道的常见形式。面对自媒体的众声喧哗，职业新闻媒体更应当拿起深度报道的武器，为公众提供具有独特价值的深度内容产品，彰显新闻媒体的荣光。

第一节　从追求深刻到媒体融合

深度报道具有独特价值，社会治理需要深度报道。深度报道以追求深刻为旨趣，具有内容深刻、形式多样、采写复杂等特点。深度报道与非深度报道之间存在互相补充、共同发展的关系，深度报道经常采用特稿体裁撰写，但深度报道与特稿并不是同一个概念。媒体融合时代，深度报道更应有效发挥舆论监督作用，推动问题的解决、公平正义的实现和社会治理的良性发展。

一、价值取向及治理功效

深度报道是深化的新闻报道，是深入调查研究新闻事实，挖掘新闻背后因素及关联信息，致力于揭示新闻真相和深层意义的报道。与普通新闻报道相比，深度报道通常需要花费更多的时间、更大的成本，采写过程也要艰难得多。深度报道通过广泛而又深入的采访和调查研究，对新闻的时空圈层进行深度扩展，全面详尽地展示新闻发展脉络，深入剖析新闻背景、影响及发展趋势，深刻揭示新闻事实的变动状态、原因及意义。

深度报道的价值取向是追求深刻，它以揭示真相、解释分析为重任，具有社会治理价值和功效。事实与真相是两个密切相关但又不能完全等同的概念，事实未必就是真相，真相首先必须是事实。片面的事实也是事实，但它极有可能掩盖了真相，把人们的认识引向歧途，让人产生错觉。深度报道必须依赖和提供事实，但不满足于浅层次的事实信息告知，而要更进一步追求报道的深刻性，逼近真相、揭示真相，呈现新闻背后的内在图景。

寻找和揭示真相甚至比单纯地惩罚罪恶还要重要，惩罚只是针对一桩罪恶，而寻找真相、找到背后原因和机制却更具普遍意义。它能够让人类产生更为广泛的反思，引导社会减少和规避类似恶性事件的再次发生。也正是在这个意义上，新闻的公开显得尤其必要、紧迫，深度报道的社会治理价值得以彰显。

新闻报道是有层次的。根据哥伦比亚大学新闻学院教授梅尔文·门彻的说法，新闻报道有三个层次。第一个层次是指事实性的直截了当的报道，这个层次的报道仅仅是准确地转述消息来源提供的材料。第二个层次是指从更多的消息来源处寻求事实真相，发掘事实表象背后的内容，重点报道事实是如何发展的。这一层次的新闻工作包含着新闻的舆论监督功能，在该层次深入挖掘的报道被称为调查性报道。第三个层次是解释和分析的报道，重点报道事实为何如此发展，在这一层次深入挖掘信息的报道被称为解释性报道。深度报道主要对应的是第二层次和第三层次，即调查性报道和解释性报道。作为深度报道，调查性报道更加注重调查和揭露，解释性报道更加注重研究和分析。

深度报道不是简单地告诉读者发生了什么事情，而是深究新闻现象背后的因素，帮助读者深刻理解生存环境的变化，助力国家治理和社会进步。在这个瞬息万变的时代，单靠普通公民个人的力量很难认清复杂多变的世界，必须由专业机构、专业人员展开调查研究，提供深度认知信息。深度报道正是新闻媒体帮助公众深刻理解生存环境变化的专业新闻产品，它处于更深的层次，它为人们理解复杂多变的世界提供了富有独特价值的依据，有助于产生深层影响，有利于决策的完善和社会的进步。

深度报道能够在社会治理中发挥作用，促进社会健康发展。我们每一个个体、每一个家庭都与社会捆绑在一起，同时又可能被割裂开来。深度报道揭示割裂的痛苦、饱受倾轧者的困境，探寻隐藏在新闻表象背后的原因与机制。人类社会处于不断发展变化的状态，价值观冲突、秩序的颠覆与重建、恃强凌弱、掩盖罪恶的行径时有发生，新问题、新现象层出不穷，需要新闻媒体投入力量调查、研究，释放舆论监督力量，消除公众疑惑，安抚混乱的社会心理，促进社会公平正义的实现，让社会朝着良性方向发展。

好的深度报道不是哗众取宠，而是影响公众，影响决策。好的深度报道立足中国大地，帮助国家解决难题，提升社会治理水平，促进社会发展成熟完善。"媒体传播的本质是服务国家治理、服务社会建设、服务公众生活等"[①]，深度报道超越了简单的新闻信息传递功能，更应该在服务国家治理、影响公共政策等方面发挥积极作用。新华社《财经国家周刊》副主编、新华社瞭望智库研究总监史晨，主要从事经济、改革、公共政策等专业领域的思想性报道和专题调研工作。史晨在谈到媒体人如何影响公共政策时说，媒体要有好的研究，要对政策制定的过程、前后的脉络有理解，"你就不是在外面以一个批评者的角

---

① 黄常开.传播力：南方报业媒体融合实践 [M].广州：南方日报出版社，2021：338.

色，然后自己怎么开心怎么说，而你是帮着它来解决问题的，帮着它贡献价值，不断地迎合，赢得信任，然后不断地为它提供服务"[①]。

二、稿件关系与特点认知

从报道的深入与否情况来看，深度报道以外的所有稿件都是"非深度报道"，我们在研究深度报道的时候，没有必要将非深度报道贬得一无是处。

深度报道与非深度报道之间是什么关系？深度报道与非深度报道之间存在互相补充、共同发展的关系，非深度报道无法取代深度报道，反之亦然。"深度报道的出现、发展、壮大并不是要取代非深度报道，而是叠加，使大众传媒的新闻报道更加丰富，信息趋向更加完整，更好地满足受众的信息与认知需求。"[②]

深度报道经常采用特稿体裁撰写，但深度报道与特稿并不是一回事。

特稿是报道体裁，作为报道体裁，特稿是与消息相对应的。深度报道是针对报道内容的性质而言的，强调稿件内容要深刻，有深度。"深"是与"浅"相对应的，单纯从字面形式上讲，"深度报道"应该与"浅度报道"相对应。"浅度报道"这个说法非常直观，便于对比和理解，但是谁也不愿意用它。其实，与"深"相对的就是"浅"，但是人们不喜欢"浅"，大家都以追求深度为荣。用"非深度报道""普通报道""表层报道""基本新闻报道"等说法就不那么敏感了，人们才比较容易接受。

深度报道往往采用特稿的形式，篇幅较长，但这并不表明特稿就必然是深度报道，也不好说深度报道就必然等于特稿。特稿指的是体裁形式，深度报道指的是内容性质，二者不存在必然的相等相对关系。

形式虽然也很重要，但是记者确实没有必要拘泥于形式，形式毕竟是为内容服务的。如果记者有本事，三言两语能够将个中缘由讲明白，揭露了掩藏的真相，稿件同样是有深度的。如果记者用宣传腔来写稿件，空洞无物，套话连篇，哪怕是写成了一本书，那也是没有深度的。深度报道具有以下特点：

1. 内容深刻

深度报道具有社会治理价值，这是由其内容的深刻性决定的，也与报道的选题密切相关。深度报道关注重大社会问题、重大社会事件，选题呈现出典型的深刻特征，主要关注的题材或领域包括：社会问题、社会矛盾和社会冲突，重大伤害事件，有深远影响的变化、趋势或事件，公众人物非同寻常的言行，卫生和公共安全问题。深度报道关照社会普遍意义，着眼事物整体，把对事实的单一报道转变为多侧面的描述，进行立体化、多层次

[①] 周逵.非虚构：时代记录者与叙事精神 [M].北京：清华大学出版社，2017：286.

[②] 欧阳明.深度报道写作原理 [M].武汉：武汉大学出版社，2008：14.

的剖析，从多重维度挖掘事实真相，探寻深层动因，揭示事实本质。深度报道需要记者深入调查研究，题材重大，内容深刻，充满理性色彩。

2. 形式多样

深度报道含有详尽的材料，在文体上以特稿为主，篇幅往往较长。

《南方都市报》为其深度报道作品建立了"南都深度报道档案"，南都曾选取 2003 年至 2014 年的深度报道作品，组成深度报道精选集《刻度》。这本精选集 60 万字，共包含 65 篇（系列）深度报道作品，平均每篇（系列）作品约有一万字。

再如，蔡崇达在《智族 GQ》任职期间，针对药家鑫交通肇事故意杀人案展开采访调查，他撰写的深度报道《审判》长达 3 万字。

但深度报道并无必须采用长篇幅特稿文体的硬性规定，它也可以辅以消息文体，及时公布新的进展。深度报道方式除单篇报道形式外，也可采用组合报道、系列报道、连续报道、追踪报道等形式。

而在媒体融合背景下开展新闻工作，深度报道除文字报道外，还可以利用图片、视频、音频、VR 等媒介元素或技术生动呈现相关内容。

从上述角度讲，深度报道的形式是多样的。

3. 采写复杂

深度报道的采写比普通报道更加复杂，它需要记者具备更强的正义感、责任心和勇敢精神，也需要具备足够的智慧、胆识和更高的文化素养。深度报道对记者的专业素质提出了更高要求，记者不仅要掌握大量的政治、经济、文化、社会、历史等学科知识，还要精通调查技术，善于研究和分析。记者往往需要耗费更多的时间和精力进行采访调查，研究相关背景材料，才能写出成功的深度报道，才有可能对公共决策产生影响，对社会治理有所贡献。

三、深度报道采写要点

写作是有关时空的技艺，深度报道操作方法论主要表现为深度延展时空圈层，时空圈层的延展包括两个方面，即时间上的延伸、空间上的扩展。时间上的延伸是指对新闻事件的报道，以现在为核心，往后延伸回顾历史，向前延伸展望未来。空间上的扩展是指加强对多重场域的考察，以新闻现场为核心，扩展到对行业空间的探寻，对不同区域事实的比较，对人际网络坐标系的探究。故事总有结束的时候，深度报道时空圈层的延展需要找到事实边界，不可无限制地弥散，"如果无限制地延伸出去，那么深度报道就会脱离其新闻性和实效性"[1]。深度报道的业务操作需要注意以下五点：

---

① 张志安. 深度报道：理论、实践与案例 [M]. 北京：高等教育出版社，2015：30.

1. 报道不要过于单一

自 2014 年以来，媒体融合的兴盛与深度报道的式微呈现出并行发展态势，舆论监督类报道空间变小，调查性深度报道的衰减尤其明显，主流新闻媒体热衷于操作业绩梳理型大稿，形态较为单一。深度报道在我国推动媒体融合热潮中出现遇冷局面，并不是说媒体融合导致了深度报道式微，二者仅存在相关关系，而不存在因果关系。

它提醒我们在推动媒体融合进程中，要同时关注深度报道内容生产，保障深度报道形态的丰富性。从选题角度来讲，一方面深度报道需要聚焦社会现实问题，强化舆论监督功能；另一方面也可以关注偏静态的长期性话题，并用田野调查（民族志、参与观察）的方式来采集信息，加以研究。

深度报道在关注弱势群体的同时，要更多地关注市民阶层，报道心态要更加沉稳平和、避免极端化、敌对化处理，要更多地分析社会心理和文化传统对人性的影响。

2. 坚守客观公正原则

记者了解了事实真相，容易产生批判冲动，这时记者尤其需要提醒自己保持冷静。在撰写深度报道的过程中，记者应该始终坚守客观公正的报道原则，即便是对被揭露的对象，记者也要以公心对待，不要让情绪战胜了理智。

3. 敢于付出采访成本

深度报道需要采访更多的人，采写过程风险大、成本高。为做好深度报道，记者要敢于付出更多的时间精力和采访成本。有时记者花了很多时间跑到一个地方去调查，遭遇搪塞、冷眼甚至打压，很难获得关键信息，记者不能怕做这种"无用功"，要有坚强的意志，勇于克服困难。

4. 采用故事化写作模式

应当将可读性放在十分重要的地位，采用讲故事的方法，突出对细节、现场和事件发展进程的描述，依靠事实的力量赢得读者尊重。不做"高大全"式的报道，不做歌功颂德式的报道，摆脱宣传腔调和说教模式。普通报道的写作可以是单一来源，深度报道的写作通常要依赖更多的消息来源。动笔之前务必理解这个事物或问题，"以其昏昏，使人昭昭"是撰写深度报道的大敌。

5. 注意报道的适度性

报道不足是深度报道的一个缺陷，这样的报道会给人以不充实感，伤害稿件的深度。同时，深度报道也不要走向另一个极端——报道过度，不要为了深度而刻意延长报道的篇幅。新闻以简洁为美，深度报道同样要求语言简洁，并不是稿件篇幅越长就越有深度。人类社会已经进入移动传播时代，短视频消费盛行，人们的注意力往往很难长时间集中，篇幅过长的报道对用户收受形成了挑战。深度报道价值的实现依赖其对公众和政府部门的影响，报道不足则没有分量，报道过度也会适得其反。发挥深度报道影响决策的作用，实现深度报道在社会治理中的价值，更要考虑语言表达的节俭和效率，注意报道的适度性。

"深度"有时会成为雇主否决内容产品的最恐怖说辞。但他们不知道，随意扯起"深度"大旗来否决别人，往往也是肤浅的表现。通俗与深度二者之间有时会形成矛盾，要辩证看待二者之间的关系。媒体内容生产面向大众，首先要求语言通俗，然后再追求深度。最好的做法是二者兼有，最差的做法是把枯燥当成深度。好的新闻产品一定是语言通俗的，同时又言之有物。我们从事新闻工作，语言宁可通俗浅显，也不要故作深奥。我们需要的是通俗基础上的深度，不是晦涩难懂式的"深度"。好的深度是深入浅出，晦涩难懂往往成了虚伪的遮羞布。

四、媒体融合与深度报道

新闻写下了历史初稿，但它最重要的职能不是书写历史，而是要影响今天。舆论监督依然是媒体融合时代新闻业的重要职能[1]，深度报道尤其是调查性深度报道要有效发挥舆论监督作用，将单一事件或社会现象转化为公共议题，进而通过舆论的力量推动问题的解决、公平正义的实现和社会治理的良性发展。深度报道选题要找到老百姓真正关切的问题，要以民为本，而不是以官为本，要尊重新闻规律，与社会发展勾连，直面公众关注的热点事件、难点问题。

越来越多的热点事件是由自媒体引爆网络，而不是由新闻媒体率先揭露或跟进报道而成为热点，这反映了很多新闻媒体已经远离了真正的舆论场，对公众的影响力也越来越小，甚至已经被民众抛弃，"网民的声浪越来越大，并在相当程度上反过来影响传统媒体的报道，不得不引起重视"[2]。新闻媒体仅仅成为政府部门的传声筒是不够的，还应树立远大新闻理想，在社会发展进程中有所作为。

深度报道是内容竞争利器，面对自媒体碎片化生产井喷态势，新闻媒体做好深度报道，才能凸显自身专业价值，满足用户对深度内容的需求。

媒体融合时代，深度报道要坚持网络首发原则，而不可固守传统媒体发布，错打主意。

报纸关停并转是大的趋势，在纸媒与网媒共存时期，报纸更应集中力量刊发深度报道、特稿，而将动态新闻、普通报道及时发布到网络端。但这并不是说深度报道要首发报纸，恰恰相反，我们需要强调一切首发网络的思想。通过深度报道的加持来增强报纸稀缺性的想法是不切实际的，作为新闻传播渠道的报纸其实已经没有多少价值。纸媒的必要性

---

① WOODY BING LIU. Convergent journalism: Chinese approaches[M]. London and New York: Routledge, 2021: 123.

② 曾繁旭，林珊珊，庄永志. 深度报道: 题材、理念与方法 [M]. 北京: 清华大学出版社, 2021: 164.

主要表现为深度阅读价值，所对应的价值较高媒介形态是期刊、图书，承载深度报道的新闻期刊尚有一定的市场需要，新闻纸媒应该按照这个思路转型。

媒体融合是指传统新闻媒体融入互联网，转型为互联网新闻媒体[①]，但转型之后，新闻媒体仍然具有自身独特的使命、任务。新闻媒体的一个优势是挖掘深度阅读价值，为用户提供深度报道产品，以此与自媒体碎片化传播形成差异化竞争，满足用户对深度产品的需求。媒体融合时代，由于新闻舆论场主要已经转向互联网，深度报道仍然属于新闻范畴，需要同时追求时效性和影响力，也必须首发互联网，否则就会迅速边缘化，甚至会彻底丧失竞争力、传播力。

媒体融合的真正意义在于促进包括深度报道在内的所有新闻的有效传播，媒体融合为深度报道提供了技术支撑，深度报道采制过程中要积极利用新技术、新工具、新方法，善于利用社交媒体和网络资源搜集线索、信息和证据，运用多种媒介元素呈现深度信息，加强与用户的互动，做好搜索引擎优化和社交媒体优化，促进深度报道的广泛传播。媒体融合时代，深度报道应该迎来发展的春天，媒体融合与深度报道互相促进，实现共赢的局面，这才是新闻业转型发展的成功。

第二节　调查性报道

新闻媒体既要有大量的普通报道，又要有敢于揭露丑闻的调查性报道。调查性报道的采写更为艰辛，甚至充满危险性。调查性报道是新闻媒体发挥舆论监督作用的重型武器，为新闻媒体赢得了社会尊重。

一、什么是调查性报道

调查性报道是指以调查为手段，致力于揭露深层事实真相的报道。"调查性报道是暴露新闻。它暴露政府和公共机构中的腐化行为和丑事。"[②]相比而言，普通报道可以只报道孤立的、公开的新闻事实，调查性报道则更注重深入挖掘那些已经发生的新闻事实的深层关系及真相，它是一种更加深入的揭露性报道。调查性报道往往要付出比普通报道多得多的努力，还要冒更大的风险，采访的过程也要更加艰难。

遭受毒打、电击、开水烫、割耳朵、切趾头、挑脚筋、关水牢，被老板铐在床上，用刀捅穿胃和肠子……缅北诈骗园区里，受害者遭遇惨绝人寰的虐待。一旦进入园区，受害

---

① 刘冰.融合新闻 [M].2 版.北京：清华大学出版社，2021：37.

② 杰克·海敦.怎样当好新闻记者 [M].北京：新华出版社，1980：268.

者就很难脱身，还可能被多次转卖。

河南广播电视台都市频道 4 名记者勇敢前行，以赴缅甸务工者和招工中介的双重身份，与蛇头取得联系，卧底调查了蛇头带人出境的过程。蛇头负责将务工者卖进诈骗园区，一旦被卖进园区，受害者将很难再逃脱。

见到蛇头后，整个过程就被蛇头控制。一上车，记者手机被没收，每走一步都被盯防。蛇头将记者带到边境线检查关口，然后走进"安全屋"。蛇头就是从"安全屋"带人出境的，记者最后通过他人帮助才得以脱身。

河南广电都市频道记者冒着生命危险奔赴一线，进行了长达 120 天的采访调查。2023 年 6 月 28 日，都市频道推出重磅调查报道节目《边境"蛇"影》。节目播出后，12 小时全网阅读量超 4 亿。都市频道记者为被困缅甸的受害者奔波，采访调查的过程非常艰难，充满危险。

调查性报道记者是这个时代最伟大的新闻工作者，为新闻业增添了荣光。

调查性报道有两个明显的特点：一是揭露不光彩的事实，二是艰难的调查取证过程。

（1）题材性质：揭露不光彩的事实。调查性报道的主要任务是揭露某些人试图掩盖的事实真相，它所揭露的事实往往是不光彩的。调查性报道重在揭露政府及公共机构中某些成员的不法行为，"表现社会体制中的种种弊端，往往涉及社会生活中不为人知的有巨大影响的事件，其根本目的在于保卫公众的利益"。① 调查性报道在西方又被称为揭丑报道。

（2）材料获取：艰难的调查取证过程。调查性报道是记者独立进行的原创性工作，通常没有政府的经济资助，也不依赖当局发布的材料来撰写报道。调查性报道的采访过程必定是一个艰难的调查取证过程，记者往往要历尽千辛万苦、千难万险才能获得事实真相，然后勇敢地予以披露。与普通报道相比，调查性报道意味着记者要冒更大的风险才能完成相关工作，记者的采访往往处于危险境地，困难重重。

二、正式调查前的工作

1. 提出假设

根据获得的某个线索，记者应当提出一个假设。就像科学研究一样，记者调查报道的过程也是一个证明假设能否成立的过程。

假设可以是"这个村支书霸占了大量耕地"，也可以是"这个县长是个贪污犯"。

假设为记者的调查指明了方向，促使记者将注意力集中到问题的焦点上，减少了无效劳动的付出。另外，记者作出假设也有利于获得报社负责人的理解与支持——记者在汇报报道选题的时候，清晰地说明自己的假设是很有必要的。

---

① 杜骏飞. 深度报道写作 [M]. 北京：中国广播电视出版社，2000：78.

2. 初步核实

记者应当判断有几分把握来证明这个假设，尽力回答以下两个问题：

（1）调查项目里到底有没有一条重大新闻？

（2）我能不能调查出这一新闻？

如果答案都是肯定的，记者就可以开展调查工作了。[①] 如果答案是否定的，记者则要考虑放弃这个调查。

3. 寻找采访对象

除被调查者外，调查性报道的采访对象主要包括：

（1）线人。他们提供最初的报道线索。记者首先要跟线人打交道，从线人那里了解情况。线人一般也会提供其他采访对象的名录，有时调查过程中出现困难，他们甚至也会为记者出谋划策。

（2）被调查者的敌人或对手。他们往往处心积虑地搜集被调查者的负面信息，也愿意散布被调查者的坏消息。他们通常愿意配合记者的采访。

（3）被调查者的朋友。有的所谓朋友可能会在被调查者的背后说坏话，有的朋友则在为被调查者辩解的过程中披露出鲜为人知的新情况。

（4）受到牵连的人。受到牵连的人是在被调查事件中遇到麻烦的人，记者可以利用人们趋利避害的心理，暗示他们应当及早说出真相，以免日后在报道中处于不利的地位。

（5）受害者。他们向记者提供具体的情节、事例和切身感受，令报道更加直观、具体和感人。

（6）警察。警察掌握着专业侦查技术，他们拥有宝贵的资源和信息，有时他们也愿意通过媒体宣传自己的事迹。

记者应当注意消息来源存在的问题：消息来源有可能撒谎、改口，另外消息来源很可能不愿意被曝光。记者应当注意保护消息来源。一定要守口如瓶，其他人或其他记者漫不经心地询问时，也不要说出需要保护的消息来源。除记者供职的媒体主编外，不能向其他任何人泄露需要保护的消息来源的情况。

三、采访调查的顺序

调查的过程中应当注意安排采访的先后次序，本着先易后难、先外围后核心的原则，逐步展开调查。比如有人提供新闻线索说某一村支书拉帮结派，非法占用集体耕地。如果派你去做调查，那么有两项工作需要搞清楚：

---

① 密苏里新闻学院写作组.新闻写作教程[M].褚高德，译.北京：新华出版社，1986：389.

1. 列出相关采访对象

在这个例子中，至少要采访这些人员：

（1）爆料的村民、村支书的对手（比如可能是上一任村支书）。

（2）市县土地管理局相关领导。

（3）乡政府有关领导，乡土地所。

（4）村支书，村支书的朋友和同伙。

（5）法律专家。

2. 分类并确定顺序

将采访对象加以分类，先采访容易与你合作的采访对象，再采访有可能阻挠你工作的采访对象，最后采访其他相对次要的采访对象。

一般地，村干部并不容易与市县级政府部门联手，在此可以将市县土地管理局相关领导作为与你合作的采访对象。但是，并不排除类似的部门或人员有阻挠你采访的可能，这需要记者结合采访的情形灵活判断。

与你合作的采访对象：爆料的村民，村支书的对手，市县土地管理局相关领导。

阻挠你工作的采访对象：村支书，村支书的朋友和同伙，乡政府有关领导，乡土地所相关人员。

次要的采访对象：法律专家。

四、采访的突破

调查性报道要揭露被调查者掩盖的事实，对方往往会拒绝记者的采访，逃避记者的调查，甚至会封锁现场，设置各种障碍，调查过程的艰难可想而知。"记者要采取各种方法手段，突破采访障碍，找到核心信源"[1]，机智灵活地开展调查。

1. 混入现场

调查性报道记者应该有现场意识，到现场去搜寻信息。只有到达现场，才有可能获取大量的一手资料，才有可能找到调查性报道所需要的关键人物、关键物证。然而，很多时候进入现场并非易事，记者必须想尽一切办法抵达现场。

混入现场是一种办法。

天津市撤销了三个相当于地级市的行政区域，成立了滨海新区。为了了解具体的人事安排，《新京报》调查记者褚朝新前往天津采访，但政府机关大门一个都不让进。后来，褚朝新就装起了干部，大摇大摆地走进了政府大院。对此，褚朝新在《手记：采访中的那

---

[1] 张志安. 深度报道：理论、实践与案例 [M]. 北京：高等教育出版社，2015：98.

些事》中记述道："端上自己的玻璃杯，泡上一杯茶，将采访本夹在腋下，挺起我'早熟的肚子'，极力扮成一个到政府开会的小官员。这一招，居然有用，后面几天我顺利地进出滨海新区管委会和塘沽区政府的机关大楼，无人阻拦。"

褚朝新还参加了会议，或许开会的双方都以为他是对方的人，没有把他赶出来。褚朝新说："扫楼的过程中，我还混进当地政府的一间会议室。不知道开的什么会，但我还是端着茶杯、夹着笔记本坐了进去。愿意直接面对的人太少，我不得不对任何一个有人说话的场合都给予足够的重视和关注。

"或许，谈判双方都以为这个端着茶杯、夹着笔记本的年轻人是对方的人，没人赶我出去。我埋头记录，好让他们以为我是对方带来做会议记录的小职员。

"这个会，是一个融资40亿元的洽谈会。显然，区政府要撤销的消息，让来谈判的金融界人士有些惴惴不安，他们终于问到政府撤销的问题。比如融资贷款的债务关系，以后如何与新政府对接。点滴的信息，对于我来说都异常重要。"

混入现场需要记者急中生智，想尽一切办法。记者应该掩藏好采录设备，以免前功尽弃。可以携带U盘型录音笔，遭遇搜查前迅速将U盘型录音笔含到嘴里，混过检查关卡。

2. 卧底侦探

调查性报道记者的工作就像侦探一样，有的时候需要充当卧底，深入团伙内部，才能掌握内幕。

《南方都市报》记者龙志装扮成求职者，被带到"工人房"以240元的价格成功出售。爆料人为记者提供了指点协助，记者的破布包里放着一些带有汗臭味的衣服，包底夹层里还有一把劣质瑞士军刀，爆料人说任何情况都可能发生，"不到不得已的时候，最好不要碰它"。记者从工地出逃后又进入买卖劳工的帮派，经过一个多月卧底侦探，暗访取证，最终掌握了在广州专门靠骗卖外来务工者为业的劳工买卖情况。2005年10月11日，龙志采写的调查性报道《"工人房"买卖劳工黑网络调查》见报，揭开了广州劳工市场上很多鲜为人知的内幕。

无独有偶。为了假扮智障人，河南电视台都市频道不到25岁的首席记者崔松旺在煤灰堆里滚，在土地上爬，往玉米地里钻，夏季半个月不洗澡、不刷牙、不刮胡子。8月14日开始，崔松旺在驻马店火车站假扮智障人。为了赢得招募人的信赖，15日崔松旺一口气吃完地摊上别人吃剩下的大半碗凉皮，连汤都喝了。17日，崔松旺躺在草坪上装睡时被人踢醒，终于如愿以500元的价格被卖进黑窑厂干活。招募人在路上哄"智障人"崔松旺："你干好了再给你娶个胖媳妇。"崔松旺听了特别想笑，但还必须忍住，只好使劲咬嘴唇，都快咬出血了。卧底调查期间崔松旺挨了几次耳光和皮带，他趁喝水之机逃亡，连续跌进三个三四米深的大坑，右脚崴伤三次，穿过了一条河，历经艰险才逃出。2011年9月4日、5日、6日，《智障奴工》系列报道播出。根据报道线索，警方控制了8名黑窑厂老板和招募人，解救智障奴工三十多名。

《南方都市报》记者为了调查替考内幕，成立了南都卧底调查组，记者以枪手身份卧底一跨省高考替考组织，最终掌握了这个团伙运作的具体情况。2014 年 11 月开始，南都记者通过网络、电话等方式，与高考替考组织成员接头并保持联系。为了调查替考组织的运作内幕，南都记者同意成为"下线"，充当"枪手"。根据"上线"的要求，南都记者在高考前几天赶到武汉，与"上线"接头，双方终于见面。2015 年 6 月 5 日晚上，南都记者随同"上线"等十余人，从武汉坐火车奔赴江西南昌。6 月 7 日上午，包括卧底记者在内的"枪手们"在南昌高考点参加了考试。《南方都市报》的这次调查正是因为记者在替考团伙里面做了卧底，才掌握了关键事实、关键材料，如果没有记者的卧底调查，这样的黑幕是很难被揭露出来的。需要指出的是，南都卧底调查组同时向警方提供了线索，全力配合了警方破案。记者卧底替考容易引发争议，应该把握住度，注意对自身的法律保护，避免由卧底调查滑向违法犯罪的深渊，向警方报案正是对记者自身的一种有效保护。

3. 利用已掌握的材料

一些被调查者不会轻易向记者透露相关情况，这个时候，记者与被调查者之间存在一个博弈的过程，彼此都在估量对方的底牌。谁的底气更足，谁就有可能最终获胜。在这个博弈过程中，记者务必要保持镇定，并善于利用事先掌握的情况迫使对方开口。不要把自己采访到的材料统统告诉对方，可以稍微透露一点，尤其是当对方吞吞吐吐或故意撒谎的时候，记者讲一下自己掌握的信息，让对方感觉好像记者已经掌握了所有的情况，他不说反而显得被动。

4. 有一种突破叫离开

每一次采访都有不可预知性，每一次采访都不能教条地照搬"纸上兵法"，而应该灵活处置。突破并不意味着永远进攻，有时候离开也是一种行之有效的突破方法。当受访者情绪低落，抵触记者的采访时，记者不妨选择离开。离开是为了更好地回来，离开是一种以退为进的突破方法。

《芝加哥论坛报》记者路易丝·基尔南有一次采访就选择了离开的方法，最终反而成功取得了突破。一个女人被掉下来的玻璃杀死，她的大女儿萨莫拉十几岁，抗拒记者的采访。应该说，遇难者的亲属正处于失去亲人的悲痛状态，不愿意大张旗鼓地公开亲人的遭遇，也是合乎情理的事情。这个时候，记者应该给予同情和理解，给予人文关怀。

这是一个墨西哥家庭，萨莫拉快要举办 15 岁生日聚会了。在墨西哥，女孩到了 15 岁，就要举办隆重的成人礼，这是女孩一生当中十分重要的节日，标志着她从女孩变成女人。萨莫拉的父亲邀请记者来参加女儿的 15 岁生日，路易丝知道这个女孩并不欢迎自己，到底去不去参加这个聚会，路易丝感到很纠结。

路易丝最终决定去参加这个聚会，"但只要她看起来对此感到不舒服，我就走"。

女孩打开门，见到记者路易丝后，脸一下子耷拉下来。路易丝进了屋，跟她寒暄了几句，"我只是想过来跟你说生日快乐。好好玩。"说完这句话，路易丝就走了。

"而在我做出了退后的举动之后，她就不再抗拒了。"路易丝说，此后的采访变得很顺利，女孩拿出了妈妈的首饰，告诉记者哪件首饰对她意味着什么。[①]

暂时的离开换来了更好的回来。路易丝正是通过以退为进的方式，赢得了对方的信任，走进了对方的心田，成功取得了采访的突破。

五、调查的开展

1. 寻找证据

从事调查性报道，记者必须具备强烈的证据意识，不要把没有证据支持的内容写进报道。一方面，证据有助于实现报道的准确和真实；另一方面，证据也有助于保护记者。"证据，不仅是一篇报道得以成立的重要支撑，也是在新闻侵权案件中胜诉的有力保障。"[②]一旦有人将记者告上法庭，过硬的证据将会保护记者免遭诬陷之害。

记者必须想方设法拿到揭露事实真相的证据。从事调查性报道的记者应该掌握无人机操作技术，使用无人机从高空拍摄，获取常规采访难以获得的影像证据。目前，新闻院系也已经开始将无人机操作纳入教学环节，如图 14.1 所示。

图 14.1　山东大学研究生在学习无人机拍摄

从事调查性报道的记者尤其应该借鉴侦探的工作方法，"这就往往需要借助侦探的机智和律师的严谨。在这个领域工作的记者，要看一些介绍侦探和律师工作方法的书籍，以

---

① 马克·克雷默，温迪·考尔.哈佛非虚构写作课：怎样讲好一个故事[M].王宇光，等译.北京：中国文史出版社，2015：69.

② 刘万永.调查性报道[M].北京：人民日报出版社，2015：82.

获得这些职业领域的专业知识与能力"①。

不要忽视任何线索和细节，注意搜集文件、书信、合同、协议、照片、日记、图纸、音频、视频等材料，注意捕捉采访中接触到的一切有用信号。

要学会固定证据，对证人证言采用录音的形式加以固定，关键内容的采访笔记写明日期地点，要求被采访者签字或按手印确认。

另外，为了防备不法者对证据的破坏，记者最好不要将直接证据带在身边。记者可以考虑为自己搜集的证据做一个备份，将证据原件放到一个足够安全的地方妥善保管。

2. 警惕和防范

调查性报道是一项充满危险的工作，需要足够的勇气和智慧谨慎应对。以下事项需要引起注意：

（1）向报社领导、同事和家人报告自己的行踪。

（2）记者的住址需要保密，以防被调查者的打击报复。

（3）不要轻易把手机、采录设备及笔记交给他人。

（4）拍摄的图片、视频同步上传到云盘，即使采录设备里的文件被强行删去也能很快恢复。

（5）机智灵活地处理突发事件。

（6）面临人身威胁时，通常不宜直接对抗。可以表面配合，及时撤离，事后清算。

（7）要防备采访过程中的陷阱，规范自己的言行，男记者尤其要提防色诱。

（8）要留心你的采访对象有可能改口。

3. 勇气与毅力

对记者施以暴力威胁的事情并不少见，在一些国家或地区，从事调查性报道的记者往往是在冒着生命危险或入狱风险展开工作的。另外，从事调查性报道所受到的经济压力与社会压力也很大。一些被调查的财团企业会采取撤广告的形式给媒体施加经济压力。媒体老总往往与企业界、政界领袖人物有社会交往，当这些人成为被调查对象时，记者的调查也会受到多方面的阻挠或压力，甚至媒体领导也会出面说情或直接拿下调查项目。这就要求记者必须具备超凡的勇气，能够顶住来自各方面的压力，将调查坚持到底。

针对"你的调查报道送进去了多少官员"这个问题，新华社《经济参考报》调查记者王文志在接受视频访谈时说，三个部级官员被抓进去了，五个部级官员受到了处分，厅局级干部被追究责任的就不知道有多少了。2019 年，王文志接到一个线索，兴青公司在青海祁连山南麓的木里矿区非法开采。王文志马上报了选题，后来四次深入这个矿区，采集了大量的非法采煤证据，在 2020 年 8 月 4 日刊发调查报道《青海"隐形首富"：祁连山

---

① 高钢. 新闻写作精要 [M]. 北京：首都经济贸易大学出版社，2005：331.

非法采煤获利百亿至今未停》，产生了巨大社会影响。

一开始拿到线索，王文志感到很震惊，也很心痛。祁连山已经经历过一轮整治，但还有人在里面非法采煤，这是不可思议的事情。要想采访难度特别大，矿区在深山里面，非常隐蔽，交通特别不方便，环境也非常恶劣，海拔在 4200 米以上，记者高原反应严重。另外，矿区封闭得很严，想抵达现场特别困难。王文志假扮成山东一家煤厂的业务经理，跟煤矿司机打成一片，住在他们的工棚里。之后，他从山东带来了酒、海米、虾，说来看自己的亲戚，给大伙也带点东西。然后顺便说："哎，我今天去矿里看看，你去吗？你去（的话），拉我去。"这样一来，王文志就得以从生活区进入矿区，进入开采区，拍摄了大量的非法采煤照片、视频。他甚至混到了煤矿司机微信群，能够充分地、适时地发现这个煤矿的开采动态。

报道刊发之后，总书记做了重要批示，中纪委牵头组成调查组，对木里矿区进行全面彻底的清理整治。青海省纪委监委迅速成立专项工作组，一共有十多名领导干部被调查被处理。时任青海省副省长的文国栋投案自首，煤矿老板、青海"隐形首富"马少伟被判了刑，19 名严重违纪违法的县处级以上干部被立案查处。

王文志说他当调查记者，从来就没害怕过打击报复，因为他坚信自己从事的新闻事业、所做的调查报道是正义的。他考虑的问题是把报道做扎实，其他的东西他并不在乎。十几年前他曾受到威胁，车被砸过，"其实我内心一点都不惧怕。因为我感觉，首先我做的这个事是正义的，第二个它就是危险而已。记者是个非常好的职业，调查记者更是一个非常好的职业。这个职业能够实现我的梦想，实现我的理想。这个职业能为社会做很多贡献，我特别有职业成就感。"这也是他一直坚持做调查记者的原因。"

"事实要准确，选题要正确，调查要充分，我认为这是一个好的监督报道的几个标准。"王文志说，"其实我们作为记者，一定要一直在路上，一直在现场，一定要坚持，一定要相信自己，一定要把工作做细，一定要到基层去。"他认为新闻记者职业永远是新的，他的工作状态永远是在路上，也相信更多的同行会把新闻职业做得更好。

4. 确定多赢策略

有的时候，记者也可以考虑与警方、纪检部门、律师、私人侦探、传媒同行合作，合作的好处是可以在某种程度上减小调查的难度，便于迅速推动调查的进程。

六、调查性报道的写作

1. 冷静客观的笔法

调查性报道的题材往往涉及社会的黑暗面，记者可能会对此义愤填膺。但是在写作的时候，记者需要保持冷静，不可以有冲动的念头。调查性报道也应该遵循客观报道的理念，记者的任务不是去批判当事人，记者的工作是要客观展示新闻事实的本来面貌。记者不要代人立言，要让事实自身去说话。

2. 反复修改

调查性报道务必准确反映事实的发展历程和真实面貌，不可以因为写作的不准确而给当事人带来伤害和不公。因此，记者必须严肃对待自己的作品，在报道撰写完之后，要认真阅读几遍，看一看哪些地方写得不妥，有没有更准确和更合适的语言来表述相关内容。记者应该以严谨的态度来对待写作，反复地修改自己的作品，使之达到更完美的境地。

3. 尊重法律意见

记者要时刻提醒自己的写作应该得到法律的保护，要学会尊重法律意见，小心诽谤、侵犯隐私等纠纷的发生。记者应该读一些法律书籍，了解诽谤罪和隐私权方面的法律常识。

4. 不要故作深奥

调查性报道往往篇幅较长，但这并不意味着写得复杂才是有水平、有深度的报道。恰恰相反，尽量把一件复杂的事情写得简明扼要才是记者努力的方向。要尽量把报道写得清晰明了，不要人为地增加读者理解的障碍，不要为了显示记者的文字水平而故意把报道弄得很"深奥"。

5. 关注人，讲故事

读者关注人的命运，调查性报道里面应该讲述人的故事。只有讲述人的故事，报道才会有可读性和趣味性。调查性报道应该充分运用讲故事的技巧，通过场景与细节的刻画、难题及其解决过程的描述、直接引语的运用、调查过程的展示等报道技术充分再现相关事实的原貌，吸引读者阅读报道。

6. 说出调查结论

读者会接受记者对于某些重要问题的判断，"列出事实固然重要，但还要告诉读者这些事实相加起来说明了什么"，"如果事实依据充分，把显而易见的结论写出来并不等于发表议论"①。调查性报道所反映的新闻事实往往比较复杂，调查性报道的大部分篇幅可能都在展现调查的过程及相关的事实，读者当然也有自己的判断，但是他们也喜欢了解记者的看法。对于大部分读者来讲，这个时候记者已经成为新闻事实研究专家。告诉读者调查的结果意味着什么，对于帮助读者理解报道是有益处的。

---

① 布雷恩·S.布鲁克斯.新闻报道与写作[M].范红，译.北京：新华出版社，2007：460.

七、调查性报道范例

罐车运输乱象调查
卸完煤制油又装食用油

新京报记者　韩福涛　实习生　张新惠　郝哲琳

5月21日10时，一辆罐车缓缓驶入河北燕郊一家粮油公司。一个小时后，这辆罐车满载三十多吨大豆油驶出厂区。

鲜为人知的是，这辆满载食用大豆油的罐车，三天前刚将一车煤制油从宁夏运到河北秦皇岛，卸完后并未清洗储存罐，就直接装上食用大豆油继续运输。

煤制油，是一种由煤炭加工而来的化工液体，如液蜡、白油等。有罐车司机向新京报记者透露，食品类液体和化工液体运输混用且不清洗，已是罐车运输行业里公开的秘密。

今年5月，新京报记者对此进行了长时间的追踪调查，发现国内许多普货罐车运输的液体并不固定，既承接糖浆、大豆油等可食用液体，也运送煤制油等化工类液体。为了节省开支，不少罐车在换货运输过程中不清洗罐体，有些食用油厂家也没有严格把关，不按规定去检查罐内是否洁净，造成食用油被残留的化工液体污染。

事实上，目前我国在食用油运输方面，没有强制性国家标准，只有一部推荐性的《食用植物油散装运输规范》，其中提到运输散装食用植物油应使用专用车辆。由于是推荐性的国家标准，这意味着对厂家约束力有限。

江南大学食品学院王兴国教授告诉记者，目前推行的运输规范虽然为推荐性国家标准，但也具有一定的强制性。他指出，"它也是一项国家标准，相关企业在制订企业标准时，要以这个为依据，企业标准可以比这个标准更严格，一般来说不能低于这个标准。"

罐车混运
卸完煤制油又装食用油　无人检查罐内是否干净

很多罐车扎堆在宁东能源化工基地停车场，等待装货起运。

该基地位于宁夏回族自治区灵武市，拥有我国最大的煤制油项目，在占地数千亩的煤制油厂区，乌黑的煤炭经过多道高温高压等复杂工序，便能实现"化煤成油"，生产出液蜡、白油等产品。

公开资料显示，隶属宁夏煤业的这个"煤制油"项目目前年产能达到400万吨，居全国首位。这里产出的煤制油，大多被运往东部沿海等经济发达地区，可以用作化工产品原料，也可作为燃料使用。

一名罐车司机告诉记者，罐车一般分为危化品罐车和普货罐车，危化品罐车运输的一般是汽油、柴油等易燃易爆的液体，而普货罐车顾名思义就是运输危化品以外的普通液体，"煤制油产品，比如像液蜡、白油这些，它们明火点不着（白油使用专用灶具汽化后可燃烧），不属于危化品，普货罐车就能运"。

今年 5 月中旬，记者在宁夏煤业煤制油厂区周边看到，道路两侧停满了各种类型的罐车，其中不乏运送煤制油的普货罐车，这些罐车的罐体外侧都喷涂了容积和介质等信息，一名罐车司机解释说，介质通常是指罐车所运输的物质，运输煤制油一般是把介质标注为"普通液体"。

"现在算是淡季，罐车还算少的，旺季这一个停车场能停一百多辆。"一名正在停车场休息的罐车司机告诉记者，这些罐车平时大多停在附近，一旦接到运输订单，就会进入厂区排队装油，之后按照买家的需求将煤制油运到目的地，"这里许多罐车常年就靠这个煤制油厂拉油赚钱"。

5 月 16 日，一辆车牌号为冀 E××65Z 的罐车从宁东煤制油厂区出发，两天之后到达一千多千米外的河北省秦皇岛市。这辆罐车开进郊区的一处小院，一个多小时后开了出来。新京报记者注意到，这辆罐车并没有立即离开，而是在附近的马路边停了下来，司机也打开车门在车内休息。

新京报记者假借咨询行情与司机攀谈，司机透露，他此次从宁夏到秦皇岛运送的正是煤制油，刚在小院里卸完货，"这边要煤制油是用来烧火，当作厨房燃料用的"。这位司机告诉记者，这辆罐车隶属一个车队，他是专职司机，车队另外还有十几辆罐车，这次卸完煤制油后还未接到新的运输任务，就先停在路边休息，"一般都要在卸货地附近配货，不能空车跑回去"。

之后，新京报记者一直在附近观察这辆罐车的动向。5 月 20 日下午，这辆罐车重新发动，在傍晚时分行驶到河北省三河市燕郊镇，开进了一家粮油公司所属的停车场，据门卫介绍，该停车场隶属汇福粮油集团，在这里停放的罐车都是准备进厂运输食用油的。

5 月 21 日 10 时，这辆罐车顺利驶入了汇福粮油集团的生产厂区。自从卸完煤制油后这辆罐车都没有去洗罐。一个小时后，这辆罐车满载货物从厂区驶出。厂区门卫留存的运输单据显示，这辆罐车进厂装载的货物是一级豆油，货物净重为 31.86 吨。

5 月 24 日，在天津滨海新区的一处停车场内，一辆车牌号为冀 E××76W 的罐车，也在等待运输食用油。等待间隙，记者从罐车司机口中得知，这辆罐车同样刚从宁夏运送煤制油到河北，前一天在石家庄将煤制油卸货后，连夜赶到天津。司机透露，卸完煤制油后，这辆罐车未洗罐，对于是否会担心被食用油厂家拒之门外，这名司机并不在意，"能装就装，不能装就算了"。

当天下午，新京报记者看到这辆罐车驶入了一家名为"中储粮油脂（天津）有限公司"的厂区。厂区保安介绍，包括这辆罐车在内，进厂装载的都是大豆油。由于距离不远，记者在厂区外能清晰看到罐车装油的全过程，自始至终这辆罐车没有遇到任何阻碍，也没有人检查罐体内干净与否。大约四十分钟后，这辆罐车就装满了油，出厂区的地磅显示，这辆罐车装了 35 吨大豆油。

这意味着，这辆刚刚卸完煤制油的罐车，在并未洗罐的情况下，也顺利装上了食用油。

节省成本

司机：是否洗罐要听车队老板安排

运输煤制油到沿海地区的罐车，返程配货多为食用油的原因，主要在于这里集中了很多生产食用油的厂家。

记者在采访中了解到，目前我国生产食用油的厂家主要集中在沿海地区。以大豆油为例，一般需要依靠远洋货轮从国外进口大豆，生产大豆油的工厂通常设在港口周边，天津滨海新区就聚集了多个食用油生产厂家。

一名食用油业内人士告诉新京报记者，食用油在出厂时并不都是常见的小包装，还有许多是以散油的形式往外销售，"有些设在港口附近的食用油厂家，不做终端零售，他们会把食用油卖给其他厂家，由其他厂家灌装成小包装对外销售，也会有一些食品企业采购散装食用油作为原料"。

食用油厂家对外销售散油，同样依靠罐车运输，很多运输车辆来自邢台。

多位业内人士表示，河北省邢台市南和区是业内有名的"罐车之乡"，"南和干这个的比较多，最少有3000台罐车"。这与记者在多地采访时观察到的现象一致，不管是在宁夏的煤制油厂区周边，还是在一些食用油厂家附近，车牌号为"冀E（河北邢台）"开头的罐车数量最多。

南和当地多位罐车司机称，刚开始当地罐车都是只运食用油，后来开始运输其他液体货物，最近几年很多罐车开始去宁夏拉煤制油。

"以前运食用油的罐车一般空车返回，以天津到西安为例，最早单程运费报价都在每吨400元以上，现在降到200元左右。"一名罐车司机告诉记者，由于近两年罐车增多，竞争加剧，罐车运输价格也降了不少，这就逼迫许多罐车不得不在返程时想办法配货，在这样的情况下，许多罐车就将目光放到了煤制油上，"卸货地周边很难配货，一般有什么就装什么，这几年宁夏那边煤制油运输需求也大"。

与此同时，在运费逐步降低的大背景下，运输食用油的罐车不仅做不到专车专用，许多罐车为了节省成本，甚至连罐体都不清洗。"单次洗罐的成本少则三五百元，多则八九百元。"一名罐车司机透露，由于普货罐车经常换货运输，每次洗罐也是一笔不小的开支，因而许多罐车在换货运输时，选择能省则省。

在调查中新京报记者了解到，绝大多数的罐车隶属车队，规模大的车队有上百辆罐车，小规模的车队只有几辆罐车，个体罐车占比很少，而对于隶属车队的罐车，有司机告诉记者，尽管他们司机有时想洗罐，但也要听从车队老板的安排，"老板让清就清，老板不让清就不清，老板的事"。

把关不严

食用油厂家看照片验罐　罐体字样被随意涂改

在不少罐车司机看来，车队老板之所以不安排洗罐，更多是因为有些食用油厂家把关不严，他们通常不会检查罐体是否干净，"要是验罐就得洗，不验罐就不用洗"。

在河北邢台，一名罐车司机说，由于经常跟各个食用油厂家打交道，对于每个厂家的验罐情况，车队老板早已了然于胸，"一般都不下到罐里去验，就看看两个口，我们把这两个口擦一下就行"。

今年6月初，新京报记者以运输食用油的名义致电汇福粮油集团，一名工作人员称他们不要求食用油专用罐车，只要求罐车前三次所运的货物也为食用油，"罐体需要保持干净整洁，工人在装油前会验罐"。不过，多名罐车司机却透露，这家粮油公司验罐时并不严格，"他们一般先看看泄油口，把那里擦干净就行，如果是熟人经常来运油那就更好办了"。对于载货单上需要填写之前所运货物的信息，司机也可以随意编造。

记者同样致电了中储粮油脂（天津）有限公司，一名销售经理表示原则上运输食用油需要专用罐车，但随后他补充说，罐体只要有"食用油专用"字样就行，"其实我们也不验罐，是不是食用油专用罐车我们也没办法去分辨"。他强调，销售食用油的合同里约定的都是买家自提，罐车也是由买家雇来，食用油装上车之后，其品质他们不负责。

同样位于天津滨海新区的另一家生产食用油的公司，在验罐时也不严格。

5月24日，一名等待进厂装油的罐车司机告诉记者，这家公司验罐也是走过场，只需司机上传几张照片，"自己拍摄的泄油口、罐口照片，另外罐体有'食用油'字样就行"。他透露使用手机里存储的早前照片也能应付过去，"你就找几张干净照片给他瞅一眼就完事了，不管是不是今天的照片都行"。

至于有些食用油厂家要求在罐体外侧喷涂"食用油"字样，司机说也非常容易应付，只需要将之前罐体标注的"普通液体"字样擦掉重新喷上"食用油"字样即可，"现在有清漆剂，涂改很方便"。

5月下旬，记者在这家公司门口观察发现，不少进厂运输食用油的罐车罐体上喷涂的介质信息都有明显的涂改痕迹，有一些罐车只是用贴纸将"普通液体"字样遮盖住，再重新张贴一张写有"食用油"字样的贴纸。

即便存在如此明显的涂改痕迹，却并没有影响那些罐车运输食用油。

运输规范

散装食用油运输应专车专用

事实上，我国于2014年开始实施的《食用植物油散装运输规范（GB/T 30354—2013）》（以下简称《运输规范》）中提到，运输散装食用植物油应使用专用车辆，不得使用非食用植物油罐车或容器运输。该《运输规范》中还提到，装入油脂之前，应认真检查运输容器是否为专用容器以及容器是否清洁、干燥。

不过该《运输规范》只是推荐性的国家标准，不是强制性的国家标准，对食用油厂家约束力有限。

江南大学食品学院王兴国教授告诉记者，该《运输规范》虽然为推荐性国家标准，但也具有一定的强制性。他指出，"它也是一项国家标准，相关企业在制订企业标准时，要以这个为依据，企业标准可以比这个标准更严格，一般来说不能低于这个标准"。

就散装植物油运输来说，王兴国教授认为相关企业应参照《运输规范》执行，使用专用运输车辆，否则食用油在运输过程中就存在被污染的风险。

邱健（化名）是一名从业十余年的罐车司机，他告诉记者，如果卸完煤制油不洗罐的话，通常罐内会残留几千克到十几千克的煤制油，"洗罐的话一般都要用碱水，洗完再高温蒸罐，这样才能洗得相对干净，如果只是普通的水洗，也会有一些残留"。邱健说，多数情况下，残留的煤制油会与食用油相混，"像煤制油中的白油液蜡，本身是无色的，颜色比较透明，也不容易看出来"。

他说，像工业废水、塑化剂、废机油、减水剂这样的非危化品液体，普货罐车都可以运，煤制油只是属于目前运量比较大的种类，"煤制油厂家除宁煤外还有好几家，再加上其他一些生产化工液体的厂家，都可能与食用油厂家共用罐车运输"。

邱健告诉记者，尽管卸货时食用油收货方会取样检验，可是由于检验项目有限，即便食用油中掺入其他杂质，普通的检验也检不出来，"检验水分和酸价这两个项目的比较多"。

邱健认为，散装食用油在长距离运输过程中几乎属于无监管状态，"卖油的厂家不怎么管，买油的公司不知情，让运输公司钻了空子"。邱健透露，许多运输订单普遍经过层层转包，转来转去，买卖双方对最终承运的罐车都无从了解。

作为一名罐车司机，邱健非常无奈，他呼吁重视这样的行业乱象，因为食用油关系到千家万户。他说："煤制油可能还算干净的，其他一些不常见的化工液体污染食用油的话，可能危害更大。"

中国农业大学食品学院副教授朱毅告诉记者，煤制油主要就是碳氢化合物，其中含有的不饱和烃、芳香族烃、硫化物等成分对人体有健康风险，长期食用可能导致中毒，"吃得越多则毒性越大，苯或氨基苯成分较多时，还可能影响造血功能"。

朱毅认为，如果运输食用油的罐车还去运输其他化工液体，其风险更是难以预料，"如果都不知道这个油里面有什么样的污染物，更是防不胜防，如果毒性大的化工液体残留在里面，直接接触或者吸入都可能对人体产生危害，比如说有机溶剂、酸、碱、重金属等等，有可能对呼吸系统、消化系统都会造成损伤"[1]。

第三节　解释性报道

调查性报道重在调查，解释性报道重在研究。解释性报道重点围绕"为什么"这一新

---

[1]　韩福涛，张新惠，郝哲琳. 罐车运输乱象调查：卸完煤制油又装食用油 [N]. 新京报，2024-07-02（A08-09）.

闻要素展开，它回答公众的疑问，揭示新闻发生的原因所在。解释性报道是沟通重大问题的桥梁，它运用事实解释事实，消除读者的困惑。

一、什么是解释性报道

1. 解释性报道的界定

解释性报道是指注重挖掘和运用背景材料，以解释新闻事实的原因、影响、发展趋向及深层意义等内容为主要目的和主要任务的报道。"解释性报道是一种作解释或者作分析的报道"，"它是一种加背景给新闻揭示更深一层意义的报道"①。解释性报道能够帮助读者思考，加深读者对新闻事实的理解。

当公众感到困惑时，帮助他们理解事实比只是报告事实更重要。解释性报道是帮助读者认识复杂世界的有力工具，美国报人马克·埃思里奇说："在当今异常复杂的世界中，解释性报道是一种有用的工具，正如欧文·坎汉所说，孤立的、与其他事物不相关联的事实，仅仅因为是事实而能给人以印象，其实最容易使人误入歧途。背景材料、周围环境、先前发生的事件、动机的形成，都是真正的、基本的新闻组成部分。这种解释实际上是最好的报道形式。"②

解释性报道是 1929 年至 1933 年资本主义经济危机的产物，中国媒体在 20 世纪 80 年代开始出现解释性报道。解释性报道在提供新闻事实的同时，在利用背景材料的基础上，分析解释新闻事实的发生原因、影响范围、发展趋势以及深层意义。在写作技术上，解释性报道带来了继脱离文学而独立、倒金字塔结构的运用之后的"第三次革命"——华尔街日报体的诞生。

解释性报道适用的题材主要包括：政党和国家颁布的重要方针、政策及举措，政治、军事、经济等突发重大事件及趋势变化，重要的科技成果，涉及公众切身利益的重大问题。

2. 解释性报道的特点

（1）以解释为目的，而不是以简单地报道新闻为目的。解释性报道和包含有解释因素的报道不是一个概念，前者的主要任务是解释新闻，而后者除包含有解释因素外，往往还有其他更主要的任务。解释性报道重在解释，"不仅要报道，更要解释。传媒的深层影响，体现在新闻事件关键信息的提供，更体现在对事件原因、意义、影响的解析，对现场隐含信息的分析，对更大措施的价值与影响的阐释上"③。解释性报道不以报道动态新闻为主要目的，它更重要的任务是要挖掘新闻背后的东西，解析原因、影响、意义等内容，解释性

---

① 杰克·海敦.怎样当好新闻记者 [M].北京：新华出版社，1980：211.

② 俞旭.评美国报纸的"解释性报道" [J].新闻大学，1985（9）：62.

③ 陆小华.掌握第一解释权 传媒竞争新焦点 [N].中国新闻出版报，2008-08-12.

报道对复杂事件进行整理和分析，"它比官方的材料和声明说得更深一些，它是一种追究动机的报道，解释集体或个人行动的原因。"①

（2）充分运用背景材料进行相关解释。解释本身可以包括很多方式，比如说理、议论、引经据典都属于解释。但是，成功的解释性报道并不依赖诸如说理、议论等方式，它主要依靠背景材料进行解释。解释性报道是一种背景式新闻，它依据事实解释事实，解释不是靠记者直接说理，发表议论，而是让事实说话，充分运用背景事实进行相关解释。

（3）侧重对"为什么"这一新闻要素的处理。普通新闻报道往往更突出"何事"这一新闻要素，在某种程度上讲，"何事"是处于中心位置的新闻要素，其他要素则处于从属地位，简讯当中的"为何"要素甚至都被省略掉了。解释性报道却恰恰与此相反，它将"为何"这一新闻要素置于中心位置，详尽透彻地加以解说，"尽可能扩大读者的视野，从更深更广的范围去认识新闻事实是在什么样的背景与条件下发生的，让读者不仅知其然，还进一步知其所以然"②。

二、写作之前的工作

2022 年春季，新冠疫情防控出现严峻复杂形势。4 月 16 日，"阜成门六号院"发布了《中国在 1957 年流感中的群体免疫》③。稿件开头写道："在 1957—1958 年流感中，我国感染人数占总人口的六到七成，新中国政府通过积极的防御措施 + 群体免疫，平稳度过了这场 20 世纪下半叶最大的流行病灾难。"从 1957 年到 2022 年，时隔 65 年，这篇文章的作者花费了很多篇幅详细研究历史，其主要目的却并不在于历史，而是在于当下。

第一部分，详细介绍 1957 年流感暴发情况，并分析了大流感与新冠疫情的相似性。1957 年 2 月，贵州省暴发了一种新的致命性流感，这场流感又被称为亚洲甲型流感（H2N2），后迅速蔓延到全球，全球大约千分之一人口死于这场流行性疾病。

第二部分，搜集并研究了大量历史资料，展开数据分析，主要阐述当时中国采取的"积极防御 + 群体免疫"策略，分析了具体参数指标和防疫措施。

第三部分阐释"中国在 1957 年大流感的经历告诉我们几个道理"，主要针对新冠疫情防控提出了参考意见和建议。

这篇文章重在采用历史资料进行研究和解释，有大量的数据分析，作者下了不少功

---

① 杰克·海敦. 怎样当好新闻记者 [M]. 北京：新华出版社，1980：211-212.
② 郭光华. 新闻写作 [M]. 北京：中国传媒大学出版社，2006：328.
③ 王明远. 中国在 1957 年流感中的群体免疫 [EB/OL].（2022-04-16）. https://weibo.com/ttarticle/p/show?id=2309634758937022104043.

夫，试图为当下的新冠疫情防控出谋划策。主要参考资料都是非常老旧的文献，1958年的文献1篇，1959年的文献4篇，2010年的文献1篇：

（1）许世厚：《1957年春沈阳军区部队流行性感冒的流行病学分析》，《人民军医》，1958年3月号。

（2）劳伟宁：《兰州医学院1957年3月流行性感冒暴发流行病学调查分析报告》，《兰州医学院学报》，1959年第1期。

（3）葛瑜修：《山东省1958年流行性感冒流行情况调查》，《山东医刊》，1959年第12期。

（4）刘约翰、金问涛、王惠琴等：《亚洲甲型流行性感冒的流行调查与临床观察》，《上医学报》，1959年第5期。

（5）某部卫生防疫检验所：《1957年—1959年昆明流感流行病学调查及防治措施》，《云南医学》，1959年第3期。

（6）陈荣光：《20世纪50年代北京市流感疫情及防治工作》，《北京党史》，2010年第4期。

1. 全面掌握事实材料

全面掌握相关的事实材料，在这个基础上解释新闻才会更具有说服力。记者在搜集材料的时候应该注意下列几点：

（1）掌握新闻发生的背景、性质。

（2）搜集对新闻事实不同的观点。

（3）了解新闻事实发展的前景与趋势。

（4）到图书馆去查阅相关图书、期刊或网络资料。

（5）采访与该报道内容相关的人士。

2. 深刻理解专业知识

记者必须对报道涉及的专业知识有着透彻的了解，成为报道领域的准专家。如果缺乏报道领域的相关知识，记者就很难达到对主体新闻的深刻理解。记者本身都理解不好的事物，也就不要妄想让读者能够理解了。读书是深刻理解专业知识的有效途径。当当网创始人李国庆说，系统地进入一个领域需要读30本书，而研究一个领域则需要读100本书。如果你想成为特定领域的专家型记者，采写出高质量解释性报道，这两个数字可以作为读书数目的参考。

3. 深入研究事实材料

撰写解释性报道的记者首先是一个研究人员，他必须深入研究所搜集到的事实材料，弄清楚事情的来龙去脉，不断追究新闻的深层因果关系。记者自身首先搞清楚了，然后才能向其他人去做解释。研究的过程就是备课的过程，记者不能犯某些大学教师爷的毛病，"以其昏昏，使人昭昭"，简直就是开玩笑。

4. 正确看待调查数据

对待调查数据往往有两个极端态度：一是极其看重调查结果，把调查数据的重要性捧到天上去了；二是极其蔑视调查结果，而把决策者个人看得过于聪慧。

规矩的调查的确能够提供有益的数据，这些调查数据应该成为决策和理解某个事物的依据，但记者不能过分夸大调查数据的威力。

记者应该在报道中忠实地介绍研究方法和过程，介绍调查研究的资助者和调查项目主持者的背景，让读者对数据有一个理解的背景参考。记者应该批判性地对待数字，帮助读者走出一些人为设置的迷宫。

三、解释性报道的写作

1. 在什么地方解释

不言自明的地方不需要解释，隐藏在表面现象背后的东西才需要解释。

如果记者对事实的理解不到位，就会出现这样的情况——该解释的地方不解释，不该解释的地方乱解释。记者应当恰到好处地解释，在需要解释的地方加注背景材料，用事实材料作解释。以下内容尤其需要解释清楚：

（1）新闻事实发生的原因、条件。

（2）新闻事实的发展趋势和前景：从"明天"的视角解释新闻事实，着眼现在，展望未来。

（3）新闻事实对社会与生活的影响。

（4）新闻事实的本质与深层意义：将一系列事实联系起来观察和思考，揭示新闻的意义；读者感到困惑的其他地方。

2. 用事实解释事实

解释性报道在阐释新闻事实的发生原因、影响范围、发展趋向和深层意义时，应该主要采用让事实说话的方式，用另外一些事实来解释新闻事实。不能把解释性报道写成主观性很强的新闻评论。

解释性报道仍然属于新闻报道范畴，而不是新闻评论范畴。事实材料不够，转而依靠记者的主观论断加以阐释，这是对解释性报道的错误操作。

用来解释新闻的背景事实主要包括：

（1）历史性事实：与新闻事实有关的历史背景材料。

（2）现实性事实：新闻事实发生的现实环境及相关事实。

（3）数据性事实：统计数据和材料。

（4）知识性事实：用来解释专业术语的事实。

（5）意见性事项：专家权威的意见，新闻人物或新闻中有关人物的议论。意见性事项并不等同于评论，而是一种意见性事实——意见也是事实，此评论非彼评论。

3. 用通俗语言解释

需要解释的新闻大多是普通读者感到陌生的领域，记者在作解释的时候一定要使用普通读者能够听得懂的语言，化复杂深奥为明白易懂，而不要试图使用专业术语和行话来作解释，把解释性报道写成了专业论文。解释性报道也是新闻，要把报道写成能让普通读者始终感兴趣的故事，让读者在阅读故事中了解意义、增长学问、更新认识。

4. 发表专家见解

记者不应该在报道中发表自己的议论，解释性报道也不例外。发表权威专家的意见比起记者的言论更具有说服力。在对专业问题的解释方面，权威专家更容易博得读者的信赖。在解释性报道的关键之处，引用权威专家的观点，可以为报道增添力量。

经常在媒体上曝光的专家不一定就是真正权威的专家，记者不应该成为哗众取宠者的助推者，记者应该寻找真正的权威专家，发表他们的真知灼见。

四、一个有用的结构模式

"现象与问题—原因及答案—影响或趋势"，这是撰写解释性报道的一个有效的结构模式。

1. 现象与问题

从新闻现象、社会问题开始着笔，运用讲故事技巧将社会问题故事化、情节化，对现象与问题加以描述，引起读者的关注，调动读者的阅读兴趣。

2. 原因及答案

深入探讨出现这种社会现象的原因，探寻相关问题的答案。这是写作的重点，应该调动相关背景事实和专家意见，层次分明地加以阐释，为读者答疑解惑。在阐释原因时，务必注意不要只是用抽象的语言说教，而应该将有趣的材料适时补充进来，确保读者兴趣的延续。

3. 影响或趋势

最后可以着眼于事实的发展趋势及其影响，在这部分里，可以着重谈一下这种社会现象或问题的危害、影响、应对措施、发展趋向等内容。

下面来阅读并分析一篇采用类似结构的报道：

相濡以沫几十载，牵手缘何不到头？
老年人"夕阳离"现象值得关注

本报记者　王隽

[1. 现象与问题：这一部分讲述了"夕阳离"社会现象，稿件没有用抽象概括的语言进行撰述，而是注意采取了故事化技巧，这种写法容易让读者产生阅读兴趣。]

家住我市和平楼社区的吴大妈为了庆祝女儿研究生毕业，一家三口在饭店庆祝了一番。刚回到家，55岁的吴大妈就对丈夫说："女儿已经研究生毕业了，我们离婚吧。"她的丈夫也早有心理准备，3天后，他们在民政局办理了协议离婚手续。

[接下来还有一个故事。]

与吴大妈相似，今年60岁、家住幸福花园社区的林大伯就在一周之前，和自己结婚27年的老伴儿离了婚。林大伯对自己刚参加工作的儿子说："谁愿意这样瞎折腾？实在是没法在一块生活下去了！"

[界定了"夕阳离"的概念，给予读者一个更为清晰的认识。提供了统计数据，让报道更加权威可信，同时将宏观面上的信息传递给了读者。]

年龄在五六十岁的老年人等子女独立之后，就办理离婚，这就是目前发生在我们身边越来越多的"夕阳离"现象。据我市两个区级民政局和两个区级法院的综合统计，近几年来，我市的"夕阳离"比例呈明显上升趋势。今年以来，受理的涉老离婚案件比去年同期增长了48%左右。这类离婚案的一个显著特点是，不少老人离婚的决心都非常大，很少有再考虑考虑的余地，因此调解的难度相当大。

[适时补充新鲜故事，维持读者的阅读兴趣。]

记者走访了两个居民小区。据社区干部反映，如今离婚的老年人真是不少。居住在福乐园社区女儿家的谷先生半年前结束了那段维系了30年的婚姻。他把住房留给了老伴儿，只带着几件衣服和行李来到女儿家居住。谷先生的女儿对记者说："我爸以前很温和，性格非常好，现在变得容易发脾气了。不愿和我们谈话，有时候还挺爱喝闷酒，我劝了几次都不起作用。"

家住钓鱼台的朱老伯和王阿姨年轻时是唐钢的技术人员，工作繁忙，又要养育一对儿女，几十年倒也相安无事。可是朱老伯退休后，迷恋上了炒股票。由于股市无常，朱老伯当年就赔了3万多元钱，王阿姨怕将家底赔光了，索性提出各管各的钱，后来发展到电费、水费、柴米油盐都各出一半。两个月前，老两口也分道扬镳了。独居以后的朱老伯晚景倍加凄凉，常常因为孤独而落泪，身体大不如以前了，头发也全部变白了。

[2. 原因及答案：这是写作的重点。通过民政部门同志的解释，揭示了"夕阳离"这

一社会现象存在的原因。]

都说"少年夫妻老来伴"，相濡以沫走过了很长的婚姻之路，为什么不能白头到老？带着这一问题记者走访了我市民政部门。

市民政局相关同志为记者分析说，近年来，我国老龄化问题日趋严重，"夕阳离"的队伍在日益扩大，它如今已经成为一个新兴的社会问题，应该引起整个社会的关注。他说，老年夫妇与年轻夫妇婚姻破裂的原因有很大不同，年轻人多因一时冲动和感情用事而发生矛盾，老年夫妇多是因为双方多年性格不合，矛盾长期积累所致。当然，也有一部分是出于经济和生理差异等原因。此外"退休综合征"也是影响老年夫妻和睦的一个因素。退休之后，没有了工作和子女的分心，又缺乏精神寄托，老人们的注意力都转移到生活的鸡毛蒜皮上，很容易发生矛盾。人老了以后，心态就会向"老小孩"状态回归。承受力、忍受力都大不如前，一遇到不顺心就容易发火，从而亮起了婚姻的"红灯"。

[3. 影响或趋势：通过一位社会学专家之口，阐述了老年人离婚给他们带来的危害，提出了应对这一社会问题的措施建议。]

市委党校一位社会学专家指出，其实老年人离婚要比年轻人离婚所造成的心理伤害大得多。虽然社会对老年人离婚现象越来越宽容，但他们仍要面对沉重的社会压力。有些离婚的老人都不敢告诉在外地工作的儿女，更别说告诉邻居和社区了。其次是巨大的心理压力直接影响到他们的身体健康，孤独、空虚、焦虑都可能导致抑郁症和心血管疾病发生。很多独居老人的生活质量会发生急剧下降。有的老夫老妻分手是为了追求各自想要的生活，可离了以后十有八九却事与愿违。专家建议，老年夫妻相处不妨重新建立或调整相处"模式"。以"包容和谦让"来自我调节，以"难得糊涂和顺其自然"当相处法则，以培养共同的生活情趣为出发点，这样就可以找到晚年的幸福生活。同时，社区要多关心"夕阳族"，发现矛盾要及时调解。只要全社会都形成关注、关心老年人的风气，"夕阳离"现象就会越来越少。

（《唐山劳动日报》，2009 年 11 月 20 日）

这篇稿件采用了"现象与问题—原因及答案—影响或趋势"结构模式，比较好地报道了"夕阳离"——老年人离婚问题，解释了老年人离婚的原因及其危害，并提出了应对措施和建议。稿件消除了读者的疑惑，同时增加了读者对老年人婚姻生活状况的认识，试图唤起社会对老年人生活的关心，比较有效地传达了相关信息。

（1）现象与问题。稿件开头部分对"夕阳离"社会现象进行了描述，值得称道的是这篇稿件注意了对抽象概括语言的规避，一开始就采用了讲故事技巧。

吴大妈一家三口到饭店庆祝女儿研究生毕业，一般读者都会想：女儿都研究生毕业了，这一家人应该很幸福啊，这么好的日子，老两口咋还要闹离婚呢？在接下来的报道中，记者又提供了另一个案例——林大伯和自己结婚 27 年的老伴儿离婚。读者可能会想：

都是年过半百的人了，老年人为什么还要闹离婚呢？为了消除自己的疑惑，读者就会继续阅读，到下文去寻找答案，这就让读者产生了阅读兴趣。

报道还对"夕阳离"的概念作了界定，让读者有一个更为清晰的认识。报道提供了统计数据，涉老离婚案件比去年同期增长了48%左右，"不少老人离婚的决心都非常大，很少有再考虑考虑的余地"，这些信息让报道更加权威和生动。

（2）原因及答案。通过市民政局相关同志之口，揭示了"夕阳离"这一社会现象存在的主要原因——"多是因为双方多年性格不合，矛盾长期积累所致"，"也有一部分是出于经济和生理差异等原因"。另外，"退休综合征"也是影响老年夫妻和睦的因素。

稿件对相关原因的交代比较清晰、集中，消除了读者的疑惑，也增加了读者的知识，在较高程度上保证了传播的效率。

（3）影响或趋势。这一部分主要通过市委党校一位社会学专家之口，阐述了老年人离婚给他们带来的身心伤害——"巨大的心理压力直接影响到他们的身体健康，孤独、空虚、焦虑都可能导致抑郁症和心血管疾病发生"，"生活质量会发生急剧下降"。

这一部分还提出了解决问题的措施建议：重新建立或调整两人相处模式，包容和谦让对方，培养一种难得糊涂和顺其自然的平和心态，培养共同的生活情趣。同时，稿件号召社区及时调解老人遇到的矛盾，全社会都来关心老年人。

解释性报道在写作推进的过程中，应该注意保持读者阅读兴趣的延续。这篇稿件适时补充了新鲜故事，增加了老年人离婚的案例，丰富了报道的内涵，也增强了报道的可读性。

当然，这篇报道也存在一些不足，在引用市民政局同志和市委党校专家意见时，只是给了读者两个无名无姓的人物概念，显得不够清晰具体，也影响了报道的权威可信性。

个别段落有些过长，尤其是原因及答案、影响或趋势两个部分，几乎是以一个段落来承接一个部分的内容，增加了阅读压力。另外，原因及答案部分的撰写是写作的重点，报道虽然比较清晰地阐述了相关原因，但从篇幅上看略微有一点单薄。但是瑕不掩瑜，这篇报道在结构安排和故事化技巧运用等方面仍然值得借鉴和肯定。

思考与训练

第十五章
电子媒体报道

承载新闻信息的媒介元素多种多样，除了单纯的文字写作，音频、视频等媒介元素的运用也早已成为媒介融合时代的常规手段。写作原本是指在纸介质上的文字书写，写作技术也是基于人类长期采用纸介质的传播经验。写作的规律虽然大致相同，但媒介载体的改变还是会带来一些影响和变化。电子媒体报道具有自身个性特征，需要稍加注意。

第一节　音视频新闻采访

采访是写作的前提，音视频新闻采写也是如此。音视频采访具有非常强的现场约束性，高度依赖机器设备，对团队成员的协作要求也更高。

一、音视频采访的个性特征

1. 现场与时间的约束

音视频新闻采访具有非常强的现场约束性，它要求记者的采访应该在事发现场完成。离开了新闻发生的现场，音视频报道所需要的特定音响和画面就无法采录，后期的新闻报道效果就要大打折扣。

与平面媒体相比，音视频媒体对时间的要求更高。它要求记者在更短的时间内到达事发现场，记录和传播新闻事实的原始音响与画面。

2. 技术设备的依赖

音视频报道自然更生动形象，但它们对技术、设备的依赖也最强，音频、视频的采集离开录音、摄像等技术设备是无法完成的。没有媒介技术设备的支撑，再好的声音、再精彩的画面都无法采集，无法传播。

3. 团体协作完成

平面媒体采访通常可以由一个记者完成，音视频采访尤其是电视采访却常常需要借助团体的力量，需要多名新闻工作者的协作配合，共同完成。

音视频采访与报道中需要安排的人员包括记者、主持人、摄像师、灯光师、录音师、制片人等。

虽然有的广播报道也可以主要由一名记者完成，但大型的广播新闻报道还是需要更多新闻工种的配合，需要团体的协作才能完成。电视新闻采访的团体协作性更加明显，即便是最普通的新闻采访，通常也至少需要记者和摄像师共同合作才能完成。

二、音视频采访的准备

1. 机器设备的准备

广播电视采访使用的机器设备比较多，采访前应该检查设备是否能够正常工作，做好机器设备的准备。

河北霸州胜芳一条大街上，六个大棚每天用高音喇叭招徕人们去赌博，并且这种明目张胆的聚赌行为与公安机关有关。中央电视台记者陈洁一行去暗访，偷拍机偏偏不争气。

第一天，记者拍到了警察开车向赌局里的人通风报信，说市局局长一会儿要来检查，让大家先收摊。几分钟过去了，刚才还热热闹闹的赌局一下子冷清下来了。记者满心欢喜地回去看录像，没想到回放的素材全是黑白条纹。

下午赌局全部歇业，没办法只能等到第二天拍摄。

这一次记者拍到了赌局的人和警察聊天的镜头，有人递给了警察一沓钱，对方数也没数就把钱塞进了衣服里面的口袋。

偷拍机再一次打击了记者，这次回放的是一片"雪花"，设备又出问题了，还是没有拍摄成功。

两次拍摄的镜头都永远地一去不复返了，记者因为设备的原因而错失珍贵的报道素材和证据。后来，记者没办法只好开始伪装身份报警，可是偷拍机又多次出现问题，逼得记者不得不报了三次警，才最终把错过的镜头补充上来。[①]

记者真的不应该因为设备、物资的原因而一再错失良机，尤其对于类似的调查性报道而言，错过一次机会可能会给记者留下永远的遗憾。

2. 音视频素材搜集

搜集与报道主题相关的以前的音频、视频素材，作为背景材料备用。

---

① 梁建增，孙克文. 新闻背后 [M]. 北京：中央民族大学出版社，2007：80-83.

3. 考虑镜头效果

思考提问与回答的镜头效果，设计提问方式，满足镜头效果优化的需求。

4. 预先采访

在正式采访之前预先到现场，查看场地，走访相关人士，确定最佳采访时机，寻找报道和摄录角度，进行必要的前期调研和采访。

5. 选择访问对象

选择普通话好的访问对象，能让更多的听众容易听得懂。但是，核心新闻人物的采访则不能顾忌方言问题，即使核心新闻人物的方言口音很重，也要采访他（她）。

三、音频的采集

在传统媒体时代，音频采集以磁带录音机等传统设备为主；而在数字媒体时代，音频采集的设备正变得多样化和轻便化，除了计算机采录设备、录音棚，数码录音笔、手机、平板电脑等都具有采集音频的功能。

音频的采集是单一的，但通常视频采集的时候也同时包含了音频的采集。所以，无论单纯的音频采集还是视频采集，其实都存在录音的问题。

1. 搞清楚麦克风类型

录音的前提是搞清楚麦克风的不同类型，要熟悉所用麦克风对拾取什么距离范围内的声音有效，把麦克风放在一个恰当的位置：放在嘴边还是更远一些的距离，是在室内使用还是可以在室外使用。

2. 戴上耳机

音频采集的时候要戴着耳机，随时监控录音的质量。录音的时候要多用眼神、微笑、点头和其他表情给予回应，而不要回应过多的"嗯""啊""是"等短促的声音，拿麦克风的手指不要摩擦出声响，要让音频素材显得干净利落。

3. 控制好距离

"采访录音过程中无须不断地让拿着麦克风的手臂移来移去，你就必须缩短与采访对象之间的距离。椅子以 L 形摆放，这样，当你坐下时，你们的膝盖几乎要碰到一起了。除了站着采访，这是采用手持麦克风进行采访最有效的安排方式。"[1]手持麦克风采访时两个人离得很近，这种亲密距离可能会让被访者有所不适，而话筒伸到了被访者嘴边，更会让

---

① 安德鲁·博伊德，彼得·斯图尔特，瑞·亚历山大.广播电视新闻报道[M].嵇美云，译.北京：清华大学出版社，2012：186.

被访者感觉受到了冒犯。这个时候不妨向对方做一个解释，简单讲一下录音的工作原理与要求，让对方明白，一切都是为了获得更好的音质。

4. 避免噪声

不要对着麦克风吹气，不要让录音产生刺耳的声音，不要让被访者抢去记者的话筒，失去了采访控制权。

把话筒在衣服上固定好，避免摩擦声、撞击声。

话筒不要来回摆动，录音对象也不要来回摇晃身体。"有时说话人摇晃身体也会使声音发生变化，在采访中要告诉对方尽量保持身体的稳定。"①

5. 迅速检查录音

采访结束后要迅速检查录音，如果发现有问题，可以与被访者沟通解释，及时补救。

6. 结束后重问技巧

佛罗里达大学新闻学教授 Mindy McAdams 介绍过"结束后重问"采访技巧，值得推广。如果在采访结束后你对录音并不满意，或者你在采访过程中主要采用记笔记而不是录音的方式记录，可以使用这个方法。关上录音笔，与采访对象做一个沟通，表示希望采集质量更高的音频，请对方就几个问题重新回答一下。被访者第二次回答问题，语言会更加紧凑，条理性更强，记者能够得到更好的音频素材。

四、视频的采集

视频采集要有蒙太奇思维，在拍摄之初就要设想画面剪辑效果，计划好拍摄什么样的画面，每个画面拍摄的时长。视频采集具有声画一体的特征，在采集图像的同时要兼顾对音频的采集。

1. 多用固定镜头

摄像有推、拉、摇、移、跟等镜头运动手法，这些运动镜头配合固定镜头摄取画面，会带来镜头表达的变化。不过，新闻拍摄还是应该多用固定镜头。

从影像质量的角度来讲，固定镜头摄取的画面更加清晰稳定，如果没有足够的把握，还是应该慎重使用其他运动镜头。尤其在光线不足、大焦距镜头、操作不稳等情况下，推、拉、摇、移、跟等运动镜头就很容易让所摄画面虚化，给观众以眩晕感。

从镜头画面的表达效率角度来讲，多使用固定镜头能够加快新闻表达的节奏，提高镜头语言表达的效率，在相同的时间内传达更多的新闻信息。

---

① 周小普. 广播电视概论 [M]. 北京：中国人民大学出版社，2014：158.

2. 采集设备多样化

视频采集设备已经多样化，包括专业摄像机、DV、手机、平板电脑、笔记本、摄像头等。

专业摄像机是电视台等专业影像机构采集视频的重要设备，能够获得高质量的影像。DV 即普通数码摄像机，便于携带，便于操作，早已成为普通家庭用户及业余爱好者的首选。专业摄像机价位较高，甚至高达几十万元；而 DV 只需几千元，并且采集到的图像质量比较高，所以受到人们的欢迎。

具有摄像功能的平板电脑、手机更是方便了用户随时采录影像，极大地提升了用户生产影像产品的能力。

手机在采集视频方面的便捷性尤其值得称道，"手机的简便性和便携性促进了动态描述类文本的普及和推广"[①]。手机配上自拍杆甚至成了 2015 年全国两会报道的亮丽风景，比如山东卫视"周诺两会日记"的视频主要就是由主持人周诺用这种自拍神器拍摄完成的。

笔记本通常都带有摄像头，也可以采录一些影像资料。遍布大街小巷的摄像头更是成了忠诚的无休止摄像师，采录的一些影像也能成为新闻报道的资料来源。

第二节　音视频新闻写作

广播应该有自己的风格，这个风格的主要特点是"短、浅、软"。短，大家都晓得了；浅，就是通俗，使人一听就懂；软，就是轻松、风趣，使听众在文化娱乐中不知不觉地接受你的观点。

——《解放日报》原社长、原总编辑　恽逸群

新闻报道的撰写经验主要是从传统的报刊新闻写作中积累和发展而来的，但考虑到音视频新闻报道的传播通道与纸质媒体的不同，所以有必要对音视频新闻写作的特殊性做探讨。

媒体介质不同，新闻写作就会有所区别。记者在撰写新闻报道的过程中，必须充分考虑媒体的技术特征，根据不同媒体的介质特点要求来撰写新闻。音视频新闻写作的关键就是要密切关注媒体技术特征，写出媒体个性来，使新闻稿件具备在电子媒体通道上顺畅传播的优势，确保传播效果的实现。

先来看一篇广播新闻稿：

---

① 余效诚.数字读物论：论公众学习效率反馈模式的变革[M].北京：中国社会科学出版社，2013：63.

亏损企业入住高级度假村开扭亏会议

秦淑卿　曹何广　陈科

本台记者报道：

连年亏损的广州冶金集团在号称"五星级的家"的顺德市（今顺德区）碧桂园高级度假村召开的扭亏解困会议今天（19日）结束。这个会议为期3天，有60人参加，平均每人的会议费2500元，相当于这个企业一个职工半年的收入。

度假村的两位服务员接受了记者的采访。

【出录音】

记者："他们住的别墅一晚多少钱？"（普通话翻译，混播）

服务员A："每人每晚667元。"（普通话翻译，混播）

记者："住了多少天？"（普通话翻译，混播）

服务员A："住了3天2晚。"（普通话翻译，混播）

记者："他们吃什么菜呢？"（普通话翻译，混播）

服务员B："蛇煲老鸡、炒水鱼（甲鱼）裙、豉油皇乳鸽……"（普通话翻译，混播）

【收录音】

记者在服务员手上的菜单看到的菜式还有冬虫草炖水鸭、焖大鳝等。

据知情者透露，广州冶金集团近四年共亏损两亿七千多万元，这次在碧桂园高级度假村召开的扭亏解困会议并没有拿出扭亏解困的新办法。

度假村一位姓刘的公关经理说：

【出录音，普通话翻译，混播】

"企业都亏损了，还来这里开什么扭亏会议，真是没见过。"

【收录音】

（佛山人民广播电台，1997年12月19日）

一、为听而写

1. 双音节词与单音节词

汉语中一个汉字就是一个音节，单音节词音感低，读起来不上口。双音节词说的时候舒缓、匀称，听起来也舒服，广播新闻里应该多用双音节词。如：

将→将要，但→但是，虽→虽然，已→已经，而→而且，宜→适宜→合适。

但有的时候为了口语化的需要，广播新闻里也经常把双音节词改为单音节词。

差：孙书记询问小刘。

好：孙书记问小刘。

2. 多用口型大的字词

口型小的字词，声音往往不是太响亮。口型大的字词，声波振幅大，发音则要响亮得多。如"数""路""渡"等小口型的字，你怎么念它都不如"啊""发""刮"等大口型的字声音响亮。

多用口型大的字词，播发出去的声音响亮清晰，掷地有声，听起来也令人振奋。

3. 将书面语改成口语

书面语也叫"笔语""文字语"，是书面交际使用的语言。它比口语精确严谨，利于规范，在纸质载体上运用较多，却未必适应广播电视媒体的介质要求。口语是口头交际使用的语言，语调抑扬顿挫，更加通俗易懂，它比书面语灵活简短，更便于面对面的信息交流。

口语吻合了广播电视新闻的媒体特征要求，记者在撰写广播电视新闻的时候应该注意将书面语改成口语，方便人们收听。

差：致函

好：写信

4. 避免同音误听

汉语里有很多同音异义字，人们在听新闻的时候不像读报纸那样可以看到文字，有时就会由于同音误听产生困惑。"部"和"不"发音一样，广播电视里讲"这次考试你们全部及格"，听众有可能会听成"这次考试你们全不及格"，意思可就截然相反了。

差：这次考试你们全部及格。

好：这次考试你们全都及格。

5. 谨慎使用简称

听众不理解或容易产生误解的简称，会严重影响他们对新闻的收受。音视频新闻里尤其需要慎用简称，比如在音频新闻里，"技术检查"就不宜简称为"技检"，因为"技检"容易被听成"纪检"，即"纪律检查"。

简称在音视频新闻里被理解的难度要远远高于报刊媒体，读者看报纸的时候还可以回过头来琢磨一下简称的含义，可是音视频媒体是稍纵即逝的媒体，它通常容不得听众回过头来多想。

简称用不好还会闹笑话，有段相声就曾将上海吊车厂简称为"上吊厂"，怀化轮胎厂简称为"怀胎厂"。那些只是在小范围内被认可的简称，最好不要出现在音视频新闻里。

差：中旅

好：中国旅行社

差：热机

好：热力发动机

差：阿荣旗人民检察院检察长刘丽洁向有关部门请辞。

好：阿荣旗人民检察院检察长刘丽洁向有关部门请求辞职。

对于老百姓已经广泛认可的简称，则完全可以应用到音视频新闻中来，如"法国"（法兰西共和国）、"奥运会"（奥林匹克运动会）、"证监会"（中国证券监督管理委员会）。

6. 读出声来

音视频新闻是写给耳朵听的。在撰写完稿件之后，你应该试着大声朗读出来，听一听是不是顺耳。你还可以念给自己周围的人听一听，看看他们的反应，请他们给你提提意见。

新闻撰稿人和新闻写作老师丹尼斯·怀特注意到，"你几乎可以在全国各地的新闻工作室里看到这样的情景：作者独自坐在电脑或打字机前大声朗读他们的作品。这样他们可以很好地感受作品并且加以修改。如果想知道稿件播出后的效果究竟如何，这恐怕是唯一可行的方法。它是否好读？它是否入耳？语言是否清晰扼要"[①]？

二、简化报道

1. 篇幅要简短

音视频新闻的特点是：快、新、短。与报纸、期刊等媒体相比，广播电视播发新闻的速度要快得多。广播电视新闻篇幅要更加简短，广播电视消息一般不超过1分钟（200字左右），通讯多控制在5分钟（1000字）以内。听众收听广播带有随意性，一条新闻太长，前听后忘，听众很容易失去耐心，反而影响了新闻的传播效果。

2. 使用简单句式

使用简单句式撰写的句子最容易被理解。多使用"主语—谓语—宾语"句式，不用复杂句式。

3. 慎用倒装句

山东人爱说倒装句，但很多山东人并没有意识到这一点。当听别人说山东人爱说倒装句时，山东人还反驳："不会吧？我觉得。"结果，反驳的时候用的还是倒装句。倒装句又

[①] 罗伯特·赫利尔德. 电视广播和新媒体写作 [M]. 谢静，等译. 北京：华夏出版社，2002：112.

称变式句，通过颠倒原有语序，实现强调重点内容的目的。现代汉语中常见的倒装句有：主语和谓语倒置，定语、状语和中心语倒置。倒装句在口语表达和书面写作中都不罕见，但在音视频新闻写作中要慎重使用。倒装句打破了语句的正常顺序，听众稍不留神漏听了某个成分就容易产生混淆，所以在广播电视新闻报道中要尽量少用。

　　差：终于过去了，中国最后一个王朝的统治！（主谓倒置）

　　好：中国最后一个王朝的统治终于过去了！

　　差：他走上了领奖台，慢慢地。（状语后置）

　　好：他慢慢地走上了领奖台。

4. 减少代词使用

音视频新闻中如果代词使用多了，往往会给听众造成混乱，让他们搞不清楚代词到底指的是谁。代词"他""她""它"发音一样，在音视频新闻里听众有时候并不好辨别这些代词的具体指代对象。比如下面这句话就很容易把听众搞糊涂：

　　他对她说，她不应该去找他的领导。

音视频新闻是为听而写的新闻，应该尽量少用代词，适当重复关键的人名、地名。

5. 简化数字

在音视频新闻稿中，复杂的阿拉伯数字一般要改写成汉字形式，和读音一致起来，如将"653679元"写成"六十五万三千六百七十九元"。但是这种写法还是有些复杂，不妨就将它做一下简化，写成"六十五万多元"。

音视频新闻中尤其应该将一个复杂的数字简化为一个近似数，数字零头用"多""不到""大约""以上"等词语来表示。如将"六亿七千六百万零四千三百二十元"简化为"六亿七千多万元"，简化后的数字更容易被记住。

数字具有很强的概括力，若运用得当，不但不会让报道抽象难懂，反而有助于人们对报道内容的理解，并能够增强报道的趣味。

跳跳鱼又叫弹涂鱼，跳跳鱼有鳃，是能够在陆地上跑来跑去的真正的鱼。电视纪录片《舌尖上的中国》在讲述捕获跳跳鱼的方法时，配合浙江台州三门湾渔民杨世橹甩线捕鱼的画面，连续使用了六个数字，凝练而又巧妙：

　　不要妄想抓住它们，除非舍得用 5 年时间，练就一门绝技，使用 5 米长的钓竿，6 米长的渔线，捕捉 10 米开外仅 5 厘米的猎物。其难度和精准度的要求，不亚于 20 米外投篮。①

---

① CCTV《舌尖上的中国》第二季第一集《脚步》[EB/OL].（2014-04-19）. http://shejian2.cntv.cn/.

三、导语的写作

应该尽可能地在稿件开头部分概述整篇报道的意思，让收受者一开始就能抓住报道的核心信息。音视频新闻的收受通常是一次性的，人们不愿意像读报那样回过头来反复查阅。在撰写音视频新闻时，尤其应该用简练的语言撰写一个导语——集中展示核心新闻信息，避免过多的细节——让收受者在第一次听到报道时就能迅速理解新闻。

四、时间顺序结构

音视频新闻语言本身具有线性特点，随着时间的推移不断推进报道进程。在撰写音视频新闻的时候一般也都采用线性叙事结构，按照时间顺序一个环节一个环节地讲述新闻故事。

按照新闻发生的时间顺序做报道最便于听众理解新闻。因为新闻事实本来就是按照时间顺序发生的，记者也按照这种顺序来报道，叙述事件的顺序与事件发生的顺序大体一致，这种叙事结构也最符合客观情况，听起来也会很自然很顺畅，容易理解。

报刊新闻报道往往会采用倒金字塔、华尔街日报体或其他结构模式，而并不一定非得采用时间顺序来安排结构，相对来讲，报刊新闻的结构要比音视频新闻复杂一些，这是由报刊新闻报道追求深度和实现某种文字效果的要求所决定的。音视频媒体不同于平面媒体，声音稍纵即逝，不便于查询。音视频新闻要在尽可能短的篇幅里传递信息。用户不是新闻文体研究专家，他们通常没有反复收听收看新闻产品的闲情逸致，也没有仔细体会新闻结构个中滋味的义务。

五、怎样写引语

音视频新闻与报刊新闻写作的一个区别是，报刊新闻的直接引语是写在纸面上的，而音视频新闻的直接引语却经常是播放当事人的同期声。当然，也有不少引语是通过播音员之口播发出来的。

1. 先介绍消息来源的身份

在消息来源前面要冠以人物的职称、职务、头衔等标志，先介绍消息来源的身份。很多时候，尤其是当这个消息来源是一个普通人物时，听众对这个人的身份要比对这个人的名字更感兴趣。如：

拉萨市海城小学校长尼玛次仁说，就在学生们吃完午饭返回学校时，不法分子攻击了海城小学。

2. 消息来源放在引语前面

报刊新闻在写引语的时候常常将消息来源放在中间位置，"引语—消息来源—引语"是报刊新闻引语写作的一个理想模式。有时候报刊新闻还可将消息来源放在引语的后面。但音视频新闻写作中一般不能这样做，音视频新闻写作中通常是先交代消息来源，然后推出引语。如：

熊小全说："我的孙子还没有成人，我要把他扶养成人。"

3. 将长引语做短

音视频新闻的引语更多的不是被写出来的，而是被说出来的。如果引语过长，记者可以适当增加说明出处的次数，将长引语拆成短引语，然后利用说明出处的机会，不断增加新的信息。

六、必要的重复

重复是广播电视的一个原则或技巧。重复方便了那些中途收听广播、收看电视的人，让他们得以尽快跟上报道的步伐，重复也可以加深听众对新闻内容的理解和记忆。

陌生的名字、消息来源要多次重复。

重点内容、核心要点要适当重复。

但重复也不能泛滥，还要注意网络时代发展的个性要求。与传统广播电视不同，音视频新闻在网络平台、移动端传播，用户回看内容要比传统广播电视容易，过多的重复会拖慢叙事速度，让用户失去耐心。

七、与音响、画面融合

除了纯口播新闻（无音响，无其他画面），视频新闻中应当注意多使用音响和画面，将记者的描述、解说与音响、画面有机结合起来，使之浑然一体，充分发挥视频新闻的技术优势，增强传播效果。

音响包括人物谈话和人物活动的声音，以及动物的鸣叫等自然界的声音。使用音响做报道可以增强新闻的真实感、现场感和感染力，音视频新闻应该注重音响的运用，适时恰当地使用音响。音视频新闻中的引语写作，更主要的不是写出来的，而是说出来的，指的就是这个意思。把新闻人物的谈话录音直接穿插在新闻当中，会使新闻报道更加亲切自然。

视频新闻运用画面和解说推进叙事，向观众传达明确信息。一旦进入镜头，文字稿件就应该与镜头画面保持一定距离，要充分利用视频画面，补充说明一些画面外的信息。观众能够一眼就看出来的信息，用不着记者唠叨，记者的任务是提供无法从画面里了解的情况。

山东融媒老总张利然女士发来一个题为《薯香伟德山》的短视频，如图 15.1 所示，希望我能将其发布在微信视频号上。这是一个讲述"山东最大地瓜窖"的短视频，时长 3 分 16 秒，语言成熟老到，与画面结合完美。本书作者阅读了拍摄脚本，反复观看这个视频，将其整理成文稿，供大家参考。请看下面这篇例文：

薯香伟德山

（画面：地下薯宫外景。拖拉机开到地下，农民卸车场景。主播帮忙卸载地瓜）

主播："这地瓜这一箱多重？有没有我重？"

农民工："40 来斤。"

（画面：主播与农民工相视一笑。农民搬运地瓜）

初冬时节，农忙早已过去。荣成市崖西镇东双顶村的一片山坡上，却是一派忙碌的景象。

（画面：农民搬运地瓜）

（出标题字幕：薯香伟德山）

图 15.1　薯香伟德山

这片明显低于地面的建筑，是山东省最大的地瓜窖。

主播："咱这个地瓜窖有多大？"

薛浩："建设面积 3200 多平方米，存薯的话是 5000 多吨地瓜。"

（画面：工人为地瓜窖封顶）

主播："封顶完工之后，这顶上是什么样的？"

薛浩："将来在这个顶上再覆土 1 米，覆土 1 米以后，还要在上面建设这个温室玻璃大棚，用来这个甘薯的育苗。"

（画面：温室玻璃大棚设计图）

（画面黑屏转场，俯瞰伟德山，展示农民在地里收地瓜情景）

伟德山位于荣成市北部，山势雄伟，逶迤蜿蜒。山下富含石英的花岗岩，风化成土质疏松的富硒沙糠地，最适宜甘薯生长。

（画面：收获地瓜场景，一位大叔手拿地瓜诉说，烤地瓜特写）

大叔："我们这个地瓜的品种是烟薯25号，甜得流油，特别适合烤着吃！"

（画面：俯拍土地风光，如图15.2所示。插秧，堆放在一起的地瓜，农民在地里将地瓜装载到拖拉机上）

图15.2　土地风光

今年伟德山下崖西镇流转了1800亩土地，建设了千亩甘薯产业方，并引导带动17个村集体实验种植甘薯700亩；埠柳镇甘薯种植面积2000多亩。科学育苗，规模化种植，当年就看到成果。

今年伟德山下的甘薯，亩均产量为4000斤到5000斤，亩净收益最高可达3500元。

（画面：晾晒地瓜的镜头、生产加工镜头。主播在加工车间品尝地瓜干，如图15.3所示）

图15.3　主播品尝地瓜干

主播："薯你最甜！"

（画面：货车出厂，王子博在车间检测产品，一青年直播带货甘薯制成品。俯拍地下薯宫）

其实除了甜，甘薯这几年也越来越"香"。

他叫王子博，崖西镇西藏村人。深知伟德山甘薯品质的他，正醉心于这一项"甜蜜"的事业。事实上，伟德山甘薯正成为吸引青年创业返乡的一张名片。即将封顶的地下薯宫，也是从伟德山走出去的青年企业家返乡创建的。

（画面：崖西镇东双顶村，薛浩和主播慢慢走向二期施工场地方向，边走边交谈，展示实地场景）

其实今年春天，我身边的这位镇干部陪我来过地下薯宫所在地。当时土地刚刚清理完，我并没有真的相信今年可以投入使用。说话间，他和我站定在一片荒地上，他描述起了新的规划。

薛浩："这个区域有7亩地的建设用地，主要是建设一个甘薯的一个分拣、加工，还有一个是甘薯展示，包括甘薯的产品，包括甘薯的文化的一个展示馆。"

这一次我不再怀疑，没有理由不相信，伟德山甘薯会"香"飘万里。

（画面展示甘薯收获的场景，镜头俯瞰伟德山下的城镇。视频在渐弱的音乐中结束。以上画面均为王梓轩摄）

第三节　网络新闻写作

本书是为网络与新媒体服务的，本书的写作充分考虑了网络与新媒体发展的要求，各章节的写作知识均适用于网络与新媒体新闻写作。本节将对不便归于前述章节的知识，做一补充交代。

一、写成"可参与文本"

网络媒体的一个最为突出的优势是它的互动性，没有哪一个传统媒体具有网络媒体这样方便的互动功能优势。网民在阅读新闻的时候喜欢随时发表自己的观点和看法，网络新闻应该写成一个"可参与文本"，让网民更加快捷方便地留下自己的意见。

下面是新浪网的一条体育新闻，它在导语段后面紧跟一个论坛链接，只要点击这个链接，网友就可以发帖留言。文末除了"直播实录""技术统计"两个链接，还设置了一个"对易建联在复出战中22分8板的表现是否满意"的网络调查，网民可以随时投票，随时查看调查结果。

易建联复出砍下22分8板　篮网憾负森林狼遭遇8连败

新浪体育讯　北京时间（2009年）12月24日，易建联复出，全场投中4个三分球，砍下22分，可惜篮网在主场以99–103败给森林狼，本赛季遭到横扫。**【您对易建联全场拿下22分、8个篮板的表现有何评价？】**>>>>

篮网（2–27）八连败。易建联在缺阵24场之后复出，虽然替补出场，可是表现不俗，三分球6投4中，全场贡献22分，并抓下8个篮板。德文–哈里斯得到23分8次助攻，库特尼·李20分6个篮板，肯扬·杜林12分。

……

哈里斯突破将差距缩小到2分，威尔金斯两罚两中，森林狼仍领先4分。此后，易建联投篮不中，比赛结束。

[直播实录][技术统计]

欢迎参与调查

您对易建联在复出战中22分8板的表现是否满意？

◎满意，易建联的表现令人振奋。

◎观望，一场比赛说明不了问题。

◎不满，他没帮助篮网赢得胜利。

◎其他。

提交　查看[①]

二、超链接与分层写作

传统媒体都是以线性结构来传达信息的，网络媒体则打破了新闻文本的线性结构。利用超链接技术，网络新闻可以采用分层写作的方式，立体地展现新闻信息。

把最关键的新闻信息写在第一个层次里，把更为详细的相关信息写在第二个层次里。在第一层次里设置超链接，让读者自己决定是否进入下一个层次阅读更加详细的信息。链接的内容一般包括：各种新闻要素的详细描述；相关的统计数据及表格；论据说明及其解释；直接的背景资料；其他更加广泛的参考资料。

英法航空公司称协和式客机下月初恢复飞行

中新网北京10月16日消息：英国航空公司和法国航空公司周一宣布，协和式客机将于11月7日恢复飞行。

自去年7月25日一架协和机在巴黎坠毁导致113人丧生后，英法两地的协和式超声

---

① 易建联复出砍下22分8板　篮网憾负森林狼遭遇8连败[EB/OL]．（2009-12-24）．http://sports.sina.com.cn/k/2009-12-24/11054760238.shtml.

速客机都先后停飞，接受一系列的安全检查和维修。

英法官员在 9 月间发出了协和机重新飞行的许可证，并列明了两家航空公司在协和机重返蓝天前必须进行的修改项目。[①]

上文有两处文字属于背景信息，这篇报道对其分别做了链接。"协和机在巴黎坠毁导致 113 人丧生"链接到《详讯：法航协和式客机坠毁　113 人丧生》（2000 年 7 月 26 日稿件），"英法官员在 9 月间发出了协和机重新飞行的许可证"链接到《协和飞机通过安全检测　数周内将重返蓝天》（2001 年 8 月 28 日稿件）。

这样做的好处是既使得新闻报道简洁，又保证了对背景信息的详尽呈现。这篇新闻报道只是简单地陈述了两件背景事实，如果网民对相关信息感兴趣，可以点击链接深入阅读。

如果报道持续的时间很长，不妨在每次报道下面做一个"事件进展条"。当网友把光标放在事件进展条的圆点上时，圆点上下会弹出相应的事件进展时间和内容梗概（新闻标题），网友若想了解详细内容，可点击进入阅读。

腾讯网在报道河北保定李启铭交通肇事案时就采取了这种形式，如图 15.4 所示。

事件进展：

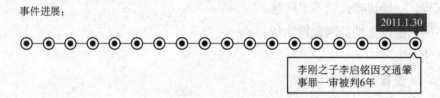

2011.1.30

李刚之子李启铭因交通肇事罪一审被判6年

图 15.4　李启铭交通肇事案事件进展条

如果需要，甚至也不要惧怕链接其他网站。本着方便网民的原则，把与新闻相关的有点击价值的网站链接在页面上，这种宽容大度的做法将会赢得网民的敬佩和喜爱。

三、不要生硬割裂文章

通过计算机屏幕阅读新闻要比读报更容易伤害人的身体健康，网民阅读网络新闻页面以浏览和扫描为主。这样一来可能大多数文章对网民来讲都有些过长了，我们是不是可以试着制订一个标准，比如把一篇新闻报道控制在 800 字以内，可是这样的标准恐怕也要接受现实变化多端的挑战。事实上，对于写作来讲，我们很难给它一个确定的量化标准，只能说，为了节省网民的时间，也是为了保证更好的传播效果，网络新闻应该尽量写得短一些。

如果网民对你的新闻故事特别感兴趣，长篇的报道或许也是受欢迎的。现在很多的网

---

① 英法航空公司称协和式客机下月初恢复飞行 [EB/OL].（2001-10-16）. http：//news.sina.com.cn/w/2001-10-16/379014.html.

络新闻报道其实是复制了报刊新闻报道，几乎没有什么变化。这样做的好处是保证了原汁原味，看不到报刊文章的网民可以方便地从网络上阅读同样的新闻故事。缺点是报刊文章未必适合网络阅读，其中一个突出的问题是如果报刊新闻过长的话，应该对其如何处理才能更便于网络传播。

受到教条理论影响的网站工作人员喜欢生硬割裂文章，他们把一篇长的新闻报道截成更多的页面，有时甚至截成了 9 个以上的页面，这反而给阅读带来了不便。本来就是同一篇文章，放在一个页面反而更容易浏览和阅读，你非得为了遵守所谓"网络新闻篇幅要短"的教条，把它拆成更多的页面，给网民完整阅读新闻带来了困难。网民看完一页，他要额外点一个链接，然后这个新的页面就弹出来了，他要等一小会儿，等全部显示之后，他再继续阅读，然后他点下一个页面的链接，依此类推。这叫为了短而短，网民往往没有那么多的耐心，他可能点到第三个页面的时候就放弃阅读了。另外，你把一篇完整的稿子生硬地拆成 9 个页面，对于那些打算保存这篇文章的用户来讲也很麻烦。所以，我认为一篇新闻报道最好能完整呈现在一个页面里，对相关背景的呈现可以做链接，但链接的层次不可过多，普通报道最好控制在两层之内，专题报道最好控制在三层之内。

四、融合新闻呈现

我们正处于一个媒体融合的时代，网络既是媒体融合的助推者，又是媒体融合的有效平台。网络新闻报道是全媒体报道，应当将文字、照片、图表、音频、视频等多种媒介手段有机结合起来，用文字来提供新闻的主干信息，展现新闻背景，用音频、视频、图片展现现场，用图表来提炼新闻关键点。

研究表明，如果文字附加了有视觉感的材料，人们对其关注度会增加 75%。[①]文本、声音、图像的完美结合与互动才是网络媒体新闻报道的价值所在，记者应该思考讲故事的最好方式和手段是什么，除文字写作外，还要积极利用声音、影像、图片等多种表现形式，让多种媒体形式冲击网民的听觉和视觉器官，让网民如闻其声，如临其境。

五、让新闻便于扫描

网民阅读新闻主要是扫描式阅读，突出重要的新闻要素，让网络新闻便于扫描显得格外重要。

（1）突出关键词语，以引起网民注意。

（2）一个段落描述一个主要的内容，不要试图在一个段落里讲述太多的意思。

[①] 布雷恩·S. 布鲁克斯. 新闻报道与写作 [M]. 范红，译. 北京：新华出版社，2007：513.

（3）为篇幅较长的网络新闻写一个简短的概要。

（4）为篇幅较长的新闻列一个目录，可以为这个目录做链接，读者对哪块内容感兴趣就可以点击哪个链接。

（5）简洁、准确、清晰地表述新闻事实。

（6）越是重要的新闻要素越要置于新闻的前端。

（7）要想方设法让读者感到你提供的信息对他们有用。

（8）不要使用斜体字。斜体字在屏幕上辨认难度较大，网络新闻使用斜体字是不明智的。可以使用下画线、加粗等方式代替斜体字，使相关文字凸显出来。

（9）注意字体的使用。黑体、宋体正规而又清晰，适合在电子屏幕上呈现信息，应该主要使用此类字体。少使用或不使用楷体、隶书及其他花哨的字体。

思考与训练

参考文献

［1］易小荷. 盐镇 [M]. 北京：新星出版社，2023.

［2］三胖子. 五爱街往事 [M]. 北京：新星出版社，2023.

［3］刘冰. 融合新闻 [M]. 2版. 北京：清华大学出版社，2021.

［4］刘冰. 新闻实务训练 [M]. 北京：北京大学出版社，2017.

［5］杨澜. 提问 [M]. 杭州：浙江文艺出版社，2020.

［6］萧菊贞. 故事的秘密：写在剧本之前的关键练习 [M]. 台北：大块文化出版股份有限公司，2017.

［7］吴晨光. 超越门户：搜狐新媒体操作手册 [M]. 北京：中国人民大学出版社，2015.

［8］冯小刚. 不省心 [M]. 武汉：长江文艺出版社，2013.

［9］陈力丹，周俊，陈俊妮，刘宁洁. 中国新闻职业规范蓝本 [M]. 北京：人民日报出版社，2012.

［10］曾庆香. 新闻叙事学 [M]. 北京：中国广播电视出版社，2005.

［11］张威. 比较新闻学：方法与考证 [M]. 广州：南方日报出版社，2003.

［12］编辑委员会. 中国大百科全书新闻出版卷 [M]. 上海：中国大百科全书出版社，1990.

［13］中国社会科学院新闻研究所. 中国共产党新闻工作文件汇编（下卷）[M]. 北京：新华出版社，1980.

［14］周小普. 广播电视概论 [M]. 北京：中国人民大学出版社，2014.

［15］张征. 新闻采访教程 [M]. 北京：中国人民大学出版社，2008.

［16］林如鹏. 新闻采访学 [M]. 广州：暨南大学出版社，2004.

［17］高钢. 新闻写作精要 [M]. 北京：首都经济贸易大学出版社，2005.

［18］李希光. 新闻学核心 [M]. 广州：南方日报出版社，2002.

［19］黄晓钟. 新闻写作：思考与训练 [M]. 成都：四川大学出版社，2002.

［20］章宗栋. 消息论 [M]. 北京：中国广播电视出版社，1995.

［21］常秀英. 消息写作教程 [M]. 北京：中国广播电视出版社，1995.

［22］洪天国. 现代新闻写作技巧 [M]. 北京：中国新闻出版社，1986.

［23］程道才.西方新闻写作概论［M］.北京：新华出版社，2004.

［24］郭光华.新闻写作［M］.北京：中国传媒大学出版社，2006.

［25］胡志平.新闻写作创新智慧［M］.北京：新华出版社，2003.

［26］徐列.重新打量每个生命：《南方人物周刊》人物报道手册［M］.广州：南方日报出版社，2009.

［27］张志安.深度报道：理论、实践与案例［M］.北京：高等教育出版社，2015.

［28］王积龙.抗争与绿化：环境新闻在西方的起源、理论与实践［M］.北京：中国社会科学出版社，2010.

［29］李彬.中国新闻社会史文选［M］.北京：清华大学出版社，2008.

［30］杜骏飞.深度报道写作［M］.北京：中国广播电视出版社，2000.

［31］周海燕.调查性报道采访与写作［M］.北京：新华出版社，2003.

［32］欧阳明.深度报道写作原理［M］.武汉：武汉大学出版社，2008.

［33］蔡军剑，张晋升.准记者培训教程：南方周末采编精英演讲录［M］.广州：南方日报出版社，2007.

［34］邓科.南方周末：后台［M］.2版.广州：南方日报出版社，2008.

［35］黄煜，俞旭，黄盈盈.追求卓越新闻：分享普利策新闻奖得主的经验［M］.广州：南方日报出版社，2009.

［36］梁建增，孙克文.新闻背后［M］.北京：中央民族大学出版社，2007.

［37］夏丏尊，叶圣陶.阅读与写作［M］.长沙：岳麓书社，2012.

［38］赵孟营.社会学基础［M］.北京：高等教育出版社，2006.

［39］黄伯荣，廖序东.现代汉语（下册）［M］.北京：高等教育出版社，2002.

［40］刘孟宇，诸孝正.写作大要［M］.广州：中山大学出版社，1997.

［41］马克·克雷默，温迪·考尔.哈佛非虚构写作课：怎样讲好一个故事［M］.王宇光，等译，北京：中国文史出版社，2015.

［42］杰克·鲁勒.每日新闻、永恒故事：新闻报道中的神话角色［M］.尹宏毅，周俐梅，译.北京：清华大学出版社，2013.

［43］尤瓦尔·赫拉利.今日简史：人类命运大议题［M］.林俊宏，译.北京：中信出版集团，2018.

［44］大卫·兰德尔.全球新闻记者［M］.邹蔚苓，译.上海：复旦大学出版社，2013.

［45］奥里亚娜·法拉奇.风云人物采访记［M］.嵇书佩，乐华，杨顺祥，译.南京：译林出版社，2012.

［46］迈克尔·舒德森.发掘新闻：美国报业的社会史［M］.陈昌凤，常江，译.北京：北京大学出版社，2009.

［47］美国新闻自由委员会.一个自由而负责的新闻界［M］.展江，王征，王涛，译.

北京：中国人民大学出版社，2004.

［48］盖伊·塔奇曼.做新闻 [M]. 麻争旗，刘笑盈，徐扬，译.北京：华夏出版社，2008.

［49］杰里·施瓦茨.如何成为顶级记者——美联社新闻报道手册 [M]. 曹俊，王蕊，译.北京：中央编译出版社，2002.

［50］迈克尔·埃默里，埃德温·埃默里.美国新闻史：大众传播媒介解释史 [M]. 8版.展江，殷文，译.北京：新华出版社，2000.

［51］约翰·布雷迪.采访技巧 [M]. 范东生，王志兴，译.北京：新华出版社，1986.

［52］密苏里新闻学院写作组.新闻写作教程 [M]. 褚高德，译.北京：新华出版社，1986.

［53］卡罗尔·里奇.新闻写作与报道训练教程 [M]. 钟新，译.北京：中国人民大学出版社，2004.

［54］布雷恩·S.布鲁克斯.新闻报道与写作 [M]. 范红，译.北京：新华出版社，2007.

［55］塞缪尔·G.弗里德曼.媒体的真相——致年轻记者 [M]. 梁岩，王星桥，译.北京：中信出版社，2007.

［56］梅尔文·门彻.新闻报道与写作 [M]. 9版.展江，译.北京：华夏出版社，2003.

［57］威廉·E.布隆代尔.《华尔街日报》是如何讲故事的 [M]. 徐扬，译.北京：华夏出版社，2006.

［58］罗伯特·赫利尔德.电视广播和新媒体写作 [M]. 谢静，等译.北京：华夏出版社，2002.

［59］蕾切尔·卡森.寂静的春天 [M]. 江月，译.北京：新世界出版社，2014.

［60］WOODY BING LIU. Convergent journalism：Chinese approaches[M]. London and New York：Routledge，2021.

［61］BRUCE D. I，DOUGLAS A ANDERSON. News writing and reporting for today's media[M]. Sixth Edition. New York：Published by the McGraw-Hill Companies，Inc，2003.

［62］KELLY L，JULIAN H，STANLEY J. The complete reporter：fundamentals of news gathering，writing，and editing[M]. Seventh Edition. New York：Published by Pearson Education，Inc.，2000.

后　记

数年前，清华大学出版社推出了我的专著《融合新闻》，那是我与责任编辑邓婷老师第一次合作。那本书出版后很受读者欢迎，多次加印并再版。现在我们再次合作出版《新闻报道写作：非虚构的力量》，希望能为读者继续带来美好的阅读体验。

新闻业务研究必须面向互联网，本书充分迎合了这一时代变化及要求，专注互联网时代职业新闻写作技术的阐释，聚焦专业、规范和非虚构价值的实现。最后一章集中论述音视频新闻采写及网络新闻写作等个性特征相对突出的内容，以补充前面各章节不便论述的知识要点。我尽量减少了对重复内容的阐释，本书原本设有社交媒体写作的章节内容，后来因考虑到《融合新闻》一书有更加系统的论述，便果断将其删掉了。

我很早以前就出版过新闻写作方面的图书。经过十多年的沉淀，我对新闻业务有了更深切的理解，与读者分享新认识的愿望也越来越迫切。我表达这一意愿后，立即得到邓婷老师的积极响应，清华大学出版社很快通过了出版立项。这本书既保持了可读性和稳定性，又补充了新知识、新材料，注入了新的能量。

感谢责任编辑邓婷老师，她甘于奉献，为我的两部书稿付出了大量心血。

感谢深圳大学传播学院辜晓进教授、人民日报社高级记者陈效卫博士、大众报业集团副总编辑荆成先生、山东融媒文化传媒有限公司董事长张利然女士，他们慷慨为本书撰写推荐语，毫不推托，让我感受到了人性的温暖。

感谢南方日报出版社刘志一博士，他是一个伟大的伯乐。

感谢中国人民大学新闻学院高钢教授、杨保军教授、钟新教授，四川省社科院新闻传播研究所张立伟研究员、南方周末报系原总编辑向熹博士、燕赵都市报李炳庠先生、王建军先生、陈亚飞先生，他们都曾为拙著出版推介助力。

这些年，我出版了几本新闻学方面的书，经常去当当、京东等网站寻找读者评论帖。感谢我的读者，他们既掏腰包，又拿出宝贵的时间分享阅读体验。我非常喜欢看到读者的评论，期待与大家对话，为读者提供更好的服务。欢迎读者与我交流，也欢迎读者在阅读过程中将自己的心得和评论发布到各新媒体平台，也许我们会在那里碰面。

作者